D1753852

Gall
Ziegenzucht

Tierzuchtbücherei
Herausgegeben von Prof. Dr. G. Comberg, Hannover

Ziegenzucht

Von Christian Gall

118 Abbildungen
und 42 Tabellen

Verlag Eugen Ulmer Stuttgart

Anschrift des Verfassers

Prof. Dr. Christian Gall
Institut für Tierproduktion
in den Tropen und Subtropen
Garbenstr. 17

7000 Stuttgart 70 (Hohenheim)

CIP-Kurztitelaufnahme der Deutschen Bibliothek

Gall, Christian:
Ziegenzucht/von Christian Gall.
Stuttgart: Ulmer 1982.
  (Tierzuchtbücherei)
  ISBN 3-8001-4342-9

© 1982 Eugen Ulmer GmbH & Co.
Wollgrasweg 41, 7000 Stuttgart 70 (Hohenheim)
Printed in Germany
Einbandgestaltung: Alfred Krugmann
mit einem Foto von Dr. W. Schiffer, Bensberg-Refrath
Satz: Ungeheuer + Ulmer KG GmbH + Co, Ludwigsburg
Druck: Sulzberg-Druck GmbH, Sulzberg im Allgäu

Vorwort

In der Bundesrepublik Deutschland gibt es derzeit nur noch etwa 10 000 Ziegenhalter mit rund 40 000 Ziegen. Im Vergleich mit früheren Jahren, insbesondere mit denjenigen der Kriegs- und Nachkriegszeit, sind diese Bestandszahlen gering. Nicht übersehen sei jedoch, daß gerade bei den verbliebenen Ziegenzüchtern und -haltern ein großes Interesse, verbunden mit viel Passion, besteht. Darüber hinaus verdient Beachtung, daß die Ziege auch für Hobbytierhaltung und Freizeitgestaltung zunehmend an Bedeutung gewinnt. So sind die Gründe für die Ziegenhaltung vielfältig: Freude am besonderen Wesen der Ziege, Interesse an der Eigenerzeugung von Milch und ihren Nebenprodukten, oft auch die Verwertung von Aufwuchs und Futteranfall in Kleingartenanlagen.

Genannt sei aber auch der wachsende Bedarf an Ziegenmilch und Ziegenmilchprodukten in städtischen Kreisen, was bereits zur Einrichtung größerer Produktionsstätten geführt hat. Ganz besonders hervorzuheben ist darüber hinaus die große Bedeutung der Ziegenhaltung in den Entwicklungsländern. Hier bilden Ziegen einen wesentlichen Produktionsfaktor, vor allem für die Versorgung der Bevölkerung mit Eiweiß, aber auch mit anderen Erzeugnissen dieser Tierart.

Im vorliegenden Buch galt es, die verschiedenen Richtungen und Aufgabenbereiche der aktuellen Ziegenhaltung zu erfassen und damit dem Züchter, Halter, Berater und Entwicklungshelfer, aber auch dem Studenten Einblick in bewährte Verfahren und neuere Züchtungs- und Haltungssysteme, Krankheitsvorbeuge und -behandlung und anderes zu geben. Dabei wurde der Schwerpunkt auf die praktischen Aspekte der Ziegenhaltung gelegt, aber ebenso versucht, den wissenschaftlich interessierten Leser hinreichend zu informieren. Die Weite des Leserkreises erforderte einen Verzicht auf allzu detaillierte Darstellung. Im Interesse der Allgemeinverständlichkeit stand das Bemühen, Fachausdrücke wie auch Fremdwörter zu vermeiden und möglichst deutsche Bezeichnungen zu verwenden.

Entstanden ist ein Buch zur Ziegenzucht und -haltung, das vorwiegend auf die Verhältnisse in Deutschland eingeht. Darüber hinaus erschien es jedoch erforderlich, diese Tierart in den Rahmen ihrer weltweiten Bedeutung zu stellen und dies mit einem eigenen Buchabschnitt über Ziegenzucht in tropischen und subtropischen Ländern zu werten. Damit soll den im Ausland Tätigen eine dringend notwendige Informationsquelle gegeben werden. Prof. Gall, ein über die Grenzen Deutschlands hinaus anerkannter Experte für Ziegenzucht und -haltung, hat diese Aufgabe in hervorragender Weise gelöst.

Hannover, im Frühjahr 1982   G. Comberg

Inhaltsverzeichnis

Vorwort		5
1	Abstammung, Domestikation und frühe Zuchtgeschichte	13
2	Verbreitung und Bedeutung der Ziege	19
2.1	Voraussetzungen für die Ziegenhaltung	23
2.1.1	Klimabedingungen	23
2.1.2	Vegetation	25
2.1.3	Bodengestaltung	26
2.1.4	Hygienische Verhältnisse	27
2.2	Formen der Ziegenhaltung	28
2.3	Die Leistungen der Ziege	31
3	Ziegenrassen	33
3.1	Deutschland	34
3.2	Schweiz	41
3.3	Frankreich	43
3.4	England und Nordamerika	44
3.5	Spanien	46
3.6	Portugal	48
3.7	Italien	48
3.8	Malta	49
3.9	Griechenland	49
3.10	Außereuropäische Rassen	50
4	Milchproduktion	59
4.1	Milchleistung	59
4.2	Einflußfaktoren auf die Milchleistung	61
4.2.1	Körpergröße und Körpergewicht	62
4.2.2	Alter	63
4.2.3	Eutergröße	63
4.2.4	Lammzeit	64
4.2.5	Wurfgröße	65
4.2.6	Ernährung	65
4.3	Milchzusammensetzung	66
4.4	Laktationsdauer und Laktationskurve	69
4.5	Saisonale Milchproduktion	70
4.6	Milchleistungsprüfung	71
4.7	Wirtschaftlichkeit der Milchproduktion	73

5	**Fleischproduktion**	77
5.1	Wachstum	77
5.2	Milchlämmer	78
5.3	Mastlämmer	79
5.4	Mast älterer Tier	79
5.5	Verwertung abgehender Altziegen	80
5.6	Fleischziegenhaltung zur Landschaftspflege	80
5.7	Wirtschaftlichkeit der Fleischproduktion	81
6	**Faserproduktion**	83
6.1	Mohair	84
6.2	Kaschmir	86
7	**Nebenprodukte**	87
7.1	Ziegenfelle	87
7.2	Innereien und Dünger	88
7.3	Zug- und Lasttiere	89
8	**Züchtung**	90
8.1	Zuchtziel	90
8.2	Merkmalserfassung	91
8.2.1	Bewertung aufgrund der Leistung	93
8.2.2	Exterieurbeurteilung	94
8.2.3	Temperament	101
8.2.4	Morphologische und funktionelle Besonderheiten	102
8.2.5	Milchgeschmack	106
8.2.6	Unfruchtbarkeit und Hornlosigkeit	106
8.3	Die Selektion der Zuchttiere	109
8.4	Zuchtverfahren	112
8.5	Organisation und Förderung der Ziegenzucht	114
8.5.1	Züchtervereinigungen	114
8.5.2.	Ziegenleistungsbuch – Ziegenelitebuch	116
8.5.3	Tierzuchtgesetz	118
8.5.4	Organisation und Förderung der Ziegenzucht in der DDR	119
9	**Fütterung**	121
9.1	Futteraufnahme	123
9.2	Verdaulichkeit	126
9.3	Nährstoffbedarf	126
9.3.1	Energie	126
9.3.2	Eiweiß	130
9.3.3	Wasser	131
9.3.4	Mineralstoffe	132
9.3.5	Vitamine	133
9.4	Praktische Fütterung	133
9.4.1	Grundfutter	133
9.4.2	Nährstoffausgleich	135
9.4.3	Kraftfutter	139

9.4.4	Lämmer	140
9.4.5	Jungziegen	143
9.4.6	Milchziegen	143
9.4.7	Zuchtböcke	144
10	**Haltung**	146
10.1	Ställe	146
10.1.1	Laufstall	147
10.1.2	Boxenstall	152
10.1.3	Anbindestall	153
10.1.4	Lämmerstall	154
10.1.5	Bockstall	154
10.2	Tränken	154
10.3	Weide	155
10.3.1	Tüdern	157
10.3.2	Umtriebsweide	157
10.3.3	Portionsweide	158
10.3.4	Standweide	158
10.3.5	Weidezäune	159
10.4	Fortpflanzung	159
10.4.1	Saisonale Fortpflanzung	160
10.4.2	Geschlechtsreife	160
10.4.3	Geschlechtszyklus der Ziegen	161
10.4.4	Brunst und Brunstsymptome	161
10.4.5	Ovulation und Deck-(Besamungs-)Zeit	162
10.4.6	Brunstsynchronisierung (Zyklussteuerung)	162
10.4.7	Geschlechtsfunktion der Böcke	164
10.4.8	Paarungsverhalten	164
10.4.9	Instrumentelle Besamung	166
10.4.10	Fruchtbarkeit	168
10.4.11	Geburtenfolge	169
10.4.12	Trächtigkeitsfeststellung	169
10.4.13	Trächtigkeitsdauer	170
10.5	Die Geburt	171
10.5.1	Vorbereitung und Eröffnung	171
10.5.2	Austreibung	172
10.5.3	Hilfe bei der normalen Geburt	172
10.5.4	Komplikationen der Geburt	174
10.5.5	Nachgeburt	180
10.6	Aufzucht	181
10.6.1	Pflege des Neugeborenen	181
10.6.2	Lämmeraufzucht	183
10.7	Melken	185
10.7.1	Handmelken	187
10.7.2	Melkanlagen	187
10.7.3	Maschinenmelken	190
10.7.4	Trockenstellen	195
10.8	Enthornen	195

10.9	Entfernen überzähliger Zitzen	198
10.10	Klauenpflege	199
10.11	Kastration	202
10.12	Kennzeichnung der Tiere	202
10.13	Altersbestimmung	205
11	Ziegenhaltung in Ländern mit tropischen und subtropischen Klimabedingungen	207
11.1	Zerstören Ziegen die Vegetation?	207
11.2	Klimaanpassung	214
11.3	Futteraufnahme	216
11.4	Soziale Bedingungen	218
11.5	Leistungen der Ziegen in den Tropen	221
11.5.1	Fleischproduktion	221
11.5.2	Milchproduktion	223
11.5.3	Faserproduktion	225
11.6	Fütterung	227
11.7	Haltung	228
11.8	Wirtschaftlichkeit	228
12	Ziegenmilch – Qualität und Verarbeitung	232
12.1	Milchzusammensetzung	232
12.1.1	Fett	232
12.1.2	Eiweiß	233
12.1.3	Milchzucker (Laktose)	234
12.1.4	Mineralstoffe, Spurenelemente und Vitamine	234
12.2	Die Bedeutung von Ziegenmilch für die Ernährung	235
12.3	Behandlung der Milch	239
12.4	Käseherstellung	240
12.4.1	Die Säuerung (Dicklegung)	240
12.4.2	Die Gerinnung	241
12.4.3	Das Formen	242
12.4.4	Die Trocknung	244
12.4.5	Die Reifung	244
12.4.6	Molkenkäse	245
12.5	Butterherstellung	246
12.6	Joghurtherstellung	247
13	Ziegenfleisch – Qualität und Verarbeitung	248
13.1	Schlachten und Häuten	248
13.2	Schlachtkörper- und Fleischqualität	249
14	Krankheiten der Ziege	251
14.1	Gruppierungen von Krankheiten nach Symptomkomplexen	253
14.2	Bakterielle Infektionen	256
14.2.1	Milzbrand	256
14.2.2	Tetanus (Wundstarrkrampf)	257
14.2.3	Brand (Rauschbrand, Gasbrand)	257

14.2.4	Pasteurellose	257
14.2.5	Leptospirose	258
14.2.6	Mykoplasmose	258
14.2.7	Enterotoxämie	260
14.2.8	Listeriose	260
14.2.9	Tuberkulose	261
14.2.10	Paratuberkulose (Johnesche Krankheit)	261
14.2.11	Brucellose	262
14.2.12	Q-Fieber	262
14.2.13	Pseudotuberkulose	263
14.2.14	Staphylokokken-Dermatitis	264
14.3	Viruskrankheiten	265
14.3.1	Maul- und Klauenseuche (MKS)	265
14.3.2	Pocken	265
14.3.3	Pest der kleinen Wiederkäuer	265
14.3.4	Tollwut	266
14.3.5	Aujeszkysche Krankheit (Pseudowut)	266
14.3.6	Bornasche Krankheit	266
14.3.7	Visna/Maedi	266
14.3.8	Ziegen-(Caprine-)Arthritis-Enzephalitis (CAE)	267
14.3.9	Encephalomyelitis granulomatosa	269
14.3.10	Zeckenenzephalitis	269
14.3.11	Rift-Valley-Fieber und Wesselbronsche Krankheit	269
14.3.12	Scrapie (Traberkrankheit)	269
14.4	Pilzinfektionen	270
14.5	Parasiten	270
14.5.1	Endoparasiten	270
14.5.2	Blutparasiten	273
14.5.3	Ektoparasiten	274
14.6	Stoffwechselkrankheiten	276
14.6.1	Hypokalzämie (Milchfieber)	276
14.6.2	Osteomalazie (Knochenweiche)	277
14.6.3	Trächtigkeitstoxämie und Ketose	277
14.6.4	Polyenzephalomalazie (Zerebrale Nekrose)	278
14.6.5	Rehe	279
14.6.6	Haarbälle (Bezoare)	279
14.7	Krankheiten der Geschlechtsorgane	280
14.7.1	Abort	280
14.7.2	Nachgeburtsverhaltung	281
14.7.3	Endometritis	282
14.7.4	Euterentzündungen (Mastitis)	282
14.8	Lämmerkrankheiten	285
14.8.1	Ungenügende Kolostrumaufnahme	285
14.8.2	Milchindigestion	286
14.8.3	Infektiöse Lämmererkrankungen	286
14.8.4	Parasiten	290
14.8.5	Muskeldystrophie der Lämmer	291

Literaturverzeichnis 292
Weiterführende Literatur 295
Ziegenzuchtorganisationen 297
Sachregister 298

1 Abstammung, Domestikation und frühe Zuchtgeschichte

Bei der zoologischen Klassifizierung bilden in der Familie der Boviden die Ziegenartigen zusammen mit den Schafen einen Stamm, zu dem außerdem noch das Blauschaf *(Bharal, Pseudois)* und das Mähnenschaf *(Ammotragus)* gehören. Zu den eigentlichen Ziegen zählen der Tahr *(Hemitragus)* und die Ziegen. Von den fünf Wildziegenarten Steinbock *(Capra ibex* und *Capra pyrenaica)*, Tur *(Capra caucasia)*, Bezoar *(Capra hircus)* und Markhor *(Capra falconeri)* ist der Bezoar und möglicherweise bei einigen Rassen auch der Markhor Stammvater der Hausziegen. Über die genaue Klassifizierung sind sich die Zoologen nicht einig. Unabhängig davon, wie sie die einzelnen Wildziegen einander zuordnen, stimmen sie jedoch darin überein, daß die Hausziegen im wesentlichen von *Capra hircus,* und zwar der Unterart *Capra hircus aegagrus* abstammen und daß nur einige Rassen Zentralasiens von *Capra falconeri* beeinflußt wurden.

Die verschiedenen Rassen von Wildziegen der Arten *C. hircus aegagrus* und *falconeri*, die sich besonders durch die Form ihrer Hörner unterscheiden (säbelförmig bzw. schraubenförmig gedreht), sind heute noch in den Gebirgen zwischen dem Himalaya und Kleinasien bis zu den griechischen Inseln verbreitet, allerdings in geringen Beständen (Abb. 1). Sie müssen unterschieden werden von verwilderten Hausziegen auf einigen Inseln des Mittelmeeres und der Ozeane, in Schottland, Skandinavien, Australien und Neu-Seeland, die von entlaufenen oder durch Seefah-

Abb. 1. Wildziegenbock auf der Insel Theodorou (Kreta; Foto: Papageorgiou).

rer auf die Inseln gebrachten Hausziegen abstammen (möglicherweise aus Paarungen mit Wildziegen-Böcken).

Hausziegen können sich erfolgreich mit den fünf Wildziegenarten paaren. Die Nachkommen sind selbst fruchtbar. Das ist insofern verständlich, als alle die gleiche Chromosomenzahl von 2n = 60 haben. Dagegen haben Schafe nur 54 Chromosomen. Dementsprechend ist die Kreuzung beider im allgemeinen nicht möglich, doch gibt es gelegentlich fruchtbare Paarungen von Ziegen mit Schafböcken, aber nicht von Ziegenböcken mit Schafen. Es sind sogar fruchtbare Ziegen × Schaf-Mischlinge beobachtet worden, die nach Paarung mit Schafböcken trächtig wurden. Dies sind jedoch sehr seltene Fälle. Die meisten Berichte über solche Mischlinge sind nicht gesichert. Sie mögen durch die weite Variation der äußeren Merkmale von Schafen wie auch Ziegen gefördert sein, derzufolge es Ziegenrassen gibt, die Schafen sehr ähnlich sind und umgekehrt.

Bei unseren europäischen Rassen lassen sich Schafe leicht von Ziegen unterscheiden. Es gibt auf der Welt aber Rassen, bei denen auf den ersten Blick nicht leicht zu sagen ist, ob es sich um Schafe oder Ziegen handelt. Weder die Haare bzw. Wolle noch die Form der Ohren oder des Schädels lassen eine sichere Zuordnung zu. Jedoch gilt als ebenso einfaches wie sicheres Zeichen die Schwanzhaltung: Schafe lassen den Schwanz hängen, ein aufgestellter Schwanz kennzeichnet Ziegen. Obwohl die Skelette von Schaf und Ziege sehr ähnlich sind, gibt es eine Reihe von Unterscheidungsmerkmalen am Schädel und an anderen Knochen, aufgrund derer es möglich ist, bei archäologischen Funden die Tierart zu bestimmen.

Ziegen sind die ersten Wiederkäuer, die domestiziert wurden. Der Grund hierfür ist wohl darin zu suchen, daß in Südwest-Asien, wo Menschen erstmals mit dem Ackerbau begannen, auch Wildziegen lebten. Man muß sich vorstellen, daß die ersten Versuche, Wildziegen in Gefangenschaft aufzuziehen (wahrscheinlich Kitze von erlegten Muttertieren) durch unzureichende Fütterung, unhygienische Haltung mit Anhäufung von Krankheitserregern und Parasiten sowie dem psychischen Streß für die Tiere eine sehr große Belastung darstellten. All das konnten nur extrem widerstandsfähige Tiere aushalten (ZEUNER 1963). Wahrscheinlich waren Ziegen den möglichen Konkurrenten, besonders Schafen, überlegen. Außerdem waren sie besser an die Haltung in Waldgebieten angepaßt, und Wald begrenzte ja vielfach den nutzbaren Lebensraum.

Da in archäologischen Funden die Knochen vom Bezoar, dem wildlebenden Vorfahren, und der Hausziege nicht unterschieden werden können, ist die Entscheidung, ob es sich bei Funden um Hausziegen handelt, nur aufgrund der Lokalisation der Fundstätten zu fällen; liegt diese außerhalb des natürlichen Habitats der Wildziegen, schließt man auf Hausziegen. Außerdem spricht eine Häufung von Knochen einer bestimmten Altersgruppe, wie sie in natürlichen Populationen nicht vorkommt, und die z. B. durch Schlachtungen junger Ziegen bedingt sein kann, für domestizierte Tiere.

Es gibt gut gesicherte Funde im Gebiet des heutigen Iran, Irak, Anatolien und Palästina, nach denen im 8.–7. Jahrtausend vor Christus dort Hausziegen gehalten wurden. Im Neolithikum (6.–2. Jahrtausend vor Christus) breiteten sich Hausziegen über Asien, Europa und Afrika aus. Im alten Ägypten wurden Ziegen ihres Fleisches und der Haut wegen genutzt und sicher auch gemolken. Da in Europa – dem Gebiet des Steinbocks – keine Wildziegen vorkamen, müssen Ziegen hierher bereits als Haustiere gelangt sein, spätestens mit der Pflugkultur der Jungsteinzeit.

Es wird als unwahrscheinlich angesehen, daß die kleinen Bestände von Wildziegen auf Kreta und einigen griechischen Inseln Ursprung der europäischen Hausziegen sind. Die Torfziege der neolithischen Siedlungen im Alpenraum hatte säbelförmige Hörner, ebenso wie die Ziegen der frühen Funde auf dem Balkan. Dagegen herrschte im mittleren Neolithikum, in der Bronze-Zeit, im Gebiet von Österreich und Deutschland, die Kupfer-Ziege vor, die Schrauben-Hörner hatte, während im Gebiet der Schweiz, Ungarns und auch in Skandinavien weiter Ziegen mit sichelförmigen Hörnern vorkamen (ZEUNER 1963). Von Abbildungen auf Münzen wissen wir, daß in der Antike in Griechenland und Italien Ziegen mit verschiedenen Hornformen vorkamen und seit dem Kaiserreich auch hornlose.

Durch Selektion wurden die Merkmale der Ziegen in mannigfacher Weise verändert: Körpergröße (von Zwergziegen bis zu Ziegen, die fast 100 kg wiegen), Schädel- und Hornform (säbel- und schraubenförmig oder hornlos), Leistungsmerkmale (Fortpflanzung, Wachstum, Milchproduktion) und das Haarkleid (kurz- und langhaarig, Angora, Kaschmir). Besonders die sehr feinen wollähnlichen Unterhaare wurden schon früh sehr geschätzt. Sie waren Anlaß für zahlreiche Versuche, faserproduzierende Ziegenrassen in viele Länder der Erde zu verpflanzen, was allerdings häufig erfolglos blieb. Schon in der jüngeren Steinzeit wurden in Westasien diese Fasern genutzt, und auch die Sumerer (4000–3000 v. Chr.) scheinen sie gekannt zu haben. Bei griechischen und römischen Geschichtsschreibern finden sich zahlreiche Hinweise auf Ziegen in Südanatolien, deren feine Wolle zum Teil gerupft, zum Teil geschoren und zu Kleidern verarbeitet wurde. Die weiße Angoraziege läßt sich in Mittelanatolien bis ins 13. Jahrhundert zurückverfolgen. Ihr Name leitet sich von Ankara her. Im 15. und 16. Jahrhundert kamen nach Europa Berichte über das feine Haar der Ziegen in Anatolien, das unter anderem für die Herstellung des feinen Wolltuches „Camelot" verwendet wurde (der Name deutet wohl darauf hin, daß es ursprünglich aus Kamelhaar hergestellt wurde). Im 16. Jahrhundert stand in Kaschmir (Himalaya) die Weberei feinster Stoffe, der Kaschmirschals, aus der Wolle der Kaschmirziegen in voller Blüte. Es soll damals dort an die 40 000 Webereien gegeben haben. Die Ziegen, die diese Wolle lieferten, lebten vor allem in Tibet.

Infolge des großen Interesses an feinen Geweben wurden im 19. Jahrhundert aus dem Osten verschiedene Haarziegenrassen nach Europa, Amerika und Australien gebracht. 1823–1826 importierte König Wilhelm von Württemberg Kaschmir- und Angoraziegen. Nach Rußland müssen die weißen Angoraziegen schon sehr früh gekommen sein und wurden dort mit den verschiedenen schwarzen Haarziegen gekreuzt. Offizielle Importe aus der Türkei begannen allerdings erst 1811. Aus Kreuzungen mit türkischen und später amerikanischen Angoraziegen entstand die sowjetische Mohairziege, die seit etwa 1947 als eigene Rasse rein gezüchtet wird, mit einem Schurgewicht von 3 bzw. 2 kg für Böcke und Ziegen. Nach Südafrika kamen die ersten Angoras 1836. Dort hatten Holländer bereits 1725 ohne Erfolg versucht, langhaarige Ziegen aus Persien einzuführen. Insgesamt wurden bis 1896 etwa 3000 Angoraziegen importiert und in großem Umfang mit einheimischen Ziegen gepaart. Die Zahl von Angoraziegen wurde in Südafrika bereits 1897 mit fast 3 Mio. und 1911 mit 4½ Mio. angegeben. Danach ging ihre Zahl wieder zurück.

In die USA wurden Angoraziegen aus der Türkei zuerst im Jahre 1849 gebracht. Die Angorazucht in Texas wurde von sieben Ziegen und zwei auf dem Transport geborenen Böcken begründet. Um die führende Stellung der Türkei in der Produktion von Mohair nicht zu gefährden, verbot der Sultan 1881 den Export von Angoraziegen, nachdem bereits 1790 einmal der Export von Fellen von Angoralämmern verboten worden war. Wegen der Nachfrage für die Anfertigung von Muffs war dieser Export so angewachsen, daß der türkische Ziegenbestand gefährdet war. Es wurden dennoch in den folgenden Jahren etwa weitere 300 Ziegen nach den USA gebracht. Auch Südafrika verbot 1910 den Export von Angoraziegen. Alle diese Maßnahmen kamen jedoch zu spät: in Texas hatte sich bereits eine Angora-Zucht und Mohair-Industrie etabliert, und 1898 gab es in den USA etwa 250 000 Angoraziegen. Sie wurden durch Selektion größer und robuster als die in der Türkei; zusätzlich kreuzte man auch europäische Ziegen (aus Mexiko) ein.

Übriggeblieben sind von allen Versuchen, Angoraziegen außerhalb Asiens anzusiedeln, nur die Zuchten in Südafrika und den USA, die heute neben der Türkei je etwa ein Drittel des Mohair liefern (s. Seite 84). Kleine Populationen, die sich außerdem gehalten haben, wie in Madagaskar und im Süden Argentiniens (1–2 Mio. Ziegen), haben nicht zur Entwicklung einer spezialisierten Mohair-Industrie geführt. Neuerdings hat man festgestellt, daß bei den verwilderten Ziegen Australiens die Anlage zur Faserproduktion erhalten geblieben ist (s. Seite 85).

Nach Amerika kamen Ziegen erst mit den europäischen Einwanderern. Die verschiedenen Criollo-Populationen Mittel- und Südamerikas (s. Seite 53) gehen auf spanische und portugiesische Rassen zurück. Zuchtziegen wurden nach Nordamerika erst um 1890 gebracht, um die Milchleistung systematisch zu verbessern; in Lateinamerika wurden sogar erst in jüngster Zeit Einkreuzungen mit europäischen Milchrassen vorgenommen, die allerdings aus den USA importiert wurden.

Das Verhältnis des Menschen zur Ziege scheint seit altersher zwiespältig zu sein. Einerseits sind Ziegen mit die ersten Haustiere, die ihm in vielfältiger Weise nutzten, andererseits gab es wohl immer auch Vorurteile gegen Ziegen. Diese beruhen nicht nur auf dem Schaden, den sie anrichten können, sondern sie müssen auch tief in mythischen Vorstellungen wurzeln. Wir wissen aus dem Alten Testament, daß es Gelegenheiten gab, bei denen die Juden ihre Sünden einem Bock aufladen sollten, den sie dann in die Wüste trieben (LEVITHICUS 16, 20–22) oder steinigten. Die Bezeichnung Sündenbock erinnert wohl an diesen Brauch. Man schrieb Ziegen eine besondere Wirkung gegen Krankheitserreger und andere Übel, die das Vieh befallen konnten, zu. So war es noch am Anfang dieses Jahrhunderts vielfach Brauch, in Rinder- und Pferdeställen einen Ziegenbock (oder auch eine Ziege) zu halten, der entweder alle Krankheiten auf sich ziehen und damit von den anderen Tieren fernhalten, oder aber auch überhaupt eine Abschreckung auf Krankheiten ausüben sollte (Averrunkation). In afrikanischen Ländern finden sich ähnliche Bräuche heute noch. So wird z. B. in Lesotho gern ein schwarzer Bock bei den (weißen) Angoraziegen gehalten, der Unheil von ihnen abwehren soll. Wieweit der Brauch, Böcke (allerdings meist kastrierte) bei Militäreinheiten als Maskottchen zu halten hiervon abgeleitet werden kann, ist schwer zu sagen. Ebenso wahrscheinlich ist, daß hierfür Temperament und Zugänglichkeit diese Tiere qualifizieren.

In den vergangenen Jahrzehnten sind die Ziegen weltweit in Verruf geraten wegen der Schäden, die sie an der Vegetation anrichten und die zu Verkarstung und Versteppung führen sollen (s. Seite 207). Das Problem ist nicht neu; im 16. Jahrhundert verbot das Parlament von Grenoble die Ziegenhaltung in einem Teil der Provinz Dauphinée, um der zunehmenden Zerstörung der Wälder Einhalt zu

Abstammung, Domestikation und frühe Zuchtgeschichte 17

gebieten; im vorigen Jahrhundert wurde in Jütland die Ziegenhaltung in Waldgebieten untersagt. In neuerer Zeit wurde die Ziegenhaltung in einigen Balkan- und Mittelmeerländern durch Gesetze verboten oder eingeschränkt.

In Deutschland gab es bis zum Ende des vorigen Jahrhunderts viele Landschläge (Abb. 2), deren züchterischer Zustand in den achtziger Jahren zum Teil sehr schlecht gewesen sein muß. Vor allem der Mangel an Zuchtböcken wirkte sich nachteilig aus. Bei den vorherrschenden sehr schlechten Stallverhältnissen und oft ganzjähriger Stallhaltung fanden sich angesehene Bauern nicht für das „anrüchige" Geschäft der Bockhaltung bereit. Häufig wurden einjährige Böcke verwendet, die in keiner Weise ausgewählt waren, und die am Ende der Deckzeit geschlachtet wurden. Inzucht wurde nicht vermieden und war sicherlich weit verbreitet. Aus diesem desolaten Zustand wurde zwischen 1884 und 1927, im wesentlichen aber nur von 1887–1916, ganz aus privater Initiative die Edelziege gezüchtet.

Der Landwirt Christian Dettweiler aus Wintersheim am Rhein hatte auf Reisen (vor allem zum Viehkauf) in die Schweiz die dortigen Ziegen kennengelernt. Er importierte 1884 die ersten weißen Ziegen zur Verbesserung der weißen Ziegen in Hessen. Es waren weiße hornlose Appenzeller. Die Kreuzungsnachkommen hatten, offenbar wegen der Kopfform, häufig Geburtsschwierigkeiten. 1887 brachte Dettweiler deshalb die ebenfalls hornlosen gemsfarbigen Schwarzenberg-Guggisberg-

Abb. 2. Landziege in Deutschland um 1840. Eine große milchreiche, hornlose (heterozygot) Ziege mit gut aufgehängtem Euter (J. A. Klein 1841).

Ziegen aus dem Simmental, mit denen die Zucht der Wintersheimer Ziege begründet wurde, die allerdings später nicht weitergezüchtet wurde. Auf Betreiben Dettweilers richtete die DLG 1890 auf der Ausstellung in Straßburg erstmals eine Abteilung für Ziegen ein. 1892 veranlaßte Dettweiler den Brauereibesitzer, Kommerzienrat Ulrich in Pfungstadt, der an einer Verbesserung der Ziegen seiner Betriebsangehörigen interessiert war, Saanenziegen aus der Schweiz zu importieren. Im gleichen Jahr wurde der Ziegenzuchtverein Pfungstadt gegründet.

Der Erfolg der ersten Einkreuzungen muß groß gewesen sein, denn schon ab 1894 wurden weitere Ziegenzuchtvereine in Hessen gegründet, und 1895 setzte die DLG einen Sachverständigenausschuß für Ziegenzucht ein.

Das Starkenburger Herdbuch in Hessen nannte als Zuchtziel zunächst eine Ziege im Typ der Berner Talziege, kurzhaarig und hornlos, aber ohne Farbunterscheidung. Erst später wurde Weiß obligatorisch und die Ziege wurde als weiße Saanenziege bezeichnet. Die Zuchterfolge wurden wesentlich unterstützt durch die hessische Körordnung von 1901, mit der die Körung aller Ziegenböcke eingeführt und außerdem die Gemeinden zur Vatertierhaltung verpflichtet wurden.

Während anfangs in Deutschland viele Schläge der veredelten weißen Ziege getrennt wurden, führten der Reichsverband deutscher Ziegenzüchter-Vereinigungen und die DLG 1927 die einheitliche Bezeichnung Weiße Deutsche Edelziege ein (gleichzeitig auch als einzige weitere Rasse die Bunte Deutsche Edelziege). Damit war die Umzüchtung offiziell abgeschlossen. Schon 1916 hatte man die Importe von weiblichen Ziegen ganz eingestellt, denn Anpassungsschwierigkeiten verursachten immer große Verluste, während nun im eigenen Land bereits genügend Zuchttiere von guter Qualität zur Verfügung standen. Nur Böcke wurden regelmäßig weiter eingeführt, zur Blutauffrischung, wie man damals sagte, aber es waren immer nur einzelne Tiere. Bis 1924 wurden nach Hessen insgesamt 986 Böcke und 2402 Ziegen (Appenzeller, Saanen und Toggenburger) aus der Schweiz importiert. Von Hessen aus wurde die Saanenziege zur Veredelung weißer Landschläge im übrigen Deutschland verbreitet.

Während die Weiße Ziege durch Veredelungs- bzw. Verdrängungskreuzung mit der Schweizer Saanenziege erzüchtet wurde, ist die Bunte Ziege im wesentlichen durch Selektion aus den bunten Landschlägen entstanden. Zwar waren die ersten erfolgreichen Einfuhren Dettweilers die gemsfarbigen Schwarzenberg-Guggisberger Ziegen aus denen die Wintersberger Ziege entstand. Doch wurde diese nicht weiterentwickelt, was wohl vor allem daran lag, daß eine tatkräftige Zuchtorganisation wie in Pfungstadt fehlte. Einige Wintersheimer wurden nach Oberbayern und Braunschweig verkauft und beeinflußten dort die Harzziege. Die Thüringer-Wald-Ziege wurde mit Toggenburgern zur Deutschen Toggenburger Ziege veredelt. Aber im ganzen hat die Einkreuzung bei den Bunten Ziegen eine geringe Rolle gespielt.

2 Verbreitung und Bedeutung der Ziege

In Deutschland wie in den meisten Industrieländern wird die Ziege heute vorwiegend aus Freude am Tier gehalten, wobei die Erzeugung von Milch und Fleisch zwar eine willkommene Leistung ist, aber nicht der eigentliche Zweck der Haltung. Daneben gibt es jedoch auch größere Herden, die für die Marktproduktion gehalten werden. In Deutschland sind Herden mit 50–100 oder auch mehr Ziegen selten, aber in anderen Ländern, wie Frankreich, Spanien, Griechenland und in geringerem Umfang auch in Norwegen, Israel und den USA, hat Ziegenzucht auf dieser Basis eine größere Bedeutung.

Ganz allgemein läßt sich sagen, daß Umfang und Bedeutung der Ziegenhaltung vom Lebensstandard abhängen. Dies zeigt ein Blick in die Vergangenheit ebenso wie eine weltweite Betrachtung. In Abb. 3 ist die Entwicklung der Bestandszahlen in Deutschland seit 1870 dargestellt. Man sieht die Zunahme der Bestände infolge der allgemeinen Förderung der Tierhaltung bis 1922 und danach Abnahme und Zunahme in guten und schlechten Zeiten. Nach dem letzten Kriege hielten sich die

Abb. 3. Ziegenbestand in Deutschland 1873–1945; Bundesrepublik 1964–1977.

Tab. 1. Ziegenbestand in den Ländern der Bundesrepublik Deutschland 1949–1977 (in 1000 Stück)

	1949	1953	1957	1961	1965	1969	1973	1977
Schleswig-Holstein	14,5	11,7	6,9	2,8	1,3	0,8	0,8	1,1
Hamburg	5,6	3,8	2,3	1,0	0,4	0,2	0,1	0,0
Niedersachsen	237,1	165,5	103,1	50,9	19,5	7,2	3,0	2,1
Bremen	3,0	1,7	0,8	0,3	0,1	0,0	0,0	0,0
Nordrhein-Westfalen	177,1	119,0	70,4	33,5	13,6	6,0	3,0	2,5
Hessen	287,3	185,4	120,5	59,4	21,6	8,1	2,9	2,3
Rheinland-Pfalz	184,5	114,1	61,2	22,8	6,4	2,1	1,1	1,5
Baden	71,2							
Württemberg-Hohenzollern	54,2							
Baden-Württemberg		207,1	154,0	96,5	49,4	30,0	17,5	14,9
Bayern	269,4	215,2	140,6	75,3	34,9	19,1	10,8	11,2
Saarland	–	–	–	9,4	2,8	1,1	0,5	0,4
Berlin (West)	–	–	1,4	–	0,3	0,2	0,1	0,1
Gesamt		1303,9	1023,5	661,2	351,9	150,3	74,8	39,8	36,1

Bestände zunächst, verminderten sich dann aber ab 1950 rasch und drastisch bis zum heutigen Tiefstand (Tab. 1). Zum letzten Mal wurden Ziegen bei der Viehzählung von 1977 erfaßt. Damals gab es in der Bundesrepublik 36 000 Ziegen. Wir wissen nicht, ob sich die Tendenz seitdem verändert hat. Die leichte Zunahme in Schleswig-Holstein, Rheinland-Pfalz und Bayern könnte darauf hindeuten. Zwar hat das Interesse an Ziegen zugenommen und einige neue Haltungen, auch größere, sind entstanden, aber andererseits haben auch viele Ziegenhalter aus Altersgründen ihre Tiere abgeschafft.

In einem dicht besiedelten und landwirtschaftlich intensiv genutzten Gebiet wie der Bundesrepublik Deutschland ist der Platz, den Ziegen einnehmen können, eng bemessen. Im wesentlichen kommen folgende Situationen in Frage:

– Haltung einzelner Ziegen im Dorf oder am Stadtrand durch Nicht-Landwirte, die Zugang zu landwirtschaftlichen Rest- und Kleinflächen haben. Engpässe entstehen bei Fütterung und Unterbringung im Winter. Mit Ziegen können Abfälle, Nebenprodukte und sonst nicht nutzbare Flächen verwertet werden. Erzeugt wird vor allem Milch, die – eventuell zu Käse verarbeitet – verkauft oder selbst verbraucht wird. Dieser Haltung ist mit dem Interesse an alternativen Lebensformen wieder mehr Aufmerksamkeit zuteil geworden.

– Haltung in landwirtschaftlichen Kleinbetrieben als Nebenzweig der tierischen Erzeugung – Futtergrundlage und Erzeugung sind ähnlich wie oben. Meist sind es Frauen, die sich mit den Ziegen befassen. Die beiden bisher genannten Haltungsformen konkurrieren mit Schafhaltung.

– Haltung größerer Herden in Spezialbetrieben. Hier besteht Konkurrenz zu Schafen und Rindern. Wenn Milch produziert wird, dann muß der Preis höher sein als der von Kuhmilch, um den höheren Arbeitsaufwand zu entlohnen. Spezialisierte Fleischproduktion ist in solchen Herden in Mitteleuropa nicht üblich, könnte aber bei hohen Preisen für Lämmer mit hohem Schlachtgewicht vor allem für die Nutzung von landwirtschaftlichen Restflächen (Sozial-Brache) an Bedeutung gewinnen.

– Haltung einzelner Ziegen als Liebhaberei, wobei u. U. Futter gekauft wird.

In Tab. 2 sind für die ganze Welt Bestandszahlen und Leistungen von Ziegen, bezogen auf die Bevölkerungszahlen, angeführt. Dieses Verhältnis gibt einen besseren Hinweis als die absoluten Zahlen auf die Bedeutung der Ziegen in einem Land. Aus den Zahlen ist zu ersehen, daß Ziegen in den Entwicklungsländern weit größere Bedeutung haben als in den Industrieländern. Dabei ist noch zu berücksichtigen, daß in manchen Ländern Ziegen regional sehr unterschiedlich verteilt sind, so daß sie in einzelnen Gebieten für die Ernährung und das Einkommen unerläßlich sein können. Außerdem ist die Konzentration der Ziegen in den Ländern mit trockenen Klimabedingungen deutlich.

Tab. 2. Ziegenbestände und Leistungen der Ziegen in der Welt (FAO 1979)
a) Europa, b) Afrika, c) Asien, Amerika, Ozeanien

Land	Bevölkerung in 1000	Ziegen	Ziegen pro 100 000 Einw.	Milch	Fleisch kg/Einwohner	Milch u. Fleisch
a) Europa	481 726	11 579	2,4	3,230	0,174	3,404
Griechenland	9 460	4 473	47	44,820	4,771	49,591
Albanien	2 671	665	25	10,483	2,508	12,991
Frankreich	53 509	1 048	2	8,671	0,145	8,816
Spanien	36 356	2 300	6	8,114	0,359	8,473
Bulgarien	8 840	374	4	6,221	0,328	6,549
Malta	337	9	3	5,935	0,131	6,066
Norwegen	4 070	74	2	5,897	0,068	5,965
Portugal	9 770	745	8	3,685	0,320	4,005
Schweiz	6 350	80	1	3,780	0,092	3,872
Österreich	7 504	36	1	2,399	0,069	2,468
Italien	56 888	960	2	2,092	0,042	2,134
Tschechoslowakei	15 250	72	1	1,639	0,032	1,671
DDR	16 745	29	0,2	0,836	–	0,836
Bundesr. Deutschl.	61 200	36	0,06	0,359	–	0,359
Ungarn	10 710	11	0,1	0,186	–	0,186
Rumänien	22 068	412	2	–	0,178	0,178
Polen	35 225	50	0,1	0,057	0,026	0,083
Niederlande	14 039	20	0,1	–	0,024	0,024
Irland	3 271	31	0,9	–	–	–
Jugoslawien	22 107	125	0,6	–	–	–
Dänemark	5 099	6	0,1	–	–	–
Belgien/Luxemburg	10 210	9	0,09	–	–	–
Schweden	8 296	7	0,08	–	–	–
Finnland	4 770	2	0,04	–	–	–
Großbritannien	56 076	6	0,01	–	–	–
Westl. Industriel.	779 780	16 893	2	1,863	0,131	1,994
Sowjetunion	263 500	5 504	2	1,518	0,152	1,670
b) Afrika	455 873	144 684	31,7	2,992	1,109	4,101
Somalia	3 542	16 000	452	77,922	15,202	93,124
Mauretanien	1 588	3 250	205	42,821	3,149	45,970
Niger	5 150	6 400	124	24,078	4,078	28,156
Sudan	17 865	12 200	68	21,271	2,329	23,600
Dschibuti	116	520	448	–	21,293	21,293
Mali	6 465	5 757	89	5,414	3,044	8,458
Botswana	798	1 200	150	3,760	4,661	8,421
Algerien	17 959	2 600	14	7,517	0,539	8,056
Libyen	2 861	2 108	74	5,243	0,778	6,021

Tab. 2. Fortsetzung

Land	Bevölkerung in 1000	Ziegen	Ziegen pro 100000 Einw.	Milch	Fleisch kg/Einwohner	Milch u. Fleisch
Namibia	980	2 150	219	–	5,265	5,265
Tschad	4 417	2 278	52	3,396	1,684	5,080
Tunesien	6 201	950	15	3,870	1,002	4,872
Swasiland	540	265	49	–	4,667	4,667
Äthiopien	31 773	17 120	54	2,990	1,630	4,620
Obervolta	6 728	2 700	40	3,121	1,266	4,387
Tansania	17 382	4 700	27	2,934	1,079	4,013
Kenia	15 780	4 500	29	2,725	1,067	3,792
Guinea-Bissau	563	183	33	1,776	1,007	2,783
Benin	3 424	950	28	1,460	0,847	2,307
Senegal	5 518	1 000	18	1,631	0,652	2,283
Marokko	19 642	5 650	29	1,324	0,756	2,080
Rwanda	4 649	786	17	1,506	0,379	1,885
Burundi	4 383	585	13	1,369	0,479	1,848
Lesotho	1 309	730	56	–	1,345	1,345
Nigeria	74 595	24 500	33	–	1,194	1,194
Zentral Afrik.	2 169	780	36	–	1,100	1,100
Zimbabwe	7 150	2 061	29	–	1,037	1,037
Südafrika	28 483	5 300	19	–	1,011	1,011
Gambia	587	92	16	–	0,886	0,886
Liberia	1 802	190	11	0,555	0,310	0,865
Komoren	328	86	26	–	0,823	0,823
Kamerun	8 248	1 720	21	–	0,823	0,823
Elfenbeinküste	7 722	1 200	16	–	0,777	0,777
Uganda	12 796	2 144	17	–	0,645	0,645
Ghana	11 317	2 000	18	–	0,535	0,535
Togo	2 618	748	29	–	0,519	0,519
Malawi	5 963	860	14	–	0,519	0,519
Gabun	544	90	17	–	0,460	0,460
Madagaskar	8 511	1 583	19	–	0,418	0,418
Angola	6 911	930	13	–	0,391	0,391
Zaire	27 519	2 783	10	–	0,251	0,251
Réunon	517	33	6	–	0,101	0,101
c) Asien	2 509 010	253 566	10	1,385	0,465	1,850
Zypern	648	459	71	60,185	6,620	66,805
Katar	210	50	24	47,619	1,400	49,019
Mongolei	1 622	4 705	290	24,661	13,564	38,225
Jemen (Arab. Rep.)	5 785	7 800	135	23,336	6,482	29,818
Türkei	44 241	18 447	42	14,466	2,387	16,853
Jemen (Dem. Rep.)	1 838	1 300	71	13,602	2,677	16,279
Oman	864	204	24	10,417	2,373	12,790
Ver. Arab. Emirate	753	290	39	7,968	4,228	12,196
Syrien	8 368	1 094	13	9,799	0,618	10,417
Saudi Arabien	8 112	1 900	23	7,150	1,010	8,160
Iran	36 938	13 500	37	6,010	1,247	7,257
Israel	3 813	130	3	6,557	0,334	6,891
Libanon	3 086	340	11	5,833	1,012	6,845
Pakistan	79 838	27 804	35	4,634	2,069	6,703
Jordanien	3 085	382	12	4,538	1,766	6,304
Bangladesh	86 062	11 000	13	5,752	0,511	6,263
Irak	12 640	3 640	29	4,905	0,997	5,902

Tab. 2. Fortsetzung

Land	Bevölkerung in 1000	Ziegen	Ziegen pro 100 000 Einw.	Milch	Fleisch kg/Einwohner	Milch u. Fleisch
Kuwait	1 293	103	8	4,640	0,312	4,952
Afghanistan	21 452	3 000	14	2,238	1,189	3,427
Nepal	13 938	2 480	18	2,224	0,755	2,979
Indien	678 255	71 000	10	1,070	0,406	1,476
Nord- und Zentralamerika	363 981	11 990	3	0,846	0,073	0,919
Haiti	5 677	1 300	23	4,580	0,775	5,355
Mexiko	67 676	8 103	12	4,108	0,299	4,407
Bahamas	224	17	8	0,018	0,321	1,258
St. Kitts	67	15	22	–	1,045	1,045
Barbados	251	28	11	–	0,614	0,614
Jamaika	2 162	370	17	–	0,461	0,461
Antigua	75	8	11	–	0,133	0,133
Südamerika	238 912	18 449	8	0,561	0,275	0,836
Bolivien	5 430	3 000	55	2,578	1,155	3,733
Peru	17 291	2 000	12	1,157	0,639	1,796
Chile	10 919	600	5	–	0,429	0,429
Argentinien	26 723	3 000	11	–	0,249	0,249
Ozeanien	22 318	148	0,7	–	0,041	0,041
Tonga	95	11	12	–	0,316	0,316

2.1 Voraussetzungen für die Ziegenhaltung

2.1.1 Klimabedingungen

Ziegen werden unter praktisch allen Klimabedingungen gehalten, vom Polarkreis bis zum Äquator. Die Fähigkeit, mit extremen Umweltbedingungen fertigzuwerden, haben Ziegen sicherlich von ihren wildlebenden Vorfahren geerbt. In den Gebirgen Asiens waren (und sind) sie im Verlauf des Jahres sehr wechselnden Bedingungen ausgesetzt: Kälte und Schnee im Winter, Hitze und Dürre im Sommer. Die einzelnen Ziegenrassen sind an diese Bedingungen unterschiedlich angepaßt. Eine Betrachtung der geographischen Verteilung der Ziegen zeigt eine Konzentration in Gebieten mit geringen Niederschlägen und hohen Temperaturen. Dies sind zugleich Gebiete mit geringer landwirtschaftlicher Produktivität, in denen die Voraussetzungen für die Tierhaltung ungünstig sind oder gar die meisten Weidetiere, vor allem Rinder, überhaupt nicht gehalten werden können. Daß hier Ziegen vorherrschen, liegt an der Genügsamkeit der Ziegen, aber auch daran, daß es den ärmeren Landbewohnern leichter ist, eine Herde von Ziegen aufzubauen und zu besitzen als eine Rinderherde. Falsch wäre es, aus der geographischen Verteilung der Ziegenbestände zu folgern, daß sie nur unter Bedingungen der semi-ariden und ariden

24 Verbreitung und Bedeutung der Ziege

Abb. 4. Das Hochgebirge beiderseits der Baumgrenze ist der ursprüngliche Lebensraum der Ziegen. Natürliche Höhlen bieten Schutz gegen Regen (Griechenland; Foto: Schwerdt, Stuttgart).

Tropen ideale Lebens- und Produktionsbedingungen vorfinden. Das zeigt ja auch die erfolgreiche Ziegenhaltung in unseren Breiten.

Eine Ausnahme hinsichtlich der universellen Anpassungsfähigkeit der Ziege bilden Klimagebiete mit feuchtem und gleichzeitig heißem Klima. Dort werden Ziegen nicht in größeren Herden gehalten, wo sie beim Weiden den Klimafaktoren ausgesetzt wären, sondern nur in Einzelhaltungen und weitgehend im Stall. Als Grund für diese Klimaunverträglichkeit wird oft angeführt, daß Ziegen in diesen Gebieten an Lungenerkrankungen und Parasiten zu leiden haben. Sicher spielt dabei aber auch eine Rolle, daß die Temperaturregulation mittels Verdunstung dort nicht wirksam ist und daß typischerweise die Entlastung durch nächtliche Temperaturabsenkung fehlt. Aber im einzelnen sind die Zusammenhänge nicht geklärt.

Ganz allgemein haben Ziegen eine große Abneigung gegen Regen. Auch in unseren Breiten pflegen sie, anders als z. B. Weiderinder, dem Regen auszuweichen und suchen auch schon bei wenigen Tropfen Niederschlag Schutz auf. Dadurch kann u. U. die Futteraufnahme erheblich beeinträchtigt werden. Da Ziegen zur Aufrechterhaltung ihrer Körpertemperatur auf die Wärmebildung durch die Mikroorganismen im Pansen angewiesen sind, die von reichlicher Zufuhr von Rohfaser und Energie abhängt, kann längerdauernde Verminderung der Futteraufnahme bei niedrigen Außentemperaturen zu Störungen des Wohlbefindens führen. Nur ein enger Klimabereich sagt Angoraziegen zu (s. Seite 225); durch den schroffen Wechsel des Wärmehaushaltes nach der Schur sind sie für Einbrüche von Schlechtwetter sehr empfindlich.

2.1.2 Vegetation

Das Spektrum der Futterpflanzen und der Vegetationsformen, die von Ziegen genutzt werden können, ist groß, größer als das der meisten anderen landwirtschaftlichen Nutztiere (s. auch Seite 121). Ziegen haben jedoch eine deutliche Vorliebe für Sträucher, von denen sie Blätter junger Triebe fressen (Abb. 5). Da sie sorgfältig die nährstoffreichsten Pflanzenteile auswählen, können sie auch unter spärlichen Vegetationsbedingungen ausreichend Nährstoffe aufnehmen. Dieses Freßverhalten wirkt sich unter intensiven Weidebedingungen nachteilig aus, und es ist nicht leicht, intensive, möglicherweise artenarme Weiden mit Ziegen gut zu nutzen, wenn es auf große Futteraufnahme für hohe Leistungen ankommt.

Die größte Konzentration von Ziegen findet sich in semi-ariden Gebieten mit spärlicher Steppen-Vegetation, in denen Büsche dominieren. Dies liegt allerdings, ähnlich wie bei den Klimabedingungen, auch daran, daß in diesen Gebieten Rinder und auch Schafe weniger gut gedeihen, da sie nicht genug Nährstoffe aufnehmen

Abb. 5. Mit ihrer Vorliebe für Strauchweide und der Fähigkeit, sich auf den Hinterbeinen aufzurichten, können Ziegen Busch-Vegetation hervorragend nutzen.

können, um ihren Erhaltungsbedarf zu decken oder gar noch Nutzleistungen zu bringen.

Andererseits wird von der oft üppigen und ungenutzten Vegetation in feuchttropischen Gebieten von Ziegen wenig Gebrauch gemacht, es sei denn, sie werden im Stall gehalten und das Futter wird gesammelt und zu ihnen gebracht. Wegen ihrer geringen Produktivität hängt diese Haltungsform von der Einkommens- und Arbeitssituation ab. Sie ist immer dort seltener, wo für die Bevölkerung gute Arbeits- und Verdienstmöglichkeiten bestehen.

Wiederkäuer sind dafür eingerichtet, Futtermittel mit hohem Rohfasergehalt zu verwerten. Mit Hilfe der Pansenmikroorganismen können sie daraus die für ihren Stoffwechsel notwendigen Nährstoffe erhalten. Sie sind dabei insbesondere auch daran angepaßt, mit geringer Zufuhr von Stickstoff auszukommen. Sie verwerten ihn dann besonders ökonomisch, wenn sie mit stickstoffarmen Rationen gefüttert werden; je höher das Stickstoffangebot, desto schlechter wird die Stickstoffverwertung. Für die Ziege gilt dies in besonderem Maße. Betrachtet man sie nicht isoliert als Produktionseinheit für Milch und Fleisch, sondern im Gesamtzusammenhang landwirtschaftlicher Produktion zur Erzeugung von Nahrungsmitteln, dann ergibt sich für die Ziege aus ökonomischer Sicht ein bestimmter Platz. Wie für andere Nutztiere auch ist diese Position dort, wo die Ziege etwas leistet, was unter den gegebenen Bedingungen andere Tiere nicht oder nicht mit der gleichen Effizienz leisten. Das ist bei der Nutzung schwer zugänglichen Futters, vor allem Blattfutters von Baum- und Strauchweide, unter ungünstigen Klimabedingungen und in schwierigem Gelände der Fall.

Dies gilt für die sinnvolle Nutzung begrenzt verfügbarer natürlicher Ressourcen. Unter den wirtschaftlichen Bedingungen unserer modernen Gesellschaft ist meist die Überlegung bestimmend, wie die jeweils knappen Produktionsmittel (Boden, Arbeit, Kapital) am besten einzusetzen und zu nutzen sind. Dies kann zu Lösungen führen, die im biologischen Sinne nicht optimal sind, wie z. B. die Fütterung großer Kraftfuttermengen. In einer Zeit zunehmender Verknappung der Ressourcen und der Gefährdung des biologischen Gleichgewichtes der Umwelt könnten allerdings Umdenken und Neuorientierung gerade auch in diesem Zusammenhang notwendig werden.

2.1.3 Bodengestaltung

Der Lebensraum der wildlebenden Vorfahren unserer Ziegen war und ist das Hochgebirge beiderseits der Baumgrenze. Dieser schwierigen Umwelt ist die Ziege durch ihr Verhalten angepaßt, u. a. durch ihre Fähigkeit, sich in bergigem und felsigem Gelände zu bewegen. Sie kann noch an den steilsten Berghängen und in zerklüfteten Massiven, die für viele andere Tiere unüberwindliche Barrieren darstellen, zu Futterstellen gelangen (Abb. 6). Ihre behende Art, mit der sie im Gebirge mühelos auch größere Höhenunterschiede bewältigt, ist die Grundlage für die Haltung der sogenannten Heimherden in alpinen Gebieten wie der Schweiz oder Spanien, die täglich u. U. über 1000 m zwischen dem Dorf und den Almen überwinden (s. Seite 30).

Die Anpassung an das Gebirge ist auch die Grundlage für die große Marschfähigkeit. In ariden Gebieten müssen Ziegen oft täglich 10 km und mehr, manchmal auf

Abb. 6. Im Hochgebirge sind Ziegen geschickte Kletterer. Ihre Klauen sind diesen Bedingungen angepaßt.

reinem Stein und Felsboden, zurücklegen. Allerdings finden wir Ziegen auch in Gebieten mit allen anderen Formen der Bodengestaltung bis hin zum Moorboden. Auch dort beweist sie ihre Anpassungsfähigkeit. Für die richtige Haltung von Ziegen ist es jedoch wichtig, ihren ursprünglichen Lebensraum in Betracht zu ziehen.

2.1.4 Hygienische Verhältnisse

Es gibt unterschiedliche Meinungen über die Krankheitsanfälligkeit von Ziegen im Vergleich zu anderen Wiederkäuern, besonders Schafen und Rindern. Mancherorts herrscht die Vorstellung, daß Ziegen besonders anfällig seien und als Nachteil der Ziegenhaltung stets hohe Verluste in Kauf genommen werden müssen. In anderen Gegenden kann man die gegenteilige Meinung hören, nämlich daß Ziegen besonders widerstandsfähig seien. Exakte Untersuchungen zu dieser Frage fehlen, doch lassen sich einige Gründe für die scheinbaren Widersprüche anführen:
- bestimmte Klimaverhältnisse, insbesondere die Kombination von Hitze und hoher Feuchtigkeit, kann die Ziege schlecht vertragen; dort ist die Häufigkeit von Lungenerkrankungen und Parasitosen hoch;
- unter ihr angemessenen Umweltbedingungen zeigt die Ziege eine hohe Widerstandskraft gegen Erkrankungen; für den wenig aufmerksamen und nicht geschulten Beobachter werden Symptome erst sinnfällig, wenn Krankheiten so weit fortgeschritten sind, daß sie tödlich enden. Leichtere Erkrankungen bleiben unbeobachtet;
- wegen ihrer geringen Körpergröße hat die Ziege weniger Möglichkeiten, langanhaltender schwerer Krankheit zu widerstehen.

Diese Umstände könnten die Volksmeinung erklären, daß eine Ziege stirbt, „wenn sie es sich einbildet", ebenso aber auch die Beobachtung, daß Seuchen bei Ziegen hohe Sterblichkeit verursachen.

Ziegen sind anfällig gegen Innenparasiten. Das mag daher kommen, daß sie ursprünglich vorwiegend an Sträuchern und Bäumen weiden und wenig an Gräsern und Pflanzen, die dicht über dem Boden wachsen und mit denen Parasitenlarven aufgenommen werden. Dadurch haben Ziegen in ihrer Entwicklungsgeschichte wohl keine Resistenz gegen diese Parasiten entwickeln können. Die Haltung unter Bedingungen, bei denen die Ziegen gezwungen sind vor allem Gras aufzunehmen, erfordert deshalb besondere Vorbeugungsmaßnahmen, andernfalls hohe Verluste durch Parasitosen unvermeidbar sind.

Vielfach wird behauptet, daß Ziegen nicht an Tuberkulose erkranken können. Dies trifft nicht zu. Auch bösartige Neubildungen (Krebs) werden bei Ziegen beobachtet, allerdings selten. Das häufige Vorkommen von Brucellose bei Ziegen, die auf Menschen übertragen wird und das sogenannte Malta-Fieber verursacht, kann ein Grund sein, die Ziegenhaltung nicht zu fördern, solange es nicht gelingt, die Krankheit zu tilgen. Dies besonders dort, wo rohe Milch oder frischer Weißkäse, in dem die Keime nicht abgetötet sind, genossen werden und damit Brucellen auf Menschen übertragen werden können (s. Seite 262).

2.2 Formen der Ziegenhaltung

Kleinhaltungen von wenigen Ziegen zur Selbstversorgung sind weltweit die Form, in der die meisten Ziegen gehalten werden. Diese Ziegen weiden auf anderweitig nicht verwendeten Flächen, erhalten landwirtschaftliche Nebenprodukte und Hausabfälle. Sie werden beim Weiden gehütet (meist von Kindern oder alten Leuten), getüdert oder laufen tagsüber frei, besonders in Dörfer und Städten. Sie können aber auch ganzjährig im Stall gehalten werden, und zwar wegen der klimatischen, hygienischen oder anderer Umweltbedingungen, die ein Weiden nicht erlauben. Diese Art der Ziegenhaltung ist in fast allen Entwicklungsländern verbreitet, aber auch die meisten Ziegenhaltungen bei uns gehören hierher, ebenso wie die, die nicht aus wirtschaftlichen Gründen und zur Nahrungsmittelversorgung, sondern aus Liebhaberei betrieben werden.

In intensiven Ziegenhaltungen zur Milchproduktion als wesentlichem oder ausschließlichem Erwerbszweig ist die Größe der Herden der Futtergrundlage und der verfügbaren Arbeitskraft angepaßt. Sie liegt meist zwischen 50 und 250 Milchziegen. Diese Haltungsform ist die Grundlage der Ziegenmilchproduktion in Frankreich und in anderen Ländern, wo gezielt für den Markt produziert wird. Die Ziegen befinden sich dabei in Konkurrenz mit dem Milchrind und dem Schaf.

Standortgebundene, im wesentlichen extensiv gehaltene Herden von 50–500 Ziegen werden vor allem geweidet, erhalten aber im wechselnden Umfang auch Beifutter aus Futterbau, konserviertes Futter oder Kraftfutter. Die Weiden sind, namentlich in Entwicklungsländern, meist Gemeingrund, und daher besteht eine Tendenz zu großen Herden. Ziegen werden in dieser Haltungsform gemolken. Da die Fütterung jedoch während des Jahres und von Jahr zu Jahr sehr wechselt, ist die Milchleistung meist gering, die Laktationsdauer kurz und der Anteil der Milch an den gesamten Einnahmen in der Regel nicht mehr als 50 %. In diesen Herden finden sich oft außerdem Schafe und manchmal sogar Rinder (Abb. 7).

Mit großen Herden von über 100 und oft bis 1000 Ziegen, die auf extensiven Weiden in Trockengebieten gehalten werden, betreibt man meist eine mehr oder weniger ausgeprägte Wanderweidewirtschaft. Das Ausmaß der Wanderungen ist unterschiedlich. Es reicht von Standortwechsel, der nur 10 km zu betragen braucht und ein oder wenige Male im Jahr zu einem anderen festen Ort führt, bis zur nomadischen Ziegenhaltung. Hierzu gehören auch die Herden, die regelmäßig ihren

Formen der Ziegenhaltung 29

Abb. 7. Extensiv gehaltene Ziegenherden. Oben: Ägypten (Foto: WFP-H. Null). Unten: Sudan.

30 Verbreitung und Bedeutung der Ziege

Abb. 8. Gemischte Herde in Südspanien.

Standort zwischen der Winterweide im Tal und der Sommerweide im Gebirge wechseln, wie wir sie z. B. in Spanien, auf dem Balkan, in Anatolien, in vielen Ländern des mittleren Ostens, aber auch in Afrika und Lateinamerika finden. Ihr Hauptprodukt ist meist Fleisch, in geringerem und wechselndem Umfang wird auch Milch und manchmal Faser gewonnen (Abb. 8).

Die sogenannten Heimherden in den Alpen sind größere Gemeinschaftsherden mit über 100 Ziegen, von denen jeweils etwa 3–5 einem Besitzer gehören. Sie dienen der Versorgung des Haushaltes mit Frischmilch im Sommer, während die Kühe auf den Almen sind. Ein Hirte holt die Ziegen des Dorfes morgens nach dem Melken zusammen und hütet sie tagsüber auf nahe beim Dorf gelegenen Weiden (Abb. 9). Die Herde überwindet bis 1000 und mehr Höhenmeter und nutzt zum Teil von Rindern nicht beweidete Flächen. Für die Nacht kehren die Ziegen wieder zu ihren Besitzern zurück. Bei dieser Haltungsform wird die Marsch- und Kletterfähigkeit der Ziegen ausgenutzt. Die Hirten müssen allerdings fast ebenso gewandt sein, deshalb sind es stets junge Leute. Vor allem weil die Arbeit zu beschwerlich und vergleichsweise wenig lukrativ ist, sind diese Herden heute in der Schweiz bis auf einige wenige verschwunden. Eine ähnliche Haltungsform gibt es aber noch in Spanien.

Der Vollständigkeit halber soll erwähnt werden, daß es in manchen Ländern nicht unbedeutende Bestände von verwilderten Hausziegen gibt, z. B. in Großbritannien, Skandinavien, Australien und Neuseeland. Sie werden teils als jagdbares Wild betrachtet, teils aber auch als halbwilde Fleischtiere, die regelmäßig einen gewissen Fleischertrag liefern, der womöglich sogar durch Zuchtmaßnahmen zu steigern ist, wie Selektion beim jährlichen Einfangen oder Aussetzen von selektierten Böcken.

Abb. 9. Die Ziegen einer „Heimherde" werden im Dorf gesammelt und tagsüber gemeinsam auf den Berghängen nahe beim Dorf gehütet (Ardez, Schweiz).

2.3 Die Leistungen der Ziege

Bei uns und in den meisten westlichen Ländern gilt die Ziege fast ausschließlich als Milchtier. Das Fleisch der überzähligen Lämmer ist ein Nebenprodukt. Milch ist auch in Entwicklungsländern ein wichtiges Produkt der Ziege. Wegen der geringen Körpergröße der Ziege ist es selbst den Armen auf dem Land und in den Siedlungen möglich, Ziegen zu halten. Für die Haltung sind keine großen Investitionen erforderlich und die Fütterung ist auf kleinsten Flächen oder mit gesammeltem Futter möglich. So kann eine Ziege, die einen halben Liter Milch am Tag gibt, den Eiweißbedarf eines Kleinkindes und etwa ein Viertel seines Energiebedarfes decken.

Schon eine kleine Zahl von Ziegen mit mittlerer Leistung kann ein beträchtliches Einkommen bringen, vorausgesetzt, daß eine Möglichkeit zur Vermarktung besteht. Dieser Ertrag kann noch größer sein, wenn das Milchaufkommen groß genug für eine Verarbeitung zu höherwertigen Produkten durch den Erzeuger selbst ist. Allerdings gilt dies nicht für alle Länder. Dort, wo Frischmilch knapp ist, lassen sich meist die höchsten Erlöse durch den Verkauf der frischen Milch erzielen.

Das Fleisch junger Lämmer* ist sehr schmackhaft und in vielen Ländern als Delikatesse begehrt; zu Weihnachten, Ostern und mohammedanischen Festen

---

*Die Bezeichnungen für die verschiedenen Geschlechter und Altersklassen der Ziegen sind nicht einheitlich. Obwohl Kitz und Geiß sprachlich sicher schöner sind, benutze ich die Bezeichnungen, wie sie in der DLG und den Zuchtverbänden üblich sind: Ziege, Bock, Lamm.

werden Spitzenpreise erzielt. In anderen Ländern werden Ziegen auch bis zu höheren Gewichten gemästet, und selbst des Fleisch älterer Ziegen ist dort begehrt. Bei uns dagegen sind schwerere Jungziegen und ältere Ziegen kaum zu verkaufen. Für die Selbstversorgung in Entwicklungsländern hat die Ziege den Vorteil, daß der Schlachtkörper von einer Familie rasch verzehrt werden kann, während bei größeren Schlachttieren wie dem Rind die Notwendigkeit besteht, das Fleisch entweder zu verkaufen oder zu konservieren. In den Tropen ist dies auch auf kleinen ländlichen Märkten mit begrenztem Aufnahmevermögen ein Vorteil. Der Schlachtkörper läßt sich auf jeden Fall kurz nach der Schlachtung vollständig verkaufen, bevor die Tagestemperatur ansteigt und Kühlung erforderlich wird. In Ländern wie Indien mit Hindu-Bevölkerung, welcher der Verzehr von Rindfleisch nicht erlaubt ist, kann die Ziege ein wichtiger Lieferant von Fleisch sein.

Nicht selten werden den Produkten von Ziegen besondere medizinische Eigenschaften zugesprochen (s. Seite 237). Bekannt ist die Wertschätzung, die Ziegenmilch und ihre Produkte genießen. In manchen Ländern Ostasiens (Korea, Philippinen) gilt Ziegenfleisch und -blut als Kräftigungsmittel, besonders für alte Leute und Schwangere. Die beste Wirkung soll das Fleisch von etwa 100 Tage alten Kitzen haben, schwarze Tiere sind andersfarbigen überlegen.

Felle und Haare sind wichtige Nebenprodukte, die besonders in Entwicklungsländern einen hohen Nutzwert haben. Allerdings geht dieser mit dem Vordringen billiger, synthetischer Werkstoffe immer mehr zurück und Artikel des täglichen Bedarfes aus Ziegenhaaren (Seile, Garne, Teppiche, Zelttuch, Angelschnüre) und aus Fellen (Wassersäcke, Taschen, Zaumzeug und Seile) werden nur noch in wenigen Ländern hergestellt. Dünger und Blut werden in unterschiedlichem Umfang wie bei anderen Tieren genutzt. Mit Spezialrassen werden spinnbare Fasern (Mohair, Kaschmir) für feine Gewebe und Strickwaren erzeugt.

Gelegentlich werden Ziegen als Zugtiere benutzt; besonders in Europa und Nordamerika war dies früher verbreitet, weniger in anderen Ländern, wo die Ziegen kleiner sind (s. Abb. 89). Als Lasttiere werden Ziegen noch heute in Nepal eingesetzt.

Die Freßgewohnheiten der Ziege werden in manchen Gebieten Afrikas und Amerikas genutzt, um in Weidegebieten die Buschvegetation in Schach zu halten. In ähnlicher Weise wurden in den letzten Jahren in Deutschland und in der Schweiz Versuche gemacht, die Ziege zur Landschaftspflege einzusetzen. Auch dabei wird die Vorliebe der Ziege für Sträucher ausgenutzt, durch die sie dem Schaf für diese Verwendung überlegen ist.

In der biologischen und medizinischen Forschung werden Ziegen gern als Versuchstiere verwendet, besonders als Modelltiere für Untersuchungen über die Milchsekretion. Dabei macht man sich die Ähnlichkeit mit dem Rind, die geringere Körpergröße sowie die große Anpassungsfähigkeit und Gelehrigkeit der Ziegen zunutze. Sie lernen schnell die Versuchsbedingungen kennen, und die notwendigen Verrichtungen am Tier können ohne Zwangsmaßnahmen vorgenommen werden. Ziegen wurden für Untersuchungen über die Wiederkäuer-Physiologie, Hormonwirkungen, Milchsekretion, Melkbarkeit und Reaktionen auf Umweltbedingungen verwendet. Einem weiten Kreis von Laien ist durch entsprechende Reklame bekannt, daß im Stubenwald bei Bensheim an der Bergstraße eine große Ziegenherde für pharmakologische Zwecke im Rahmen der Krebsbekämpfung gehalten wird.

3 Ziegenrassen

Aus den wenigen Wildziegenarten bzw. -rassen, von denen die Hausziegen abstammen, hat sich, wie bei den anderen Haustieren auch, eine große Zahl von Rassen mit zum Teil sehr unterschiedlichen Form- und Leistungsmerkmalen entwickelt. Zur zoologischen Klassifizierung, zum Vergleich mit den verschiedenen Wildziegen und für archäologische Untersuchungen wird besonders die Variation der Hornform beachtet. Zur Charakterisierung der Rassen dienen außerdem der allgemeine Körperbautyp (Körpergröße, Knochenstärke, Abdomengröße), Schädelform, Ohrlänge und Ausbildung des Haarkleides.

Die größte Bedeutung für die Entwicklung der Ziegenzucht haben die Schweizer Milchziegenrassen erlangt. Sie haben zur Veredelung der wichtigsten Ziegenrassen in Europa und Nordamerika und vielen anderen Ländern beigetragen. Spanische Milchrassen haben im Mittelmeerraum und in Lateinamerika großen Einfluß gehabt. Ausgeprägte Milchrassen gibt es außerdem in Nordafrika und in Indien.

Die meisten Ziegen auf der Erde werden in tropischen Ländern gehalten, wo die Tierzucht zumeist wenig organisiert ist und es Züchtervereinigungen und Herdbücher in unserem Sinne nicht gibt. Was wir als Rassen bezeichnen, sind dort nur abgegrenzte Populationen, die sich vor allem aufgrund der geographischen Isolierung nicht vermischen und dadurch unterschiedliche Merkmale bewahren. In Ländern, in denen Ziegen erst spät durch die Kolonisatoren eingeführt wurden, sind diese Populationen meist bunte Mischungen der verschiedensten Rassen, namentlich europäischen Ursprungs. Eine große Zahl der Ziegenrassen ist nicht ausgeprägt auf Milch- oder Fleischleistung spezialisiert. Die Ziegen werden oft vorwiegend für Fleischnutzung gehalten, aber auch je nach den Umständen gelegentlich gemolken. Zwar gibt es ausgeprägte Milchrassen mit großen Eutern und ansehnlicher Milchleistung, aber nur bei wenigen Rassen wurde gezielt auf Fleischleistung selektiert. Dies mag ein Glück für die Spezies Ziege sein, denn die Selektion auf Merkmale der Fleischleistung und Fleischqualität hat beim Rind eine Fülle von Problemen geschaffen (Fruchtbarkeit, Klauenschäden, Doppellender, Zwergwuchs).

Als ausgesprochene Fleischrassen können die Burenziege in Südafrika und die Schwarze Bengalenziege in Indien bezeichnet werden. Andere Rassen, wie die Kambing Katjang in Malaysia und Indonesien, die Zwergziegen Westafrikas und die Kleine Ostafrikanische Ziege, gelten als Fleischrassen, weil sie nicht genügend Milch geben, um gemolken zu werden, weniger wegen hervorragender Fleischleistung.

Zur Faserproduktion werden zwei verschiedene Rassengruppen genutzt, die Angoraziege und die Kaschmirziege.

Im folgenden werden die deutschen Ziegenrassen und die der Nachbarländer besprochen, außerdem werden die wichtigsten Rassen der Mittelmeerländer und einige außereuropäische Rassen beschrieben, die mehr als nur regionale Bedeutung

34 Ziegenrassen

haben. Letztere entweder, weil sie weltweit zur Veredelung verwendet wurden oder weil sie besonders interessante Merkmale haben, wie die Burenziege, die arabische Wüstenziege, die chinesische Ma T'ou oder die verschiedenen faserproduzierenden Ziegen.

3.1 Deutschland

Weiße Deutsche Edelziege
Maße und Leistungen der Weißen Deutschen Edelziege sind in Tab. 3 angeführt. Die erwünschten Körperbaumerkmale sind (Abb. 11):
Haar: rein weiß, eine leichte rötlich-gelbe Färbung an Hals und Rücken ist zulässig; ebenfalls erlaubt sind kleine Pigmentflecken, die besonders an Nase, Ohren und Euter vorkommen. Das Haar soll kurz und glatt sein, nur an Hals und Rücken darf es etwas länger sein, aber eine gelegentliche Fahne oder Mähne ist uner-

Abb. 10. Bock der Bunten Deutschen Edelziege, gehörnt.

Tab. 3. Maße und Leistungen der Deutschen Edelziegen

		Deutsche Edelziegen	
		Weiße	Bunte
Gewicht:			
Böcke	kg	55–90	60–85
Ziegen	kg	50–75	45–60
Widerristhöhe:			
Böcke	cm	80–90	90
Ziegen	cm	70–80	75–80
Durchschnittsleistungen:			
Milchmenge	kg	1125	1000
Fettmenge	kg	40	37
Fettgehalt	%	3,6	3,7
Eiweißgehalt	%	2,8	2,9
Laktationsdauer	Tage	300	300
Spitzenleistungen:			
Milchmenge	kg	1750	1650
Fettmenge	kg	63	60
Fettgehalt	%	3,6	3,6

Abb. 11. Weiße Deutsche Edelziege (Foto: BLT Grub).

36 Ziegenrassen

Tab. 4. Milchleistungen kontrollierter Ziegen in der Bundesrepublik Deutschland – Weiße Deutsche Edelziegen – Durchschnittsleistungen 1970–1980

Jahre	Württemberg			Nordbaden			Südbaden			Bayern			Westfalen-Lippe			Schlesw.-Holst.			Rheinland			Durchschnitt		
	n	Milch kg	Fett kg	n	Milch kg	Fett kg	n	Milch kg	Fett kg	n	Milch kg	Fett kg	n	Milch kg	Fett kg	n	Milch kg	Fett kg	n	Milch kg	Fett kg	n	Milch kg	Fett kg
1970	186	1129	42	113	1163	43	65	1126	42	–	–	–	111	1175	42	59	933	35	–	–	–	534	1124	41
1971	177	1141	41	102	1181	43	68	1093	39	–	–	–	92	1252	45	77	910	34	–	–	–	516	1128	41
1972	139	1164	41	87	1184	43	49	1154	40	–	–	–	81	1252	47	80	941	36	–	–	–	436	1142	41
1973	122	1150	42	73	1150	43	36	1188	43	–	–	–	59	1291	48	69	988	37	–	–	–	359	1146	42
1974	112	1164	41	69	1187	42	31	1173	43	–	–	–	61	1351	51	69	998	37	–	–	–	342	1169	42
1975	106	1186	43	69	1198	43	21	1255	47	–	–	–	64	1309	48	68	996	37	–	–	–	328	1178	43
1976	117	1139	42	70	1194	44	20	1109	44	–	–	–	110	1281	50	78	955	36	–	–	–	395	1150	43
1977	120	1115	42	62	1166	46	25	1140	42	–	–	–	96	1082	40	83	981	36	–	–	–	386	1088	41
1978	109	1110	41	59	1184	46	20	1120	40	2	1181	41	66	1122	39	108	1030	36	–	–	–	364	1101	40
1979	94	1070	37	49	1065	37	18	1141	41	7	921	31	38	1257	44	108	1068	39	6	1095	38	320	1092	39
1980	26	1155	35	46	932	33	16	1106	41	7	1007	34	29	1467	54	118	973	36	6	1091	50	248	1055	38
Durchschnitt 1970–1980	1308	1138	41	799	1157	43	369	1141	42	16	1005	34	807	1237	46	917	984	36	12	1095	44	4228	1126	41

Tab. 5. Milchleistungen kontrollierter Ziegen in der Bundesrepublik Deutschland – Weiße Deutsche Edelziegen – Höchstleistungen (nach Milch kg) 1970–1980

Jahre	Württemberg Milch kg	Württemberg Fett kg	Nordbaden Milch kg	Nordbaden Fett kg	Südbaden Milch kg	Südbaden Fett kg	Bayern Milch kg	Bayern Fett kg	Westfalen-Lippe Milch kg	Westfalen-Lippe Fett kg	Schleswig-Holstein Milch kg	Schleswig-Holstein Fett kg	Durchschnitt Milch kg	Durchschnitt Fett kg
1970	1979	76	1979	76	1729	64	–	–	1959	67	1799	71	1866	69
1971	1997	67	1997	67	1900	70	–	–	2006	66	1480	41	1846	61
1972	1866	62	1866	62	1508	62	–	–	1907	64	1478	57	1590	61
1973	1683	65	1584	65	1683	65	–	–	1730	68	1463	58	1640	64
1974	1851	63	1851	63	1666	61	–	–	2377	75	1602	64	1874	66
1975	1801	63	1801	63	1639	64	–	–	1900	66	1820	63	1790	64
1976	1901	73	1832	64	1668	66	–	–	2142	84	1711	70	1855	73
1977	1820	50	1692	69	1274	61	–	–	1838	68	1829	74	1690	63
1978	–	–	2012	91	1280	51	–	–	2175	80	2027	81	1827	71
1979	1672	60	1672	60	1491	58	1301	49	2216	76	1785	56	1693	60
1980	1757	48	1342	54	1555	52	1170	37	2287	84	1590	64	1672	57
Durchschnitt 1970–1980	1833	63	1784	67	1581	61	1235	43	2049	72	1689	64	1758	64

38 Ziegenrassen

Tab. 6. Milchleistungen kontrollierter Ziegen in der Bundesrepublik Deutschland – Bunte Deutsche Edelziegen – Durchschnittsleistungen 1970–1980

Jahre	Württemberg			Nordbaden			Südbaden			Bayern			Westfalen-Lippe			Durchschnitt		
	n	Milch kg	Fett kg	n	Milch kg	Fett kg	n	Milch kg	Fett kg	n	Milch kg	Fett kg	n	Milch kg	Fett kg	n	Milch kg	Fett kg
1970	374	891	33	–	–	–	44	970	35	430	940	34	–	–	–	848	920	34
1971	334	966	36	–	–	–	40	975	38	316	938	34	–	–	–	690	954	35
1972	298	1011	38	–	–	–	37	1014	39	314	960	35	–	–	–	649	986	37
1973	346	980	38	–	–	–	35	1025	39	292	982	35	–	–	–	673	983	37
1974	342	999	40	–	–	–	35	1018	40	329	1025	37	–	–	–	706	1012	39
1975	288	1025	40	–	–	–	29	991	38	311	959	33	–	–	–	628	991	36
1976	289	1026	39	–	–	–	24	934	34	311	948	33	–	–	–	624	984	36
1977	329	1006	39	–	–	–	20	892	33	344	975	33	–	–	–	693	987	36
1978	328	1003	38	–	–	–	16	928	33	311	935	34	–	–	–	655	969	36
1979	317	1033	40	2	748	26	14	910	32	372	930	33	28	890	38	733	972	36
1980	291	1035	40	4	763	32	17	977	34	406	941	34	5	926	45	723	979	36
Durchschnitt 1970–1980	3536	997	38	6	758	30	311	977	37	3736	956	34	33	895	39	7622	975	36

Tab. 7. Milchleistungen kontrollierter Ziegen in der Bundesrepublik Deutschland – Bunte Deutsche Edelziegen – Höchstleistungen (nach Milch kg) 1970–1980

Jahre	Württemberg		Südbaden		Bayern		Durchschnitt	
	Milch kg	Fett kg	Milch kg	Fett kg	Milch kg	Fett kg	Milch kg	Fett kg
1970	1765	59	1145	55	1772	77	1561	64
1971	1692	58	1123	59	1947	63	1587	60
1972	1925	62	1174	63	1769	63	1623	63
1973	1794	73	1166	51	1916	66	1625	63
1974	1819	69	1336	57	1835	76	1663	67
1975	1788	64	1149	52	2065	54	1667	57
1976	1847	83	1070	43	1812	56	1576	61
1977	2008	71	1232	53	1748	51	1663	58
1978	–	–	1278	45	2025	70	1665	57
1979	1987	74	1260	48	2793	68	2013	63
1980	1842	47	1139	44	1668	65	1550	52
Durchschnitt 1970–1980	1847	66	1188	52	1941	64	1654	60

wünscht, ebenso wie lange Haare am Oberschenkel. Dagegen soll der Bock einen kräftigen Bart haben.

Kopf: der des Bockes soll kräftig sein, der der Ziegen edel. Beide müssen hornlos sein (s. aber Seite 106).

Hals: mittellang, ohne Einsenkung in den Widerrist übergehend; der Hals des Bockes ist kräftiger und erscheint kürzer.

Rücken: fest und gerade ohne Einschnürung hinter der Schulter.

Rippen: gut gewölbt.

Becken: breit, nicht zu stark abfallend.

Beine: kräftig, ohne Stellungsfehler (insbesondere kuhhessig, durchtrittig oder säbelbeinig).

Euter: halbkugelförmig, fest angesetzt, Striche gleichmäßig und mittellang.

Durchschnittliche Milchleistungen und Höchstleistungen der kontrollierten Ziegen sind in Tab. 4 u. 5 aufgeführt.

Bunte Deutsche Edelziege

Bei der Bunten Deutschen Edelziege kann man drei Farbvarianten unterscheiden:
1. Die rehfarbenen Ziegen mit rotbrauner (braungrau bis schwarzgrau) Grundfarbe und schwarzem Aalstrich in der dunklen und der hellen Zuchtrichtung

Abb. 12. Bunte Deutsche Edelziege.

a) dunkle Zuchtrichtung: schwarzer Bauch und schwarze Stiefelung (ehemalige Frankenziege; Abb. 10); in der DDR Rehfarbene Erzgebirgsziege;
b) helle Zuchtrichtung: heller Bauch und schwarz geschient (die ehemalige Schwarzwaldziege; Abb. 12); in der DDR Rehfarbene Harzziege.
2. Die Thüringer-Wald-Ziege (ehemalige Deutsche Toggenburger), schokoladenbraun (ohne Anflug von Fuchsfarbe), ohne Aalstrich; mit weißer Gesichtsmaske, Ohren und Schwanz weiß gesäumt. Bauch dunkel, Unterbeine weiß.

Der Körperbau entspricht weitgehend dem der Weißen Deutschen Edelziege, doch ist die Bunte Ziege etwas kleiner mit feineren Knochen als die Weiße. Sie gilt allgemein als anspruchsloser und für Höhenlagen besser geeignet. Die Milchleistung liegt nur wenig unter der der Weißen Ziege (Tab. 6 u. 7).

In Norddeutschland, im Rheinland und in Nordbaden herrscht die Weiße, in Süddeutschland dagegen die Bunte Edelziege vor. In Südbaden, Hessen und Niedersachsen werden beide Rassen in wechselnder Zahl gehalten.

3.2 Schweiz

Die Schweiz nimmt bei der Besprechung der Ziegenrassen eine Sonderstellung ein, denn die bedeutendsten Milchrassen, die in vielen Ländern der Welt verbreitet sind, stammen von Schweizer Rassen ab. Das sind vor allem die Saanen-, die gemsfarbige Gebirgs- und die Toggenburger Ziege. Einige Daten über die Schweizer Rassen sind in der Tab. 8 angeführt.

Saanen. Sie ist die zahlenmäßig wichtigste Ziege der Schweiz. Eine große Ziege, rein weiß, kurzhaarig und hornlos.

Appenzeller. Weiß, mit mittellangen bis langen Haaren. Die Ziege wird hornlos gezüchtet und ist etwas kleiner als die Saanenziege; im übrigen ist sie ihr ähnlich.

Tab. 8. Maße und Leistungen der Schweizer Ziegenrassen

		Saanenziege	Gemsfarb. Gebirgsziege	Schwarze Verzascaziege	Toggenburger	Bündner Strahlenziege	Appenzeller	Walliser Schwarzhalsziege
Gewicht:								
Böcke	kg	70	65	70	65	65	65	65
Ziegen	kg	50	45	50	45	45	45	45
Widerristhöhe:								
Böcke	cm	80–95	87–85	80–90	75–85	75–85	70–80	75–85
Ziegen	cm	74–85	70–80	75–85	70–80	70–80	65–75	70–80
Durchschnittsleistungen:								
Milch	kg	720	634* 515**	490	700	480	670	–
Laktationsdauer	Tage	280	277* 256**	220	276	238	273	–
Anteil am Gesamtziegenbestand der Schweiz	%	26,1	17,2	13,2	10,4	10,2	3,4	2,2

* Typ Oberhasli-Brienzer, hornlos
** Typ Graubünden, gehörnt

Abb. 13. Toggenburger (USA).

Gemsfarbige Gebirgsziege. Braun mit schwarzen Abzeichen am Kopf, Aalstrich, schwarzer Bauch und Unterfüße. Der Oberhasli-Brienzer-Typ ist hornlos und hat etwas höhere Milchleistung, der Graubündener Typ ist gehörnt, ihm wird besondere Härte und Anpassung an schlechte Klimaverhältnisse nachgesagt. Die Milchleistung ist etwas geringer.

Toggenburger. Hellbraun bis mausgrau mit kurzem oder mittellangem Haar und einer typischen weißen Zeichnung: von den Lippen und der Nase reichen weiße Streifen zu den Augen und den Hornzapfen. Ohren, Bauch und Beine sind weiß, außerdem der Schwanzansatz und seine Umgebung. Hornlos (Abb. 13 u. 14).

Bündner Strahlenziege. Sie wird im Kanton Graubünden vorwiegend in Herden gehalten und legt im Sommer lange Wege auf die Höhen der Berge zurück. Sie ist gehörnt, schwarz mit weißen Lippen, weißen Streifen längs der Augen und an den Ohrrändern, unter dem Schwanz sowie an den Unterfüßen.

Schwarze Verzascaziege. Sie ist in ihrem Verbreitungsgebiet, dem Tessin, Temperaturextremen im Winter wie im Sommer ausgesetzt und gilt als die widerstandsfähigste unter den Schweizer Ziegenrassen. Das Haarkleid ist schwarz und kräftig; die Ziege ist gehörnt.

Walliser Schwarzhalsziege. Von dieser Rasse aus dem Wallis gibt es nur mehr wenige reinrassige Tiere. Sie gilt vorwiegend als Fleischtier. Sie ist gehörnt, das Haar ist lang. Ihr wesentliches Erkennungsmerkmal ist das Farbmuster: die vordere Körperhälfte ist schwarz, die hintere weiß.

Abb. 14. Toggenburger (USA).

3.3 Frankreich

Alpine
In Frankreich werden als Alpine Rasse zusammengefaßt: die Saanen- und die gemsfarbige Ziege, die der Weißen und der Bunten Deutschen Edelziege entsprechen. Die *Saanenziege* stammt von der Schweizer Ziege ab; sie ist auch durch Importe aus Deutschland beeinflußt. Maße und Exterieurbeschreibung entsprechen der Weißen Deutschen Edelziege. Die auf Deutsche Ziegen zurückgehenden Stämme sind etwas kleiner mit kräftigerem Fundament als die größeren feingliedrigeren, aus der Schweiz stammenden Ziegen.

Auch die rehfarbene Ziege *(Variété Chamoisée)* stammt von Schweizer Rassen ab. Im Gegensatz zur Bunten Deutschen Edelziege sind bei der Chamoisée alle

44 Ziegenrassen

Tab. 9. Maße und Leistungen der französischen Ziegenrassen

		Saanen	Chamoisée	Poitevine
Gewicht:				
Böcke	kg	55–100	55–75	55–75
Ziegen	kg	60– 80	40–60	40–65
Widerristhöhe:				
Böcke	cm	90–100	75–90	65–85
Ziegen	cm	70– 80	75–80	65–75
Durchschnittsleistungen:				
Milchmenge	kg		636	700
Fettmenge	kg		21	21
Fettgehalt	%		3,4	3,0

Farben und Kombinationen erlaubt, doch ist die häufigste Farbe rehbraun. Die häufigsten Zeichnungen nach der rehbraunen sind:
die „Mantelée": Rücken und Seiten dunkel, Hals und Schultern hellfarbig;
Vielfarbig: weiß gescheckt auf brauner oder schwarzer Grundfarbe;
Schwarz: einfarbig schwarz oder mit hellen Beinen.

Im übrigen entsprechen die Ziegen im Körperbau der Deutschen Bunten Edelziege. Maße und Leistungen der französischen Rassen finden sich in Tab. 9.

Poitevine

Die Ziege des Poitou wird vor allem im Gebiet zwischen Loire und Dordogne bis nach Osten zur Höhe von Clermont-Ferrand gehalten. Das Herdbuch wurde erst 1947 gegründet.

Die Ziege ist mittelgroß, braun bis schwarzbraun oder ganz schwarz mit weißen Abzeichen wie die Toggenburger an Bauch, Innenseite der Beine und Schwanzunterseite. Am Kopf die typischen Abzeichen: weiße Nase, weiße Streifen bis zu den Augen sowie Rand und Innenseite der Ohren weiß. Die Ziege wird hornlos gezüchtet. Auffallend ist der „Mantel"; das sind lange Haare über dem Rücken, die zu beiden Seiten herunterhängen. Sie sollen bei der Ziege möglichst fein, wollig oder seidig sein. Beim Bock sind die Haare länger und dichter und über Schulter und Hals stärker ausgebildet als bei der Ziege.

In Reinzucht werden nur etwa 1000 Ziegen gehalten. Da diese Ziege jedoch aus der Französischen Landziege entwickelt wurde, zu deren Veredelung sie ständig verwendet wird, ist die tatsächliche Zahl schwer zu schätzen.

Die Herdbuchzucht ist in Frankreich zentralisiert. Die früheren Züchtervereinigungen sind zusammengeschlossen in der U. P. R. A. (Unité National de Sélection et de Promotion des Races Caprines Francaises, zu deutsch etwa: Zucht- und Förderverband der Französischen Ziegenrassen).

3.4 England und Nordamerika

Die *Britische Saanen-* und die *Britische Toggenburg-Ziege* sind ähnlich wie die deutschen durch Verwendung Schweizer Ziegen entstanden (Abb. 15). Von Großbritannien aus sind sie nach den USA gekommen. Die British Alpine geht ebenfalls

Ziegenrassen in England und Nordamerika 45

Abb. 15. Langhaariger Toggenburger Bock (Mexiko).

Abb. 16. French Alpine (USA).

Tab. 10. Milchleistung der wichtigsten Ziegenrassen in den USA, 1966–1976* (DICKINSON u. KING 1977)

	n	Milch-kg	Fett-kg	Fett-%
Nubian	7,059	752	34	4,5
Alpine	6,980	916	32	3,5
Toggenburg	4,133	878	29	3,3
Saanen	3,373	921	33	3,6
La Mancha	1,846	800	31	4,0

* Durchschnitt der offiziellen Leistungsprüfungen, 1.–5. Laktation, 276–305 Melktage

auf Schweizer Rassen zurück. Sie ist schwarz mit einer Zeichnung wie die Toggenburger, der Bauch kann schwarz oder hell sein. In den USA sind die *French Alpine* von den französischen Rassen hergeleitet. Sie sind entweder rehfarben oder in verschiedener Weise schwarzweiß gemustert (Abb. 16). Es sind große Ziegen mit 55 kg Mindestgewicht. Die Milchleistungen sind in den USA zu beachtlichem Niveau gesteigert worden (Tab. 10).

Von den USA aus sind in den vergangenen Jahren viele Ziegen nach Lateinamerika exportiert worden, wo sie für verschiedene Kreuzungsprogramme, namentlich in Mexiko, Venezuela und Brasilien verwendet werden (s. Abb. 54). Diese Länder können aus seuchenpolizeilichen Gründen praktisch nur aus Nordamerika Tiere einführen.

Die *Anglo-Nubier* sind aus der Kreuzung britischer Landschläge mit nubischen Ziegen aus Ägypten und anderen langohrigen Ziegen aus Indien und Pakistan entstanden. Es sind große Ziegen mit über 65 kg Gewicht, Ramsköpfen und langen, hängenden Ohren. Das feine Haar ist sehr verschieden gefärbt; alle Kombinationen von Braun, Schwarz und Weiß kommen vor. Die Milchleistung liegt unter der der Rassen europäischen Ursprungs. Von Großbritannien kam die Anglo-Nubier-Ziege nach den USA. Aufgrund ihres Ursprungs ist diese Rasse für tropische Verhältnisse geeignet und hat außerdem gute Fleischleistungseigenschaften. Sie wird deshalb von den USA aus gern in lateinamerikanischen Ländern verwendet.

Eine Neuzüchtung in den USA ist die *La Mancha-Ziege,* die durch ihre Stummelohren auffällt. Die ihr nachgesagte besondere Widerstandsfähigkeit wurde bisher nicht bewiesen.

3.5 Spanien

Murciana-Granadina

Das ursprüngliche Verbreitungsgebiet dieser Ziegen ist Andalusien und die spanische Levante, vor allem in den Provinzen Granada, Murcia, Alicante und Almeria; man findet sie heute aber in ganz Südspanien. Ursprünglich wurden zwei Rassen unterschieden. Die Murciana wurde mahagonirot, die Granadina schwarz gezüchtet. Allerdings war der Anteil roter Ziegen in beiden Rassen fast gleich, da Rot gegenüber Schwarz rezessiv ist (s. Seite 102). In den übrigen Merkmalen unterscheiden sich beide nicht, und heute werden sie als eine Rasse geführt (Abb. 17). Hornlose und gehörnte Tiere kommen in gleicher Weise vor. Böcke wiegen zwischen 70 und 75 kg, Ziegen 45–55 kg. Der Rasse wird gute Fruchtbarkeit nachgesagt, Zwillingsgeburten sind bei erwachsenen Ziegen die Regel. Die Milchleistung

Ziegenrassen in Spanien 47

Abb. 17. Murciana/Granadina (Spanien).

Abb. 18. Malaga-Ziege (Spanien).

beträgt 450–500 kg in 8–9 Monaten Laktation. Der Bestand umfaßt etwa 450 000 Ziegen.

Malaga-Ziege (Malagueña)
Entsprechend der geographischen Verteilung wird diese Rasse auch Costeña (Küstenziege) genannt. Ihr Verbreitungsgebiet ist entlang der Mittelmeerküste, aber auch landeinwärts bis Cordoba und Sevilla. Das Zentrum ist Malaga. Das Haarkleid ist rötlich, variierend von gelb bis kastanienrot, aber meist hellrot. Die Haare sind kurz, aber auf der Rückenlinie und an den Beinen finden sich lange Haare (Abb. 18). Die Malagueña ist hornlos oder gehörnt, traditionell sind die Böcke im Küstengebiet hornlos, im Gebirge gehörnt. Die Milchleistung beträgt etwa 400 kg. Der Bestand dieser Ziegen beträgt etwa 200 000.

Der größte Teil der Ziegen in Spanien mit etwa 1 Mio. weiblicher Tiere gehört einer wenig definierten Mischpopulation an, die auch Ziegen der Meseta, Pirenaica und Cacareña genannt werden. In den Gebirgen werden außerdem Rassen gehalten, die nur in geringem Umfang gemolken werden. Hierzu gehören die *Blanca Celtiberica* und die *Andaluza* mit je etwa 250 000 Ziegen.

Auf den Kanarischen Inseln gibt es etwa 120 000 Ziegen, die einer eigenen Rasse zugeordnet werden, der *Kanarischen Ziege,* die aus Vermischung afrikanischer und europäischer Rassen hervorgegangen ist. Sie ist mittelgroß, mit 35–45 kg Gewicht, Böcke 60–70 kg. Alle Farben kommen vor, aber Grau (Schwarz mit weißen Haaren gleichmäßig vermischt) gilt als die typische Farbe. Das Haar ist kurz, gelegentlich mit „Hosen" an den Hinterbeinen. Die Form der Hörner ist variabel, ebenso die der Ohren, die meist mittelgroß sind, aber auch als lange Hängeohren ausgebildet sein können. Nicht selten sind auch Stummelohren (Maus-Ohren). Die Milchleistung beträgt je nach Haltung 350–600 kg im Jahr, Zwillingsgeburten sind die Regel.

3.6 Portugal

In den Gebirgsregionen des Nordens von Portugal gibt es neben einer großen Zahl von Ziegen, die keine ausgeprägten Rassenmerkmale zeigen, eine Milch- und eine Fleischrasse. Die *Serra da Estrela* oder kurz „Serrana" ist eine mittelgroße Milchziege mit 40–45 kg Gewicht und 64 cm Widerristhöhe. Ihre Farbe ist schwarz, dunkelbraun oder rotbraun. Sie ist langhaarig mit langem, glattem und seidigem Haar, meist gehörnt. Die Ohren sind klein und werden horizontal getragen. Die Milchproduktion beträgt 300–400 kg in 210–270 Tagen.

Die *Charnequeira*, eine Fleischrasse, ist größer als die Serrana, 40–45 kg Gewicht und 78 cm Widerristhöhe. Die mittelgroßen Ohren werden aufrecht getragen, die Hörner sind teilweise groß und schraubenförmig. Die Haare sind kurz, meist rotbraun, aber auch Mehrfarbigkeit kommt vor.

3.7 Italien

Auch in Italien ist die Mehrzahl der Ziegen – etwa 90 % – nicht einer bestimmten Rasse zuzuordnen. Ihnen werden Bezeichnungen gegeben nach dem Gebiet, in dem sie vorkommen (Calabrese, Sarda, Romana usw.), ohne daß sie sich deutlich in ihren Merkmalen unterscheiden. Sie haben meist langes Haar, und einige haben gedrehte Hörner. Im Norden herrschen Ziegen im Typ der alpinen, französischen und Schweizer Ziegen vor; es gibt eine ansehnliche Population von Maltesern. Außerdem kommen zwei eigene Rassen vor, die Garganica und die Girgentana.

Die *Garganica* zählt etwa 45 000 Tiere, die vorwiegend auf der Halbinsel Gargano (dem Sporn des Stiefels) leben. Ziegen wiegen etwa 40 kg und haben 65 cm Widerristhöhe. Das Haar ist lang und rauh, die Farbe dunkelbraun. Die Hörner sind lang, flach und gedreht. Das Haar der Kitze ist bei der Geburt gelockt, das Fell wird zu Pelzen verarbeitet. Die Milchleistung liegt unter 150 kg, aber die Rasse ist widerstandsfähig.

Die *Girgentana* mit etwa 9000 Tieren lebt in der Provinz Agrigent (Girgenti) auf Sizilien sowie in den Provinzen Palermo und Catanzaro. Körpergewicht und Widerristhöhe bei Böcken 65 kg und über 70 cm, bei Ziegen 45 kg und unter 70 cm. Die Ziegen sind langhaarig, weiß, mit braunen Flecken an Kopf und Nacken. Neben der Farbe sind für die Rasse die bis 50 cm langen Schraubenhörner der Böcke charakteristisch. Die Milchleistung beträgt etwa 400 kg, die durchschnittliche Ablammrate 200 %.

3.8 Malta

Die kleine Ziege Maltas wurde wahrscheinlich aus italienischen und nordafrikanischen Ziegen gezüchtet. Sie spielte für die Milchversorgung der Insel eine große Rolle und ist unrühmlich bekannt geworden durch das Malta-Fieber, die Ziegen-Brucellose. Körpergewicht und Widerristhöhe der Ziegen betragen etwa 22–28 kg und 59–63 cm, die der Böcke 45–50 kg und 77–81 cm. Malteser sind wegen ihrer Milchleistung nach anderen Mittelmeerländern exportiert worden und dort zum Teil größer, z. B. in Italien werden als untere Grenze von Gewicht und Größe 35 kg und 65 cm angegeben. Die Ziegen sind meist langhaarig, in allen Farben: Weiß, Grau, Schwarz, Rot, Braun und gefleckt. Die Malteser werden hornlos gezüchtet, aber wie in allen Rassen kommen gehörnte Tiere vor, die Hörner sind dann kurz, dünn und gebogen. Die Ohrform variiert von kleinen waagerechten bis zu fast 17 cm langen Hängeohren. Malteser sind auf Milch gezüchtet und produzieren 500–600 kg im Jahr. Die Euter sind schmal, häufig durchhängend und haben typischerweise große (milchbrüchige) Zitzen.

3.9 Griechenland

Etwa 80 % der Ziegen in Griechenland gehören der Landrasse an. Ziegen wiegen 30–50 kg, Böcke 40–65 kg, die Widerristhöhe liegt zwischen 60 und 75 cm. Die Ziegen sind langhaarig und werden im Sommer geschoren. Es kommen seltener auch kurzhaarige vor. Fast ausnahmslos sind die Ziegen gehörnt, nach der Form der Hörner – gerade, nach hinten gebogen oder nach hinten und auswärts gekrümmt – werden ursprünglich verschiedene Typen unterschieden. Alle Farben zwischen Weiß und Schwarz kommen vor, einschließlich Rot, Braun und mehrfarbig. Die Milchleistung beträgt 100–120 kg (Abb. 19).

Abb. 19. Griechische Landrasse (Foto: Schwerdt, Stuttgart).

Neben den Landziegen gibt es eine kleine Population von Saanen-, Malteser und Nubischen Ziegen sowie mit etwa 15 % des Gesamtbestandes Kreuzungen zwischen diesen und den Landziegen, die bis etwa 160 kg Milch produzieren.

3.10 Außereuropäische Rassen

Die meisten Ziegen in der Türkei gehören zur Landrasse der *Schwarzen Anatolischen* Ziege (türkisch Kil-Keçi, d. h. Haarziege im Gegensatz zu den Angoraziegen). Sie unterscheidet sich wenig von den Landschlägen in anderen Ländern der Region. Entsprechend den dürftigen Umweltbedingungen, in denen sie gehalten wird, sind die Leistungen gering: etwa 130 kg Milch in 180 Tagen, Zwillinge sind selten, etwa 15 % der Geburten.

Die *Kilisziege* ist aus Kreuzungen der Landrasse mit Damaszenern entstanden. Ihre Leistung beträgt etwa 276 kg Milch in 216 Tagen und 23 % Zwillingsgeburten; unter Versuchsbedingungen erreichte sie 327 kg Milch und 1,42 Kitze pro Geburt.

Die Angoraziegen werden auf Seite 58 besprochen.

Von Anatolien bis Irak sind Ziegen verbreitet, die einem verhältnismäßig einheitlichen Typ angehören. Es sind langhaarige, meist schwarze (gelegentlich auch braune), gehörnte Ziegen von unterschiedlicher Größe. In Israel gehört zu dieser Gruppe die *Mamber-Ziege* (Abb. 20). Sie gibt etwa 150 kg (gemolkene) Milch, bei guter Haltung 350–450 kg. Aus ihr wurden durch Verdrängungskreuzung mit Schweizer und Holländer Saanen-Ziegen die *Israeli-Saanen,* die heute mit 650 kg

Abb. 20. Mamber-Ziege (Israel).

durchschnittlicher Milchleistung zu den besten Milchrassen der Welt für tropische Umweltbedingungen gehören.

Die *Hejaz-Ziege* der arabischen Halbinsel ist an Wüstenbedingungen angepaßt (Abb. 21). Sie hat eine außerordentliche Fähigkeit, längere Zeit ohne Wasser auszukommen und erträgt Hitze wie Kälte des Wüstenklimas (s. Seite 214).

Die *Damaszener* oder *Shami*-Ziege in Syrien und Nachbarländern ist eine große Ziege mit guter Milchleistung und Fruchtbarkeit. Ziegen wiegen 40–60 kg, Böcke 60–80 kg, die Widerristhöhe ist etwa 75 cm. Der Ramskopf mit 25–30 cm langen Hängeohren und die seitlich auseinanderweichenden, gedrehten Hörner der Böcke (Ziegen haben sichelförmige Hörner) geben der Rasse ein charakteristisches Aussehen. Die Farbe ist rot oder rotbraun, seltener grau oder gescheckt. Die Haare sind kurz. Die Milchleistung beträgt bis 500 kg, im Durchschnitt werden bis 1,8 Kitze pro Mutter geboren.

Die *Nubische* Ziege, von der die Anglo-Nubische Ziege abstammt, ist heute keine geschlossene Rasse mehr (Abb. 22). Im Nubischen Typ steht am ausgeprägtesten die Shami-Ziege in Syrien und, von ihr abstammend, die Kilis-Ziege in der Südosttürkei.

Die Ziegen in Marokko, Algerien und Tunesien sind offensichtlich eine Mischung zwischen kleinen afrikanischen und syrischen Rassen (Abb. 23). Sie sind klein, im allgemeinen schwarz mit mittellangem, dichtem Haar, zum Ramskopf neigender Schädelform, gehörnt. In Marokko wiegen Ziegen je nach den Umweltbedingungen 20–30 kg, Böcke 25–35 kg. Nicht mehr als 10 % der Geburten sind Zwillinge; unter günstigen Bedingungen beträgt die Lämmerzahl pro Mutter und Jahr 1,35. Die Milchleistung ist gering, ein Drittel der Milch wird für die Lämmeraufzucht verbraucht.

Abb. 21. Hejaz-Ziege (Nord-Jemen).

Die *Westafrikanische Zwergziege* ist ein achondroplastischer Zwerg mit kurzen Beinen, relativ großem Rumpf und kurzem, breitem Kopf. Die Ziege kommt in den Wald- und Küstengebieten West-Zentralafrikas bis nach Namibia vor. Sie wird nur für Fleisch genutzt, ihre Fruchtbarkeit ist hoch, im Durchschnitt sind 1,8 Lämmer pro Wurf und 8 Monate Wurfabstand registriert worden. Zwergziegen sieht man häufig in Zoos; sie werden daneben als Versuchstiere benutzt. In den USA gibt es ein Zuchtbuch für „Afrikanische Zwergziegen" *(African Pygmy)*.

Weit verbreitet in Ostafrika ist die *Kleine Ostafrikanische* Ziege, die klein, aber proportioniert ist, d. h. nicht achondroplastisch (Abb. 24). Beide Rassegruppen werden im allgemeinen nicht gemolken.

Die wegen ihrer Haut bekannte *Maradi-(Rote Sokoto-)Ziege* gibt es in Niger und Nigeria. Sie ist eine mittelgroße Ziege, die nicht die typischen Eigenschaften der Steppenziegen hat und sich auch nicht für extreme Haltungsbedingungen eignet. Ihre Fruchtbarkeit ist gut, die Milchleistung gering. Sie ist hellbraun-rot mit kurzem, glattem Haar. Von etwa 3,5 Mio. Ziegen werden 1 Mio. als reine Maradi

Abb. 22. Ziege der Dinka in Süd-Sudan.

betrachtet. Um sie rein zu erhalten, wird ein Zuchtprogramm durchgeführt, mit dem züchterisch nicht erwünschte Böcke kastriert und gute Böcke an Züchter verteilt werden.

Die *Buren-Ziege* Südafrikas, in Afrikaans „Boer Bok", stammt von der eingeborenen Hottentotten-Ziege ab. Sie wurde seit dem Anfang dieses Jahrhunderts auf Fleischleistung selektiert. Seit 1959 gibt es ein Herdbuch. Sie ist eine große Ziege, Kastraten können bis 100 kg schwer werden. Tageszunahmen bis 227 g und gute Schlachtkörperqualität zeichnen diese Ziege aus, die zu den wenigen Rassen gehört, die als Fleischrassen bezeichnet werden können. Die Burenziege kommt in den verschiedensten Farben vor, aber der Zuchtstandard sieht Weiß mit rotbraunem Kopf und Hals vor (Abb. 25).

Die Landrassen in Lateinamerika werden Criollo (oder Créole bzw. Crioulu) genannt; der Name bedeutet soviel wie Mischling und wird auch bei den Menschen selbst angewendet. Alle Criollos, mit Ausnahme der Créole, sind kleine Ziegen, die etwa 30 kg wiegen, mit Milchleistungen, die 1 kg pro Tag nicht überschreiten, bei unzureichenden Fütterungsbedingungen aber weit darunter liegen und oft nicht einmal 300 g betragen.

Die *Criollos* in Mexiko, Venezuela und Peru stammen vor allem von spanischen Ziegenrassen ab, namentlich Granadina-Murciana und Malaga. In neuerer Zeit kommt besonders im Norden Mexikos und in Venezuela ein deutlicher Einfluß der nordamerikanischen Rassen zur Geltung, neben Saanen, Alpine, Toggenburg besonders auch Anglo-Nubian (Abb. 26).

Die *Creolen*-Ziege auf den westindischen Inseln stammt wahrscheinlich von europäischen und westafrikanischen Ziegen ab. Sie ist sehr klein und fruchtbar mit

54 Ziegenrassen

Abb. 23. Bergziegen in Süd-Tunesien (Foto: WFP/FAO, Boffs).

Außereuropäische Rassen 55

Abb. 24. Kleine Ostafrikanische Ziege.

Abb. 25. Burenziege in Südafrika (Foto: Matter, Gießen).

Abb. 26. Criollo in Mexiko. Die Ausprägung der Keulen ist außergewöhnlich, sie deutet auf die Selektionsmöglichkeiten zur Steigerung der Fleischleistung hin.

etwa 20 kg Gewicht, 50 cm Widerristhöhe und 2,3 Lämmern pro Wurf bei einem durchschnittlichen Lammintervall von 8 Monaten.

Die *Crioulu* in Brasilien stammen meist von portugiesischen Rassen ab. Es werden 4 Schläge unterschieden, die *Marota, Canindé, Moxotó* und *Repartida,* die sich vor allem durch ihre Farbmuster unterscheiden.

Die *Jamnapari* in Indien ist eine sehr große, hochbeinige Ziege mit über 100 cm Widerristhöhe. Charakteristisch sind der Ramskopf mit den weit herabhängenden Ohren und die dichten Fahnen am Oberschenkel. Sie ist eine gute Milchziege, die bis zu 540 kg in 250 Tagen geben kann.

Die *Beetal-Ziege* stammt von der Jamnapari ab; sie ist kleiner, aber immerhin auch über 90 cm groß und ist im übrigen der Jamnapari ähnlich.

Die *Schwarze Bengalenziege* ist eine Zwergziege mit weniger als 15 kg Gewicht. Sie lammt alle 6 Monate und wird zur Fleischproduktion gehalten. Die Haut ist hochwertig.

Die *Kambing Katjang* in Indonesien, Malaysia und den Philippinen ist eine kleine Fleischziege, die der ostafrikanischen Ziege ähnelt. Die Farbe ist meist schwarz, die Fruchtbarkeit hoch, Zwillinge sind häufig. Wie bei vielen anderen Rassen in tropischen Ländern ist die Zahl der reinrassigen Kambing Katjang sehr gering geworden.

Die *Ma T'ou* ist eine mittelgroße, hornlose, weiße Fleischziege, sie lebt in der subtropischen Provinz Hupeh in Zentral-China. Sie hat kurzes oder aber auch langes Haar. Das hervorstechende Merkmal ist ihre hohe Fruchtbarkeit. Sie kann alle 6 Monate lammen und bringt zu 70 % Zwillinge. Der gesamte Lämmerertrag

Außereuropäische Rassen 57

Abb. 27. Angora-Mutterziege mit Lamm (Texas).

Abb. 28. Angora-Bock (Texas).

58 Ziegenrassen

im Jahr kann im Durchschnitt sogar 4 Lämmer übersteigen. Damit gehört diese Rasse wahrscheinlich zu den fruchtbarsten Ziegenrassen der Welt.

Angoraziegen sind mittelgroß, weibliche Ziegen wiegen bis 40 kg (Abb. 27). Sie sind rein weiß, gehörnt und haben herabhängende Ohren (Abb. 28). Die Faserproduktion beträgt 2,5–5 kg, die höheren Leistungen werden bei zweimaliger Schur erreicht. Größere Bestände von Angoraziegen gibt es, außer in der Türkei, in Südafrika und Lesotho sowie den USA, die je etwa ein Drittel des Weltaufkommens an Mohair liefern.

Es gibt etwa 20 verschiedene Ziegenrassen, von denen *Kaschmir* gewonnen wird. Sie sind sehr unterschiedlich nach Form und Größe (Abb. 29). Das Oberhaar ist meist lang. Ober- und Unterhaar kommen in allen Farben vor, aber weißes Kaschmir ergibt die höchsten Preise, fast doppelt soviel wie die dunklen Qualitäten. Der Hauptertrag dieser Ziegen kommt meist aus Milch, Fleisch und auch Fellen von Kitzen; die *Weiße Himalaya-Ziege* in Indien und die *Bergziege* in Nepal werden auch als Tragtiere benutzt. Der Ertrag an Kaschmirwolle von einer Ziege ist zum Teil weniger als 50 g im Jahr, er kann aber auch 200 g sein; im Mittel dürfte er bei 100–150 g liegen.

Abb. 29. Vatari- und Asmani-Ziegen, Milch und Kaschmir (Afghanistan; Foto: FAO Woodbridge Williams).

4 Milchproduktion

4.1 Milchleistung

Milch ist das Hauptprodukt der Ziegen, die in gemäßigten Zonen gehalten werden. Hier gilt die Ziege schlechthin als Milchtier. Dies ist allerdings nicht überall so, weltweit gesehen ist Fleisch- mindestens ebenso wichtig wie Milchproduktion.

Die durchschnittliche Milchleistung der verschiedenen europäischen Milchrassen liegt nach den Ergebnissen der Milchleistungsprüfungen zwischen 400 und 1000 kg (Tab. 4–10). Die Milchproduktion der meisten Milchziegen, die unter durchschnittlichen Verhältnissen gehalten werden, dürfte jedoch zwischen 400 und 500 kg liegen. Die durchschnittliche Milchleistung Bunter Deutscher Edelziegen, die, in einem Versuch im Lehr- und Versuchsgut Schleißheim der Universität München in einer großen Herde gehalten, außer Heu nur 1 kg Kraftfutter pro Tag erhielten und nicht nach Leistung selektiert wurden, betrug etwa 400 kg. Dies mag die Grenze markieren, die in dieser Rasse ohne jede züchterische Anstrengung jederzeit erreicht werden kann. Mit Selektion und der Leistung angepaßter Fütterung sind 900 kg in größeren Herden als gute Leistungen anzusehen. In Kleinhaltungen, in denen dem Einzeltier größere Aufmerksamkeit geschenkt werden kann, sind Durchschnitte von über 1000 kg durchaus möglich.

Einzeltiere mit Leistungen über 1500 kg sind keine Seltenheit, wie dies die jährlichen Höchstleistungen in der Bundesrepublik zeigen (Tab. 5 u. 7); die Rekordleistung, die bisher von einer Ziege erbracht wurde, beträgt 3175 kg in 365 Tagen. Es ist jedoch ganz falsch, sich bei der Planung der Ziegenhaltung oder bei der Bewertung erreichter Leistungen an diesen Spitzen zu orientieren. Abgesehen von der Problematik, die im Zusammenhang mit der Milchleistungsprüfung diskutiert wird (s. Seite 72), erfordern solche Leistungen einen Aufwand, der in größeren, nach wirtschaftlichen Gesichtspunkten geführten Herden nicht vertretbar ist.

Unterschiede in der Milchmenge, die das Euter produziert, sind im wesentlichen durch die Zahl der vorhandenen Drüsenzellen bedingt. Man hat festgestellt, daß jede einzelne Drüsenzelle etwa gleichviel Milch absondert, das gilt auch für Rassen, die nicht auf Milch selektiert sind (LINZELL 1972). Daraus folgt, daß die Größe des Euters ein wichtiges Leistungs- und Selektionsmerkmal ist. Für eine hohe Milchleistung braucht die Ziege ein großes Euter. Wenn man das Alter der Ziege kennt und weiß, wann sie gelammt hat und wie lange das letzte Melken zurückliegt, dann kann man aufgrund der Größe des Euters gute Rückschlüsse auf die Leistung ziehen. Wenn man allerdings Ziegen aus verschiedenen Herden im Hinblick auf ihre Leistungsanlagen vergleicht, dann muß man die Fütterung berücksichtigen, da von dieser die Entfaltung der Anlagen abhängt.

Während der ersten Trächtigkeit wächst das Euter heran. Das Wachstum wird gegen Ende der Trächtigkeit stärker und die Größenzunahme des Euters außerdem durch die beginnende Kolostrumbildung, stärkere Durchblutung und auch den Stau von Gewebsflüssigkeit (Ödem) verstärkt. Auch während der späteren Trächtigkeiten wird immer noch etwas neues Drüsengewebe neugebildet, während am Ende der Laktation ein Teil des Drüsengewebes zurückgebildet wird. Dies ist am Kleinerwerden des Euters gegen Ende der Laktation zu erkennen.

Gelegentlich beginnt die Milchsekretion schon während der ersten Trächtigkeit, bei noch nicht gedeckten Ziegen oder gar bei Lämmern. So wurde ein Lamm der Bunten Deutschen Edelziege beobachtet, das vom ersten Tag nach der Geburt an Milch produzierte (FAUTZ u. M. 1970, Abb. 30). Es wurde vom 7. Lebenstag an in Abständen von 3–4 Tagen gemolken und produzierte in 147 Tagen 13,7 kg Milch. Die Milchzusammensetzung unterschied sich nicht von anderen Laktationen. Die Ziege entwickelte sich normal, lammte mit 12 Monaten ab, ihre Laktationsleistung danach lag etwas über dem Durchschnitt ihrer Altersgenossen. Eine Tochter dieser Ziege hatte am Tage nach der Geburt ebenfalls ein milchgefülltes Euter, das sich aber nach einmaligem Abmelken nicht wieder füllte.

Im allgemeinen sind bei vorzeitiger Milchsekretion keine Maßnahmen erforderlich. Sie hört auf, wenn eine gewisse Füllung des Euters und damit ein bestimmter Druck erreicht ist. Gelegentlich kann es aber erforderlich sein, das Lamm zu erleichtern, indem man die gebildete Milch vorsichtig abmelkt. Man muß allerdings damit rechnen, daß sich das Euter wieder füllt.

Auch bei Böcken wird gelegentlich beobachtet, daß die ohnehin bei allen Böcken vorhandenen Zitzen sich vergrößern und sich kleine Drüsen ausbilden, die sogar Milch produzieren. Die Fruchtbarkeit der Böcke braucht hierdurch nicht beeinträchtigt zu werden.

Man kann bei Jungziegen, die noch nicht trächtig sind, die Ausbildung des Euters und die Milchsekretion auslösen, indem man Geschlechtshormone (Östrogen und Prolaktin) verabreicht. Die Milchmenge, die nach dieser Behandlung produziert wird, entspricht etwa der Hälfte einer normalen Laktation in gleichem Alter. Diese Methode kann von Interesse sein, um Jungziegen, die während der Deckzeit nicht aufgenommen haben, zu nutzen (DELOUIS 1975).

Die Milch wird im Euter fortlaufend und gleichmäßig gebildet. Das heißt, während der 24 Stunden des Tages wird stets die gleiche Menge gebildet, unabhängig vom Melken. Allerdings läßt die Milchsekretion 18 Stunden nach dem Melken allmählich nach und hört später ganz auf, wenn nicht gemolken wird. Diesen Effekt macht man sich beim Trockenstellen zunutze. Wird nur einmal am Tag gemolken, das Intervall zwischen zwei Melkzeiten also auf 24 Stunden ausgedehnt, dann wird die Milchleistung auf etwa die Hälfte vermindert, weil die Hemmung der Milchsekretion ab der 18. Stunde offenbar Nachwirkungen hat.

Ziegen können ihre Milchleistung wieder auf das ursprüngliche Niveau steigern, wenn infolge unzureichender Nährstoffaufnahme die Laktation beeinträchtigt war. Dies ist z. B. wichtig bei Ziegen, die unter ungünstigen Umweltbedingungen in tropischen Ländern gehalten werden, wo die Futterverhältnisse zwischen Trockenzeit und Regenzeit stark schwanken. Ohne erneute Trächtigkeit können Ziegen lange Zeit fortdauernd gleiche und hohe Milchmengen produzieren. Unter Versuchsbedingungen wurden während 687 Tagen Tagesleistungen von durchschnittlich 5,8 kg bzw. während 3 Jahren 3 kg erzielt. Diese Fähigkeit kann für das Ausgleichen saisonal bedingter Schwankungen im Milchaufkommen genutzt werden (s. Seite 70).

Die Leistungen der nicht auf Milch selektierten Rassen sind geringer als die von Milchrassen, können jedoch auch erheblich sein. So wurde bei Burenziegen, die

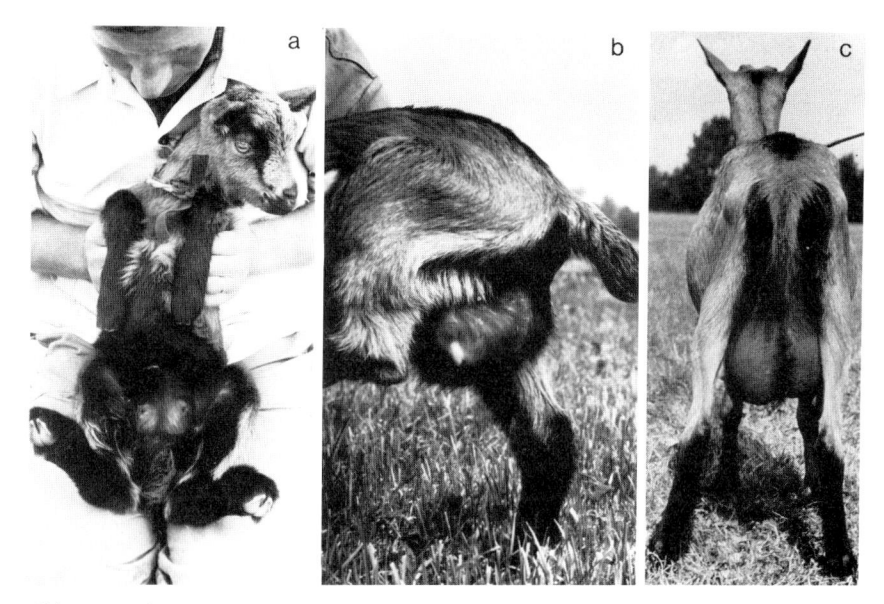

Abb. 30. Frühzeitige Laktation bei einer Bunten Deutschen Edelziege. a) Das Lamm 7 Tage alt. b) In 147 Tagen wurden 13,6 kg normale Milch gewonnen; die Abb. zeigt das Euter des Lammes im Alter von 4 Monaten. c) Die Ziege nach dem ersten Lammen im Alter von 12 Monaten.

Zwillinge aufzogen, in den ersten 17 Wochen der Laktation eine durchschnittliche Tagesleistung von 1,8 kg gemessen, die sich durchaus mit der von Milchrassen messen kann. Westafrikanische Zwergziegen mit 19 kg Lebendgewicht produzierten in 210 Tagen 240 kg Milch gegenüber unter den gleichen Bedingungen gehaltenen Weißen Tschechischen (Saanen) Ziegen mit 56 kg Gewicht, die 595 kg Milch mit etwa gleichem Fettgehalt lieferten. Bezogen auf das Körpergewicht war demnach die Leistung der Zwergziegen höher. Die Stoffwechselleistungen kleiner und großer Tiere müssen jedoch anhand des metabolischen Körpergewichtes ($KG^{0,75}$ s. Seite 124) verglichen werden. Bezogen auf diese Größe war die Leistung der Saanenziegen mit 29 kg höher als die der Zwergziegen mit 26,4 kg. Auch wenn man die Milchleistung von Ziegen und Kühen vergleichen will, muß man dies auf der Basis des metabolischen Körpergewichtes tun. Es zeigt sich (Tab. 12, Seite 68), daß beide Tierarten sich in ihren Stoffwechselleistungen etwa entsprechen und daß der Vergleich aufgrund des Körpergewichtes zu falschen Schlüssen führt.

4.2 Einflußfaktoren auf die Milchleistung

Die Höhe der Milchleistung hängt von vielen Faktoren ab, die zum Teil unabhängig voneinander sind, zum Teil aber untereinander zusammenhängen. Für den Züchter ist es wichtig, diese Faktoren zu kennen, vor allem, um die genetisch bedingten von den rein umweltabhängigen Faktoren zu unterscheiden und um zu wissen, durch welche Faktoren der Vergleich der Leistungen verschiedener Ziegen erschwert wird.

4.2.1 Körpergröße und Körpergewicht

Das Gewicht erwachsener Milchziegen liegt bei den verschiedenen Rassen zwischen 30 und 80 kg.

Größere Ziegen können mehr Futter aufnehmen, ihre inneren Organe und das Euter sind größer, so daß sie bessere Voraussetzungen für hohe Milchleistungen haben. Bei entsprechenden Untersuchungen zeigt sich denn auch, daß im Durchschnitt die größeren, also schwereren Tiere eine höhere Milchleistung haben. Andererseits haben größere Ziegen aber auch einen höheren Erhaltungsbedarf, und es stellt sich die Frage, ob die höhere Leistung den höheren Erhaltungsaufwand aufwiegt. Diese Frage ist schon vor längerer Zeit von amerikanischen Forschern (BRODY 1938; ORMISTON u. GAINES 1944) beantwortet worden. Sie fanden, daß der Wirkungsgrad (das Verhältnis von Nährstoffen, die mit der Milch gebildet werden, zu den aufgenommenen Nährstoffen) bei großen Milchziegen gleich groß war wie bei kleinen Ziegen, daß sich Mehraufwand und höhere Leistung bei größeren Ziegen also etwa aufheben. Demnach ist die Selektion auf Körpergröße allein zur Steigerung der Milchleistung nicht sinnvoll. Es kommt vielmehr darauf an, für die jeweiligen Umweltverhältnisse passende Ziegen auszuwählen (große für intensive Fütterungsbedingungen, kleinere für extensive Haltung) und direkt auf Leistung zu selektieren.

Da Ziegen mit hohen Milchleistungen am Anfang der Laktation ihren Nährstoffbedarf meist nicht aus dem Futter decken können, sondern auf ihre Körperreserven zurückgreifen müssen, ist die Futteraufnahmekapazität ein wichtiges Merkmal. Neben physiologischen und psychologischen Faktoren, die Appetit und Freßverhalten bestimmen, hängt die Futteraufnahme vor allem von der Größe des Pansens ab, die gut aus der Größe des Bauches (Abdomen) geschätzt werden kann, da zwischen beiden eine sehr enge Beziehung besteht. Daß den größeren Ziegen mit größerem Pansen mehr Futter zur Verfügung steht, geht auch aus der Beobachtung hervor, daß schwere Ziegen mehr Zeit für die Aufarbeitung des Panseninhalts durch das Wiederkäuen benötigen.

Im Körpergewicht äußert sich auch der Verfettungsgrad. Das Fettgewebe kann bei Jährlingsziegen 20 % des Körpergewichtes ausmachen; es wird zu zwei Dritteln in den Körperhöhlen abgelagert. Am Beginn der Laktation werden etwa 10 % des Körpergewichtes verloren, aber bereits etwa 4 Monate nach dem Lammen wird das alte Gewicht wieder erreicht. Die Ablagerung von Fett in der Trockenzeit und die Mobilisierung in der Laktation scheint mit der Höhe der Milchleistung zusammenzuhängen und genetisch bedingt zu sein. So ist die Bildung von Energiereserven während der Trockenzeit für den hohen Bedarf am Anfang der Laktation, der durch die Futteraufnahme nicht gedeckt werden kann, bei der Ziege der normale Vorgang. Bei den hohen Leistungen der Milchziegen scheint dieser Mechanismus aber überlastet zu sein, und so kann Ketose bei übermäßigem Abbau von Körperfett am Anfang der Laktation ähnlich wie beim Rind die Folge sein (s. Seite 277).

Da größere Ziegen (bei sonst gleicher Veranlagung) bessere Voraussetzungen für die Milchleistung haben als kleinere, versteht es sich fast von selbst, daß eine Beziehung besteht zwischen dem Wachstum und der Milchleistung, so daß z. B. Ziegen, die zwischen dem 2. und 7. Lebensmonat ein überdurchschnittliches Körpergewicht haben, später auch überdurchschnittliche Milchleistung bringen. Es gibt jedoch Hinweise darauf, daß nicht das schnellste Wachstum für die spätere Leistung das beste ist, sondern daß ein langanhaltendes Wachstum mit mäßigen Gewichtszunahmen, also eine flache Wachstumskurve, für Milchziegen besonders günstig ist.

4.2.2 Alter

Da unsere Ziegen zum ersten Mal lammen, wenn sie noch nicht voll entwickelt sind, besteht eine Beziehung zwischen Alter und Milchleistung; junge Ziegen haben eine geringere Milchleistung als ältere, bereits ausgewachsene Ziegen. Wenn Ziegen mit einem Jahr erstmals lammen, dann beträgt ihre Milchleistung in der ersten Laktation 55–65 %, in der zweiten Laktation 65–85 % der Leistung in der dritten und späteren Laktation. Mit 4–8 Jahren erreicht die Milchleistung ihren Höhepunkt.

Bei saisonal begrenzter Lammzeit können Ziegen erstmals mit 12–15 Monaten lammen oder aber 1 Jahr später mit 20–24 Monaten. Da die Jährlingsziegen noch verhältnismäßig klein sind, wird oft die Frage gestellt, ob es richtig sei, diese Ziegen bereits lammen zu lassen. Dahinter steht die Befürchtung, daß durch die frühe Beanspruchung mit Trächtigkeit und Laktation die Körperentwicklung beeinträchtigt wird, so daß die erwachsenen Ziegen dann weniger kräftig und leistungsfähig sind. Diese Frage wurde durch einen Vergleich zwischen den Leistungen von zweijährigen Ziegen, die mit 24 Monaten erstmals lammten, und Ziegen, die mit 24 Monaten bereits ihre zweite Laktation begannen, untersucht (CUNNINGHAM u. ADDINGTON 1936). Dabei stellte sich heraus, daß die zweijährigen Ziegen in zweiter Laktation mehr Milch gaben als die zweijährigen in erster Laktation. Die frühe Zuchtbenutzung hatte demnach nicht nur die Ziegen nicht überbeansprucht, sondern sich im Gegenteil günstig auf ihre Leistungsfähigkeit ausgewirkt. Außerdem hatten sie die Zeit zwischen 12 und 24 Monaten nicht unproduktiv verbracht, sondern bereits Milch gegeben (s. auch Seite 160).

Da Ziegen noch bis zu einem Alter von etwa 5 Jahren wachsen, wenn auch die Größenzunahme nach dem 3. Lebensjahr nur noch gering ist, sind die Einflüsse von Alter und Gewicht auf die Milchleistung vermischt. In Untersuchungen an Bunten Deutschen Edelziegen konnte gezeigt werden, daß der Einfluß des Alters auf die Milchleistung gering ist, wenn dabei das Körpergewicht kurz nach dem Lammen berücksichtigt wurde. Wird das Körpergewicht dagegen erst im 3. Monat der Laktation ermittelt, dann ist der Einfluß des Alters größer als der des Gewichtes; das Alter ist dann offenbar ein besseres Maß für die Größe als das Gewicht, das in diesem Stadium durch unterschiedliche Fettablagerung verändert ist.

Da das genaue Körpergewicht der Ziegen meist nicht zur Verfügung steht, wird für die Berücksichtigung der Körpergröße bei der züchterischen Auswertung von Milchleistungsdaten meist das Alter benutzt. Korrekturfaktoren sind für norwegische und US-amerikanische Ziegenbestände veröffentlicht worden (STEINE 1975; ALDERSON u. POLLAK 1980).

4.2.3 Eutergröße

In Grundlagenuntersuchungen wurde bei Ziegen festgestellt, daß die Milchsekretion des Eutergewebes bei verschiedenen Rassen mit sehr unterschiedlichen Milchleistungen, bezogen auf das Eutergewicht, gleich ist (LINZELL 1972). Unterschiede in der Milchleistung hängen demnach eng mit der Größe des Euters zusammen. Dies wird bestätigt durch Untersuchungen an verschiedenen Ziegenrassen, nach denen zwischen der Größe des Euters und der Milchleistung mehr oder weniger enge Beziehungen bestehen. Diese wissenschaftlichen Untersuchungen bestätigen also, daß die Praxis richtig ist, die Leistungsfähigkeit von Milchziegen an der Größe des Euters abzuschätzen.

Die großen Euter von Ziegen mit hohen Leistungen – sie können ein Volumen von 2,5 l haben und fast 3 kg wiegen – erfordern eine feste Aufhängung. Andernfalls hängt das Euter zu tief zwischen den Beinen, hindert die Ziege beim Gehen, ist im Liegen vermehrt Verletzungen ausgesetzt und läßt sich außerdem schwer melken. Die Euteraufhängung ist demnach ein wichtiges Selektionsmerkmal, bei dem deutliche Rassenunterschiede bestehen, die sicher zu einem Teil die züchterischen Bemühungen zur Verbesserung dieses Merkmals widerspiegeln. Für Rassen, die auf extensiven Weiden, möglicherweise sogar mit Dornengewächsen, benutzt werden, kann die Euteraufhängung wichtiger sein als die Milchleistung.

Verbunden mit Eutergröße und -aufhängung ist die Euterform zu sehen, besonders die Form von Zitze und Zitzenzisterne. Das Euter der Ziege hat eine verhältnismäßig große Zisterne mit recht dünner Wand. Zwischen den Melkzeiten gelangt Milch aus der Drüse in die Zisterne, wodurch bei höheren Milchleistungen ein erheblicher Druck auf ihre Wand ausgeübt wird. Außerdem wird bei fehlerhaftem Melken – sowohl Hand- wie Maschinenmelken – die Zisternenwand gezerrt und die Dehnung damit gefördert. Durch diesen Druck und die Dehnung wird das Auftreten des sogenannten Milchbruchs gefördert, für den außerdem eine erbliche Anlage besteht. Es entstehen die bekannten Flascheneuter, bei denen die Zitze übermäßig groß erscheint und ohne Absatz in das Euter übergeht (Abb. 42, s. auch Seite 186). Bei Saanen-Ziegen wurde gefunden, daß der Abstand des Euters vom Boden bei höherer Milchleistung im allgemeinen geringer ist als bei niederen Leistungen (HORAK 1971). Das weist auf die Häufigkeit unzureichender Euteraufhängung und -festigkeit hin.

4.2.4 Lammzeit

In Versuchen mit Ziegen, die über mehrere Jahre gemolken wurden, ohne daß sie erneut trächtig wurden und lammten, und bei gleichbleibender Fütterung und Umgebungstemperatur während des ganzen Jahres gehalten wurden, zeigte sich ein deutlicher Jahresrhythmus der Milchleistung mit in den Sommermonaten wiederkehrenden Spitzenleistungen (LINZELL 1972). Offensichtlich besteht demnach ein echter Einfluß der Jahreszeit auf die Milchleistung, der über die Tageslänge und die Beleuchtung wirkt. Unter den Bedingungen der praktischen Ziegenhaltung überlappt dieser Einfluß der Jahreszeit den von Fütterung und Laktationsstadium.

Umwelteinflüsse wie Temperatur, Futterqualität und Weidegang, welche die Milchleistung fördern, werden sich besonders günstig auswirken, wenn sie in dem Laktationsstadium wirken, in dem die Milchleistung bereits zu sinken beginnt. Bei weitgehend fester Deckzeit im Herbst wird außerdem bei früher Lammzeit die Laktationsdauer verlängert. Dementsprechend sind in Frankreich und in Norwegen Leistungen nach Lammung im Oktober, November und Dezember im Durchschnitt etwa 200 kg höher als die nach Lammung Anfang des Jahres.

Die Umgebungstemperatur hat einen direkten Einfluß auf die Milchleistung. Bei niedrigen Temperaturen kann die Leistung beeinträchtigt werden, aber die genaue Temperatur, von der ab mit Minderleistungen zu rechnen ist, läßt sich nicht generell angeben; sie hängt von der Fütterung ab (bei rohfaserreichem Futter liegt sie niedriger als bei rohfaserarmem Futter), aber auch von Luftfeuchtigkeit, Luftbewegungen u. a. Im Experiment wurde festgestellt, daß bei etwa −1 °C die Milchleistung nurmehr 30 % der Leistung bei 20 °C betrug (FAULKNER u. a. 1980).

4.2.5 Wurfgröße

Nach neueren Untersuchungen scheint die Zahl der getragenen Lämmer einen Einfluß auf die Milchproduktion in der folgenden Laktation zu haben. Die Plazenta sondert Hormone ab, die u. a. auf die Bildung des sekretorischen Gewebes der Milchdrüse wirken. Bei Mehrlingsträchtigkeit ist mehr Plazentagewebe vorhanden, und demzufolge wird mehr Hormon gebildet, was offenbar zur besseren Vorbereitung für die folgende Laktation führt. Diese Beziehung wurde in verschiedenen Untersuchungen in Europa und in Amerika gefunden (HAYDN u. a. 1979; RICORDEAU u. a. 1979). Da größere Ziegen im Durchschnitt mehr Lämmer bringen, mußte bei diesen Untersuchungen der Einfluß der Größe auf die Zahl der Lämmer und die Milchleistung ausgeschaltet werden. Die Beziehung zwischen Zahl der getragenen Lämmer und der Höhe der folgenden Milchleistung blieb jedoch auch nach dem Ausschalten des Einflusses von Körpergröße erhalten (STEINE 1975).

4.2.6 Ernährung

Das Euter ist für die Milchbildung auf die ständige Zufuhr von Azetat und Glukose angewiesen. Es nimmt 60–85 % dieser im Stoffwechsel gebildeten Substanzen auf; zur Bildung von 1 kg Milch werden etwa 70 g Glukose benötigt. Da der Körper der Wiederkäuer praktisch keine Glukose speichert, ist die kontinuierliche Futteraufnahme Voraussetzung für die Milchbildung. Sie geht zwar noch 8 Stunden nach der letzten Futteraufnahme fast unvermindert weiter, denn die Glukose wird aus Stoffwechselprodukten gebildet, die im Pansen entstehen (Essigsäure, Propionsäure). Nach 24 Stunden ohne Futter sinkt die Milchbildung jedoch schon auf etwa 50 %. Wird dagegen die Zufuhr von Glukose künstlich erhöht, dann kann dadurch die Milchbildung selbst bei schon hohen Leistungen erheblich gesteigert werden (PEAKER 1977).

Während die Milchdrüse auch einen großen Bedarf an Aminosäuren hat und praktisch alle in den Kreislauf gelangenden Aminosäuren aufnimmt, wird ihr Angebot offenbar nicht leicht der begrenzende Faktor für die Milchbildung, da das Drüsengewebe bei geringem Angebot die Aminosäuren besser auszunutzen vermag. Im Gegensatz zur Glukose fördert aber ein hohes Angebot an Aminosäuren die Milchbildung nicht.

Die Fütterung beeinflußt den Eiweiß- und Milchzuckergehalt der Milch nur wenig. Im Gegensatz dazu wird der Fettgehalt und die Fettzusammensetzung von der Fütterung deutlich beeinflußt. Bei hoher Energieaufnahme und bei weitem Energie-Eiweiß-Verhältnis wird fettreiche Milch mit hohem Gehalt an kurzkettigen

Fettsäuren (C_4 bis C_{16}) gebildet. Ist die Energiezufuhr mit dem Futter dagegen unzureichend, und wird Korperfett abgebaut, dann steigt der Gehalt an Fettsäuren mit 16 oder 18 C-Atomen.

4.3 Milchzusammensetzung

Zehn Wochen vor der Geburt beginnt sich das Euter der trächtigen Ziege zu füllen, und zwei Wochen vorher steigt der Euterinnendruck an. Allerdings ist die Sekretion bis wenige Tage vor der Geburt nur ein geringer Bruchteil der Menge, die unmittelbar nach der Geburt gebildet wird. Das Sekret hat zunächst einen hohen Gehalt an Immunoglobulinen und Laktose. Drei bis zwei Tage vor der Geburt steigt der Gehalt an Zitrat steil an. Der hohe Gehalt an diesen beiden Bestandteilen, Immunoglobuline und Zitrat, ist charakteristisch für Kolostrum. Nach der Geburt ändert sich die Zusammensetzung des Kolostrums rasch. Der Gehalt an Fett, Eiweiß (besonders der Immunoglobuline) und mit ihnen Trockensubstanz und Energie sinkt rasch ab, während der Laktosegehalt ansteigt. Am 4. Tag ist etwa die Zusammensetzung der normalen Milch erreicht, obwohl die Tendenz zum Absinken bzw. Ansteigen der Bestandteile während des ersten Teiles der Laktation anhält (Abb. 31). Die Zusammensetzung des Kolostrums ist bei den verschiedenen Ziegenrassen sehr ähnlich, auch bei solchen, deren Milchzusammensetzung sich stark unterscheidet, wie z. B. Westafrikanischen Zwergziegen und Bunten Deutschen Edelziegen, die im Laktationsdurchschnitt 18,7 bzw. 12,5 % Trockensubstanz haben. Das Kolostrum ist die spezifische Nahrung des Neugeborenen, mit der ihm Vitamine und Antikörper, vor allem Energie zugeführt werden (s. Seite 183).

Die Zusammensetzung der Milch hängt von mehreren Faktoren ab, insbesondere Laktationsstadium und Milchmenge, Fütterung und Rasse.

Die Schwankungsbreite der Zusammensetzung liegt für die meisten Milchrassen in dem in Tab. 11 angegebenen Bereich.

Deutlich höhere Konzentrationen finden wir bei Zwergziegen, die aber auch entsprechend geringere Milchmengen produzieren.

Der weltweite Vergleich ist dadurch erschwert, daß für die meisten Rassen keine zuverlässigen Milchkontrolldaten vorliegen. Die Angaben über kurzfristige Untersuchungen sowie über einzelne Ziegen können aber irreführen, zumal, wenn nicht gleichzeitig auch die zugehörige Milchmenge angegeben wird. So ist die Ansicht, daß Ziegenmilch durchweg besonders fettreich sei, sicher nicht haltbar, sie trifft zumindest nicht allgemein zu. Einen Hinweis auf tatsächlich bestehende Rassenunterschiede geben die Milchkontrolldaten aus den USA von 5 Rassen mit hohen Leistungen, die unter Bedingungen intensiver Milchproduktion erzielt wurden (s. Tab. 10). Während der Fettgehalt der Milch der Nubischen Ziege um etwa 1 % höher liegt als der anderer Rassen, ist die Fettmenge der Milch kaum höher.

Diese Beobachtung kann in einem gewissen Grade verallgemeinert werden: Rassenunterschiede in der Fettmenge sind geringer als die in Milchmenge und Fettgehalt. Es besteht also eine Tendenz, daß mit der Milch eine bestimmte Menge von Fett erzeugt wird, wobei eine größere Milchmenge durch geringere Konzentration ausgeglichen wird.

Milchmenge und Konzentration ändern sich im Verlauf der Laktation. Auch hierbei besteht die gleiche Gesetzmäßigkeit, die größere Milchmenge am Anfang der

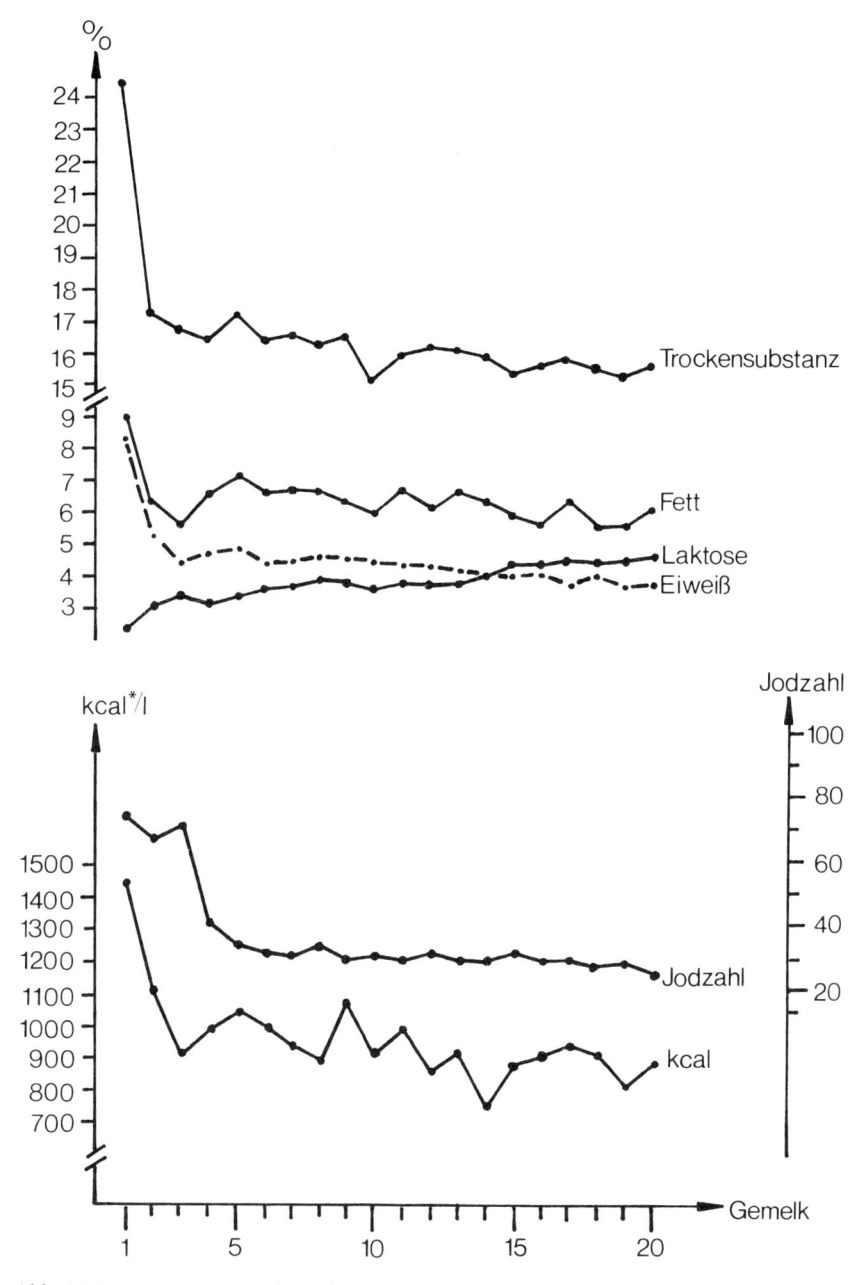

Abb. 31. Zusammensetzung des Kolostrums (4 Bunte Deutsche Edelziegen). Graf u. a. (1970);
*1 kcal = 4,1868 kJ.

68 Milchproduktion

Tab. 11. Variation der Milchzusammensetzung bei Ziegen und durchschnittliche Zusammensetzung bei europäischen Rassen unter guten Produktionsbedingungen

		Streubreite	mittlere Werte
Milchmenge	kg	160–920	600
Fettgehalt	%	3,2–5,7	3,4
Eiweißgehalt	%	3,0–5,3	3,0
Laktosegehalt	%	4,0–6,1	4,5
Trockensubstanz	%	12,2–18,0	11,5
Energiegehalt	kJ/kg	2512–4605*	2847*
Fettmenge	kg	9–34	20
Eiweißmenge	kg	8–28	18
Laktosemenge	kg	10–37	27

* 1 kJ = 0,238845 kcal

Tab. 12. Vergleich der Futteraufnahme und Milchleistung von Ziegen und Kühen mit hohen Leistungen

	Ziege	Kuh
Körpergewicht, kg	60	650
$KG^{0,75}$	22	129
Futteraufnahme, kg TM	2,5	15
Laktationsleistung, kg	1200	7200
Futteraufnahme, $g/KG^{0,75}$	114	116
Laktationsleistung, $kg/KG^{0,75}$	55	56

Laktation hat eine geringere Konzentration, gegen Ende der Laktation nimmt die Menge ab, die Konzentration steigt (s. Seite 69).

Die mit der Milchsekretion verbundene Arbeit, welche die Ziege (wie alle Säugetiere) verrichtet, hängt direkt vom Energiegehalt der Milch ab. Der Energiegehalt von Ziegenmilch verschiedener Rassen ist recht gut untersucht worden. Er hängt eng mit der Milchzusammensetzung zusammen, vor allem mit dem Fettgehalt. Wenn man diesen Zusammenhang kennt, kann man Formeln zur Berechnung des Energiegehaltes aufgrund des Fettgehaltes oder anderer Bestandteile aufstellen. Da die Milchbestandteile untereinander enge Beziehungen aufweisen, kann der Energiegehalt der Milch auch aufgrund des Gehaltes an Trockensubstanz, der leicht zu bestimmen ist, recht genau geschätzt werden. Der so berechnete Energiegehalt wird in Standardeinheiten bei 4 % Fett angegeben und FCM (vom Englischen: fat corrected milk) benannt. Die Formel ist ähnlich der für Kuhmilch:

FCM = 0,34 Milchmenge + 16,42 Fettmenge (GRAF u. M. 1970) oder

TSCM = − 0,04 Milchmenge + 8,33 Trockensubstanz (OSTERKORN u. GRAF 1970)

Dabei ist TSCM entsprechend FCM der auf den Standardgehalt von 12,5 % Trockensubstanz berechnete Energiegehalt. Da die Milchmenge in der Formel nur eine geringe Bedeutung hat, kann der Energiegehalt von einem kg Milch mit einer guten Näherung als TSCM = 8 × kg Trockensubstanz geschätzt werden. Die Anwendung dieser Formel auf die für ganz verschiedene Milchzusammensetzung erzielten Werte von Trockensubstanz und Energie ergibt eine recht gute Übereinstimmung. 1 kg Milch mit 4 % Fett oder 12,5 % Trockensubstanz liefert nach umfangreichen Untersuchungen an Bunten Deutschen Edelziegen im Durchschnitt 2880 kJ (688 kcal) Energie.

Einzelheiten über die Zusammensetzung und die Qualität der verschiedenen Milchbestandteile werden ab Seite 232 ff. besprochen.

4.4 Laktationsdauer und Laktationskurve

Die Laktation dauert bei der Ziege allgemein etwas kürzer als beim Rind; bei Ziegen, die im Verlauf der Laktation wieder trächtig werden, zwischen 200 und 300 Tagen. Bei der Bunten Deutschen Edelziege in Herdenhaltung beträgt die durchschnittliche Laktationsdauer 270 Tage. In Frankreich ist der Durchschnitt 240 Tage bei erwachsenen Tieren und 204 bei Erstlingen. Die Haltung scheint allgemein einen größeren Einfluß auf die Laktationsdauer zu haben als die Rasse. Ebenfalls von den Umweltbedingungen hängt ab, wann die Leistung ihren Höhepunkt erreicht. Dieser Zeitpunkt liegt zwischen der zweiten und zehnten Woche der Laktation (Abb. 32 u. 33). Höhere Laktationsleistung bedeutet auch höhere Spitzenleistung. Nach dem Erreichen der Laktationsspitze fällt die Leistung gleichmäßig um etwa 10 % pro Monat ab. In der ersten Laktation ist dieses Absinken geringer, d. h., die Persistenz (das Durchhaltevermögen) ist größer. Dagegen hat die Höhe der Leistung kaum einen Einfluß auf die Persistenz. Auch der erbliche Einfluß auf die Persistenz scheint gering zu sein.

Die Milchzusammensetzung ändert sich im Laufe der Laktation, wie beim Rind auch, der Milchmenge entgegengesetzt (Abb. 32 u. 33). Fett- und Eiweißgehalt sinken im Verlauf des ersten Laktationsmonats ab, bleiben bis etwa zum 5. Monat gleich und steigen dann allmählich wieder an. Die Variationskoeffizienten von Fett und Eiweiß sind am Anfang und am Ende der Laktation etwa 20 %, im mittleren

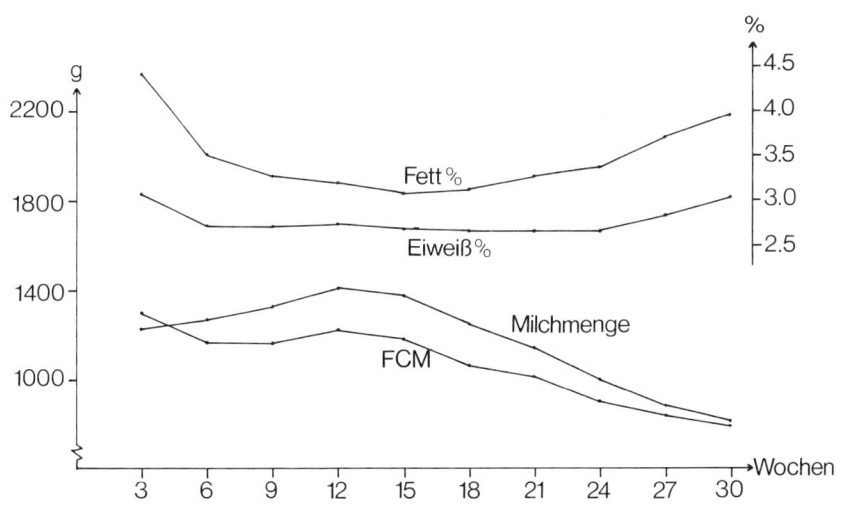

Abb. 32. Laktationsverlauf bei Bunten Deutschen Edelziegen in der 1. Laktation. Messungen im Abstand von 3 Wochen bei 118 Ziegen.

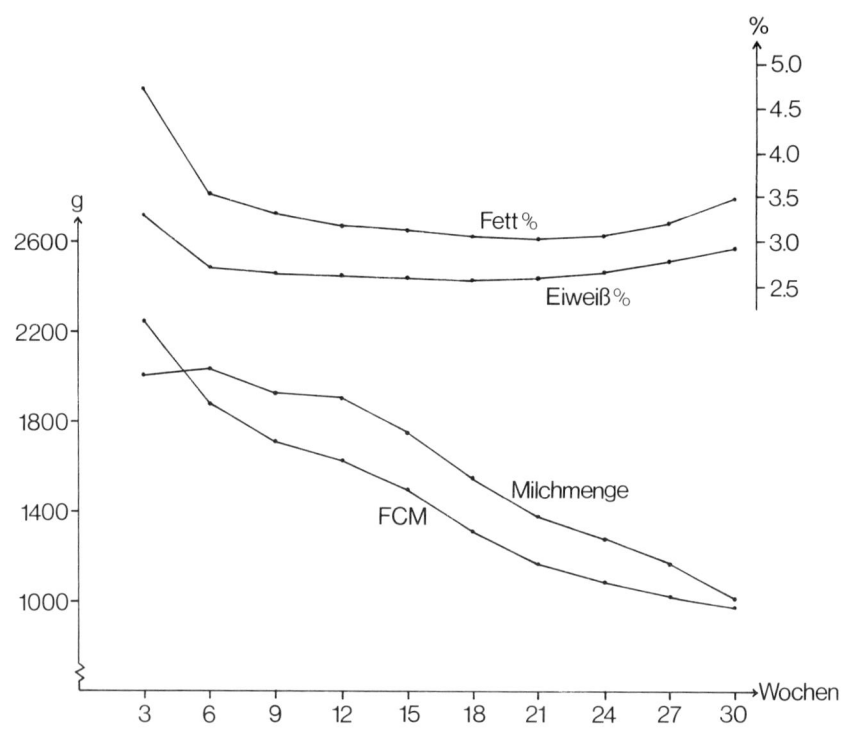

Abb. 33. Laktationsverlauf bei Bunten Deutschen Edelziegen. Durchschnittswerte der 3.–8. Laktation. Messungen im Abstand von 3 Wochen bei 243 Ziegen.

Teil zwischen dem zweiten und sechsten Monat nur etwa 10 %. Im ganzen ist die Variation der Milchzusammensetzung geringer als die der Menge, die während der ersten 4 Monate etwa 25 % beträgt und dann allmählich auf etwa 40 % steigt.

4.5 Saisonale Milchproduktion

Die Saisonalität der Fortpflanzung und damit der Laktation ist ein Nachteil für die Milchproduktion, zur Eigenversorgung ebenso wie für den Markt, da sie jahreszeitlich erhebliche Schwankungen des Milchanfalls bedingt. Daher besteht ein Interesse an Maßnahmen, welche eine gleichmäßige Verteilung der Milchproduktion während des ganzen Jahres ermöglichen.

Folgende Maßnahmen kommen in Frage:
1. Ausnutzung der ganzen Dauer der Deckzeit.

In unseren Breiten beginnt die Deckzeit Ende August/Anfang September (s. Seite 160) und dauert bis Ende Januar/Anfang Februar. Innerhalb dieser Zeit kann man 2 getrennte Deckperioden von je nicht mehr als 6 Wochen einrichten. Beispielsweise etwa nach folgendem Schema:

Deckzeit	Laktation
1. Sept.–15. Okt.	1. Febr./15. März–1. Sept./15. Okt.
1. Dez.–15. Jan.	1. Mai/15. Juni–1. Febr./15. März

   Bei den entsprechenden Laktationen gibt es dabei zwar immer noch einen Engpaß im Februar/März, wenn die erste Gruppe gerade erst zu lammen beginnt und die zweite Gruppe am Ende der Laktation ist bzw. schon trockengestellt wird, aber einige Ziegen können auch während dieser Monate Milch liefern.
2. Die Neigung der Ziegen zu anhaltender Laktation läßt sich ausnutzen, indem in jedem Jahr einige Ziegen nicht gedeckt werden. Gute Milchziegen geben zwei Jahre hindurch fast gleichbleibende Milchmengen (s. Seite 60). Der Verzicht auf die Lämmer wird durch den Mehrertrag an Milch ausgeglichen. Allerdings ist das Verfahren für Herdbuchzüchter, die auf die Fortpflanzungsleistung einen größeren Wert legen müssen, nicht geeignet.
3. Der Beginn der Deckzeit im Herbst kann durch einen künstlichen Lichtrhythmus beschleunigt werden. Der die Geschlechtstätigkeit auslösende Faktor ist die abnehmende Tageslänge (s. Seite 160); 7–10 Wochen nach dem längsten Tag beginnt die Geschlechtstätigkeit der Ziegen. Wenn man im Frühjahr den Ziegen durch elektrisches Licht einen längeren Tag vortäuscht, dann kommen sie ebenfalls etwa 10 Wochen nach dem Ende dieser künstlich verlängerten Tage und dem Übergang auf den natürlichen kürzeren Tag in Brunst. Dieses Verfahren wird seit einigen Jahren in den USA mit Erfolg praktiziert (ASHBROOK 1982). Von Januar bis März werden die Ziegen 20 Stunden am Tag im Hellen gehalten. Die Helligkeit des Kunstlichtes muß dem Tageslicht entsprechen, was mit 40-Watt-Leuchtstoffröhren je 1 m^2, im Abstand von 2,75 m über dem Boden montiert, erreicht wird. Wenn man im Januar und Februar beleuchtet, dann kann man im Mai und Juni decken. Allerdings ist die Brunst kurz und schwer zu erkennen, deshalb muß zweckmäßigerweise der Bock (oder zumindest ein Suchbock) bei den Ziegen laufen. Auch die Böcke müssen „beleuchtet" und gut gefüttert werden, damit sie außerhalb der normalen Saison decken. Zur Vereinfachung kann man alle Ziegen des Bestandes „beleuchten", aber nur so viele im Frühjahr decken, wie für die kontinuierliche Milchlieferung nötig ist. Die Milchleistung der nicht gedeckten Ziegen wird nicht beeinflußt, und sie kommen im Herbst wieder normal in Brunst. Bei ausreichender Erfahrung wird mit der Methode fast die gleiche Fruchtbarkeit erreicht wie während der normalen Saison.
4. Schließlich besteht auch die Möglichkeit zur hormonellen Brunstauslösung außerhalb der Fortpflanzungssaison. Dazu werden Ziegen so mit Hormonen behandelt, daß sie im Juli und August gedeckt werden können (s. Seite 163). Allerdings sind die Erfahrungen mit der Methode bisher nicht so gut, daß sie allgemein empfohlen werden könnte.

4.6 Milchleistungsprüfung

Die offizielle Milchleistungsprüfung erfolgt bei der Ziege genau wie beim Rind. Durch einen unabhängigen Kontrollassistenten wird in Abständen von einem Monat die Milchleistung aller Ziegen des Bestandes beim Morgen- und beim

Abendmelken gewogen und in einer Probe, die entsprechend der Milchmenge anteilig aus Morgen- und Abendmilch besteht, wird der Fettgehalt bestimmt. Alternativ oder zusätzlich kann auch der Eiweißgehalt festgestellt werden, der für die Verarbeitung der Milch zu Käse wichtiger ist. Er ist zudem einfacher zu bestimmen, und die individuellen Schwankungen von einem Probemelken zum anderen sind geringer. Die so ermittelten Kontrolleistungen werden als Stichprobe für einen dazugehörigen Kontrollabschnitt angesehen. Der erste Kontrollabschnitt reicht vom Tag nach dem Lammen bis etwa 15 Tage nach dem Kontrolltag, der nächste Kontrollabschnitt schließt sich entsprechend etwa 15 Tage vor und 15 Tage nach dem Kontrolltag an. Der letzte Abschnitt geht bis zum Tag des Trockenstellens. Die Leistung des Kontrolltages multipliziert mit der Zahl der Tage des Kontrollabschnittes, ergibt die Leistung des Kontrollabschnittes, die Summe der Kontrollabschnitte die Gesamtleistung. Berechnet wird die Jahresleistung analog zu der des Rindes für das Kontrolljahr vom 1. Oktober bis zum 30. September sowie die Laktationsleistung vom Tage nach dem Lammen bis zum Tag des Trockenstellens.

Aus der Beschreibung des Verfahrens ergibt sich, daß seine Kosten pro Ziege gleich denen pro Kuh sind, bezogen auf ein kg Milch dementsprechend wesentlich höher. Dies dürfte der wesentliche Grund dafür sein, daß in der Bundesrepublik nur insgesamt etwa 3 % der Ziegen kontrolliert werden, von denen etwa 1000 einen Vollabschluß bringen (zum Vergleich: 46 % aller Kühe werden kontrolliert). In Frankreich ist der Anteil kontrollierter Ziegen etwa 10 %, in der Schweiz 17 % und in Norwegen 37 %. Ein anderer Grund für die geringe Beteiligung ist sicher, daß in kleinen Herden der Besitzer auch ohne Milchkontrolle einen guten Überblick über die Leistung seiner Ziegen hat, so daß Interesse nur bei Herdbuchzüchtern besteht, die Leistungsnachweise für den Verkauf von Zuchttieren und die Körung von Böcken brauchen. Demgegenüber besteht ein erhebliches Interesse an einer großen Zahl von kontrollierten Ziegen für die Durchführung von Zuchtprogrammen (s. Seite 111). Deshalb bemüht man sich um Vereinfachungen der Leistungsprüfung. Sie ist möglich durch Verminderung der Zahl der Stichproben, Begrenzung der Kontrolle auf den Anfang der Laktation, gänzlichen oder teilweisen Verzicht auf Prüfung der Milchzusammensetzung und Ersatz der Kontrolle des offiziellen Kontrolleurs durch die Besitzerkontrolle.

In Israel, Schweden, Norwegen und den USA werden bereits vereinfachte Verfahren praktiziert. Es ist schon lange in wissenschaftlichen Untersuchungen nachgewiesen, daß wesentliche Vereinfachungen ohne Verlust an Genauigkeit möglich sind. Übereinstimmend wurde festgestellt, daß vier Kontrollen während der Laktation ausreichen, daß die Fettgehaltsbestimmung durch die einfachere Eiweißbestimmung ersetzt werden kann, die nur einmal oder zweimal während der Laktation erforderlich ist, und daß die Proben nicht im Verhältnis zur Milchmenge, sondern aus gleichen Teilen der Morgen- und Abendmilch gezogen werden können. Erfahrungen in Schweden, Israel und den USA ermutigen außerdem zur Besitzerkontrolle, die durch Stichproben von offiziellen Prüfern ergänzt wird. Entsprechende Vorschläge für die vereinfachte Milchleistungsprüfung wurden von Experten ausgearbeitet und im Prinzip vom Internationalen Komitee zur Kontrolle der Wirtschaftlichkeit von Milchtieren gebilligt. Sie müssen nur noch offiziell genehmigt und von den Mitgliedsländern eingeführt werden.

4.7 Wirtschaftlichkeit der Milchproduktion

Im Kap. 2.2. wurde dargelegt, daß Ziegen zum großen Teil in Kleinhaltungen stehen, für die keine Produktionsmittel eingesetzt werden, die direkte Geldaufwendungen erfordern. Dies ist dann der Fall, wenn anderwärtig nicht verwendbares Futter (Nebenprodukte, Blätter, Gras von Wegrändern usw.) bzw. Weiden in Gemeinbesitz verwendet werden, wenn sonst ungenutzte Arbeitskraft eingesetzt wird und evtl. vorhandene Einrichtungen genutzt werden. In diesen Fällen einer kostenfreien Produktion ist die Wirtschaftlichkeit der Ziegenhaltung keine entscheidende Überlegung, solange sie einen Beitrag zur Ernährung oder sogar noch ein kleines Einkommen erbringt.

Ist die Ziegenhaltung dagegen ein wirtschaftlicher Betriebszweig und werden Produktionsmittel eingesetzt, die auch alternative Verwendungsmöglichkeiten haben oder die gekauft werden müssen, dann ist die Analyse der Wirtschaftlichkeit von Bedeutung. Beim Vergleich von Ziegen mit anderen Wiederkäuern für die Produktion von Fleisch und Milch ist davon auszugehen, daß eine aufgenommene Menge Futters von allen etwa gleich verwertet wird (s. Seite 126). Die Vorteile der Ziege müßten demnach in ihrer Futteraufnahme bzw. Futterwahl und anderen Haltungsfaktoren zu suchen sein. Eine alte Regel besagt, daß für ein wirtschaftliches Ergebnis der Preis für Ziegenmilch doppelt so hoch sein muß wie der für Kuhmilch, wenn alternativ auch über das Rind verwertbare Produktionsmittel verwendet werden. Dies ist vor allem durch den höheren Arbeitsaufwand für die Ziegenhaltung, insbesondere das Melken, bedingt. Der Arbeitsaufwand für die Milchgewinnung hängt von der Zahl der Tiere ab und nicht von der Milchmenge pro Tier. Wenn in einem Jahr z. B. 60 000 kg Milch von 100 Ziegen erzeugt werden, so ist der Arbeitsaufwand für das Melken wesentlich höher, als wenn die gleiche Menge von 10 Kühen ermolken wird. Diese Überlegung spielt dann eine geringe Rolle, wenn auf kleinen Betrieben, die eine Familie nicht voll auslasten, keine Möglichkeit für einen Nebenerwerb besteht.

Über die Wirtschaftlichkeit der Milchproduktion mit Ziegen liegen Untersuchungen aus der Schweiz, aus Frankreich und Schweden vor. In der Schweiz ermittelten FEHSE u. M. (1976) Ausgaben und Einnahmen in 7 Herden von durchschnittlich 22 Appenzeller Ziegen mit etwa 590 kg Milchleistung und 1,4 aufgezogenen Lämmern pro Ziege und Jahr (Tab. 13). In der Rechnung sind nur Kraftfutterkosten enthalten; für Grundfutter entstehen keine Kosten. Unter diesen Bedingungen war das Einkommen bescheiden und deutlich geringer als das aus der Rinderhaltung.

Für Schweizer Verhältnisse wurde die Rentabilität von Ziegen auch direkt mit der von Rindern und Schafen verglichen (AMMANN 1979). Bei einer mittleren Weideleistung von 3000 StE pro ha, war das Einkommen aus der Ziegenhaltung etwa gleich dem der Rinderhaltung, dagegen war das Einkommen aus der Schafhaltung niedriger. Um ein gleiches Familieneinkommen aus einem Betrieb mit 15 ha zu erzielen, wären 120 Ziegen erforderlich, d. h., statt einer Kuh müßten 5–6 Ziegen gehalten werden. Die Ziegen müßten je 765 kg Milch im Jahr bringen, wenn der Ertrag dem von Kühen mit 4200 kg je Tier und Jahr gleichkommen soll. Da der Arbeitsaufwand für Ziegen höher ist, wäre das Arbeitseinkommen geringer oder, anders ausgedrückt, für das gleiche Einkommen müßte die Familie mehr Stunden arbeiten.

In Frankreich wurden zwei Betriebstypen verglichen: Typ 1 ist ein Familienbetrieb mit 60 Mutterziegen und eigener Käseherstellung. Typ 2 hat 140 Ziegen und

Tab. 13. Gewinnberechnung – Ziegenhaltung in der Schweiz (FEHSE u. M. 1976)

	Schweizer Franken pro Ziege
Variable Kosten	
Kraftfutter	72,10
Tierarzt	2,20
Abschreibung	18,35
Verschiedenes	21,60
Gesamte direkte Kosten	114,25
Einnahmen	
Milch	238,85
Prämien	3,70
Kitze und Merzen	175,20
Verschiedenes	15,10
Gesamte Einnahmen	432,85
Deckungsbeitrag je Ziege	318,60
Deckungsbeitrag je GVE Ziege*	1593,00
Deckungsbeitrag je GVE Rind**	2046,00

* 1 GVE = 5 Ziegen
** unter vergleichbaren Bedingungen, bei durchschnittlich 19 GVE pro Betrieb

Tab. 14. Betriebsergebnisse der Ziegenhaltung in Frankreich (SIGWALD u. SAUVANT 1976 u. 1977)

	1973	1974	1976
Landwirtschaftlich genutzte Fläche (LF), ha	27	26	28,5
Fläche für Produktion von Ziegenfutter, ha	9	12	12,2
Anzahl Ziegen pro Herde	51	57	59
Erstlingsziegen	24	23	24,5
Arbeitskräfte	1,97	1,86	1,96
Milchleistung, kg	570	557	625
Kraftfutter pro Ziege, kg	270	259	
Ziegen pro ha	6,9	6,5	
Milch-kg pro ha LF	3832		

beschäftigt einen Melker; die Milch wird an eine Käserei verkauft. Beide Herden bringen eine Milchleistung von 600 kg Milch pro Tier und Jahr, ziehen im Jahr 1,5 Lämmer pro Ziege auf und haben eine Nutzungsdauer zwischen 5 und 6 Jahren. Typ 1 erzielt einen Nettogewinn von 28 000 FF, während Typ 2 einen Verlust von 45 000 FF macht (SIGWALD u. LEQUENNE 1971).

Die Ergebnisse einer dreijährigen Betriebsanalyse in Frankreich sind in Tab. 14 wiedergegeben. Nur wenige der Betriebe erzielten aus der Ziegenhaltung 6000 FF pro ha. Das Einkommen hing vor allem von der Höhe der Milchleistung und nur wenig von den Produktionskosten ab. Das spricht dafür, die Futterversorgung in solchen Betrieben zu verbessern und die Milchleistung zu steigern.

In Norwegen rechnet man, daß Ziegenhaltung mit Käseproduktion auf nur 3–4 ha ein ausreichendes Familieneinkommen sichert. In Schweden wurde berechnet, daß mit 40 Ziegen auf 6 ha Weide ein Roheinkommen von umgerechnet

Wirtschaftlichkeit der Milchproduktion 75

Abb. 34. Käseladen auf einem Markt in Südfrankreich mit 17 verschiedenen Ziegenkäsesorten. Reichhaltiges Angebot und differenzierte Nachfrage sind Grundlage der Ziegenhaltung in Frankreich.

Abb. 35. Vom Erzeuger pasteurisierte Ziegenmilch zum Direktverkauf in Kalifornien. Die Konkurrenz mit gleichen Vermarktungsformen erfordert Preise, die deutlich über denen für Kuhmilch liegen.

DM 2300,- bei einer durchschnittlichen Milchleistung von 400 kg erreicht werden kann; das Roheinkommen erhöht sich auf DM 19 600,- bei 800 kg und auf DM 30 500,- bei 1000 kg (SJÖDIN 1978).

Eine größere Ziegenmilchproduktion als wirtschaftlicher Betriebszweig steht in Konkurrenz zur Milchrinderhaltung, da die eingesetzten Betriebsmittel (Futter, Gebäude, Arbeit, Kapital) alternativ für beide Produktionsrichtungen verwendet werden können. Erste Voraussetzung dafür, daß sich eine solche Milchproduktion entwickelt, ist ein Markt, der die Produkte der Ziege aufnimmt und Preise bietet, die über denen für Rinder- und auch Schafprodukte liegen (Abb. 34 u. 35). Ferner muß der Umfang der Ziegenhaltung groß genug sein, um eine genügende Milchmenge zu erzeugen, welche die rentable Verarbeitung und Vermarktung ermöglicht. Eine Ausnahme hiervon ist eine Familien-Haltung von Milchziegen mit Herstellung und Direktvermarktung von Milch oder Milchprodukten durch den Erzeuger. Schließlich muß die Produktion kontinuierlich erfolgen, so daß auch die Nachfrage regelmäßig befriedigt werden kann. Dies kann besonders wegen der saisonalen Milchproduktion ein begrenzender Faktor sein (s. auch Seite 70). Alle diese Voraussetzungen sind nur selten gegeben, und dementsprechend gibt es nur wenige Gebiete, in denen eine spezialisierte wirtschaftliche Ziegenhaltung hat Fuß fassen können. Ihr Umfang ist durchweg gering. Selbst in Frankreich zeigt sich in letzter Zeit, daß die Ausdehnungsmöglichkeiten begrenzt sind und daß die Nachfrage nach dem teuren Ziegenkäse sehr von der allgemeinen wirtschaftlichen Situation abhängt.

5 Fleischproduktion

5.1 Wachstum

Die Ziege gehört nicht zu den Nutztieren, die auf Wachstum selektiert wurden. Dennoch entwickeln sich Milchziegen rasch und erreichen, auch wenn sie mit 1–1¼ Jahren zum ersten Mal lammen, im Alter von einem Jahr etwa 70 % ihres Endgewichtes, mit zwei Jahren 80 %. Bezogen auf das Alter bei der ersten Geburt, entspricht dieser Wachstumsrhythmus dem von Milchrindern, wenn man davon ausgeht, daß eine Kuh, die erwachsen 650 kg wiegt, beim ersten Kalben mit 2 Jahren 455 kg wiegt.

Die europäischen Milchziegen-Rassen wachsen bis zum Absetzen mit täglicher Gewichtszunahme von etwa 150–200 g. Das ist langsamer als wir es von Schafen, besonders der großen und auf Fleischleistung selektierten Rassen, kennen.

Die Wachstumskurve von Lämmern der Bunten Deutschen Edelziege in Abb. 36 wurde bei Milchfütterung bis etwa 6 Wochen und 10 kg Lebendgewicht und anschließender zurückhaltender Fütterung mit Heu zur freien Aufnahme und bis 400 g Kraftfutter am Tag ermittelt. Das stärkste Wachstum dürften die Burenziegen haben, die 270–290 g am Tag zunehmen können (Tab. 15). Diese Rassenunterschiede deuten darauf hin, daß durch Zuchtmaßnahmen das Wachstum sicher auch bei manchen anderen Rassen gesteigert werden könnte. Allerdings sollte man bei dem Gedanken berücksichtigen, daß gerade die Veränderung des Wachstumsrhyth-

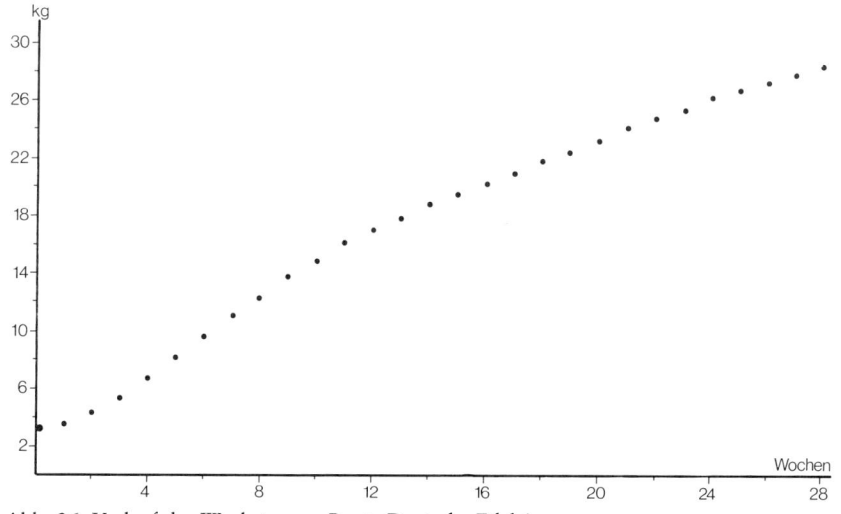

Abb. 36. Verlauf des Wachstums – Bunte Deutsche Edelziegen.

Tab. 15. Wachstum ausgewählter Burenziegen je 5 ♂ und ♀ (CAMPBELL 1977)

Alter (Tage)	Gewicht (kg) ♂	Gewicht (kg) ♀	⌀ tgl. Zunahme (g) ♂	⌀ tgl. Zunahme (g) ♀
100	30,65	29,00	291	272
150	42,70	37,70	272	240
210	53,60	45,00	245	204
270	69,50	51,80	250	186

mus wegen seiner Abhängigkeit von übergeordneten Hormonsystemen zu unerwünschten Nebenwirkungen u. a. auf Stoffwechsel und Fortpflanzung führen kann.

Für den Wirkungsgrad der Mast und auch der Aufzucht unter intensiven Bedingungen, mit konzentriertem hochwertigem Futter ist die Futterverwertung von Bedeutung. In der ersten Lebenswoche verbrauchen Lämmer etwa 6 kg Milch für 1 kg Lebendgewichtszuwachs, in der 4. Woche 8,5–9 kg.

Bereits 1928 ermittelten KRONACHER und KLIESCH in Berlin den Nährstoffbedarf von Ziegen (rehbraune Wintersberger) für das Wachstum im ersten Lebensjahr (bei 162 g täglicher Zunahme) mit 3,78 kStE und 529 g verd. Eiweiß pro kg Zuwachs gegenüber 2,22 kStE und 518 g verd. Eiweiß bei Schwarzbunten Kälbern.

Der Futteraufwand intensiv gefütterter Lämmer beträgt bei durchschnittlich 200 g täglicher Gewichtszunahme etwa 4 kg Futter (ca. 3000 StE). Dies wurde übereinstimmend in Untersuchungen an Bunten Deutschen Edelziegen (NITTER 1975), französischen, norwegischen und Burenziegen gefunden. Bei geringeren Tageszunahmen kann die Futterverwertung wesentlich schlechter sein; so verbrauchten Burenziegen, die weniger als 100 g am Tag zunahmen, etwa 9 kg Futter für 1 kg Zunahme. Es ergibt sich aus diesen Versuchen, daß Futter bei intensiver Mast durch Ziegen schlechter verwertet wird als durch Schafe und Kälber, die für das kg Zunahme nur etwa 3 bzw. 2,5 kg Futter verbrauchen.

5.2 Milchlämmer

Wenn Ziegen vorwiegend zur Milchproduktion gehalten werden, dann ist die Mast der nicht zur Zucht benötigten Lämmer im allgemeinen nicht lohnend, zumindest nicht, solange hierfür Ziegenmilch gefüttert wird. Wenn man davon ausgeht, daß 6 kg Milch für 1 kg Zuwachs gebraucht werden, dann muß der Preis für das kg Mehrgewicht von Milchlämmern das Sechsfache des Milchpreises betragen. Da dies im allgemeinen nicht erreicht wird, ist der Verkauf der Milch meist rentabler als ihre Verwertung durch die Mast. Außerdem will der Züchter sich neben der Milchproduktion nicht mit der Mast befassen. Die Situation ist ähnlich wie die des Rinderzüchters, der seine Kälber „nüchtern" abgibt. Demzufolge werden Milchlämmer traditionell sehr früh verkauft, oft schon mit 1–2 Wochen und etwa 5–6 kg Gewicht. Vielerorts ist es allerdings schwer, Lämmer unter 8–10 kg zu vermarkten. Schwerere Lämmer werden dagegen nicht mehr als Milchkitze gewertet. In den einzelnen Ländern sind die Marktgewohnheiten etwas unterschiedlich, aber in den Grundzügen stimmen sie überein.

In Deutschland ist die Nachfrage nach Milchlämmern im allgemeinen gut; in Süddeutschland ist sie sogar groß, zumal für 10 Wochen alte Lämmer mit einem Gewicht von etwa 8–12 kg ca. DM 8,– pro kg Lebendgewicht (1981) durchaus attraktiv sind und die Mast auch in Konkurrenz zur Milchproduktion rechtfertigen. Die Nachfrage vor Ostern wird durch den Bedarf der ausländischen Mitbürger, besonders aus dem Mittelmeergebiet, belebt.

In Frankreich werden die meisten Lämmer mit 7–8 kg verkauft und zusammen mit Geflügel und Kaninchen vermarktet. Es gibt auch einen Markt für schwerere Lämmer von 10–12 kg, in Südfrankreich (Pyrenäen) sogar für Tiere von 20–25 kg. In Spanien verkaufen die Milchziegenhalter überzählige Lämmer meist mit 2–3 Wochen und 4–5 kg Gewicht oder möglichst noch früher. Ein Teil davon wird nicht sofort geschlachtet, sondern von Ziegenhaltern im Gebirge gekauft, die Lämmer bis zu einem Gewicht von 10–12 kg füttern; das ist auf dem Markt die Grenze für Milchlämmer.

5.3 Mastlämmer

Bei der frühen Schlachtung der Lämmer aus der Milchziegenhaltung wird ein wichtiges Produktionspotential für Fleisch unzureichend genutzt. Mit der Mast zu einem höheren Endgewicht und ausgereifteren Schlachtkörpern könnte die Nutzung verbessert werden. In Ländern, in denen Ziegen nicht oder nur zeitweise gemolken werden, ist die Mast von Lämmern bis zu höheren Gewichten üblich, sie kommen je nach Rasse und Futtergrundlage mit 20–30 kg auf den Markt. Diese Mast finden wir in Spanien, in vielen Ländern Afrikas, Asiens und Lateinamerikas. Ein Teil der überzähligen Bocklämmer der Angoraziegen in Texas und ein Teil der Burenziegen in Südafrika wird so verwertet. In Frankreich hat man in jüngster Zeit versucht, entsprechende Mastformen einzuführen. Dazu sollen Lämmer früh abgesetzt und mit Milchaustauschern gefüttert werden.

In Entwicklungsländern können dagegen die vielen Lämmer, die bald nach der Geburt geschlachtet werden, für die Fleischproduktion nicht besser genutzt werden, weil die Inhaltsstoffe für Milchaustauschfutter nicht zur Verfügung stehen bzw. zu teuer sind.

5.4 Mast älterer Tiere

In Ländern, in denen Ziegen vorwiegend zur Fleischproduktion gehalten und nicht gemolken werden, mästet man junge Ziegen, bis sie etwa ausgewachsen sind, ganz ähnlich wie Hammel. Wir finden das z. B. in Spanien bei den Ziegen der Fleischrassen in der Sierra, die mit 5–6 Monaten und 20–25 kg Lebendgewicht verkauft werden. Auch in Asien, Afrika und Lateinamerika ist die Mast älterer Ziegen üblich. Das Endgewicht hängt vor allem von der Rasse, aber auch von den Fütterungsverhältnissen ab. Männliche Tiere werden meist kastriert. Damit wird erreicht, daß die Tiere länger wachsen, also größer, schwerer und auch fetter werden. Bei nicht kastrierten männlichen Tieren wird mit einsetzendem Geschlechtstrieb im Alter von etwa 9 Monaten die Futteraufnahme und damit das Wachstum erheblich beeinträchtigt. Kastriert wird früh, mit etwa 14 Tagen, zum Teil auch später, mit etwa 7 Monaten. Damit werden kleinere und muskulösere Schlachtkörper erzielt. In vergleichenden Untersuchungen hat sich die Kastration mit 1–2 Wochen als die wirksamere Methode erwiesen (CASTELLANOS u. a. 1979).

Die Auswirkungen der Kastration wurden auch bei Weißen und Bunten Deutschen Edelziegen in einer Untersuchung an der Universität Hohenheim geprüft. Kastrierte und unkastrierte Bocklämmer wurden im Mastabschnitt von 10–30 kg Lebendgewicht verglichen. Die kastrierten Lämmer nahmen 225 (Weiße) und 145 g (Bunte) am Tag zu und hatten 47 und 48 % Ausschlachtung; demgegenüber nahmen die Bocklämmer 250 (Weiße) und 190 g (Bunte) zu, die Ausschlachtung betrug 49 und 50 % (NITTER 1975).

Der Einfluß der Kastration auf den Fleischgeschmack ist umstritten. Während vielfach behauptet wird, daß dem Fleisch unkastrierter Böcke der Bockgeschmack anhaftet, ist dieser offenbar nicht im Fleisch selbst enthalten, sondern wird durch Berührung mit dem Duftdrüsensekret der Haut übertragen. Bei vorsichtigem und reinlichem Umgang während der Schlachtung bleibt das Fleisch weitgehend frei von Bockgeruch.

5.5 Verwertung abgehender Altziegen

Schlachtkörper alter Ziegen und Böcke haben allgemein einen geringen Wert. Sie werden in Mitteleuropa kaum für den menschlichen Verzehr verwertet. In südlichen Ländern wird das Fleisch zwar verzehrt, gilt aber auch meist als geringwertig. Erwachsene Ziegen vor der Schlachtung zu füttern, um ein „Anfleischen" zu erreichen, lohnt sich nicht. Mehr als bei anderen Tierarten wird bei der Ziege das meiste Fett in der Bauch- und Beckenhöhle abgelagert und ist für die Fleischqualität nutzlos. Aus dem gleichen Grund lohnt sich auch das Kastrieren der Altböcke vor dem Schlachten kaum.

5.6 Fleischziegenhaltung zur Landschaftspflege

Die Freßgewohnheiten der Ziegen kann man gezielt für die Landschaftspflege nutzen. Dies ist eine Aufgabe, die sich in Mitteleuropa aus einer Entwicklung der modernen Landwirtschaft ergeben hat. Landwirtschaftliche Flächen, deren Nutzung nicht mehr rentabel ist, werden zur sogenannten Sozialbrache. Um das Bild der Landschaft so zu erhalten, wie es die Bürger und besonders auch die Touristen sich wünschen, werden diese Flächen größtenteils gemäht, ohne daß daraus ein Nutzen gezogen wird. Für diese Pflege tragen die Gemeinden die Kosten. Eine Alternative hierzu ist die Schafhaltung auf solchen Flächen. Wenn diese nicht rentabel ist, gewähren die für die Unterhaltung der Flächen Verantwortlichen unter Umständen Zuschüsse. Man spricht dann auch von Schafhaltung zur Landschaftspflege. Da an manchen Standorten vor allem aufkommende verholzende Gewächse (Büsche und Bäume) das Problem sind, stellt sich die Frage, ob Ziegen wegen ihrer Freßgewohnheiten zur Landschaftspflege nicht besser geeignet sein könnten als Schafe. Da Flächen brachliegen, weil ihre Bewirtschaftung im Verhältnis zum Ertrag zu aufwendig ist, kommt nur die extensive Ziegenhaltung zur Fleischproduktion in Frage. Mit spezialisierter Fleischziegenhaltung liegen aber unter unseren Verhältnissen noch wenig Erfahrungen vor. In einem Versuch in Süddeutschland wurden während 5 Jahren 30 Bunte Deutsche Edelziegen gehalten und nicht gemolken. Die Verluste aus dieser Haltung betrugen 330,– DM pro ha, das ist weniger als für die Landschaftspflege mit mechanischen Methoden ausgegeben wurde und liegt in der gleichen Größenordnung wie die Zahlungen, welche an Schäfer zu diesem Zweck geleistet werden. Inzwischen gibt es in Württemberg eine kleine Zahl von Ziegenhaltern, die Kreuzungen zwischen Deutschen Edelziegen und Burenziegen zur Fleischproduktion halten. Da die Veterinärvorschrift den Import von Burenziegen aus Südafrika nicht zuläßt, wird mit den wenigen verfügbaren Tieren eine Verdrängungskreuzung durchgeführt.

Auf die Buschbekämpfung durch Ziegen, eine Form der Landschaftspflege in den Tropen, wird auf Seite 217 eingegangen.

5.7 Wirtschaftlichkeit der Fleischproduktion

Bestimmend für den wirtschaftlichen Ertrag der Fleischproduktion sind:
- die Fortpflanzung (Zahl der Lämmer, die zur Schlachtung verfügbar sind),
- das Wachstum (tägliche Gewichtszunahme),
- die Futterverwertung (Futtermenge, die für die Erzeugung des Fleisches benötigt wird),
- die Schlachtkörper- und Fleischqualität,
- die durch die Produktionsmethode bedingten allgemeinen Kosten.

Hinsichtlich der Fruchtbarkeit sind die Voraussetzungen für die Fleischerzeugung durch Ziegen sehr gut. Bei ausschließlicher Fleischnutzung von Fleischrassen, deren Fortpflanzung nicht jahreszeitlich begrenzt ist, sind 2 Lammungen in 3 Jahren möglich; im Durchschnitt können Zwillinge erwartet werden. Für die Bestandsergänzung bei 5jähriger Nutzungsdauer und die unvermeidlichen Lämmerverluste sind etwa 30 % der geborenen Lämmer abzurechnen, so daß noch pro Ziege im Jahr mehr als 2 Lämmer verwertet werden können.

Aufgrund von Wachstum und Futterwertung eignen sich unsere Milchrassen für die Mast zu höheren Gewichten wenig. Fleischrassen oder ihre Kreuzungen dagegen brauchen Schafen kaum unterlegen zu sein.

Die Fleischqualität junger Lämmer entspricht einem spezifischen Käuferverlangen. Unter derzeitigen Verhältnissen in Deutschland, die weitgehend von hier lebenden Ausländern bestimmt sind, kann die Nachfrage kaum befriedigt werden. Je nach der Jahreszeit lassen sich Lämmer zwischen 15 und 25 kg Lebendgewicht verkaufen. Dagegen besteht für ausgewachsene und gar ältere Tiere kaum ein Markt, da ihr Fleisch zäh ist.

Im Mittelmeergebiet, in Asien, Afrika und Lateinamerika besteht dagegen in vielen Ländern Nachfrage nach Ziegen aller Altersklassen, so daß auch ältere Tiere gut verwertet werden können.

Die Belastung durch die allgemeinen Produktionskosten ist unter Bedingungen der intensiven Haltung hoch. Deshalb kann hier die spezialisierte Fleischproduktion mit Milchproduktion nicht konkurrieren; nur überzählige Lämmer sind als Nebenprodukt zu verwerten. Unter extensiven Bedingungen können die allgemeinen Kosten dagegen sehr niedrig gehalten werden, so daß die Ziegenhaltung zur Fleischproduktion wirtschaftlich sein kann. Im Extrem gilt dies für die kostenfreie Haltung, wie sie vielfach in den Entwicklungsländern überwiegt.

Bei vorsichtiger Kalkulation ergibt sich für eine spezialisierte extensive Ziegenhaltung zur Fleischerzeugung in Deutschland etwa folgende Rechnung:

82 Fleischproduktion

Schlachtlämmer pro Ziege im Jahr	2 Stück
Lebendgewicht	20 kg
Ausschlachtung	50 %
Gewicht der Mutterziege	40 kg
Schlachtgewicht pro Ziege im Jahr	0,5 kg
Preis pro kg Schlachtgewicht	14,– DM
Erlös pro Ziege im Jahr	280,– DM

Wenn aus diesem Erlös größere Kosten und ein Lohnanspruch abgedeckt werden müssen, kann die spezialisierte Fleischziegenhaltung kaum wirtschaftlich sein (s. auch Kap. 5.6). Im Nebenerwerb ohne Lohnanspruch und ohne größere Kosten könnte die Produktivität jedoch befriedigen.

Als Nebenprodukt der Milcherzeugung können bei einer Reproduktionsrate von 2 Lämmern im Jahr und einer Nutzungsdauer von 5 Jahren bei 10 % Lämmerverlusten im Durchschnitt fast 1,5 Lämmer pro Ziege verkauft werden. Vom Verhältnis zwischen den Preisen für die Lämmer und für die Milch hängt es ab, ob die Lämmer möglichst bald verkauft oder länger gefüttert werden sollen.

Wenn man davon ausgeht, daß die Lämmer nur Muttermilch erhalten (2 kg am Tag), das Kolostrum während der ersten Woche nicht anders verwertet werden kann, die tägliche Zunahme 150 g beträgt und der Markt ein Lamm von mindestens 10 kg verlangt, dann haben die Lämmer bis zur Schlachtung mit 10 kg bei 3 kg Geburtsgewicht etwa 80 kg verwertbare Milch verbraucht. Wenn das Lamm für DM 80,– verkauft wird, entspricht das einer Verwertung von DM 1,– pro kg Milch.

Wird das Lamm schon mit 6 kg Gewicht verkauft, dann erhöht sich bei den gleichen Annahmen die Verwertung der Milch nur unwesentlich auf DM 1,20 pro kg. Durch die Verwendung von Milchaustauschern können die Kosten der Fütterung etwas vermindert werden, jedoch verschieben sich die Verhältnisse nicht wesentlich. Wenn also der tatsächliche Nettoerlös aus Milchverwertung (Verkauf oder Käseherstellung) höher liegt, lohnt sich die Fütterung des Lammes nicht.

6 Faserproduktion

Das Haarkleid der Ziege besteht aus dem Ober- und dem Unterhaar, das in unterschiedlichen Haarbälgen (Follikeln) wächst. Das Oberhaar der Primär-Follikel ist dick (Durchmesser über 45 µm), glatt oder nur wenig gewellt und bei einzelnen Rassen mehr oder weniger lang. Die Unterschiede werden demonstriert durch das feine, glatte Haar unserer kurzhaarigen europäischen Ziegen und z. B. der langhaarigen griechischen oder der französischen Poitevine-Ziegen (s. auch Abb. 19 u. 20). Das Unterhaar der Sekundär-Follikel ist feiner, kürzer, gewellt und hat im ganzen einen wolligen Charakter.

Ober- und Unterhaar werden regelmäßig gewechselt, aber der Wechsel des Unterhaares ist auffallender. Im Herbst, vor Beginn der kühlen Jahreszeit, wächst das Unterhaar und bildet einen wirksamen Kälteschutz; es wird je nach der Umgebungstemperatur mehr oder weniger dicht. Ab dem Frühjahr wird das Unterhaar abgestoßen, und während der warmen Jahreszeit trägt die Ziege ein dünnes Fell, das praktisch nur aus dem Oberhaar besteht. Gleichzeitig mit dem Abstoßen des Unterhaares wird im Frühjahr auch das Oberhaar gewechselt. Nach abgeschlossenem Haarwechsel zeigen die Ziegen ihr dünnes, dunkleres, glänzendes Sommerkleid. Der Haarwechsel bzw. das Abstoßen des Unterhaares im Frühjahr findet bei der Ziege verhältnismäßig spät statt und kann sich vom März bis in den August hinein erstrecken. Er hängt von einigen Umweltfaktoren ab, die im einzelnen ungenügend erforscht sind; unzureichende Ernährung und Mangelzustände verzögern den Haarwechsel ebenso wie Wurmbefall. Das glatte Haarkleid und der rasche Haarwechsel sind wichtige Anzeichen für die Gesundheit und das Wohlbefinden der Ziege.

Das Oberhaar der langhaarigen Ziegen wird seit altersher als Faser genutzt. Es kann, zusammengedreht und geflochten, für die Herstellung von Seilen, Netzen, Zelttuch und als Grundgewebe von Knüpfteppichen verwendet werden, wie wir das noch heute in Afrika und im Nahen und Mittleren Osten finden. Allerdings wird das Ziegenhaar auch hier zunehmend von Kunstfasern verdrängt. Das Haar wird meist geschnitten, seltener gerupft. Der Ertrag kann 1–1,5 kg im Jahr sein. Das Haar der kurzhaarigen Rassen wird außerdem für die Herstellung von feinen Pinseln verwendet. Das Unterhaar wird in Gebieten mit kalten Wintern bei solchen Rassen genutzt, bei denen es besonders stark ausgebildet ist. Es wird entweder gerupft oder ausgekämmt.

Wichtiger als diese gelegentliche Nutzung von Haaren als einem Nebenerzeugnis ist die Nutzung der Fasern von Spezialrassen. Es sind dies zwei biologisch verschiedene Entwicklungen des Haarkleides, nämlich Mohair bei den Angoraziegen und Kaschmir bei einigen Ziegenrassen Zentralasiens.

6.1 Mohair

Bei der Angoraziege hat das Haarkleid sich ähnlich wie beim Wollschaf verändert. Die Zahl der Sekundärfollikel ist vergrößert, und die in ihnen wachsenden Fasern (ursprünglich das Unterhaar) sind länger und dicker als bei den Haarziegen und auch länger als die aus den Primärfollikeln wachsenden (früheren Oberhaare) Fasern. Damit wird ein einheitliches Vlies mit im wesentlichen nur einer Art von Faser gebildet. Die Anlage zu dieser Ausbildung des Haarkleides ist dominant. Allerdings trifft dies nicht vollkommen zu, denn in einem Teil der Primärfollikel wachsen Fasern mit abweichendem Charakter, die sogenannten Kemps. Es sind dies große, gerade Fasern, die eine Markhöhle haben und daher ein kalkweißes Aussehen. Die Kemps unterliegen einem schnelleren Haarwechsel und hängen daher oft lose im Vlies oder gehen auch vor der Schur ganz verloren. Wenn die Zahl der Sekundärfollikel pro Primärfollikel groß ist, dann unterdrücken sie offenbar deren Wachstum; es werden weniger Kemps gebildet, oder sie bleiben dünner und ähneln den anderen Fasern. Bis zu 4 % Kemps in Mohair sind nicht selten, und auch die feinsten südafrikanischen Qualitäten haben 1 % Kemps. Außerdem kommen noch andere fehlerhafte Fasern vor, die ebenfalls eine Markhöhle haben.

Die Eigenschaften von Mohair sind in Tab. 16 gekennzeichnet. Die wollähnliche Mohairfaser unterscheidet sich in einigen Merkmalen von Schafwolle. Sie ist dicker, nicht gekräuselt, die Oberfläche ist glatt und glänzend. Die glatte Oberfläche verdankt die Faser seiner Feinstruktur: das Haar von Säugetieren hat äußerlich eine feine Decke von Schuppen. Diese sind bei Mohair größer als bei Schafwolle und liegen glatt am Haarschaft (Abb. 37). Die Eigenschaften von Mohair verschaffen dieser Faser einen besonderen Platz in der verarbeitenden Industrie. Für den Möbelbezugstoff Plüsch wurde es im 19. Jahrhundert viel verarbeitet; damals erlebte die Angorazucht eine Blüte. Heute wird Mohair außer für Bezugsstoffe für Strickwaren, leichte Sommeranzugsstoffe, Teppiche und technische Zwecke verwendet.

In den wichtigsten Produktionsländern von Mohair gibt es etwa 10 Mio. Angoraziegen. Im Vergleich zu Wolle ist das Aufkommen an Mohair gering. Jährlich werden etwa 15 000 t Mohair erzeugt, von denen je etwa ein Drittel aus der Türkei, den USA und Südafrika kommen. Da der Bedarf stark der Mode unterworfen ist, gibt es auf dem Markt große Schwankungen, und entsprechend ändern sich die Bestände.

Tab. 16. Eigenschaften von Ziegenfasern

	Mohair		Kaschmir
	(1)	(2)	
Durchmesser, µm	10–45	33	13–16
Länge (Jahresschur), cm	10–24	13	bis 6 (–9)
Reinertrag, %	70–80	78	50–75 (95)
Schurertrag, kg	2– 3	2,5	0,1–0,2

(1) Variation in den verschiedenen Produktionsgebieten
(2) unter guten Produktionsbedingungen in Texas, erwachsene Ziegen

Abb. 37. Stark vergrößerter schematischer Aufbau von Fasern. Im Innern sind die Faserzellen (Fibrillen), außen die Schuppen zu erkennen. Links: Ziegenhaar. Rechts: Schafwolle.

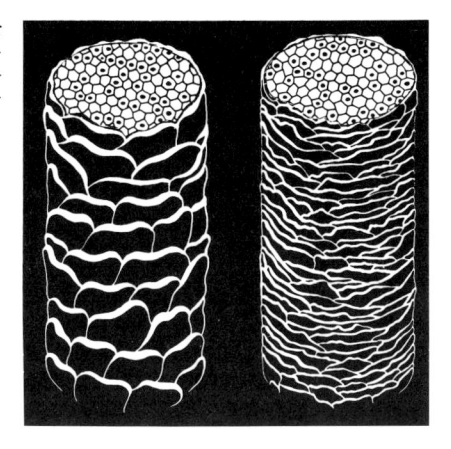

Zuchtmaßnahmen bei den Angoraziegen sind in erster Linie gerichtet auf: Körpergröße, Mohairertrag und -qualität und Fruchtbarkeit. Bei der Selektion auf gleichmäßige Verteilung der Fasern auf der Körperoberfläche sind die Angoraziegen kleiner und damit die Mohairerträge geringer geworden. Ziegen mit ausgedehnter Gesichtsbehaarung sind weniger fruchtbar und u. U. bei der Futteraufnahme benachteiligt (SHELTON 1960). In Populationen, die aus Kreuzungen mit Angoras aufgebaut wurden, und auch wenn zur Korrektur mit Ziegen anderer Rassen gekreuzt wird, ist der Anteil von Kemps im Vlies hoch. Die Selektion auf Mohairqualität richtet sich vor allem auf den Durchmesser der Fasern. Allerdings ist der Selektionserfolg für das Merkmal gering ($h^2 = 0,12$). Dagegen ist der Selektionserfolg bei der Stapellänge, beim Vliesgewicht und bei der Verteilung des Vlieses mit etwa 0,80, 0,40 und 0,50 höher.

Ein züchterisches Problem ist eine Neigung zu Aborten, die durch eine hormonelle Schwäche bedingt ist. Sie kommt offenbar vorwiegend bei südafrikanischen Angoras vor (s. Seite 281). Mit diesem Risiko verbunden ist das häufige Auftreten von extrem kurzen Zyklen. Außerdem scheint bei Angoraziegen der Mutterinstinkt unzureichend ausgebildet zu sein. Infolgedessen werden Lämmer oft nicht genug gesäugt oder aber, wenn sie schwach sind, überhaupt nicht von der Mutter versorgt. Um die Lämmeraufzucht zu sichern, werden Mutterziegen abends, wenn sie von der Weide kommen, angebunden. Außerhalb der Lammzeit werden in Südafrika dagegen die Ziegen meist nicht mehr gepfercht, da die Weiden eingezäunt und Raubtiere stark dezimiert sind.

Ein kleiner Angorabestand hat sich in den vergangenen 10 Jahren in Australien entwickelt. Das Interesse daran begann mit dem Verfall der Wollpreise um 1970. Außerdem scheinen Ziegen in manchen Gegenden Australiens, wo die Weiden zur Verbuschung neigen, besser geeignet zu sein als Schafe. Die mit der Besiedlung Australiens durch Europäer ins Land gekommenen Ziegen, die heute in wildlebenden Beständen verstreut sind, stammen zu einem Teil von Angora- und Kaschmirziegen ab. Die Kreuzung mit Angoras, verbunden mit Selektion auf Körpergröße, weißes Haar und den erwünschten Mohaircharakter sowie gegen Kemps, bringt in 5 Kreuzungsgenerationen reine weiße Angoraziegen mit guter Mohair-Qualität.

6.2 Kaschmir

Im Haarkleid der Kaschmirziege ist das Unterhaar stark vermehrt und verlängert. Aber anders als bei Angoras ist es in seinen Eigenschaften nicht dem Oberhaar angeglichen, sondern hat die Feinheit der Unterhaare bewahrt. Außerdem haben Kaschmirziegen neben dem vermehrten und verlängerten Unterhaar auch noch das unveränderte Oberhaar (s. Tab. 16).

Der Haarwechsel ist bei Kaschmirziegen erhalten. Jedoch bleibt das Unterhaar, nachdem es abgestoßen ist, noch im Haarkleid haften.

Kaschmir ist eine sehr dünne Faser, die zu den feinsten Tierhaaren gehört. Eine erste Blüte erlebte die Kaschmir-Produktion im Mittelalter. Das berühmte Produkt aus Kaschmir waren feine und leichte Schals, die zugleich sehr gut wärmen. Heute wird Kaschmir für feinste Strickwaren und Tuche verwendet. Allerdings werden unter der Bezeichnung „Reines Kaschmir" meist Produkte verkauft, die nicht ausschließlich aus Kaschmir hergestellt sind, sondern aus einer Mischung, die außerdem Lammwolle enthält. Die Produktion von Kaschmir ist beschränkt auf Gebirgsgebiete Zentralasiens in einer Höhe von über 3000 m in Nordindien, Nepal, Tibet, China, der Mongolei, UdSSR (Kirgisien), Afghanistan, Irak, Iran und der Türkei.

Auf den Weltmarkt gelangen jährlich nur etwa 3000–4000 t, meist aus China und der Mongolischen Volksrepublik. Kaschmir wird vorwiegend in der Weise gewonnen, daß die Ziegen im Frühsommer ausgekämmt werden, zum Teil wird jedoch heute auch schon das ganze Haarkleid geschoren. In jedem Fall ist das Produkt eine Mischung von Kaschmir und Haaren, die vor der Weiterverarbeitung aussortiert werden müssen. Dies geschieht mit der Hand, es gibt jedoch auch schon maschinelle Verfahren. Der Jahresertrag liegt zwischen 50 und 350 g pro Ziege, der Anteil reinen Kaschmirs im Rohprodukt ist in den verschiedenen Jahreszeiten sehr unterschiedlich, er beträgt meist 50–75 %, kann aber auch noch höher sein.

Zuchtmaßnahmen sind vor allem aus der UdSSR bekannt. Verschiedene Gebirgsziegenrassen, die 200–300 g Unterhaar mit einem Kaschmiranteil von 50–90 % (je nach Jahreszeit) haben, wurden mit Don- und sowjetischen Angoraziegen gekreuzt. Dabei wurde der Faserertrag bis über 1000 g gesteigert, aber die Qualität verringert, meist mit Faserdurchmessern von etwa 20 µm und Faserlängen von 10 cm. Offenbar verhält sich der Erbfaktor, der das Wachstum des Unterhaares bestimmt, bei der Donziege dominant gegenüber den entsprechenden Allelen bei den Gebirgsziegen.

Bei der züchterischen Verbesserung der Faserproduktion sind immer auch die Fruchtbarkeit und das Wachstum als Voraussetzung für die Fleischleistung beachtet worden.

7 Nebenprodukte

7.1 Ziegenfelle

Felle stellen als das Ausgangsmaterial für die Lederherstellung einen nicht unerheblichen Wert dar. Ziegenfelle nehmen eine bevorzugte Stellung ein, da aus ihnen feines Leder hergestellt wird. Etwa 92 % der Ziegenfelle kommen aus Entwicklungsländern, besonders hochwertige aus Indien, Nordafrika, Europa und Lateinamerika. Die Maradiziege ist wegen ihrer Fellqualität bekannt.

Felle junger, bis zu 2–3 Wochen alter Lämmer werden zu Pelzen für Mäntel und Jacken verarbeitet. Manche langhaarige Rassen bringen karakulartig gelockte Lammfelle. Feinste Felle von 3–6 Wochen alten Milchlämmern werden zu Glacé- und Chevreauleder verarbeitet. Felle von Lämmern, die bereits Rauhfutter aufgenommen haben, sind weniger wert und gelten als „Fresserfelle"; ab einem Alter von etwa 3 Monaten werden sie als „Feinhäberlinge"* wieder besser bewertet.

Ziegenfelle aller Art werden entweder zu Nappa- oder Narbenleder auf der Narben-(Außen- oder Haar-)Seite oder aber zu Veloursleder auf der Fleischseite fertiggestellt. Ziegenleder wird für Oberbekleidung, Handschuhe, Schuhoberleder, Futterleder, Taschnerwaren und zum Buchbinden verwendet. Bekannt ist z. B. das Saffianleder. In einigen afrikanischen und asiatischen Ländern werden Ziegen nicht gehäutet, sondern ihr Schlachtkörper wird mit der Haut (aber ohne Haar) verzehrt (s. Seite 221).

Die Qualität der Felle ist nach Geschlecht, Alter, Ernährungszustand und Rasse verschieden. Ganz allgemein sind Saison- und Ernährungseinflüsse auf die Fellqualität wichtiger als die der Rassen. Die feinsten Felle kommen von Kitzen, Ziegen liefern mittlere Qualität, Böcke haben weniger feine Häute. Bei schlechtem Ernährungszustand verliert die Haut an Feinheit und Geschmeidigkeit. Sind die Tiere fett oder werden sie ständig im Stall gehalten, wird die Haut zu dünn. Die beste Qualität wird bei extensiver Weidehaltung mit vollwertigem, aber knappem Futter erzielt.

Ist das Haarkleid dicht und lang, dann ist die Haut meist dünn; kurz- und feinhaarige Ziegen haben feine, aber feste Haut. Allerdings ist die Fellqualität mit dem Winterhaar oft besser als mit dem Sommerhaar. Das dürfte daran liegen, daß die Bildung der Winterhaare bereits Ende des Sommers beginnt und die Fellqualität vom Haarwachstum bestimmt ist. Jedoch sind diese Unterschiede, bedingt durch das Ausmaß von Haarwachstum und Haarwechsel sowie der Klimaunterschiede zwischen den Jahreszeiten nicht immer gleich. Verletzungen und Abszesse der Haut hinterlassen Narben, die später im Leder sichtbar bleiben. Hautparasiten verursachen ebenfalls Schäden an der Haut, insbesondere Zecken, Räude- und Demodexmilben. Letztere sind bei Ziegen weitverbreitet (s. Seite 275) und können einen

---

*Häberling dürfte wie ähnliche in Süddeutschland geläufige Bezeichnungen „Häberer", „Heppe", „Haber-Geiß" auf das lateinische capra = Ziege zurückgehen (F. KLUGE, Etymologisches Wörterbuch der Deutschen Sprache, 19. Aufl. Berlin 1963).

großen Anteil der Häute unbrauchbar machen. Werden die Tiere auf dem Transport zur Schlachtung oder vor der Schlachtung gestoßen und erleiden sichtbare oder auch unsichtbare Verletzungen (Prellungen), kann die Haut wertlos werden.

Ebenso große Schäden wie durch die Haltungsbedingungen werden den Fellen allerdings beim Häuten und Lagern zugefügt (s. Seite 249). Für den Ziegenhalter wird der Wert der Felle im allgemeinen nicht realisiert, und Unterschiede in ihrer Qualität wirken sich auf den Verkaufswert der Schlachttiere nicht aus.

7.2 Innereien und Dünger

In einigen Ländern Lateinamerikas und Asiens wird Blut von Ziegen verzehrt. Auf die Vorstellung, daß ihm besondere medizinische Qualität zukomme, wurde schon hingewiesen (s. Seite 32). In Lateinamerika gibt es Gerichte, zu denen Blut zum Teil mit Innereien in Därmen gekocht wird. Sie werden meist schon vom Schlachter zubereitet. Wo Ziegen in größerem Umfang in Schlachthöfen geschlachtet werden, kann das Blut mit dem anderer Tiere zu Blutmehl verarbeitet werden. Blut dient auch als Rohstoff für die Herstellung von Farbstoff, der u. a. für Schuhcreme verwendet wird.

Dünger wird in den gemäßigten Zonen, wo Ziegen längere Zeit des Jahres im Stall gehalten werden, wie der Dünger anderer Tiere genutzt. In tropischen Ländern ist die Nutzung in intensiven Kleinhaltungen ähnlich (s. Abb. 63b, Seite 148).

Abb. 38. Früher wurden in Mitteleuropa Ziegen ein- oder zweispännig oft im leichten Zug (z. B. von Kleingärtnern) genutzt. Heute sieht man Ziegengespanne nur noch selten, meist bei Spazierfahrten mit Kindern (Foto: Dyckerhoff).

In den feuchten Tropen, wo Ziegen oft auf Gitterrosten gehalten werden, sammelt man den Mist unter den Hütten in Gruben. Er wird als wertvoller Dünger für intensive Kulturen geschätzt. Der Dünger größerer Herden, die in den tropischen Trockengebieten auf Extensivweiden gehalten werden, bleibt entweder ungenutzt, oder er wird gelegentlich verkauft, wenn der Korral nicht weit von einer größeren Straße liegt. In Venezuela z. B. werden dann für den Kubikmeter etwa 20,– DM bezahlt. Auch für manche Nomaden, besonders in Nordafrika, stellt der nachts im Lager gesammelte Mist eine wichtige Einkommensquelle dar.

7.3 Zug- und Lasttiere

Gelegentlich werden Ziegen als Zugtiere benutzt. Immer noch findet man hier und da ein Gespann, das für leichte Transportarbeiten eingesetzt wird oder aber auch nur zum Vergnügen. Für ein gutes Gespann werden kastrierte Böcke verwendet, die etwa 90 cm Widerristhöhe und ein Gewicht von 115–135 kg haben sollten.

Auch als Lasttier werden Ziegen verwandt. In größerem Umfang geschieht dies nur bei der Weißen Himalaya- und der Bergziege im Grenzgebiet von Indien und Nepal. Sie werden dort vornehmlich zum Getreidetransport über das Gebirge verwendet. Die kleinen Säcke mit etwa 5 kg Gewicht werden ohne Tragsattel auf den Rücken der Ziegen gelegt.

8 Züchtung

Da nicht alle Nachkommen unserer Zuchttiere für die Erhaltung der Bestände benötigt werden, kann man zur Fortpflanzung die Tiere auswählen, die dem Zuchtziel am nächsten kommen und die für die Nutzung demnach am besten geeignet erscheinen. Dabei wird vorausgesetzt, daß die Nachkommen der so ausgewählten Zuchttiere den Eltern ähnlich sind, also ebenfalls besser geeignet als der Durchschnitt der vergleichbaren, nicht ausgewählten Tiere. Dies nennt man Züchtung. Voraussetzungen für das Züchten sind:
– ein Zuchtziel,
– die Erfassung von Merkmalen, die bei einzelnen Tieren unterschiedlich ausgeprägt sind und die auf die Nachkommen übertragen werden,
– die Selektion von Zuchttieren, die einen hohen Zuchtwert haben und die Möglichkeit, vorwiegend solche Tiere für die Erzeugung von Nachkommen einzusetzen.

8.1 Zuchtziel

Die Möglichkeiten, ein Zuchtziel zu verwirklichen, sind begrenzt. Sie hängen vor allem davon ab, wieviel einzelne, genetisch voneinander unabhängig vererbte Merkmale das Ziel enthält. Werden mehrere (= n) gleichwertige und unabhängige Merkmale gleichzeitig bei der Züchtung berücksichtigt, dann beträgt der mögliche Selektionserfolg bei jedem einzelnen Merkmal nur $\frac{1}{\sqrt{n}}$, das heißt z. B. bei 4 Merkmalen nur $1/2$ bei 9 Merkmalen $1/3$. Man kann sich diese Zusammenhänge einfach klarmachen. Nehmen wir an, daß neben der Milchmenge auch Fettgehalt, Eiweißgehalt, Euterform, Farbverteilung, Körpergröße, Rückenlinie, Form der Ohren und Hornlosigkeit berücksichtigt werden. Wenn nun z. B. 10 Böcke zur Wahl stehen, die sich hinsichtlich des Merkmals Milchleistung (aufgrund der Leistung der Mutter oder der Töchter) unterscheiden, dann ist es wenig wahrscheinlich, daß der beste Bock auch in den anderen 8 Merkmalen der beste ist. Vielmehr werden wir, um eine möglichst günstige Kombination zu erhalten, einen Bock auswählen müssen, der im Hinblick auf die Milchleistung nicht der beste ist. Das Zuchtziel sollte also auf die wirklich wichtigen Merkmale begrenzt werden. Dafür muß entschieden werden, was als wichtig angesehen wird. Dies werden meist Merkmale sein, die für die Wirtschaftlichkeit der Ziegenhaltung Bedeutung haben. Es können aber durchaus auch Merkmale sein, welche die Freude des Ziegenhalters am Tier steigern: Schönheit, Körpergröße usw.

Die mit dem Zuchtziel angestrebten Merkmale müssen miteinander vereinbar sein. Wenn zwischen 2 Merkmalen unerwünschte Beziehungen bestehen, wie zwischen Milchmenge und Fettgehalt (s. Seite 92), dann ist eine Kombination beider schwierig. Außerdem muß die genetische Grundlage ein züchterisches Erreichen der Ziele ermöglichen. Sind die für ein Merkmal erbreinen Tiere unfruchtbar, wie z. B. homozygot hornlose Ziegen, oder sonst beeinträchtigt, dann läßt sich das Merkmal nicht fest in der Population verankern.

Da die Möglichkeiten des einzelnen Züchters begrenzt sind, bildet man Züchtervereinigungen. Diese müssen eine für alle Mitglieder verbindliche Entscheidung über das Zuchtziel treffen. Der Züchtung, die mit zusätzlichem Aufwand verbunden ist (Leistungskontrolle, Aufzucht und Vermarktung der Zuchtböcke), widmet sich meist nur ein Teil der Tierhalter. In der Ziegenzucht im weiteren Sinne ist dann zwischen dem Produktionsbereich und dem Zuchtbereich zu unterscheiden. In dieser Situation ist es besonders wichtig, daß das Zuchtziel nicht nur den Bedürfnissen des Zuchtbereiches entspricht, zumal dann, wenn gesetzliche Vorschriften (Tierzuchtgesetz) den Produktionsbereich zwingen, seine Zuchtböcke aus dem Zuchtbereich zu beziehen.

8.2 Merkmalserfassung

Selektionsmerkmale werden entweder durch objektive Messungen oder durch subjektive Beurteilung ermittelt. Subjektiv beurteilt werden z. B. die äußere Erscheinung und das Verhalten. Dies geschieht durch den Züchter selbst oder durch unabhängige Personen. Die Beurteilung erfordert keinen großen Aufwand, die Möglichkeiten sind praktisch unbegrenzt.

Merkmale, die auf Widerstandsfähigkeit und Unempfindlichkeit, d. h. auf die Konstitution schließen lassen, sind ebenfalls vorwiegend durch die allgemeine Beurteilung zu erfassen. Gleichmäßiges und ungestörtes Wachstum, gleichbleibend guter Ernährungszustand auch in Zeiten erhöhter Belastung oder bei unzureichender Futterqualität, regelmäßige Fortpflanzung mit komplikationslosen Geburten gehören hierzu ebenso wie geringe Krankheitsanfälligkeit und hohe Milchleistung. Erst im fortgeschrittenen Alter ist die Kombination von Konstitution und Leistungsfähigkeit an der Lebensleistung zu erkennen.

Objektiv gemessen werden das Körpergewicht, die Körpergröße oder die Milchleistung. Die Meßverfahren sind aufwendig, und deshalb wird mit ihnen nur ein geringer Anteil der Ziegenpopulationen erfaßt (s. Seite 72).

In unseren Ziegenrassen finden sich hinsichtlich aller wichtigen und wünschenswerten Merkmale, die bisher bei der Züchtung berücksichtigt werden, genügend Merkmalsträger. Dies muß nicht unbedingt immer der Fall sein. So gibt es z. B. Populationen, in denen alle Tiere ausnahmslos gehörnt sind. Wollte man in diesen auf Hornlosigkeit züchten, müßte man das Merkmal durch Kreuzung einführen. Das gleiche kann für unveredelte Landrassen hinsichtlich der Anlagen für die Milchleistung gelten.

Ein Kernproblem der Züchtung ist die Ungewißheit, ob die Ausprägung eines Merkmals auch bei den Nachkommen wieder auftritt. Bei den sogenannten qualitativen Merkmalen, wie z. B. der Hornlosigkeit, ist dies noch verhältnismäßig einfach vorauszusagen, schwierig hingegen bei den quantitativen Merkmalen, zu denen die Leistungen gehören, und deren Ausprägung außer von Erbfaktoren auch von der Umwelt abhängt.

Tab. 17. Vorhersehbarer Selektionserfolg für einzelne Merkmale (aufgrund der Heritabilitätskoeffizienten)

Merkmal	Selektionserfolg
Fruchtbarkeit	gering
Geburtsgewicht	gering
Wachstum	groß
Frühreife	groß
Laktations Milchleistung	mittel
Fettleistung	mittel
Eiweißleistung	groß
Milchfettgehalt	mittel bis groß
Milcheiweißgehalt	groß
Laktosegehalt	mittel
Milcharoma	mittel
Milchflußgeschwindigkeit	groß
Mohair-Schurgewicht	mittel bis groß
Mohairqualität	gering

Im Extrem kann der Nachkomme einer hervorragenden Ziege um nichts besser sein als der vergleichbare Durchschnitt, nämlich dann, wenn die Überlegenheit ausschließlich durch Umweltfaktoren bedingt war.

Der zu erwartende Selektionserfolg hängt im wesentlichen davon ab, in welchem Maße die Ausprägung eines Merkmals von Erbfaktoren und in welchem Maße sie von der Umwelt abhängt. Den Anteil den die Erbfaktoren an der Ausprägung haben, drückt man als Heritabilitätskoeffizienten (h^2) aus.

Die verschiedenen Methoden, mit denen die Koeffizienten geschätzt werden, führen zu recht unterschiedlichen Ergebnissen; außerdem gelten die Werte strenggenommen immer nur für das Tiermaterial und die Umweltbedingungen, unter denen sie geschätzt werden. Dennoch zeichnen sich einige Gesetzmäßigkeiten ab, die in Tab. 17 angeführt sind.

Mit den Heritabilitätskoeffizienten läßt sich voraussagen, wie Merkmale durch einfache Selektionsmaßnahmen beeinflußt werden können. Die Tab. zeigt, daß der Eiweißgehalt und die Eiweißmenge, die Melkbarkeit und das Wachstum leichter

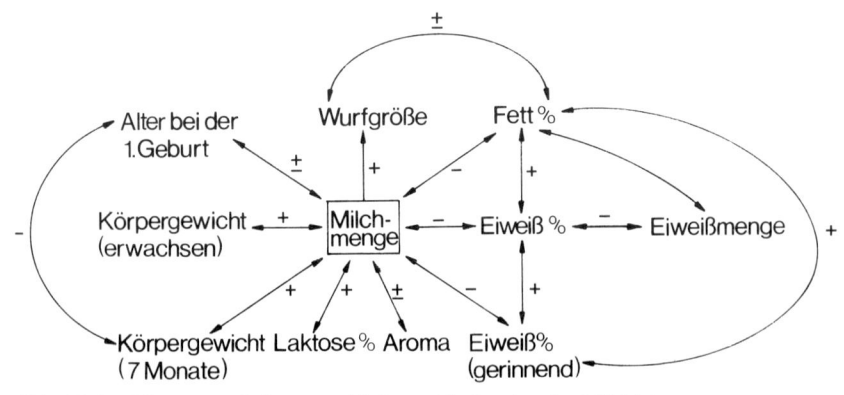

Abb. 39. Beziehungen zwischen verschiedenen Merkmalen der Milchleistung.

verbessert werden können als Milchmenge, Fettmenge, Fettgehalt und Fruchtbarkeit. Zur züchterischen Verbesserung von Merkmalen, für die ein niedriger Heritabilitätskoeffizient berechnet wurde, müssen andere Maßnahmen angewendet werden, wie Zuchtwertschätzung aufgrund einer Nachkommenschaftsprüfung oder Kreuzung.

Die Selektionsmöglichkeiten hängen weiterhin von den Beziehungen der Merkmale untereinander ab. In der Abb. 39 sind die Tendenzen der bisher untersuchten Merkmalsbeziehungen angegeben. Man sieht vor allem, daß bei der Selektion auf Fett- und Eiweißgehalt immer mit einer Verminderung der Milchmenge zu rechnen ist. Auf die Beziehungen zwischen Milchleistung und Körpergewicht sowie Wurfgröße wird auf Seite 62 eingegangen.

8.2.1 Bewertung aufgrund der Leistung

Es ist ohne weiteres klar, daß die beste Grundlage für die Beurteilung des Wertes einer Ziege ihre eigene Leistung ist. Weder eine hervorragende Abstammung noch ein fehlerloses Äußeres können die tatsächlich erbrachte Leistung ersetzen. Zur objektiven Feststellung der Milchleistung gibt es die offizielle Milchleistungsprüfung (s. Seite 71). Ihre Ergebnisse sind vor allem für die Beurteilung von Ziegen außerhalb ihres eigenen Stalles und durch fremde Personen, also auf Schauen und beim Verkauf, sowie für die Bewertung der Leistungen nicht mehr lebender Ziegen nützlich. Ermittelt wird in der Prüfung die Milchmenge, der Fettgehalt und manchmal auch der Eiweißgehalt. Aus der Milchmenge und der Milchzusammensetzung wird die Fett- bzw. die Eiweißmenge errechnet. Die Bewertung der Milchzusammensetzung hängt von der Verwertung der Milch ab. Wer seine Milch als Trinkmilch verwertet, hat nur Interesse an einer hohen Milchmenge und weniger an einem hohen Fettgehalt. Wer Käse herstellt, ist besonders am Eiweißgehalt interessiert, aber auch an einem Mindestfettgehalt (von etwa 3 %). Bei der Bewertung der Laktationsleistung ist die Altersabhängigkeit der Milchleistung zu beachten (s. Seite 63).

Wenn die Leistung nicht mit der offiziellen Prüfung ermittelt wird, dann muß sie auf einfache Weise geschätzt werden. Dies geschieht herkömmlicherweise anhand der Höchstleistung, die am Anfang der Laktation erreicht wird. Dies ist ein durchaus sinnvolles Vorgehen, wenn man im Auge behält, daß die Höchstleistung nicht die ganze Laktation über aufrecht erhalten wird, also nicht zu erwarten ist, daß die Ziege, die z. B. 4 kg Milch erreicht, eine Laktationsleistung von 1200 kg erbringt, und außerdem, daß die Leistung sehr stark von den Betriebsverhältnissen abhängt. In exakten Untersuchungen konnte ermittelt werden, daß zwischen der Höchstleistung und der Laktationsleistung sehr enge Beziehungen bestehen und daß die Rangfolge zwischen Ziegen einer Herde ebensogut aufgrund der Höchstleistung wie aufgrund der tatsächlich ermittelten Laktationsleistung festgestellt werden kann.

Schwieriger ist die Einschätzung aufgrund einer einmaligen Leistung, die in verschiedenen Laktationsstadien festgestellt wird. Denn auch der Abstand dieser Leistung vom Lammdatum erlaubt keine absolute Schätzung, da der Laktationsverlauf sehr unterschiedlich sein kann. Auf jeden Fall ist auch der Abstand zum letzten Melken zu berücksichtigen. So kann durch ein Verlängern des Abstandes, möglich-

94 Züchtung

erweise unterstützt durch unvollständiges Ausmelken beim vorangehenden Melken, die einmalige Leistung stark verfälscht werden. Wir kennen dies Bild ja leider von vielen Schauen.

Die Wiederholung der Leistung von Jahr zu Jahr, mit dem entsprechenden Anstieg von der ersten zur zweiten und dritten Laktation, gibt einen guten Hinweis auf die Veranlagung und gleichzeitig auf die Fruchtbarkeit. Die Lebensleistung, die sich als die Summe aller einzelnen Laktationen ergibt, gestattet weiterhin eine Abschätzung der Konstitution. Ziegen, die hohe Leistungen über lange Zeit erbringen und dadurch zu hohen Lebensleistungen kommen, sind die Zuchteliten. Sie vereinigen die Anlagen zu hoher Leistung mit guter Fruchtbarkeit und der Widerstandsfähigkeit, die es ihnen ermöglicht, lange Jahre hindurch, trotz der Belastung durch hohe Milchleistung, gesund zu bleiben (s. auch Seite 116).

Leistungsunterschiede zwischen den einzelnen Beständen sind, wie bei anderen Tierarten auch, vorwiegend durch Umweltfaktoren und nur zu einem geringen Teil durch Erbfaktoren bedingt. Dies muß der Züchter wissen, der zur Verbesserung des eigenen Bestandes Ziegen aus Spitzenbetrieben erwerben möchte. Die alte Züchterregel, daß Spitzentiere aus durchschnittlichen Beständen durchschnittlichen Tieren aus Spitzenbeständen vorzuziehen sind, wird durch wissenschaftliche Untersuchungen bestätigt. Herden mit hohen Durchschnittsleistungen haben auch längere Laktationen und einen größeren Leistungsanstieg von der ersten zur zweiten Laktation. Dagegen unterscheiden sie sich in der Milchzusammensetzung nicht von den Herden mit geringeren Leistungen.

Wenn Zuchttiere zwischen Beständen ausgetauscht werden, die unter sehr verschiedenen Bedingungen gehalten werden, dann sind die durch das Produktionssystem bedingten Unterschiede besonders zu berücksichtigen. So ist z. B. bei der Haltung auf armen Weiden die Leistung zwangsläufig geringer als bei intensiver Stallhaltung. Jede Leistung ist also nach Möglichkeit immer an den Leistungen vergleichbarer Stallgefährten zu messen.

Wenngleich das Ziel der Züchtung eine Steigerung der Leistungen ist, sollte man sich doch nicht zu eng an den erreichbaren Höchstleistungen orientieren. Im Hinblick auf die Bewertung und den Verkauf von Zuchttieren werden solche Leistungen oft ohne Berücksichtigung der Wirtschaftlichkeit erbracht. Für den durchschnittlichen Ziegenhalter aber steht die Wirtschaftlichkeit der Leistung im Vordergrund. Zwar ist sie eng mit der Höhe der Leistung verbunden, aber bei extrem hohen Leistungen braucht das nicht mehr zu gelten. Entscheidend ist immer, daß Aufwand und Ertrag in einem vernünftigen Verhältnis zueinander stehen und daß die Aufwendungen für die Steigerung zu Höchstleistungen nicht den zusätzlichen Ertrag übersteigen.

8.2.2 Exterieurbeurteilung

Die Beurteilung der Zuchttiere aufgrund ihrer äußeren Erscheinung ist das älteste Verfahren der Züchtung, das trotz aller Erkenntnisse der modernen Tierzuchtwissenschaft weltweit sicher immer noch in der Züchtung am meisten angewandt wird. Die Beurteilung erfordert keine Hilfsmittel und kann ohne Einschränkung durch den Besitzer durchgeführt werden. Demgegenüber ist das Verfahren jedoch wenig genau oder erfordert große Erfahrung; es verleitet dazu, unwichtigen Merkmalen unverdient große Beachtung zu schenken. Dies ist neben der geringen Genauigkeit der Grund dafür, daß die Beurteilung heute vielfach sehr zurückhaltend bewertet wird. Es kann jedoch gar kein Zweifel darüber bestehen, daß die Beurteilung des ganzen Wesens und der Gestalt eines Tieres im Grunde viel wichtiger ist als die Messung eines Merkmals, das ja einerseits immer nur ein Teil des Ganzen ist und andererseits nur im Zusammenwirken aller Faktoren seine Ausprägung erhält. Nur weil die Gesamt-Beurteilung schwierig ist und von mit dem Tier nicht vertrauten Personen an großen Tierzahlen nicht vorgenommen werden kann, spielt sie in modernen Zuchtverfahren eine geringe Rolle. Für die persönliche Entscheidung des einzelnen Züchters hat sie aber nach wie vor größte Bedeutung. Dies ist gerade für die Ziegenzucht zu beachten, in der (wie weiter unten dargestellt) kaum Möglichkeiten zur Anwendung moderner Zuchtmethoden bestehen. Erfolgreiche Tierbeurteilung erfordert eine gute Beobachtungsgabe, mit der die Einzelheiten des Körperbaus erfaßt werden, aber vor allem das Ganze des Tieres erkannt wird. Dabei wird die durch Skelett, Organe und Muskulatur bedingte Form der Ziege sowie ihre Gesamterscheinung (Abb. 40) mit dem Zuchtziel-Modell verglichen und bewertet. Durch ständiges Vergleichen vieler Tiere wird diese Fähigkeit geübt.

Zur Beurteilung werden Ziegen im Freien an einem festen, ebenen Platz aufgestellt. Wer sich die Zeit nehmen kann, gewinnt noch einen besseren Eindruck, wenn er Ziegen frei laufend auf der Weide beobachtet. Die Beobachtung im Stall sollte allerdings unbedingt durch ein Vorführen im Freien ergänzt werden. Beurteilt werden sollte möglichst nicht in der prallen Sonne, das Licht soll im Rücken des Beobachters sein.

Zunächst verschafft man sich eine Vorstellung über das Alter des Tieres, seinen Zustand im Fortpflanzungsrhythmus (in Milch oder trocken, trächtig oder nicht, aktiv im Decken usw.). Man informiert sich über die Art der Fütterung und beurteilt im Zusammenhang aller dieser Faktoren den Allgemeinzustand. Vor allem

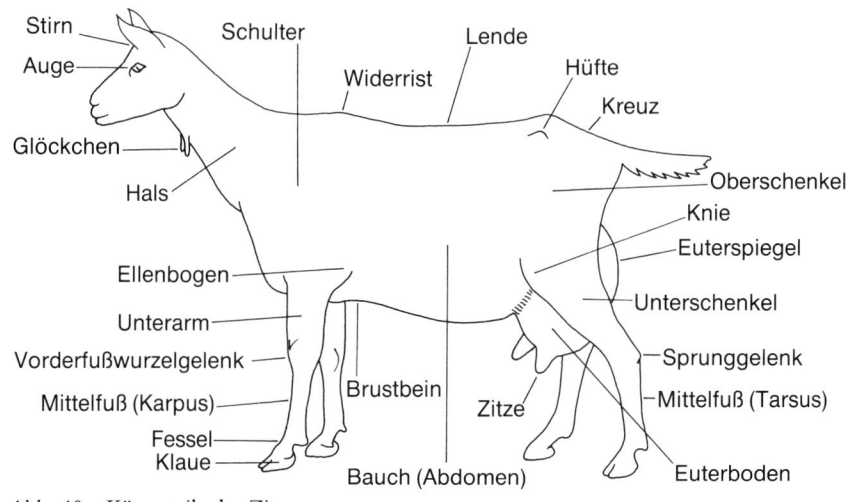

Abb. 40a. Körperteile der Ziege.

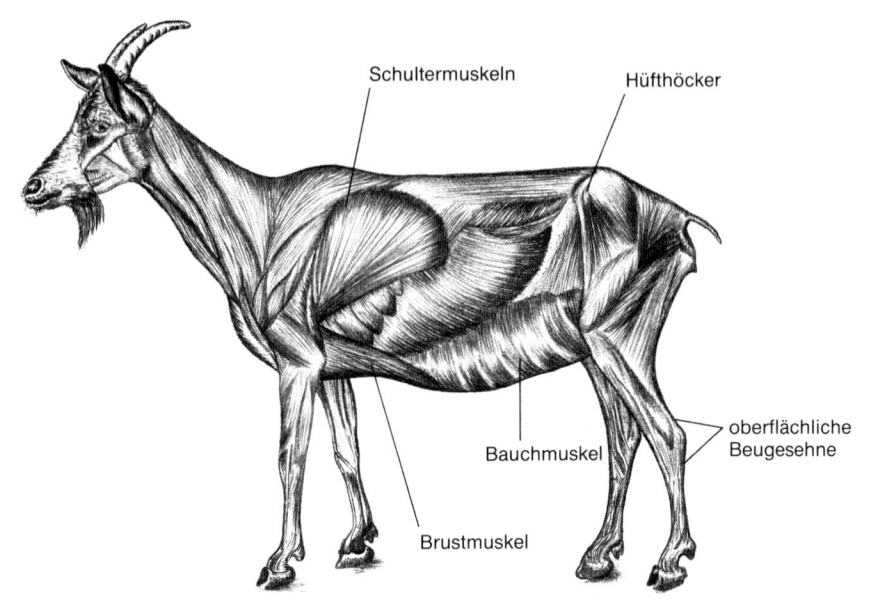

Abb. 40b. Die oberflächlichen Muskeln der Ziege. Haut und Hautmuskeln sind entfernt.

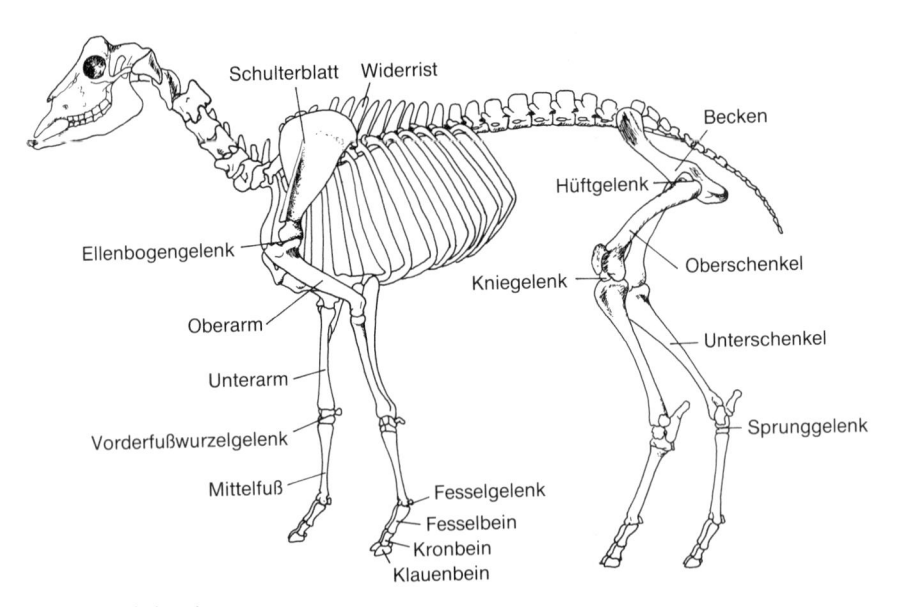

Abb. 40c. Skelett der Ziege.

der Bauch erscheint in Abhängigkeit von diesen zyklischen Änderungen unterschiedlich groß.

Dann beurteilt man die gesamte Erscheinung, den Typ und das Temperament. Sie sind Ausdruck der Stoffwechselveranlagung, die von den Hormonen und vom Nervensystem gesteuert wird. Beide, Hormone und Nerven, bestimmen weitgehend die Funktionen des Tieres. Man erkennt vor allem, wie weit es dazu neigt, aktiv zu sein, ständig Futter zu suchen, sich um sein Lamm zu kümmern, sich auf den Menschen einzustellen und inwieweit es Nährstoffe, die es über den Erhaltungsbedarf hinaus aufnimmt, anlagert (Gewichtszunahme, Fettansatz) oder umsetzt (Bewegung, Wärmeproduktion, Milchproduktion). Dies ist die wichtigste Beurteilung, aber zugleich auch die schwierigste. Dies gilt besonders bei unseren Milchrassen, die alle zum Umsatztyp gehören, so daß Unterschiede sehr fein und nicht leicht zu erkennen sind (Abb. 41).

Die Größe der Ziege ist in wechselnden Grenzen für Rassen und Altersgruppen typisch. Bei Leistungsrassen besteht vielfach eine Tendenz, große Tiere wegen der Futteraufnahmekapazität (s. Seite 124) und des Wachstums (u. U. im Hinblick auf die Fleischnutzung der Lämmer) zu bevorzugen. Es ist jedoch nicht richtig, der Größe einen absoluten Wert beizumessen. Die Erfahrung zeigt, daß es unterschiedliche Möglichkeiten für die Gestalt eines leistungsfähigen Tieres gibt, und bei einseitiger Selektion auf Größe können große Ziegen mit geringer Leistung und geringer Wirtschaftlichkeit das Ergebnis sein. Die Größe ist jedoch bei jungen Tieren vor Abschluß des Wachstums ein sehr wichtiges Kriterium für die Entwicklung. Zwischen dem Gewicht mit 7 Monaten und der späteren Milchleistung wurde

Abb. 41a. Bunte Deutsche Edelziege, 1jährig, ausgeprägter Milchtyp. Großes Fassungsvermögen, Trockenheit, Umsatzbereitschaft.

98 Züchtung

Abb. 41b. Bunte Deutsche Edelziege, 1jährig, wenig ausgeprägter Milchtyp. Geringe Trockenheit und Umsatzbereitschaft.

eine verhältnismäßig enge Beziehung gefunden. Ziegen, die im Wachstum zurückbleiben, werden selten gute Milchziegen.

Ein großer Bauchraum (Abdomen) ist wichtige Voraussetzung für die Futteraufnahme. Tiefe und Breite, besonders aber die Länge des Abdomens zeigen ein großes Fassungsvermögen der Vormägen an.

Jede Ziege braucht korrekte und gesunde Beine. Allerdings gibt es darüber, wie ein korrektes Bein aussieht, unterschiedliche Vorstellungen. Als formalistisch und mehr einem bestimmten Schönheitsideal entsprechend, muß die Vorstellung angesehen werden, daß die Beine kerzengerade, unbedingt senkrecht am Rumpf stehen müssen, daß die Gelenke bestimmte Winkel haben und die Zehenachsen parallel zur Längsachse des Rumpfes stehen müssen. Wegen des großen Bauches kann die Ziege ihre Hinterbeine nicht gerade nach vorne führen, vielmehr bewegt sie sie leicht nach außen, und entsprechend stehen die Zehen. Als Milchtier hat die Ziege eine verhältnismäßig schmale Brust, und es ist normal, daß die Vorderbeine eher eng beieinander stehen, ja sogar zu den Vorderfußwurzelgelenken hin etwas enger werden (X-beinig).

Die Klauen der Ziegen erfordern, außer bei extremer Beanspruchung, wie sie in der Haustierhaltung fast nie gegeben ist, ständige Pflege (s. Seite 199). Ohne diese stellen sich leicht Verformungen ein, die nur schwer von angeborenen Fehlern zu unterscheiden sind. Jedoch gibt es eine Veranlagung zu übermäßigem Klauenwachstum, und deshalb sollte man hinsichtlich der Klauenform immer kritisch sein.

Merkmalserfassung 99

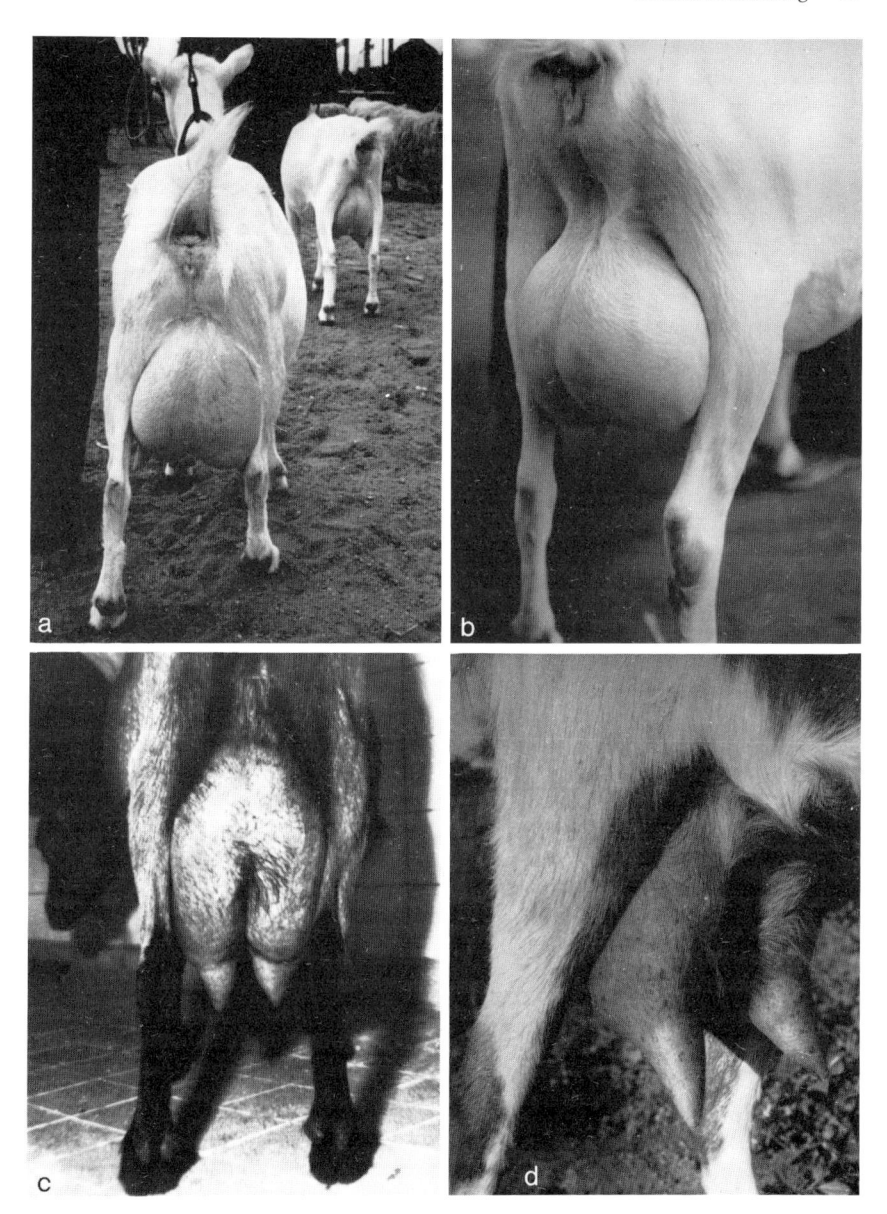

Abb. 42. Euterformen. a) Gut aufgehängtes, geräumiges Kugeleuter. b) Kugeleuter, das nach hinten abkippt. c) Großes Euter mit nachgebender Aufhängung und erweiterten Zisternen. d) Flascheneuter. Die stark erweiterte Zitze geht ohne Absatz in Zisterne und Euter über (Foto: R.A.I.N. Poona, Indien).

Das Euter ist das wichtigste Organ der Milchziege. Die Menge der gebildeten Milch hängt nicht nur von der Aktivität des Drüsengewebes ab, sondern von seinem Volumen (s. Seite 63). Deshalb hat eine Ziege mit einer hohen Milchleistung ein großes Euter. Unter Berücksichtigung des Laktationsstadiums (und selbstverständlich des Alters) läßt die Größe des Euters einen Rückschluß auf die Leistungsfähigkeit zu. Ein genügend breites und langes Becken muß ausreichend Platz für ein großes Euter bieten. Fehlt dieser Platz, dann weicht ein großes Euter nach unten aus, und es entsteht ein unerwünschtes Pendeleuter. Ebenfalls muß die Euteraufhängung straff sein. Das Euter ist an dem großen mittleren Euterband aufgehängt. Die Faszien und die Haut geben ihm nur wenig zusätzlichen Halt. Deshalb ist es auch nicht entscheidend, daß das Euter ganz fest an die Bauchdecke anschließt. Vor allem vorn ist eine Lücke zwischen Bauchdecke und Euter ganz normal. Die Form des Ziegeneuters ist vor allem von den Zitzen bestimmt (Abb. 42). Normalerweise sind sie 4–6 cm lang und bei etwa 2 cm Durchmesser deutlich vom Euter abgesetzt. Häufig sind die Zitzen in ihrem Zisternenteil jedoch größer und wenig vom Euter abgesetzt. Im Extrem gehen Zitze und Zisterne ohne Absatz in das Euter über, das dann die Form einer Flasche hat. Zusammen mit der Straffheit und Länge des Euterbandes sowie der Eutergröße entstehen so vielfältige Formen von Eutern. Der Euterspalt ist ein Zeichen für ein straffes Euterband. Läßt dieses nach, senkt sich das Euter herab und der Spalt verschwindet. Im gleichen Maße wenden sich die Zitzen nach außen (Abb. 43). Im Extrem können sie ganz nach der Seite abstehen und der Euterboden hängt tief unter die Zitzen hinunter.

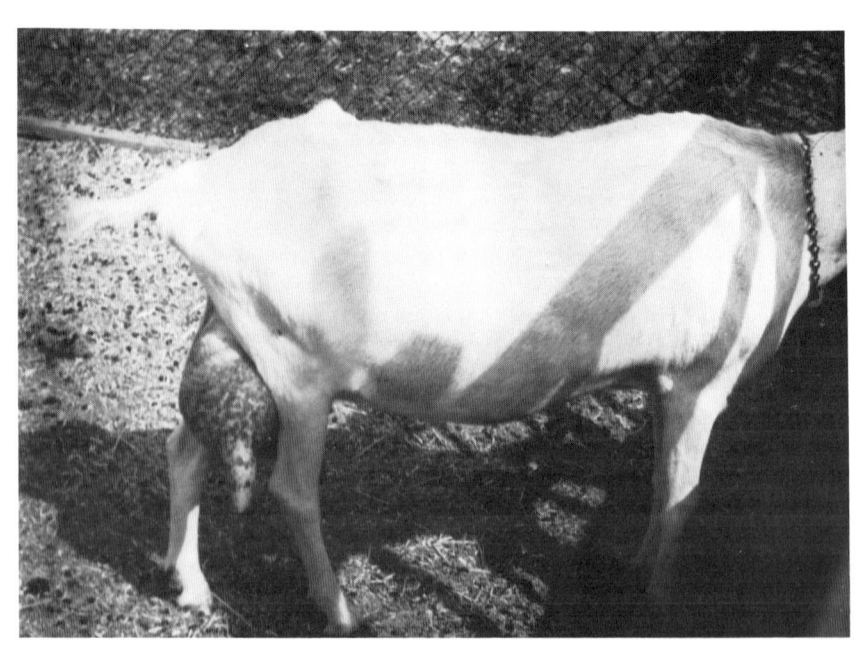

Abb. 43. Euter mit loser Aufhängung bei einer Saanen-Ziege mit hoher Milchleistung. Infolge des Druckes der Schenkel und der abstehenden Zitzen wird das Euter verdreht.

Die Haarfarbe hat für die Produktion kaum Bedeutung (außer in den Tropen), ist aber seit je das Markenzeichen der meisten Rassen. Insofern sind Abweichungen von dem anerkannten Farbmuster einer Rasse unerwünscht.

Die Haare der europäischen Ziege sind kurz und glatt oder lang und rauh. Es ist schwer, eine Systematik hinsichtlich der funktionellen Bedeutung des Haarkleides zu erkennen: es gibt langhaarige Rassen in sehr milden Klimabedingungen und kurzhaarige, die auch niedrigen Temperaturen ausgesetzt sind. In der Entwicklung unserer veredelten Rassen hat das kurze Haar eine wichtige Rolle gespielt (s. Seite 18). Heute sind alle unsere Ziegen kurzhaarig, allenfalls beim Bock werden am Hals, Widerrist und Oberschenkel längere Haare geduldet.

Hornlosigkeit ist ein weiteres traditionelles Merkmal unserer veredelten Milchrassen. Zur Bedeutung dieses Merkmals s. Seite 106. In neuester Zeit werden von einigen Verbänden auch gehörnte Ziegen zugelassen, u. U. in einem eigenen Register eingetragen.

Die Beurteilung des Exterieurs wird abgeschlossen mit einer Gesamtbewertung. Dies ist der wichtigste Teil der Beurteilung, dem alle einzelnen Schritte als Vorbereitung dienen. Sie ist im Hinblick auf die der Ziege abverlangte Leistung und das Zuchtziel zu formulieren; sie soll dem Tier als Ganzes gerecht werden und versuchen, seine Gestalt und das im Äußeren ausgeprägte Wesen zu beschreiben. Der Käufer, Zuchtleiter oder Züchter, der sie liest, soll sich eine Vorstellung von dem Tier machen können und alle Information, die im Exterieur enthalten ist, zusätzlich zu den Leistungsunterlagen bei seinen Zuchtentscheidungen berücksichtigen können.

8.2.3 Temperament

Wichtige Voraussetzungen für die Leistung liegen im Wesen der Ziege, insbesondere ihrem Verhalten bei der Futteraufnahme und beim Melken. Typisch für die Futteraufnahme der Ziege ist, daß sie selektiert, nicht lange bei einem Futter verweilt und möglicherweise bei wenig schmackhaftem Futter schon lange vor ihrer Sättigung aufhört zu fressen. Es gibt aber in dieser Hinsicht individuelle Unterschiede. Im Hinblick auf hohe und wirtschaftliche Leistungen sind Ziegen erwünscht, die gern, stetig und lang fressen, ohne allzu wählerisch zu sein. Die Ziege, die sich anders verhält, nimmt nicht nur selbst wenig Futter auf, sie hält auch andere Ziegen vom Fressen ab. Das Freßverhalten sollte deshalb bei der Selektion vorrangig berücksichtigt werden.

Ziegen sind allgemein sehr melkwillig. Sie gewöhnen sich leicht daran, daß ein Mensch anstelle des Kitzes die Milch entzieht, und an ihrem Verhalten kann man sehen, daß der Melker weitgehend die Stelle des Kitzes einnimmt. Auch in dieser Hinsicht gibt es jedoch Unterschiede, und manche Ziegen sind beim Melken unruhig, reagieren empfindlich auf kleinste Fehler beim Hand- wie auch beim Maschinenmelken. Auch derartige Veranlagungen müssen bei der Selektion berücksichtigt werden.

Das Temperament der Böcke gibt kaum Anlaß für züchterische Maßnahmen. Deckunlust beruht zumeist auf falscher Ernährung oder aber auf Hormonstörungen. Echte Bösartigkeit gibt es fast nicht, doch werden Böcke leicht schwierig, wenn man im Umgang mit ihnen nicht die nötige Bestimmtheit aufbringt. Kinder, schüchterne oder gar ängstliche Pfleger können einen Bock rasch dazu bringen, daß er seine Kräfte mit jedem Menschen messen will.

8.2.4 Morphologische und funktionelle Besonderheiten

Die Vererbung der Haarfarben ist nicht vollkommen geklärt. Dies liegt u. a. daran, daß die einzelnen Farben nicht nur von einem einzigen Genort (Locus) bestimmt werden; z. B. gibt es für Schwarz mindestens zwei verschiedene Genorte. Von einem Genort werden Weiß, Rot, Rehbraun und Schwarz bestimmt, wobei in der genannten Reihenfolge jede Farbe über die nächste dominant ist. Daraus ergibt sich, daß Ziegen, die aufgrund dieses Genortes schwarz sind, für die Farbe erbrein sein müssen, da die 3 anderen Anlagen Schwarz überdecken würden. Der andere Farb-Locus kommt z. B. bei der Murciana-Granadina-Rasse vor; an ihm ist Schwarz dominant über Braunrot. Bei Toggenburger Ziegen ist die Wildfarbe (Rücken und Seite dunkel, Bauch hell) dominant über die typische Toggenburger Zeichnung mit den weißen Streifen im Gesicht.

Die Glöckchen sind kleine Hautanhängsel am Hals der Ziegen, die nach unserem Wissen keine Funktion haben. Gelegentlich bilden sich in ihnen kirsch- bis walnußgroße Zysten, wenn die Ziegen sich gegenseitig an den Glöckchen saugen. Genetisch sind die Glöckchen durch eine einfache dominante Anlage bedingt, die mit dem Symbol W (vom englischen wattle) bezeichnet wird. Ziegen mit Glöckchen können also für dieses Merkmal erbrein (homozygot) WW oder mischerbig (heterozygot) Ww sein. Ziegen, die keine Glöckchen haben, sind erbrein, ww. Man kann demzufolge voraussagen, daß Eltern, die beide keine Glöckchen haben, nur Lämmer ohne Glöckchen bekommen. Will man dies für die Überprüfung zweifelhafter Abstammung benutzen, muß man berücksichtigen, daß die Ausprägung des Merkmals sehr variabel ist: Glöckchen können an ganz verschiedenen Stellen des Halses und des Kopfes sitzen (Abb. 44) und auch so klein sein, daß sie nur als kleiner Knoten in der Haut fühlbar sind. In Zweifelsfällen müßte deshalb der ganze Hals- und Kopfbereich sorgfältig abgetastet werden, um das Fehlen von Glöckchen festzustellen. Aufgrund einer Eintragung in den Zuchtunterlagen allein ist das nicht möglich.

Der Bart der Böcke (Abb. 45) soll ein dominantes, geschlechtsgebundenes Merkmal sein. Böcke, welche die Anlage nicht tragen, haben nur das kleine Haarbüschel unter dem Kinn, ähnlich dem vieler Ziegen.

Das Merkmal Stummelohren bzw. „ohrlos", das als Rassemerkmal bei den amerikanischen La Mancha-Ziegen (s. Abb. 46), aber gelegentlich auch bei anderen Rassen vorkommt, ist rezessiv gegenüber normalen Ohren. Dagegen werden die langen Hängeohren offensichtlich wie ein quantitatives Merkmal bestimmt, d. h., daß sie je nach der genetischen Konstellation unterschiedlich lang sein können.

Auch die Anlage für Zwergwuchs verhält sich wie ein quantitatives Merkmal. Dies gilt für die echten Zwerge, die aufgrund einer entsprechenden Funktion der Hypophyse klein bleiben, aber den großen Rassen entsprechende Körperproportionen haben, wie auch für die achondroplastischen Zwerge, die durch kurze Gliedmaßen und große Köpfe gekennzeichnet sind.

Als Erbfehler werden genetisch bedingte Defekte bezeichnet, welche die Ziegen mehr oder weniger stark beeinträchtigen. Dies kann von völliger Lebensunfähigkeit (Letalfaktoren) bis zu geringen und weitgehend erträglichen Behinderungen gehen.

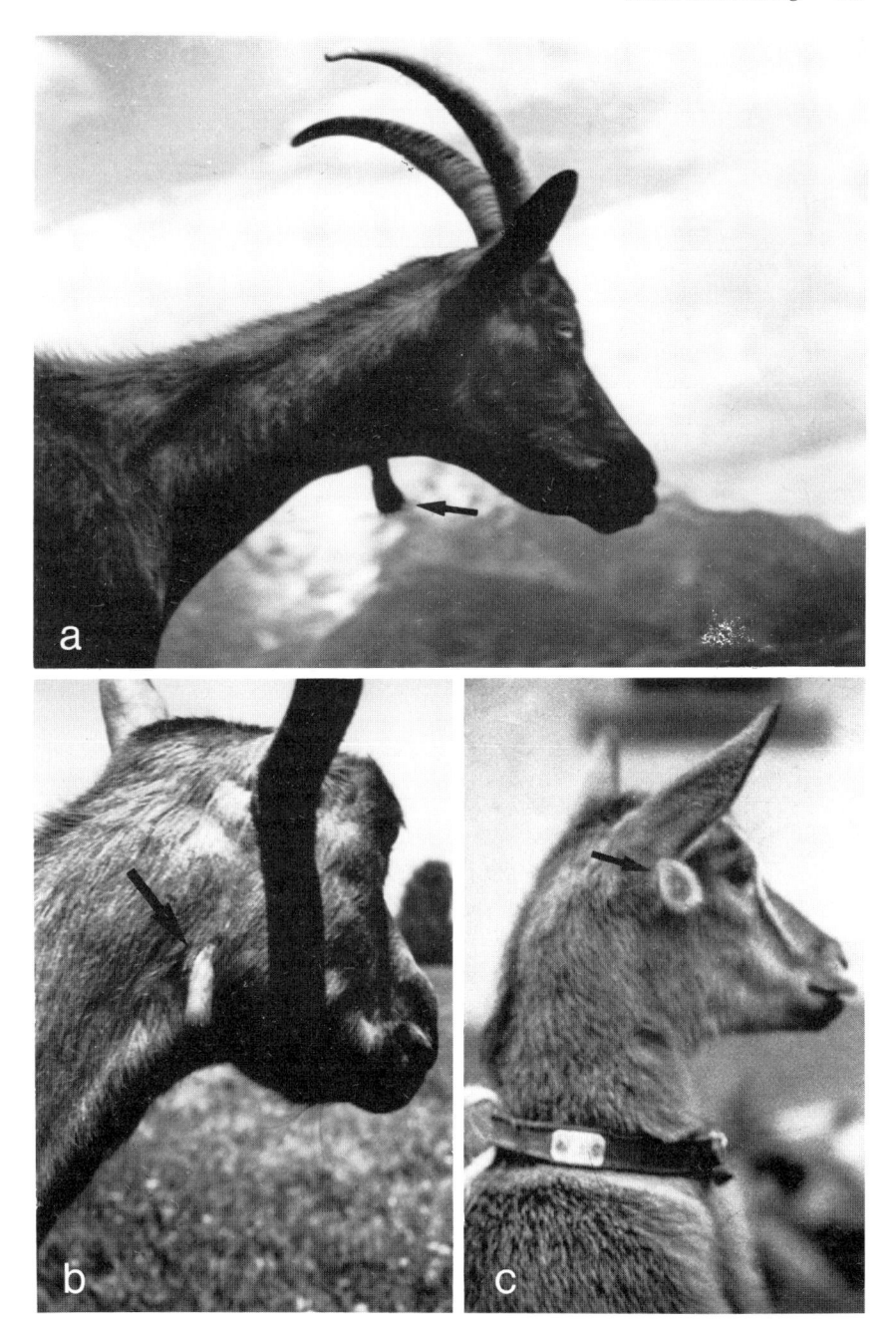

Abb. 44. Die Glöckchen hängen normalerweise am oberen Drittel des Halses (a), können aber auch an der Backe (b) oder gar am Ohr sitzen (c).

Abb. 45. Der Bart des Bockes wird vermutlich von einem dominanten Allel bestimmt.

In Tab. 18 sind Erbfehler aufgeführt, über die in der Literatur berichtet wurde. Soweit bekannt, ist der Erbgang der Anlage angegeben. Es ist jedoch zu beachten, daß nicht jeder „angeborene", d. h. bei der Geburt vorhandene Defekt erblich sein muß. Mißbildungen können auch durch Umweltfaktoren hervorgerufen werden. Sie sind von den Erbfehlern nur durch eingehende züchterische Analyse, die oft einen Zuchtversuch erfordert, zu unterscheiden (Abb. 115, Seite 280).

Das Merkmal Hornlosigkeit und sein Zusammenhang mit Unfruchtbarkeit wird weiter unten besprochen.

Außer diesen morphologisch bzw. am Verhalten erkennbaren Merkmalen sind eine Reihe von Merkmalen bekannt, die sich mit biochemischen Methoden erfassen lassen. Dazu gehören Blutgruppen und variabel ausgeprägte Stoffwechsel-Enzyme, die für die praktische Züchtung wenig Belang haben.

Tab. 18. Erbfehler bei Ziegen (RICORDEAU 1981)

Merkmal	Erbgang
Anasarka (Wasserlamm, Bulldoglamm, Abb. 76)	
Brachygnathia (Karpfenmaul, Vorbeißer, Abb. 47, Hechtmaul)	rezessiv
Beizitzen, Afterzitzen	rezessiv
Zitzenverschluß	
Gelenksentzündung (bes. Karpalgelenk)	?
Klauenverformung (übermäßiges Wachstum) (Abb. 87)	
Haarlosigkeit	
Kropf (Abb. 48)	dominant
Schreckhaftigkeit	rezessiv
Zahnanomalien (Fehlen von Schneidezähnen)	
Einhodigkeit (Kryptorchismus) bei Angoraziegen	rezessiv (?)

Abb. 46. Stummelohren, La Mancha (USA).

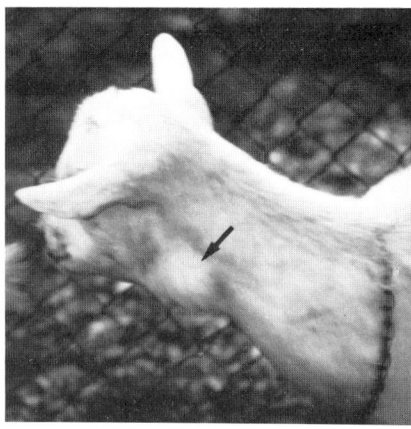

Abb. 48. Kropf. Saanen-Ziege (Mexiko).

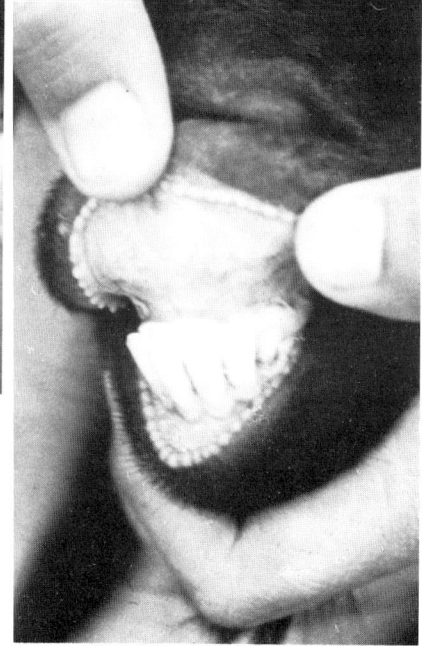

Abb. 47. Verlängerter Unterkiefer. Die Schneidezähne werden nicht abgenutzt; das Fressen auf der Weide ist beeinträchtigt. Erblicher Defekt.

8.2.5 Milchgeschmack

Das Aroma der Ziegenmilch ist für die Herstellung von Käse, besonders des braunen skandinavischen Käses, von Bedeutung (s. Seite 124). Offenbar ist die Ausprägung des Aromas von Rasse zu Rasse verschieden, denn in Norwegen wurde beobachtet, daß die Milch von Saanenziegen weniger Aroma hatte als die von norwegischen Ziegen. Auch innerhalb der Rasse bestehen genetisch bedingte Unterschiede; bei norwegischen Ziegen wurde ein Heritabilitätskoeffizient von 0,25 ermittelt. Im Experiment hat sich dementsprechend die Selektion auf Milchgeschmack bei norwegischen Ziegen als erfolgreich erwiesen, jedoch scheint dabei eine Verminderung der Milchmenge und -konzentration in Kauf genommen werden zu müssen. Allerdings ist nicht sicher, ob wirklich eine negative Beziehung zwischen Leistung und Milcharoma besteht, da in verschiedenen Untersuchungen abweichende Ergebnisse erzielt wurden. Zur Zeit wird im norwegischen Zuchtprogramm das Aroma wegen der möglichen Beeinträchtigung der Milchproduktion und wegen der Schwierigkeit der Merkmalserfassung nicht berücksichtigt.

8.2.6 Unfruchtbarkeit und Hornlosigkeit

Ein eigentümliches Problem stellt die genetische Verbindung von Hornlosigkeit und Zwitterbildung dar. Schon 1945 wurde ein Zusammenhang zwischen Hornlosigkeit und dem gehäuften Vorkommen von Zwittern erkannt. BRANDSCH hat 1959 mit Zuchtversuchen in Halle nachgewiesen, daß keine Zwitter auftreten, wenn wenigstens eins der Elterntiere gehörnt ist. Das Merkmal Hornlosigkeit ist von einem Genort abhängig. Das Allel für hornlos ist dominant über das für die Hornausbildung. Demnach sind nur gehörnte Ziegen für dieses Merkmal erbrein. Hornlose Ziegen können entweder erbrein (homozygot) oder aber auch mischerbig (heterozygot) sein, also außer dem Allel P für hornlos verdeckt das Allel p für gehörnt tragen. Um Ziegen für Hornlosigkeit rein zu züchten, müßte man ausschließlich für das Allel P homozygote Tiere auswählen, die auch äußerlich zu erkennen sind. Ihre Hornzapfen sind rund und sauber voneinander getrennt; dagegen fließen die Zapfen der mischerbigen vorn zusammen und haben meist ein kleines bis 3 cm großes warzenähnliches Horngebilde (Abb. 49; RICORDEAU 1972).

Die Zucht mit homozygot hornlosen Ziegen ist aber nicht möglich wegen der Nebenwirkung, die das Allel P auf die Ausbildung des Geschlechts hat. Bei den Homozygoten, die das Allel P in doppelter Dosis tragen, werden keine normalen weiblichen Geschlechtsorgane ausgebildet, sondern es entstehen Zwitter, die in den verschiedensten Ausprägungen männliche Merkmale an den Geschlechtsorganen zeigen. Diese reichen von kaum erkennbaren Veränderungen der Scheide über eine vergrößerte Klitoris bis hin zur Ausbildung äußerlich normal erscheinender Böcke (Tab. 19). Dies ist in ausgedehnten Untersuchungen in Halle (DDR), in Frankreich und inzwischen auch in vielen anderen Ländern nachgewiesen worden (RICORDEAU u. LAUVERGNE 1967). Genetisch weibliche Ziegen, die für das Gen Hornlosigkeit reinerbig (PP) sind, bleiben unfruchtbar. Umgekehrt sind alle fruchtbaren weiblichen Ziegen entweder für Hornlosigkeit mischerbig, oder sie sind gehörnt.

Werden zur Zucht reinerbig hornlose Böcke verwendet, dann gibt es unter den Nachkommen zwar keine gehörnten Lämmer, aber 25 % sind Zwitter, nämlich die

Abb. 49. Heterozygot hornloses Bocklamm mit außergewöhnlich großen Hornstummeln.

Hälfte der genetisch weiblichen (Tab. 20). Da das P-Allel in doppelter Dosis auch bei genetisch männlichen Lämmern die Ausbildung des Geschlechtes stört und etwa die Hälfte solcher Böcke durch Samenstauung unfruchtbar sind, werden in der Zucht nur wenige homozygote Böcke verwendet. Von heterozygot hornlosen Böcken sind im Durchschnitt 12,5 % der Nachkommen Zwitter, d. h., ein Viertel der genetisch weiblichen. In der Praxis werden allerdings weniger Zwitter beobachtet, weil als männlich ein Teil der Lämmer eingestuft wird, die in Wirklichkeit genetisch weibliche Zwitter sind. So wird bei der Zucht mit hornlosen Ziegen im wesentlichen infolge ungenauer Diagnose oft ein verschobenes Geschlechtsverhältnis mit einem übergroßen Anteil männlicher Lämmer beobachtet.

Der Ausfall weiblicher Nachkommen kann sich bei der Durchführung von Zuchtplänen so nachteilig auf die Selektionsmöglichkeiten auswirken, daß der Selektionserfolg um bis zu 40 % vermindert wird. Anderseits ist aufgrund französischer Untersuchungen die Fruchtbarkeit bei männlichen und bei weiblichen hornlosen Ziegen etwas höher als bei gehörnten; bei männlichen Homozygoten ist

Tab. 19. Die Wirkung des P-Allels bei genetisch weiblichen und männlichen Ziegen

Karyotyp	Genotyp für das Gen P/p (hornlos/gehörnt)		
	PP (homozygot hornlos)	Pp (heterozygot hornlos)	pp (gehörnt)
xx genetisch weiblich	100 % unfruchtbar (Zwitter, Pseudo-Böcke oder äußerlich normale Ziegen)	100 % fruchtbar (etwas größere Fruchtbarkeit – etwas besseres Wachstum der Nachkommen)	100 % fruchtbar
xy genetisch männlich	50 % fruchtbar (evtl. mit einseitiger Samenstauung) 50 % unfruchtbar (beidseitige Samenstauung)	100 % fruchtbar	100 % fruchtbar

108 Züchtung

Tab. 20. Ergebnis der Paarung von Ziegen mit verschiedenen Erbanlagen für das Merkmal Hornlosigkeit/Hörner

Böcke	Ziegen		
	hornlos PP	hornlos Pp	gehörnt pp
hornlos PP	50% hornlos PP		
	50% hornlos Pp		100% hornlos Pp
hornlos Pp	25% hornlos PP		
	50% hornlos Pp		50% hornlos Pp
	25% gehörnt pp		50% gehörnt pp
gehörnt pp	50% hornlos Pp		
	50% gehörnt pp		100% gehörnt pp

Die eingerahmten Genotypen sind unfruchtbar (s. Tab. 19)

dieser Effekt noch größer als bei den Heterozygoten. Bei der ohnehin großen Fruchtbarkeit der Ziege ist das allerdings kaum als Vorteil gegenüber den Nachteilen der Hornlosigkeit zu werten.

Es ist übrigens nicht geklärt, ob es sich bei dem Zusammenhang zwischen Hornlosigkeit und Unfruchtbarkeit wirklich ausschließlich um eine Nebenwirkung des P-Allels handelt oder um die Wirkung eines mit diesem eng gekoppelten weiteren Gens. Das sehr seltene Vorkommen von homozygot hornlosen fruchtbaren Ziegen spricht für die Theorie einer Koppelung, doch sind zu wenige solcher Fälle sicher nachgewiesen (Abb. 50).

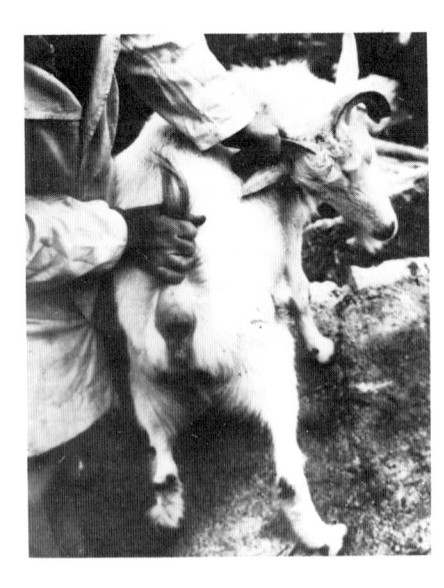

Abb. 50. Gehörnter Zwitter, Israeli-Saanen-Ziege. Das Tier wurde 3 Jahre lang während der Deckzeit zusammen mit Böcken gehalten, aber nie trächtig (Foto: Laor, Israel).

In unseren auf Hornlosigkeit selektierten Rassen, in denen das Allel P stark verbreitet ist, kann das Auftreten von reinerbig hornlosen, genetisch weiblichen Zwittern verhindert werden, indem darauf geachtet wird, daß hornlose Ziegen nur mit gehörnten Tieren gepaart werden. Dies könnte erreicht werden, indem z. B. nur mit gehörnten Böcken gedeckt wird. Im Durchschnitt fallen dann zur Hälfte gehörnte Lämmer, zur Hälfte hornlose. In größeren Beständen könnte man zur Zucht nur die hornlosen Ziegen und gehörnte Böcke auswählen, was bei der hohen Fruchtbarkeit der Ziege durchaus möglich wäre. In unseren Kleinbeständen würden sich bei diesem Vorgehen aber erhebliche Schwierigkeiten ergeben, da die zufällig zu erwartende Geschlechtsverteilung von 1 : 1 nicht immer eintreten wird und damit gerechnet werden muß, daß manchmal selbst jahrelang kein hornloses weibliches Lamm fällt. Deswegen ist der einfachere Weg, das Zuchtziel Hornlosigkeit aufzugeben und hornlose wie gehörnte Ziegen zuzulassen. Der Züchter kann dann selbst entscheiden, ob er hornlose Ziegen selektieren will, seine gehörnten Lämmer enthornen oder auch mit gehörnten Ziegen arbeiten will.

Der Landesverband Württembergischer Ziegenzüchter hat diesen Weg bereits gewählt und 1978 ein Zuchtbuch für gehörnte Ziegen eingerichtet.

Bei norwegischen Ziegen gibt es offenbar erblich bedingte Unfruchtbarkeit, bei der Zyklen mit normalen Brunstsymptomen auftreten, in denen aber keine Ovulation stattfindet.

8.3 Die Selektion der Zuchttiere

Für die Züchtung ist nur die genetisch bedingte Überlegenheit (= Zuchtwert) der Tiere nutzbar; es geht bei systematischer Züchtung also immer darum, Ziegen mit möglichst hohem Zuchtwert einzusetzen (Abb. 51). Da nur ein Teil der Überlegenheit eines Individuums auf die Nachkommen übertragen wird, ist sein Zuchtwert nicht ohne weiteres aus den Merkmalen zu erkennen. Schon früh haben die Züchter festgestellt, daß der Selektionserfolg größer ist, wenn die Zuchttiere nicht aufgrund ihrer eigenen Leistungen oder der Leistung der Vorfahren, sondern aufgrund der Leistungen der Nachkommen ausgewählt werden. Selbstverständlich ist dies vor allem beim männlichen Tier möglich, das eine genügend große Zahl von Nachkommen zeugen kann. Allerdings hat auch das Vatertier mit den besten Nachkommen nicht unbedingt den höchsten Zuchtwert. Denn zur Merkmalsausprägung der Nachkommen trägt außer dem väterlichen Erbgut noch eine Reihe von anderen Faktoren bei. So besteht z. B. immer die Tendenz, daß die Nachkommen von hervorragenden Vatertieren an besonders gute Muttertiere angepaart werden, die außerdem noch ihre Leistungen unter besonders guten Umweltbedingungen erbringen. Mit den modernen Methoden zur Schätzung des Zuchtwerts aufgrund des eigenen Phänotyps (Eigenleistungsprüfung) oder des Phänotyps von verwandten Tieren, namentlich von Nachkommen (Nachkommenschaftsprüfung) wird versucht, diese Störfaktoren zu berücksichtigen. Dazu werden unter anderem zum Teil sehr komplizierte Rechenverfahren eingesetzt.

Die besten Zuchterfolge werden erzielt, wenn nur Zuchttiere mit einem nachgewiesenen hohen Zuchtwert verwendet werden. Dazu ist erforderlich, daß eine genügend große Zahl von zur Zucht in Frage kommenden Tieren geprüft und unter ihnen die benötigte Zahl an Zuchttieren ausgewählt wird. Dies ist nur möglich,

110 Züchtung

```
Vorfahren:    [Leistungen] ──────────► [Zuchtwert]
                   ▲                        ▲
                   │                        │
                [Umwelt]                    │
                   │                        │
                   ▼                        │
Zuchttier:    [Leistungen] ──────────► [Zuchtwert]
                   ▲                        ▲
                   │                        │
                [Umwelt]                    │
                   │                        │
                   ▼                        │
Nachkommen:   [Leistungen] ─────────────────┘
```

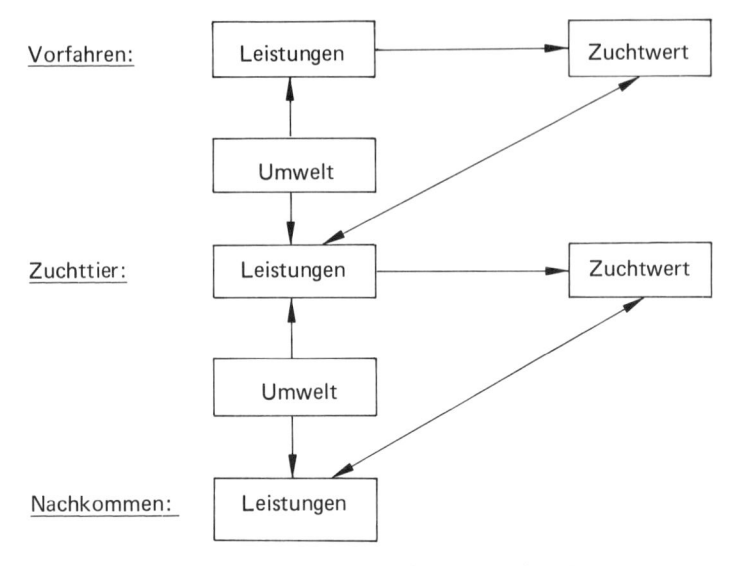

Abb. 51. Möglichkeiten zur Schätzung des Zuchtwertes; schon bei der Geburt ist eine Schätzung aufgrund der Leistungen der Eltern möglich. Eigen-Leistung und besonders Nachkommen-Leistungen erhöhen die Genauigkeit der Schätzung.

wenn die Zahl der Nachkommen, die von den ausgewählten Tieren gezeugt werden, groß ist und dementsprechend wenig Zuchttiere benötigt werden, wie bei der instrumentellen Besamung (IB), wo anstelle vieler im Natursprung eingesetzter Böcke immer nur einer verwendet werden muß, der entsprechend streng ausgewählt sein kann.

In Frankreich, wo die Struktur der Ziegenhaltung günstiger ist als in Deutschland, wird mit modernen Zuchtverfahren gearbeitet (Abb. 52). In Frankreich besteht seit 1965 eine Nachkommenprüfungsstation. Aus gezielten Paarungen geborene Jungböcke werden zunächst in einem Zentrum aufgezogen, ihr Wachstum wird registriert und ihre Geschlechtsfunktion geprüft. Das wesentliche Selektionsmerkmal ist das Gewicht mit 7 Monaten, zusätzlich werden das Geschlechtsverhalten und die Sameneigenschaften berücksichtigt. Von jeweils 5 Böcken wird einer ausgewählt, sein Sperma wird zur Besamung in der Nachkommenprüfungsstation verwendet. Dort werden 250 Ziegen mit den besten 20 Böcken besamt. Etwa 10 Töchter jedes Bockes werden in der Station aufgezogen und während ihrer 1. Laktation geprüft. Außer in der Station werden Böcke aufgrund der Milchleistung von Töchtern geprüft, die mit IB bei Züchtern gezeugt werden. Das wichtigste Selektionsmerkmal ist im Hinblick auf die Käseproduktion die Eiweißmenge. Für die Käsequalität wird aber auch ein Mindestfettgehalt (von 3 %) angestrebt.

In Norwegen werden Böcke außer durch IB auch in sogenannten Bock-Ringen geprüft. Das sind Zusammenschlüsse von mindestens 3 Ziegenhaltern mit zusammen mindestens 500 Ziegen, die Prüfböcke während der Deckzeit so untereinander austauschen, daß jeder Bock in jeder Herde deckt. Die Ergebnisse der Zuchtwertschätzung nach den Töchterleistungen werden zu einem Index zusammengefaßt. Anhand dieses Index und der Exterieurbeurteilung sowie der Milchleistung und

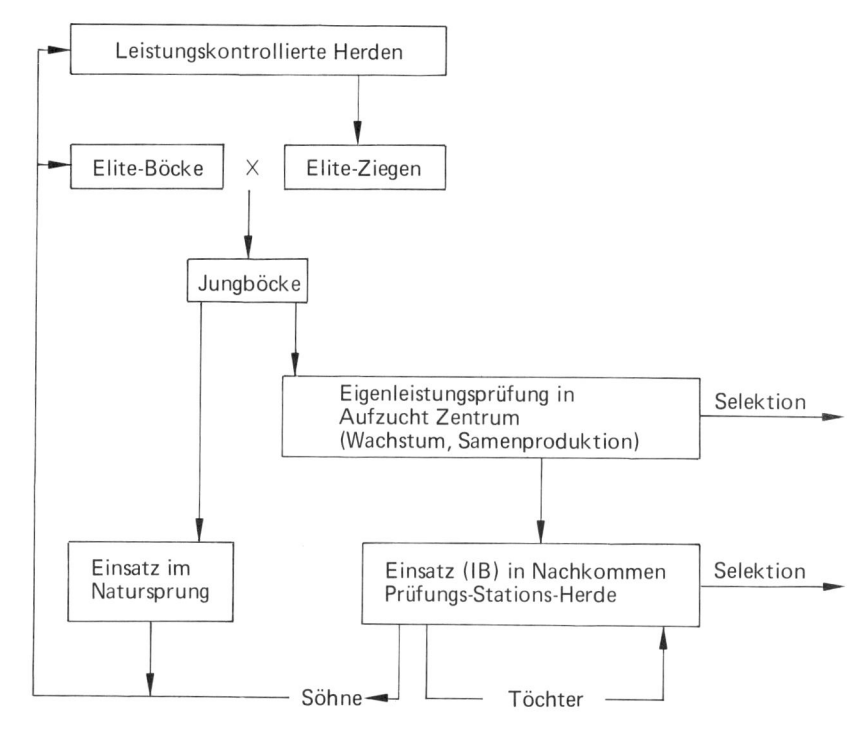

```
┌─────────────────────────────┐
│ Leistungskontrollierte Herden│
└─────────────────────────────┘
         │
┌──────────────┐   ┌──────────────┐
│ Elite-Böcke  │ X │ Elite-Ziegen │
└──────────────┘   └──────────────┘
                    │
              ┌──────────┐
              │ Jungböcke│
              └──────────┘
                    │
         ┌──────────────────────────────┐
         │ Eigenleistungsprüfung in     │  Selektion
         │ Aufzucht Zentrum             │ ─────────►
         │ (Wachstum, Samenproduktion)  │
         └──────────────────────────────┘

┌──────────────┐   ┌──────────────────────────┐
│ Einsatz im   │   │ Einsatz (IB) in Nachkommen│  Selektion
│ Natursprung  │   │ Prüfungs-Stations-Herde  │ ─────────►
└──────────────┘   └──────────────────────────┘

         Söhne          Töchter
```

Abb. 52. Schema des Zuchtprogramms in Frankreich.

Euternote der Mutter werden die Böcke verglichen und die besten ausgewählt. Aufgrund einer vorläufigen Bewertung nach der Einsatzleistung können geprüfte Böcke bereits im Alter von 2½ Jahren eingesetzt werden, auch dieser Einsatz erfolgt in den Bock-Ringen reihum. Es ist vorgesehen, daß die Böcke mit dem besten Zuchtwert die Väter der nächsten Bockgeneration werden. Sie werden gepaart mit Elite-Ziegen der Population. Bei ihrer Auswahl wird die Abstammung, ihre Leistung und die Leistung der vergleichbaren Ziegen berücksichtigt. Dazu wird ein Index berechnet, der die genetisch bedingte Leistung der Ziege bewertet. Die Kosten des Zuchtprogramms werden im wesentlichen vom Staat getragen.

Für Verhältnisse in Schweden, die eher noch ungünstiger sind als in Deutschland (weniger als 10 000 Ziegen Gesamtbestand, weniger als 1000 Ziegen in Milchkontrolle) hat RÖNNINGEN (1980) die Möglichkeiten des Zuchtfortschrittes durch ein Programm mit Bock-Ringen und Besamung berechnet. Er kommt bei realistischen Annahmen auf eine genetisch bedingte jährliche Leistungssteigerung von etwa 1,2 % ohne IB und 2 % mit IB.

In der Bundesrepublik Deutschland sind die Bedingungen für eine planmäßige Züchtung nicht günstig. Die Milchleistungsprüfung ist wenig verbreitet, besonders weil sie mit hohen Kosten verbunden ist (s. Seite 72). Die Bestandsgrößen sind gering, und die Zahl der Nachkommen der einzelnen Zuchttiere ist damit ebenfalls klein, zumal IB nicht durchgeführt wird. Gering ist auch die Zahl der Herdbuchziegen. Selbst die gemeinschaftliche Haltung von Böcken durch Gemeinden, Genossenschaften und Vereine, welche die Voraussetzung für größere Nachkommenzahlen im Natursprung wäre, bereitet zunehmend Schwierigkeiten, da sich kaum Züchter für diese Aufgaben finden. Ein Versuch, dieses Problem zu lösen, ist die Bockhaltungsgemeinschaft in Schleswig-Holstein (s. Seite 115). Schließlich gibt es in einigen Bundesländern (Niedersachsen, Rheinland-Pfalz) keine Züchtervereinigungen mehr; außer in Baden-Württemberg und Bayern sind Böcke nicht mehr dem Körzwang nach dem Tierzuchtgesetz unterworfen. Die Züchtung muß sich demnach bei uns auf die traditionellen Methoden begrenzen: Auswahl der Zuchttiere aufgrund der Abstammung und der äußeren Erscheinung sowie der Milchleistungsprüfung, unterstützt allenfalls durch Informationen über die Nachkommen, die aber meist nur im nachhinein, also bei der Bewertung der Abstammung, von Nutzen sind.

8.4 Zuchtverfahren

Ziegen der veredelten Rassen werden so gut wie ausschließlich in Reinzucht gezüchtet. Die modernen Verfahren zur Unterstützung der Reinzucht beruhen auf der Nutzung der Durchschnittseffekte von Genen. Sie berücksichtigen nicht die Möglichkeit, daß andere Effekte wichtig und auch züchterisch nutzbar sein könnten, die z. B. darauf beruhen, daß bestimmte Kombinationen von Genen eine Überlegenheit bedingen, oder darauf, daß einzelne Gene Vorrang über andere Gene haben. Daß solche Verhältnisse eine Bedeutung haben, kann aus der Organisation des gesamten Organismus geschlossen werden, in dem es ja auch übergeordnete

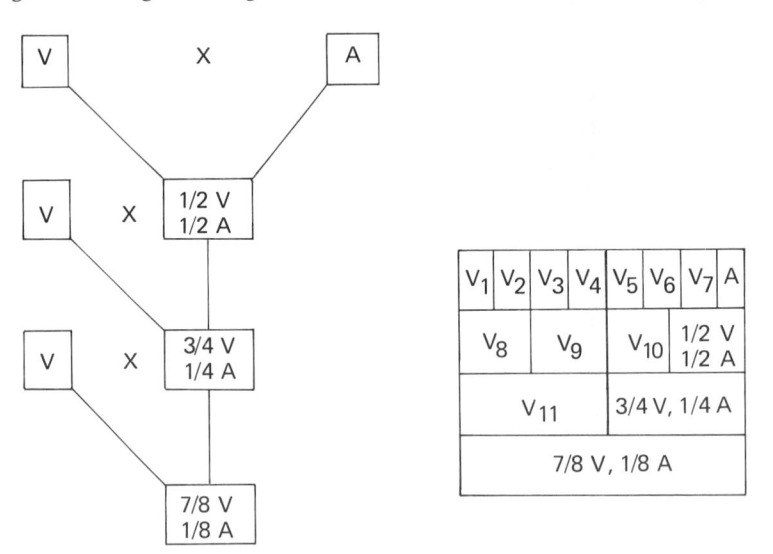

Abb. 53. Schema einer Verdrängungskreuzung. Durch wiederholte Paarung mit der „Veredelungsrasse" (V) wird der Anteil des Erbgutes der „Ausgangsrasse" (A) bei jeder Kreuzungsgeneration geringer. A und V stehen für die Rassen; die verwendeten Zuchttiere sind bei jeder Paarung verschieden ($V_1 - V_{11}$). An der Ahnentafel ist zu sehen, wie klein der Anteil der Ausgangsrasse schon nach 4 Generationen ist.

Abb. 54a. F_1-Kreuzung Toggenburger × Criollo in Venezuela.

Abb. 54b. F_1-Kreuzungen Saanen × Indische Ziegen (Foto: R.A.I.N., Poona, Indien).

114 Züchtung

Funktionen gibt, neben denen die anderen Funktionen nur zweitrangig sind (z. B. das Hormonsystem). Besonders mit der Linien- bzw. Inzucht können solche Genwirkungen berücksichtigt werden. Systematische Linienzucht ist in der Ziegenzucht nicht verbreitet. Inzucht wird nicht selten, doch eher unbeabsichtigt vorgenommen. Ziegen sind nicht sehr anfällig gegen Inzuchtschäden, d. d. h., daß Schadallele, die bei der Inzucht homozygot und damit phänotypisch wirksam werden, nicht sehr häufig sind.

Zur Veredelung einheimischer Landziegen wird vielfach mit Leistungs-Rassen gekreuzt. Dabei werden verschiedene Methoden angewandt. Sehr verbreitet ist z. B. die Verdrängungskreuzung (Abb. 53). So ist die Israelische Saanenziege aus der Mamberziege durch Verdrängungskreuzung mit europäischen Saanenziegen entstanden. In manchen Entwicklungsländern werden Kreuzungsprogramme durchgeführt (s. Abb. 54), in größerem Stil vor allem in Lateinamerika, wo wegen der seuchenpolizeilichen Begrenzungen allerdings fast nur die nordamerikanischen Milchrassen verwendet werden.

8.5 Organisation und Förderung der Ziegenzucht

8.5.1 Züchtervereinigungen

Bereits seit dem Ende des vorigen Jahrhunderts gibt es in Deutschland organisatorische Zusammenschlüsse von Ziegenzüchtern. Diese Züchtervereinigungen (Ziegenzuchtverbände) sind auf Kreis- bzw. Bezirksebene organisiert und zu Landesverbänden zusammengeschlossen. Sie führen Herdbücher, in welche die vom Verband züchterisch betreuten Ziegen eingetragen werden. Voraussetzung für die Eintragung ist, daß die Tiere die festgelegten Merkmale der äußeren Erscheinung haben. Außerdem müssen sie von Herdbuchtieren abstammen. Um auch die Eintragung von Ziegen ohne nachgewiesene Herdbuchabstammung zu ermöglichen, führen die Verbände Vor-Herdbücher (Hilfsherdbücher). Die Nachkommen (meist Enkel) dieser Ziegen können dann ins Herdbuch aufgenommen werden. Bei der Eintragung ins Herdbuch werden die Ziegen mit einer entsprechenden Ohr-Tätowierung gekennzeichnet. 25 % der Ziegen in der Bundesrepublik Deutschland sind im Herdbuch eingetragen. Der Anteil ist mit dem Rückgang der Ziegenzahlen etwas größer geworden.

Die Züchtervereinigungen stellen Abstammungsnachweise aus und organisieren den Verkauf vor allem durch Auktionen aber auch durch Vermittlung von Aufträgen, z. B. für den Export. Sie legen das Zuchtziel fest, beraten die Züchter bei ihren Zuchtmaßnahmen, führen die Exterieur-Beurteilung durch und organisieren Schauen (Abb. 55).

Einige Verbände unterhalten Lämmerweiden zur gesunden Aufzucht namentlich für Tiere der Ziegenhalter, die selbst keine Weidemöglichkeit haben, z. B. der Landesverband Württembergischer Ziegenzüchter in Pfullingen, der Badische Landesziegenzuchtverband (Heidelberg) in Sinsheim. Jährlich werden Lämmer (etwa 100 in Pfullingen und 50 in Sinsheim) nach dem Absetzen im Juni mit ungefähr 20–25 kg Gewicht aufgetrieben. Sie nehmen während des Sommers bis 10 kg zu und können dann nach der Rückkehr zu ihren Besitzern im September/Oktober gedeckt werden.

Abb. 55. Weiße und Bunte Deutsche Edelziegen auf dem Landwirtschaftlichen Hauptfest in Stuttgart 1980 (Foto: Roesch).

Zum Rückgang der Ziegenhaltung tragen wesentlich die Schwierigkeiten mit der Haltung von Zuchtböcken bei. Das Auflösen von Bockstationen, die wegen geringer Ziegenzahlen nicht ausgelastet sind, führt dazu, daß weitere Ziegenhaltungen aufgegeben werden, da nunmehr kein Bock in erreichbarer Entfernung verfügbar ist. In Schleswig-Holstein besteht seit 1968 eine Bockhaltungsgemeinschaft, an der alle Kreise (außer Dithmarschen) beteiligt sind. Sie beschafft die Böcke und stellt sie auf die Kreisbockhaltungen. Die Kreise zahlen einen geringen jährlichen Beitrag, wofür die Bockhaltungsgemeinschaft Ankauf, Transport und Versicherung der Böcke übernimmt. Die Kreisbockhaltungen tragen die Unterhaltskosten, die sie zum Teil durch die Deckgelder bestreiten. Diese Regelung ermöglicht dem Landesverband Schleswig-Holsteiner Ziegenzüchter eine Selektion der Böcke und vor allem auch den langjährigen Einsatz bewährter Altböcke bei Vermeidung von Inzucht durch den Wechsel zwischen verschiedenen Bockhaltungen.

Schließlich führen die Verbände Fortbildungsveranstaltungen durch und beraten ihre Mitglieder mit schriftlichem Material. Im Anhang (Seite 297) findet man eine Liste der Landesziegenzuchtverbände der Bundesrepublik mit ihren Adressen. Aus ihr ist zu ersehen, daß in manchen Bundesländern keine Ziegenzuchtverbände existieren, so in Rheinland-Pfalz und Niedersachsen. Die Landesziegenzuchtverbände sind zusammengeschlossen in der Arbeitsgemeinschaft der Landesverbände Deutscher Ziegenzüchter e.V. (ADZ). Über die Ziegenzucht in Deutschland informiert die Arbeitsgemeinschaft Deutscher Ziegenzüchter regelmäßig im Deutschen Kleintier-Züchter (ADZ-Mitteilungen). Auf Seite 296 sind weitere Zeitschriften aufgeführt, die Beiträge über Ziegenzucht veröffentlichen. Für Kontakte zur Ziegenzucht im Ausland sind Adressen auf Seite 297 angegeben.

8.5.2 Ziegenleistungsbuch – Ziegenelitebuch

Um Ziegen mit hohen Dauerleistungen für die Zuchtunterlagen einfach zu kennzeichnen und den Züchtern einen Anreiz zu geben, wird das Ziegenleistungsbuch (= ZL) geführt. Ziegen können mehrmals in das Leistungsbuch eingetragen werden, in den Zuchtunterlagen werden sie mit ZL, ZL*, ZL** oder ZL*** gekennzeichnet. Auch Böcke können eingetragen werden. Im folgenden sind die Bedingungen für die Eintragung wiedergegeben.

Böcke: Mindestens 6 Töchter müssen in das ZL eingetragen sein. Die Eintragung kann auch noch erfolgen, wenn die Böcke nicht mehr am Leben sind. Bei den bereits eingetragenen Böcken wird jede weitere Eintragung von Nachkommen vermerkt.

Ziegen: Die Tiere müssen im Herdbuch eines der Arbeitsgemeinschaft der Landesverbände Deutscher Ziegenzüchter angeschlossenen Landesverbandes eingetragen sein; die erste Eintragung kann frühestens im 5. Lebensjahr erfolgen, sofern die in Tab. 21 angegebene Mindestleistung erbracht ist.

Angegeben wird die Milchleistung vom Tage des ersten Lammens bis zum Abschluß des vorausgehenden Kontrolljahres, die Zahl der Lammungen und der lebend geborenen Lämmer.

Eine Ziege kann auch noch nach ihrem Tod eingetragen werden, wenn sie in ihrem letzten Lebensjahr die Voraussetzungen erfüllt hat.

Die Zahl der Eintragungen in das Ziegenleistungsbuch und ihre Verteilung auf Verbände und Rassen geht aus den Tab. 22 u. 23 hervor. Die durchschnittliche Milchleistung der eingetragenen Weißen Ziegen liegt mit etwa 6 Laktationen bei 1270 kg und 3,7 % Fett, die der Bunten Ziegen mit ebenfalls 6 Laktationen bei 1050 kg und 3,9 % Fett. Beide Rassen bringen im Durchschnitt aller Lammungen 2 Lämmer.

Seit einigen Jahren können nur sehr wenige Böcke 6 ZL-Töchter nachweisen, da infolge des Rückganges der Ziegenhaltung die Zahl der Nachkommen der einzelnen Böcke dafür zu gering geworden ist.

Als ein weiteres Sonderregister führt die ADZ das Ziegenelitebuch (= ZE) mit den folgenden Eintragungsbedingungen:

Tab. 21. Leistungsbedingungen für die Eintragung in das Ziegenleistungsbuch (ZL)

Eintragung	Gesamtmilchmenge in kg		Anzahl der Lammungen	Anzahl der lebend geborenen Lämmer
	Weiße	Bunte		
	Deutsche Edelziege			
I.	4000	3600	4	5
	5000	4500	5	6
	5900	5300	6	8
II.	6700	6000	6	9
	7500	6700	7	11
	8200	7300	8	12
III.	8900	8000	8	14

Ein niedrigerer Fettgehalt bis zu 3,2 % ist möglich. Für jedes Zehntel unter 3,5 % muß die Milchmengenleistung 2 % höher als die geforderte Mindestleistung liegen.

Tab. 22. Zahl der Eintragungen in das ZL und ZE in der Zeit von 1964–1980

Jahr	Ziegen insges.	ZL I.	ZL II.	ZL III.	Böcke	ZE
1964	189	129	48	12	3	17
1965	375	230	130	15	2	12
1966	183	114	61	8	10	40
1967	167	117	47	3	1	7
1968	192	119	56	17	–	25
1969	112	75	33	4	–	12
1970	108	68	33	7	–	16
1971	101	73	24	4	–	17
1972	60	38	13	9	2	4
1973	68	52	13	3	–	1
1974	48	40	8	–	–	1
1975	27	17	7	3	–	1
1976	107	69	30	8	–	1
1977	26	18	8	–	–	–
1978	34	14	14	6	–	1
1979	100	59	33	8	–	–
1980	120	71	34	15	–	–
1964–1980	2017	1303	592	122	18	155

Tab. 23. Zahl der Eintragungen in das ZL und ZE in der Zeit von 1973–1980 unterteilt nach Verbänden, Rassen und Eintragung

Verband	Weiße Deutsche Edelziege					Bunte Deutsche Edelziege				
	Gesamt	ZL I.	II.	III.	ZE	Gesamt	ZL I.	II.	III.	ZE
Baden-Süd	22	15	6	1	–	23	18	5	–	–
Baden-Nord	95	57	27	11	–	–	–	–	–	–
Bayern	2	1	1	–	–	98	69	24	5	4
Schl.-Holstein	35	24	11	–	–	–	–	–	–	–
Westfalen	35	17	13	5	–	–	–	–	–	–
Württemberg	2	1	1	–	–	218	138	59	21	1
insgesamt	191	115	59	17	–	339	225	88	26	5

Böcke: Mindestens 3 Töchter müssen in das ZE eingetragen sein.
Ziegen:
- a) Die Tiere müssen in das ZL eingetragen sein.
- b) Eine 5jährige mittlere Lebensleistung, die von der 1. Laktation an gerechnet bei der Weißen Ziege 1200 kg Milch mit 3,5 % Fett, bei der Bunten Ziege 1000 kg Milch mit 3,5 % Fett beträgt. Ein angefangenes Kontrolljahr und die in diesem erfolgte Lammung dürfen nicht mit berücksichtigt werden;
- c) Normale jährliche Lammungen ohne Unterbrechung nach der 1. Lammung;
- d) Zur Zeit der Anmeldung mindestens 3,5 Punkte für Typ und Form (von 5 möglichen Punkten);
- e) Zur Zeit der Anmeldung mindestens 4 Punkte für das Euter;

f) Es müssen, gemäß den von der DLG durchgeführten Messungen, die Körpermaße bekannt sein, die im durchschnittlichen Rahmen liegen sollen;
g) Nachweis der Abstammung mit allen Lebensleistungen der 2 vorausgegangenen Generationen (Eigen-, Eltern- und Großelternleistung), die nach der 1. Lammung weiterhin jährlich normal gelammt haben müssen. Ab 1962 ist die Angabe der Urgroßelternleistung erwünscht;
h) Die mittlere Lebensleistung der weiblichen Tiere der Ahnengenerationen muß bei der Weißen Ziege mindestens 1000 kg Milch mit 3,2 % Fett, bei der Bunten Ziege 900 kg Milch mit 3,2 % Fett betragen;
i) Die Jahresleistung eines Tieres darf nicht unter 800 kg Milch mit 3,2 % Fett betragen. Für jedes Zehntel-Prozent Fett über dem geforderten Mindestfettgehalt darf die Milchmenge um 2 % geringer sein.

In den Zuchtunterlagen werden eingetragene Ziegen mit ZE gekennzeichnet. Die Zahl der eingetragenen Ziegen seit 1964 ist aus Tab. 22 zu ersehen. Das Interesse an diesem Register hat stark nachgelassen, seit 1973 sind nur 5 Ziegen eingetragen worden.

8.5.3 Tierzuchtgesetz

Das Bundestierzuchtgesetz sieht in § 2 (3) 1 vor, daß Ziegenböcke durch Bundes- oder Länderverordnung dem Körzwang unterworfen werden können. Von dieser Möglichkeit haben nur Bayern und Baden-Württemberg Gebrauch gemacht. In den anderen Bundesländern können Böcke ohne Körung zum Decken verwendet werden. In Bayern ist die Körung wie folgt geregelt:
(1) Das Mindestalter eines Ziegenbockes für die Körung beträgt 5 Monate.
(2) Der Zuchtwert eines Ziegenbockes wird mit Hilfe wirtschaftlich wichtiger, der Zuchtrichtung entsprechender Leistungsmerkmale unter Berücksichtigung der Merkmale der äußeren Erscheinung festgestellt. Bei Böcken der Zuchtrichtung Milch und Fleisch werden die Zuchtwertteile Milchleistung und Fleischleistung, bei Böcken der Zuchtrichtung Fleisch wird der Zuchtwertteil Fleischleistung festgestellt.
(3) Zur Feststellung des Zuchtwertteils Milchleistung wird in Milchleistungsprüfungen mindestens die Fettmenge der Milch der Bockmutter ermittelt. Ist dies nicht möglich, ist die durchschnittliche Fettmengenleistung beider Großmütter des Bockes heranzuziehen.
(4) Zur Feststellung des Zuchtwertteils Fleischleistung des Ziegenbockes werden der Rahmen und die Bemuskelung an Keule, Rücken und Schulter mit Noten bewertet.
(5) Die äußere Erscheinung wird mit Noten bewertet.
(6) Die Bewertung nach Maßgabe der Absätze 4 und 5 richtet sich nach folgendem Notensystem:

Note	Bewertung	Note	Bewertung	Note	Bewertung
9	ausgezeichnet	6	befriedigend	3	mangelhaft
8	sehr gut	5	durchschnittlich	2	schlecht
7	gut	4	ausreichend	1	sehr schlecht

Erscheinungen, die auf eine vererbbare Krankheitsdisposition des Ziegenbockes schließen lassen, werden berücksichtigt.

(7) Das Verfahren für die Durchführung der Milchleistungsprüfung und der Fleischleistungsprüfung wird vom Staatsministerium festgelegt und den betroffenen Behörden und Stellen schriftlich mitgeteilt.

(8) Ein Ziegenbock erfüllt die Anforderungen hinsichtlich seines Zuchtwertes, wenn
1. die durchschnittliche Laktationsleistung der Bockmutter oder die durchschnittliche Laktationsleistung beider Großmütter nicht mehr als 0,5 Standardabweichungen unter dem Mittel der geprüften Vergleichstiere liegt und
2. er hinsichtlich der Fleischleistung und der äußeren Erscheinung jeweils mindestens die Note 4 erreicht.

In Baden-Württemberg ist das Verfahren gleich, nur werden zur Feststellung des Zuchtwertes bei allen Böcken die Zuchtwertteile Milchleistung und Fleischleistung herangezogen und 28 kg Milchfett gefordert.

8.5.4 Organisation und Förderung der Ziegenzucht in der DDR

In der DDR werden Ziegen vor allem von Dorf- und Stadtrandbewohnern gehalten, die allenfalls über kleine Bodenflächen verfügen und vielfach Garten- oder Haushaltsabfälle verfüttern.

Im Jahre 1950 wurden in der DDR 1 628 100 Ziegen gehalten, 1960 waren es noch 438 900, 1970 nur mehr 153 200, und bis 1980 war der Bestand auf 25 000 abgesunken (SCHWARK 1982).

Die Ziegenrassen und -schläge der DDR entsprechen den in der Bundesrepublik gehaltenen (s. Kap. 3.1.). Die Weiße Deutsche Edelziege wird in allen Bezirken der DDR gehalten und macht 90 % des Gesamtbestandes aus. Die Bunte Deutsche Edelziege wird in den entsprechenden Farbschlägen jeweils im Erzgebirge, im Harz und im Thüringer Wald gehalten.

Das Zuchtziel für beide Rassen ist wie folgt formuliert (HATTENHAUER u. a. 1978): Eine mittelrahmige, hornlose, kurzhaarige Ziege im Wirtschaftstyp, von harmonischem kräftigem Körperbau, mit guter Ausbildung des Geschlechtscharakters in beiden Geschlechtern, breit und fest angesetztem Kugeleuter und griffigen, schräg nach vorn gestellten Strichen; bei regelmäßiger Fruchtbarkeit widerstandsfähig und futterdankbar, bei hoher Milch- und Futtergiebigkeit zu Dauerleistungen befähigt; den Rassemerkmalen der Deutschen Weißen bzw. Bunten Edelziege entsprechend. Als Leistungsziel werden 1000 kg Milch im Jahr mit 4 % Fett angestrebt.

Die Maße der Rassen entsprechen weitgehend denen in der Bundesrepublik. Nur die Böcke der Weißen Deutschen Edelziege sind mit 60–100 kg etwas schwerer und die weiblichen Tiere der Thüringer Waldziege mit 40–55 kg dagegen etwas leichter.

Die Durchschnittsleistung aller ganzjährig geprüften Ziegen betrug 1978 933 kg Milch mit 3,91 % Fett und 38,85 kg Fett.

Das Herdbuch wird vom Zentralvorstand des Verbandes der Kleingärtner, Siedler und Kleintierzüchter geführt, der auch die Ergebnisse der Leistungsprüfungen registriert.

Ziegen und Böcke mit entsprechender Abstammung können bei Nachweis ausreichender Milchleistung in das Herdbuch aufgenommen werden. Für Ziegen ohne Abstammung wird ein Vorregister geführt.

Leistungsnoten (LN) werden aufgrund der Fettmenge und des Fettgehaltes vergeben.

Tab. 24. Leistungsnoten für Milchziegen in der DDR

LN	Mindestanforderungen	
	Fett %	Fett kg
1	3,5	34
2	3,4	31
3	3,3	28
4	3,2	25

Unter Berücksichtigung der Exterieurbeurteilung (Formnote – FN 1–5) werden die Ziegen in Zuchtwertklassen I–III mit den Wertstufen a, b und c eingestuft. Beim Vorliegen bestimmter Formfehler können die Ziegen nicht in das Herdbuch eingetragen werden (Kuhhessigkeit, Bärentatzigkeit, Mausohren, Langhaarigkeit, starke Fehler an Euter oder Hoden sowie jegliche geschlechtliche Anomalie).

Für Ziegen mit hohen Dauerleistungen bzw. mit nachgewiesenem hohem Zuchtwert wird ein Ziegenleistungsbuch und ein Elitezuchtbuch (s. Seite 116) geführt.

Böcke unterliegen der Körung; allerdings gibt es auch in der DDR keine systematische Zuchtwertschätzung. Die Böcke werden in Kreisbockhaltungen des Verbandes der Kleingärtner, Siedler und Kleintierzüchter gehalten; in einzelnen Zuchtgebieten wird auch instrumentell besamt; die Böcke stehen dort auf Besamungsstationen.

9 Fütterung

Die Ziege ist aufgrund ihrer entwicklungsgeschichtlichen Verwandtschaft dem Rind und dem Schaf hinsichtlich Futteraufnahme und Futterverwertung sehr ähnlich. Die Besonderheiten, in denen sie, zum Teil erheblich, von diesen beiden Arten abweicht, lassen sich zu einem guten Teil mit ihrem ursprünglichen Lebensraum als Wildtier erklären. Es sind die Steillagen im Gebirge an bzw. oberhalb der Baumgrenze mit niedrigen Bäumen, Büschen und meist spärlicher Vegetation am Boden, aber auch Berghänge und Wiesen, teils sogar Moorwiesen, die dicht mit Gräsern (Gramineen) bewachsen sind. Die Vegetationszeit dieser Pflanzen ist kurz, und einen großen Teil des Jahres ist die wildlebende Ziege auf Blätter von immergrünen Büschen und Bäumen, junge Zweige, Rinde und abgestorbene Pflanzenteile, wie trockene Blätter, Gräser und Kräuter, angewiesen. Das Futterangebot im Laufe des Jahres wechselt, und die Ziege muß während der Vegetationszeit größere Körperreserven anlegen, auf die sie während der Vegetationsruhe zurückgreifen kann. Demnach muß die Ziege in der Lage sein, sich vor allem von Buschvegetationen zu ernähren, aber auch möglichst alle anderen Pflanzen zu verwerten. Sie muß Pflanzenteile mit sehr hohem Eiweißgehalt ebenso nutzen können wie extrem eiweißarme rohfaserreiche. Sie muß Futter suchen und aussuchen können, darf nicht, wie etwa Rind und Schaf, der Neigung erliegen, sich einseitig von einer Pflanzenart zu sättigen, sondern muß ihre Ration vielseitig „zusammenstellen". Das Freßverhalten unserer Hausziegen spiegelt genau diese Anforderungen wider. Sie erscheint uns „kapriziös" (das Wort kommt vom lateinischen Namen für Ziege = capra), d. h., sie sucht immer nach neuem Futter, wendet sich auch vom besten Futter rasch ab, um nach neuen Pflanzen Ausschau zu halten. Andererseits fällt auf, daß sie eine große Zahl von Futterpflanzen aufnimmt, mehr als Schaf und Rind (s. Seite 210), und praktisch kaum eine Pflanze ganz verschmäht. Daß sie selbst Papier, Zigarettenkippen und andere aus Pflanzen hergestellte Stoffe frißt, ist bekannt und wird von Beobachtern immer wieder hervorgehoben. Diesen beiden Aspekten ihres Freßverhaltens ist es auch zuzuschreiben, daß sie einerseits als wählerisch (selektives Freßverhalten) bezeichnet wird, andererseits aber auch als ein Tier, dem man nahezu alles anbieten kann oder aber vor dem nichts sicher ist. Es kommt wohl vor allem auf den Standpunkt an, welcher Aspekt besonders herausgestellt und nach welchem die Ziege beschrieben wird. Geht es um ihre schädliche Wirkung auf die Vegetation, dann ist sie der Allesfresser, geht es dagegen z. B. darum, eine Weide mit Ziegen intensiv zu nutzen, dann stellt das selektive Freßverhalten die Schwierigkeit dar. Es ist gut, sich darüber im klaren zu sein, daß eine einseitige Betrachtungsweise auf den falschen Weg führt und daß beide Aspekte Teil der Anpassung an ihren ursprünglichen Lebensraum sind.

Man hat die verschiedenen Wiederkäuer – wildlebende und domestizierte – nach ihrer Freßweise in 2 große Gruppen eingeteilt, Rauhfutterfresser und Weichfutter-

Selektierer. Zu den Rauhfutterfressern gehören Rind und Schaf; sie fressen im wesentlichen am Boden Gras und Kräuter und sind darauf eingerichtet, möglichst große Mengen von u. U. nährstoffarmem Futter zu verwenden.

Weichfutter-Selektierer suchen sich nährstoffreiche Pflanzenteile, wie Blätter von Büschen und Bäumen, Samen und Blütenstände von Gräsern und Kräutern; hierzu gehören viele der afrikanischen Gazellen- und Antilopenarten. Die Ziege nimmt offensichtlich zwischen beiden Gruppen eine Mittelstellung ein und kann sich je nach dem Futterangebot auf die eine oder andere Art der Futteraufnahme einstellen. Dabei vollziehen sich offenbar in ihrem Verdauungsapparat, vor allem dem Pansen, anatomische und funktionelle Veränderungen, die allerdings noch ungenügend erforscht sind. Bei Fütterung mit rohfaserreichem voluminösem Futter bestehen Beziehungen zwischen Körpergröße, Vormagenkapazität, Futteraufnahme und Leistung. Fehlt solches Futter dagegen, kann sich die Ziege an rohfaser- und strukturarmes nährstoffreiches Futter anpassen. Ihr Pansen wird dann meßbar kleiner, ein größerer Anteil des Eiweißes wird direkt und nicht über die Pansenflora verwertet. In diesem Zustand befinden sich Ziegen während der Trockenzeit in den tropischen Trockengebieten, wo sie weitgehend auf Buschweide angewiesen sind.

Auch in der Intensivhaltung ist es deshalb möglich, Ziegen ausschließlich mit strukturarmem konzentriertem Futter zu versorgen. So wurden zu Versuchszwecken Ziegen langfristig mit folgender Mischung gefüttert:

  34 % Luzernegrünmehl
  28 % Leinkuchenmehl
  20 % Maiskolbenschrot
  10 % Zitrusbälge
  6 % Milokorn
  2 % Mineralstoffe

Es muß allerdings wiederholt werden, daß zur Anpassung an extreme Fütterungsverhältnisse tiefgreifende anatomische und physiologische Veränderungen erforderlich sind, die Zeit brauchen. Erhält eine an voluminöses, nährstoffreiches Futter angepaßte Ziege ohne genügend lange Übergangsfütterung nicht ausreichend strukturiertes Futter, dann kann dies zu katastrophalen Störungen führen.

Schwierigkeiten mit der Haltung und Fütterung der Ziege als Haustier sind zumeist darauf zurückzuführen, daß es nicht möglich ist, die Verhältnisse der natürlichen Umwelt der Ziege nachzuahmen. Dies gilt besonders für die Haltung von Hochleistungsziegen unter intensiven Produktionsbedingungen.

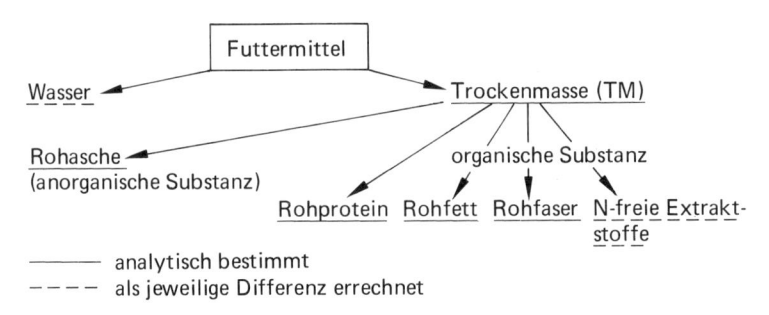

Abb. 56. Bestandteile der Futtermittel, Weender-Analyse (aus Burgstaller 1980).

Die Ziege braucht – wie andere Wiederkäuer auch – für ihre Erhaltung und für Leistungen wie Wachstum und Milchproduktion verschiedene Nährstoffe (Abb. 56). Die Besonderheit der Wiederkäuer ist, daß sie Futtermittel verwerten können, die für andere Tiere und den Menschen ungeeignet sind. Das ermöglicht ihr Verdauungsapparat, insbesondere der Pansen, der als Gärkammer wirkt, in der Kleinlebewesen (Protozoen und Bakterien) Pflanzenteile aufschließen. Ein großer Teil der Ernährung der Ziege erfolgt daher indirekt. Nährstoffe werden zunächst von den Mikroorganismen des Pansens aufgenommen und aufgeschlossen. Dem Stoffwechsel der Ziege stehen dann Produkte zur Verfügung, die die Mikroorganismen erzeugt haben, und schließlich werden die abgestorbenen Organismen selbst verdaut und als Eiweißquelle genutzt.

Wiederkäuer haben deshalb viel geringere Ansprüche an die Qualität der Futtermittel als andere Tiere und der Mensch. Sie können mit den einfachsten in Pflanzen verfügbaren Futterstoffen auskommen und sind nur auf die ausreichende Zufuhr der Grundbausteine angewiesen. Diese müssen allerdings in angemessenen Mengen und im richtigen Verhältnis zueinander vorhanden sein. Das gilt sowohl für das Verhältnis zwischen energie- und eiweißliefernden Futterstoffen wie zwischen den verschiedenen Mineralstoffen, wobei in einem weiten Bereich die Möglichkeit besteht, Abweichungen von dem richtigen Nährstoffverhältnis auszugleichen. Wiederkäuer haben also vor allem die Funktion, geringwertiges Futter zu nutzen. Dies gilt ganz besonders für Ziegen, die darauf eingestellt sind, sich Futter zu suchen, das anderen Pflanzenfressern schwer zugänglich ist, und außerdem nährstoffarmes Futter zu verwerten. Es ist demnach vom Haushalt der Natur aus betrachtet widersinnig, Wiederkäuer wie die Ziege mit konzentrierten Nährstoffen, z. B. Getreide in größeren Mengen, zu füttern. Daran sollte man stets denken, wenn man im Interesse der Wirtschaftlichkeit der Ziegenhaltung und um hohe Milchleistungen zu erreichen größere Mengen von Kraftfutter füttert. Mit zunehmender Verknappung von Energie und weltweit betrachtet auch von Nahrungsmitteln dürfte auf lange Sicht den Wiederkäuern die Aufgabe zufallen, aus Futtermitteln, die nicht direkt für den Menschen nutzbar sind, Nahrungsmittel zu erzeugen.

Untersuchungen über den Nährstoffbedarf von Ziegen sind bisher in weit geringerem Umfang als bei Schafen und Rindern durchgeführt worden. Obwohl sich die Ziegen in manchen Merkmalen nicht wenig von den anderen Wiederkäuern unterscheiden, bleibt zur Zeit nichts anderes übrig, als sich dort, wo die Erkenntnisse noch lückenhaft sind, an ihnen zu orientieren. Dabei sollte jedoch stets berücksichtigt werden, daß Annahmen gemacht werden, deren Richtigkeit überprüft werden muß. In diesen Fällen kommt den eigenen Beobachtungen des Züchters besondere Bedeutung zu.

9.1 Futteraufnahme

Für die planmäßige Gestaltung der Fütterung ist es zunächst erforderlich, die Futtermenge, welche die Ziege aufnehmen kann, zu erkennen. Da das den Wiederkäuern zur Verfügung stehende Futter einen begrenzten Nährstoffgehalt hat und der Aufschluß der Nährstoffe durch die Mikroorganismen im Vormagen Zeit erfordert, ist die Menge des Futters, die aufgenommen wird, entscheidend für die dem Stoffwechsel verfügbaren Nährstoffmengen.

124 Fütterung

Die Füllung des Pansens mit Futter, d. h. hauptsächlich mit Rohfaser, ist offensichtlich auch notwendig für die Erhaltung der Körpertemperatur. Bei unzureichender Futteraufnahme leiden die Ziegen unter niedrigen Umgebungstemperaturen, selbst im Sommer, zumal bei nasser Witterung. Dies dürfte damit zusammenhängen, daß die Ziege ein dünnes Haarkleid und kaum Unterhautfett hat und demzufolge für ihren Wärmehaushalt auf die Gärungswärme des Pansens angewiesen ist. Diese Zusammenhänge sind im einzelnen unzureichend erforscht, doch kennt sie jeder Ziegenzüchter aus eigener Beobachtung.

Die Aufnahme des Futters hängt generell von mehreren Faktoren ab, wie Abb. 57 deutlich macht. Der individuelle Futterverzehr wird daneben von der psychischen Verfassung beeinflußt, während die Aufnahmekapazität eine mit dem ganzen Körperbau erblich bestimmte Eigenschaft ist. Sie steht in enger Beziehung zum Körpergewicht, so daß die Futteraufnahme im allgemeinen auf das Körpergewicht bezogen wird.

Allerdings ist die Abhängigkeit des Stoffwechsels (wie auch der Futteraufnahme und der Leistungen) von der Körpergröße nicht exakt durch das Körpergewicht zu erfassen. Denn größere Ziegen nehmen zwar mehr Futter auf als kleine, doch ist die Futteraufnahme pro kg Körpergewicht bei großen Ziegen geringer als bei kleinen. In Wirklichkeit hängt die Futteraufnahme wie auch der Stoffwechsel von der Körperoberfläche ab. Sie läßt sich schätzen aus der Potenz ¾ des Körpergewichtes ($KG^{0,75}$). Man nennt die Größe $KG^{0,75}$ auch das metabolische Körpergewicht. Bezieht man die Futteraufnahme auf $KG^{0,75}$, dann ergeben sich annähernd gleiche Werte für die Futteraufnahme von kleinen wie von großen Ziegen (Tab. 12).

Dennoch ist für Zwecke der praktischen Fütterung die Schätzung der Futteraufnahme und des Nährstoffbedarfes anhand des Körpergewichtes ausreichend genau.

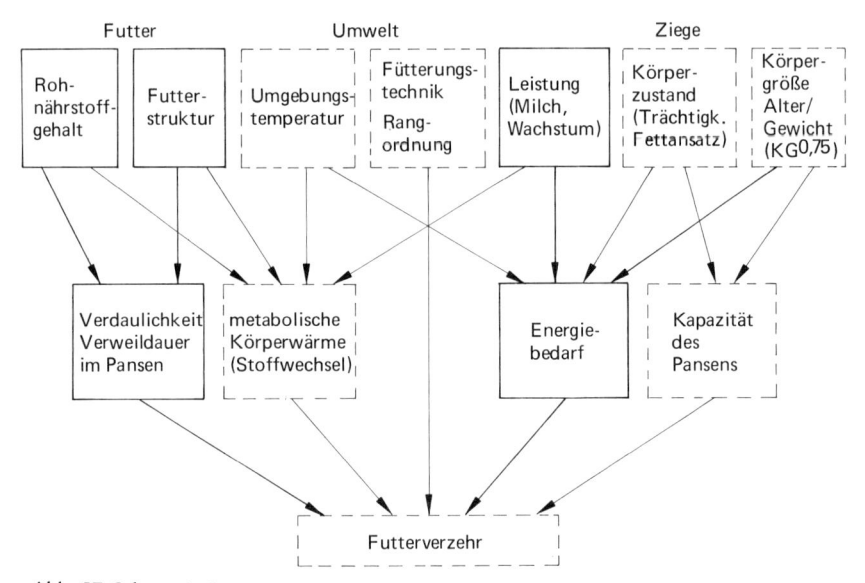

Abb. 57. Schematische Darstellung der wichtigsten Einflußfaktoren auf den Futterverzehr (aus Burgstaller 1980).

Die durchschnittliche Futteraufnahme pro Tag, gemessen als Trockenmasse des Futters, schwankt bei Milchziegen zwischen 2 und 7 kg. Sie beträgt im Mittel 4 kg pro 100 kg Körpergewicht, d. h., eine Ziege mit 50 kg nimmt etwa 2 kg Trockenmasse auf. Die zu erwartende Futteraufnahme bei gemischter Fütterung mit Heu, Silage und Rüben läßt sich nach SKJEVDAL (1974) mit der einfachen Gleichung

$$TM = 970 \times 16\ KG$$

schätzen (TM = Trockenmasse in g/Tag; KG = Körpergewicht in kg).

Während der Laktation wird mehr Futter aufgenommen als während der Trockenzeit, besonders gegen Ende der Trächtigkeit. Mit beginnender Milchproduktion nach dem Lammen steigt die Futteraufnahme an und erreicht zwischen 5 und 10 Wochen nach der Geburt die höchsten Werte.

Außerdem besteht eine Beziehung zwischen Milchleistung und Futteraufnahme, Ziegen mit hohen Leistungen nehmen mehr Futter auf als Ziegen mit geringeren Leistungen. Wenn bei Hochleistungstieren der Nährstoffbedarf größer ist als die Nährstoffmenge, die aufgrund des Pansenvolumens und der Nährstoffkonzentration in Grundfutter aufgenommen werden kann, dann muß Futter mit höherer Nährstoffkonzentration (Konzentrat, Kraftfutter) gefüttert werden. Dies ist in der Leistungszucht allgemein üblich. Im Prinzip ist dies aber nicht sinnvoll, da die Ziegen, wie andere Wiederkäuer, dann nicht in der Weise genutzt werden, für die sie von Natur aus eingerichtet sind und Futtermittel verwendet werden, die in anderer Weise mit höherem Wirkungsgrad verwertet werden könnten. Dies gilt namentlich für Entwicklungsländer, in denen die verfügbaren Nahrungsmittel nicht ausreichen (s. Seite 227). Durch das Kraftfutter wird die Aufnahme von Grundfutter vermindert. Die Größe dieser Verdrängung hängt von der Qualität und Schmackhaftigkeit des Grundfutters ab sowie von der Menge der zugebilligten Rückstände. Sie kann unter ungünstigen Bedingungen 1 sein, d. h., mit jedem kg Kraftfutter wird 1 kg Heu weniger aufgenommen.

Der Pansen der Ziege ist relativ kleiner als der der Kuh, möglicherweise als Anpassung an die beweglichere Lebensweise. Um dennoch genügend Nährstoffe aufnehmen und verwerten zu können, muß die umgesetzte Futtermenge vergrößert werden. Das wird erreicht durch eine kürzere Verweildauer des Futters im Pansen um den Preis, daß der Aufschluß des Futters durch die Mikroorganismen weniger vollständig ist. Davon werden jedoch nur die schwer zugänglichen Nährstoffe betroffen, die leicht fermentierbaren Nährstoffe sind sehr rasch nach der Futteraufnahme verfügbar. Sozusagen als Ausgleich für die rasche Magenpassage nimmt die Ziege Futter schnell und in vielen kleinen Mahlzeiten auf. Das führt insgesamt zu einer relativ höheren Futteraufnahme als beim Rind; kleine Ziegenrassen nehmen täglich bis zu 10 % des Körpergewichtes an Futter auf. Außerdem selektiert die Ziege nährstoffreiche, leicht verdauliche Pflanzenteile (HUSTON 1978). Allerdings werden diese Eigenheiten der Ziege nach unseren – bisher unvollständigen – Kenntnissen je nach den Fütterungsverhältnissen modifiziert und sind auch zwischen den Rassen verschieden. Im Versuch übertrafen z. B. schwarze Beduinenziegen insbesondere in der Verwertung von nährstoffarmem Futter Saanenziegen deutlich. Obwohl die schwarzen Beduinenziegen wesentlich weniger Futter aufnahmen, verwerteten sie die Nährstoffe besser als Saanenziegen. Bei der Eiweißverwertung wurde dies durch Einschränkung der Ausscheidung von Stickstoff und seine Wiederverwendung im Stoffwechsel (re-cycling) erreicht (SILANIKOVE u. a. 1980).

9.2 Verdaulichkeit

Nicht alle Nährstoffe, die in den Pflanzen enthalten sind, können von der Ziege verwertet werden. Der Anteil, der ihr direkt oder nach Aufschluß im Pansen zur Verfügung steht, wird mit der Verdaulichkeit gemessen.
Die Verdaulichkeit der Futtermittel ist sehr unterschiedlich. Sie hängt vor allem von der Art der Gerüstsubstanzen der Pflanzen ab, insbesondere den verholzenden Substanzen (Lignin), die auch im Wiederkäuermagen nicht aufgeschlossen werden. Im allgemeinen funktioniert die Verdauung der Ziege wie die der anderen Wiederkäuer, und die Verdaulichkeit der Futtermittel ist ähnlich wie bei Rind und Schaf. Die vielfach geäußerte Vermutung, daß Ziegen Futtermittel besser ausnutzen, konnte nicht generell bestätigt werden. Lediglich nährstoffarme, rohfaserreiche Futtermittel werden von der Ziege offenbar besser verwertet, so Stroh, nährstoffarme Gräser und Blätter von Bäumen und Sträuchern. In der Tab. 25 sind die Schwankungsbreiten von Verdaulichkeitswerten aufgeführt, wie sie in verschiedenen Untersuchungen gefunden wurden.

Tab. 25. Verdaulichkeitskoeffizienten (%) bei Ziegen, zusammengestellt aus verschiedenen Werten der Literatur

Nährstoff	Rauhfutterqualität	
	gering	gut
Trockenmasse	52–60	60–64
Organische Substanz	32–64	60–74
Roheiweiß	23–72	52–81
Rohfaser	60–67	54–70

Futterwerttabellen für Ziegen wurden erstmals in den USA erstellt (NRC 1981). Im übrigen muß größtenteils von den entsprechenden Werten, die bei Schafen oder bei Rindern ermittelt wurden, ausgegangen werden. Bei rohfaserreichen Futtermitteln von geringer Qualität kann für die Rohfaser ein Zuschlag von 3–6 % gegenüber den Verdaulichkeitswerten bei Schafen gemacht werden.

9.3 Nährstoffbedarf

9.3.1 Energie

Die erwachsene Ziege deckt ihren Energiebedarf im wesentlichen aus Kohlenydraten und Zellulose. Der Wert von Futtermitteln für Wiederkäuer wird vor allem bestimmt durch die Energie, die er aus ihnen gewinnen kann. Entgegen einer landläufigen Meinung ist Energiemangel häufiger die Ursache von Ernährungsstörungen als der Mangel an anderen Nahrungskomponenten.
Nur ein Teil der in den Futtermitteln enthaltenen Energie kann bei den Stoffwechselvorgängen verwertet werden (Abb. 58). Neben der Energie für die eigenen Lebensvorgänge braucht der Wiederkäuer Energie für die Mikroorganismen im Pansen in Form von Zellulose. Energie steht der Ziege aus den verschiedensten

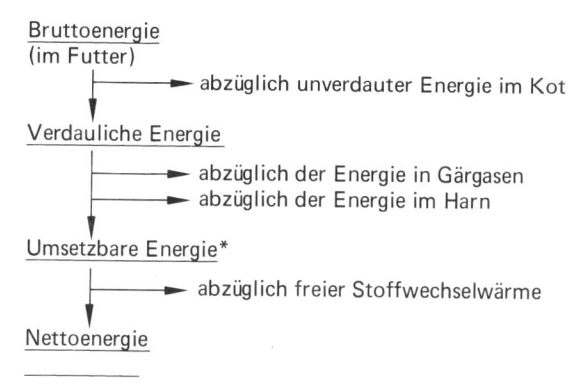

Bruttoenergie
(im Futter)
|→ abzüglich unverdauter Energie im Kot

Verdauliche Energie
|→ abzüglich der Energie in Gärgasen
|→ abzüglich der Energie im Harn

Umsetzbare Energie*
|→ abzüglich freier Stoffwechselwärme

Nettoenergie

*gebräuchliche Abkürzung = ME (= Metabolisierbare Energie)

Abb. 58. Energieverluste auf dem Weg der Futtermittel durch den Stoffwechsel (aus Burgstaller 1980).

Futtermitteln und den verschiedenen Nährstoffen zur Verfügung. Eine Besonderheit im Stoffwechsel der Wiederkäuer besteht darin, daß Kohlenhydrate zum größten Teil bereits im Pansen durch die Mikroorganismen abgebaut werden, und zwar zu Essigsäure, Propionsäure und Buttersäure. Entscheidend für den Wert eines Futtermittels als Energiequelle für die Ziege ist die Menge der Anteile der einzelnen Fettsäuren, die entstehen. Er ist um so höher, je größer der Anteil der Essig- und je kleiner der von Buttersäure ist. Als Beispiele sind in Tab. 26 die Reaktionen im Pansen bei der Fütterung von Heu, Getreide und Rüben dargestellt.

Das Wachstum der Mikroorganismen wird durch leicht verfügbare Energie gefördert, jedoch ist ein niedriger pH-Wert für die Funktion des Pansens nachteilig, bei starkem Absinken kann die Futteraufnahme aufhören. Bei der Aufnahme von strukturiertem Futter wird viel Speichel gebildet, der als Puffer wirkt und einem Absinken des pH-Wertes entgegenwirkt. Eine Mindestmenge von strukturiertem Futter ist für die Funktion des Pansens erforderlich. Das Ineinandergreifen dieser Faktoren macht deutlich, wie wichtig das ausgeglichene Nährstoffangebot der Futterrationen ist. Die einseitige Fütterung mit stärke- und zuckerreichem Futter gefährdet die Pansenfunktion, andererseits kann aber bei einseitiger Fütterung mit rohfaserreichen Futtermitteln nicht genügend Energie für Leistungen gewonnen werden.

Tab. 26. Verwertung verschiedener Futtermittel im Pansen

	Heu (Zellulose)	Getreide* (Stärke)	Rüben (Zucker)
pH-Wert	hoch (6,5)	niedrig (5,7)	sehr niedrig (5,1)
Abbau	langsam	schnell	schnell
Essigsäure	viel	wenig	wenig
Propionsäure	wenig	viel	viel
Buttersäure	wenig	viel	sehr viel

* ähnlich wirkt fein zerkleinertes (gemahlenes und pelletiertes) Heu

128 Fütterung

Wegen der begrenzten Kapazität der Vormägen und der Begrenzung der Energiekonzentration in den Futtermitteln kann die Hochleistungsziege am Anfang ihrer Laktation, wenn die Milchleistung etwa 2 kg am Tag übersteigt, den Energiebedarf nur schwer aus dem Futter decken, sie muß Energie aus Körperfett mobilisieren. Der Fettverlust macht sich nicht vollständig in einer Gewichtsabnahme bemerkbar, da anstelle des eingeschmolzenen Fettes im Bindegewebe Wasser angelagert wird.

Das Verhältnis der Fettsäuren zueinander hat einen Einfluß auf die Milchzusammensetzung, namentlich den Fettgehalt. Ein hoher Anteil an Essigsäure im Verhältnis zu Propionsäure fördert die Milchfettbildung. Demzufolge wird ein hoher Fettgehalt bei rohfaserreicher Fütterung erreicht, während hohe Kraftfuttergaben den Milchfettgehalt senken.

Der Energiebedarf für die verschiedenen Lebensabschnitte der Ziege wurde von MORAND-FEHR und SAUVANT (1978) berechnet. Wachsende Lämmer benötigen während der ersten 7 Lebensmonate bei einem Körpergewicht von 6–30 kg täglich zwischen 3 und 5,13 MJ Nettoenergie Laktation (Tab. 27).

Das National Research Council hat in seinen Fütterungstabellen (NRC 1981) für den Energiebedarf zur Erhaltung einen Mittelwert aus Untersuchungen an verschiedenen Ziegenrassen von 239 kJ NEL zugrundegelegt. Diese Werte sind den Bedarfszahlen in Tab. 29 zugrunde gelegt. Sie enthalten außer dem Erhaltungsbedarf einen Zuschlag von 25 % für die Bewegung, wie sie normalem Weidegang entspricht. Bei Weidegang auf ausgedehnten Weiden und in hügeligem Gelände müssen die Werte nochmal um 25 % erhöht werden, auf Gebirgsweide um 50 %.*

Tab. 27. Nährstoffbedarf von weiblichen Zuchtlämmern (MORAND-FEHR u. SAUVANT 1978)

Alter Monate	Gewicht kg*	tägl. Zunahme g	NEL MJ**	verd. Eiweiß g	Ca g	P g
1	6,5	165	3,18	80	3,1	1,3
2	11,5	165	3,62	79	3,4	1,5
3	16,3	155	4,12	77	3,5	1,6
4	20,7	140	4,63	74	3,5	1,7
5	24,5	115	4,92	68	3,2	1,7
6	27,6	90	5,06	62	2,7	1,7
7	30,0	70	5,14	60	2,7	1,6

* in der Mitte des Monats
** NEL = Nettoenergie Laktation

Tab. 28. Zusätzlicher Nährstoffbedarf von wachsenden Ziegen

tgl. Zunahme g	NEL MJ	verd. Roheiweiß g	Ca g	P g
50	0,84	10	1	0,7
100	1,68	20	1	0,7
150	2,52	30	2	1,4

---

* Da die in Tab. 29 ausgewiesenen Werte für den Erhaltungsbedarf bereits einen Zuschlag von 25 % enthalten, können aus ihnen die Werte mit 50 % und 75 % Zuschlag durch Multiplikation mit 1,2 bzw. 1,4 errechnet werden.

Tab. 29. Nährstoffbedarf von Milchziegen für Energie, Eiweiß, Kalzium und Phosphor (MORAND-FEHR 1981)

Körpergewicht	Leistung	NEL (MJ)	StE	verd. Roheiweiß	Ca	P
30	E	3,85	390	43	2	1,4
	T	7,20	730	100	4	2,8
	1	6,79	689	91	4	2,8
	2	9,73	987	139	6	4,2
	3	12,67	1285	187	8	5,6
	4	15,61	1583	235	10	7,0
	5	18,55	1882	283	12	8,4
40	E	4,77	484	54	3	2,1
	T	8,12	824	111	5	3,5
	1	7,71	782	102	5	3,5
	2	10,65	1080	150	7	4,9
	3	13,59	1379	198	9	6,5
	4	16,53	1677	246	11	7,7
	5	19,47	1975	294	13	9,1
50	E	5,61	569	63	4	2,8
	T	8,95	908	120	6	4,2
	1	8,55	867	111	6	4,2
	2	11,49	1166	159	8	5,6
	3	14,43	1464	207	10	7,0
	4	17,37	1762	255	12	8,4
	5	20,31	2060	303	14	9,8
60	E	6,44	653	73	4	2,8
	T	9,79	993	130	6	4,2
	1	9,38	952	121	6	4,2
	2	12,32	1250	169	8	5,6
	3	15,26	1548	217	10	7,0
	4	18,20	1846	265	12	8,4
	5	21,14	2145	313	14	9,8
70	E	7,24	734	82	5	3,5
	T	10,58	1073	139	7	4,9
	1	10,18	1033	130	7	4,9
	2	13,12	1331	178	9	6,3
	3	16,06	1629	226	11	7,7
	4	19,00	1927	274	13	9,1
	5	21,94	2226	322	15	10,5

E = Erhaltung, bei intensiver Haltung mit geringer Bewegung, T = Trächtigkeit 4. und 5. Monat, 1–5 = Milchproduktion 1–5 kg mit 3,5 % Fett

Für die letzten 2 Monate der Trächtigkeit (Zwillinge) wurde ein zusätzlicher Energiebedarf von 3,35 MJ NEL ermittelt. Wenn die Ziege während der Laktation noch wächst, hat sie ebenfalls einen höheren Energiebedarf; bei einer monatlichen Gewichtszunahme von 1 kg beträgt er etwa 20 %, die den angegebenen Bedarfszahlen hinzuzufügen sind (Tab. 28).
Der Energiebedarf für die Produktion von 1 kg Milch mit 4 % Fett beträgt 3,18 MJ NEL, für jeweils ½ Fettprozent ändert sich der Bedarf um 0,234 MJ, so daß für Milch mit 3,5 % 2,94 MJ, mit 3 % 2,7 MJ erforderlich sind (Tab. 29).

9.3.2 Eiweiß

Eiweiß ist ein wichtiger Bestandteil aller Körpergewebe, der von allen Lebewesen für den Stoffwechsel benötigt wird. Im Pansen der Wiederkäuer wird es weitgehend in seine einzelnen Bausteine zerlegt, die den Mikroorganismen als Nahrung zum Aufbau von körpereigenem Eiweiß dienen. Die Mikroorganismen haben nur eine begrenzte Lebensdauer; nach ihrem Absterben sind sie für den Wiederkäuer die wichtigste Eiweißquelle. So kann ihr Pansen auch aus geringwertigem Futter hochwertiges Eiweiß aufbauen. Dazu ist allerdings Voraussetzung, daß den Mikroorganismen für ihr Wachstum ausreichend Zellulose zur Verfügung steht; nur dann können sie dem Wirtsorganismus reichlich Eiweiß liefern.

Die Möglichkeiten zur Aufnahme und direkten Verarbeitung von Stickstoff durch die Pansenflora sind begrenzt. Bei höherem Roheiweißgehalt des Futters (ab etwa 13 %) wird Stickstoff zunächst aus dem Pansen abgeführt und in der Leber in Form von Harnstoff gebunden. Anders als bei anderen Tierarten wird dieser aber nicht regelmäßig sofort ausgeschieden, sondern in einem inneren Kreislauf wieder in den Pansen zurückbefördert, wo er den Mikroorganismen erneut zur Verfügung steht. So wird der knappe Stickstoff sparsam verwendet. Erst wenn bei hohem Eiweißgehalt des Futters zuviel Harnstoff in den Kreislauf gelangt, wird er mit dem Harn ausgeschieden. Da der aus Harnstoff entstehende, nicht von Mikroorganismen aufgenommene Ammoniak für den Organismus giftig wirkt, ist es sinnvoll, daß Wiederkäuer über Mechanismen verfügen, mit denen das Ausmaß der Stickstoffeinsparung reguliert und bei hohem Stickstoffangebot der Überschuß an Harnstoff mit dem Harn ausgeschieden wird.

Das gleiche geschieht, wenn infolge unzureichender Energieaufnahme die Pansenmikroorganismen nicht in der Lage sind, den Harnstoff zu verwerten.

Ein Teil des mit der Nahrung aufgenommenen Pflanzeneiweißes wird jedoch während der Verweildauer im Pansen von den Mikroorganismen nicht zersetzt. Die Ziege nimmt bei ihrer Futterwahl offenbar bevorzugt gezielt derart „geschütztes" Eiweiß auf. Dadurch kann sie in Zeiten geringen Futterangebotes auch bei verminderter Pansenaktivität ihren Eiweißbedarf decken. Das Pansenvolumen wird dabei erheblich vermindert.

Wir sehen also, daß der vielseitigen Anpassungsfähigkeit der Ziegen fein abgestimmte anatomische und physiologische Besonderheiten zugrunde liegen: bei der Aufnahme großer Futtermengen kann sie mit Hilfe der Pansenflora ihren Eiweißbedarf auch bei geringem Angebot sichern; bei der Aufnahme von geringen Futtermengen wird der Pansen verkleinert und seine Funktion eingeschränkt, und die Ziege selektiert konzentriertes Futter mit viel „geschütztem" Eiweiß, das direkt verwertet wird.

Wie bei anderen Anpassungsmechanismen des Organismus erfolgt die Umstellung auf eiweißarmes Futter nicht sofort, sondern erfordert einige Zeit. Unter Umständen dauert es bis zu 10 Wochen, ehe sich Pansen und Stoffwechsel ganz umgestellt haben. Auch für die Anpassung an begrenzte Futtermengen ist Zeit erforderlich.

Möglicherweise müssen die für Ziegen ermittelten Bedarfsnormen für Eiweiß aufgrund dieser neueren Erkenntnisse überarbeitet werden. Sie weisen darauf hin, daß Futteraufnahme und Stoffwechsel unter den verschiedenen Bedingungen recht unterschiedlich funktionieren. Bei begrenzter Eiweißaufnahme und bei länger anhaltender Futterknappheit kommen Ziegen offenbar durch ihren Sparmechanismus mit sehr geringen Eiweißmengen aus. Werden sie dagegen zum Erzielen hoher Leistungen unter intensiven Bedingungen mit großen und eiweißreichen Futtermengen gefüttert, funktioniert der Sparmechanismus nicht, und die Verwertung von Eiweiß wird geringer. Demnach kann von den unter Bedingungen intensiver Fütterung erzielten Ergebnissen nicht unbedingt auf den Eiweißbedarf bei knapper Fütterung geschlossen werden. Ergebnisse von Fütterungsversuchen, in denen die Reaktion auf extreme Fütterungsbedingungen – Mangel oder Überschuß – untersucht wurden, sind mit Vorbehalt zu verwerten, wenn die Ziegen nicht reichlich Zeit hatten, sich auf diese Bedingungen umzustellen. Diese Einschränkung ist bei der Verwendung der folgenden Angaben über den Eiweißbedarf zu berücksichtigen.

Für das Wachstum werden im ersten Lebensmonat 80 g verdauliches Roheiweiß am Tag gebraucht. Mit dem Alter nimmt dieser Bedarf ab und beträgt mit 7 Monaten nur noch 60 g/Tag (Tab. 27; MORAND-FEHR 1978).

Als Erhaltungsbedarf für das Kilo metabolisches Körpergewicht werden in den Fütterungstabellen des National Research Council (NRC, 1981) aufgrund der vorliegenden Untersuchungsergebnisse 2,82 g verdauliches Roheiweiß angenommen. Dieser Wert unterscheidet sich nur gering von denen für Schafe und für Milchrinder. In der Tab. 29 ist dieser Wert zugrunde gelegt und, wie für den Energiebedarf, ein Zuschlag von 25 % für Bewegung hinzugerechnet; bei anstrengenderem Weidegang müßte dieser Zuschlag nochmals auf 50–75 % erhöht werden.

Für das Wachstum jugendlicher Ziegen sind Zuschläge der Tab. 28 zu berücksichtigen.

Für die letzten zwei Monate der Trächtigkeit wurde in allen Gewichtsklassen ein Mehrbedarf von 57 g verdauliches Roheiweiß angenommen, der die Anforderungen einer Zwillingsträchtigkeit deckt.

Für die Erzeugung von 1 kg Milch mit 4 % Fett wurden ebenfalls nach den amerikanischen Tab. 51 g verdauliches Roheiweiß zugrunde gelegt. Für je ½ Prozent Fett ändert sich der Bedarf um 3 g verdauliches Eiweiß, so daß für Milch mit 3,5 % Fett 48 g erforderlich sind. Dieser Bedarf ist niedriger, als er für die Milchproduktion des Rindes in den DLG-Tabellen angenommen wird. Auch in Frankreich werden etwas höhere Normen angegeben. Unsere Zahlen entsprechen aber den Bedarfswerten, nach denen Milchrinder in Nordamerika gefüttert werden, und sie decken sich mit eigenen Erfahrungen.

9.3.3 Wasser

Die Ziege benötigt Wasser für verschiedene Organfunktionen. In allen Körpergeweben und -flüssigkeiten ist Wasser enthalten; der Anteil muß in engen Grenzen konstant gehalten werden (s. auch Seite 214). Wasser wird gebraucht für die Magen-Darm-Verdauung, für den Transport von Nährstoffen und für die Ausscheidung von Stoffwechselprodukten mit Harn und Kot. Wasser wird mit der Atemluft und dem Schweiß verdunstet und dient der Wärmeregulation. Die vielfältige Verwendung von Wasser im Organismus bedingt sehr unterschiedlichen Wasserbedarf. Zwar ist der Wasserbedarf für den Stoffwechsel ziemlich konstant, die aufzunehmende Menge an Trinkwasser aber schwankt in Abhängigkeit vom Wassergehalt der Nahrung. Der Wasserbedarf für die Temperaturregulierung hängt von der Umgebungstemperatur und der Luftfeuchtigkeit ab.

In gemäßigten Klimabedingungen bei Temperaturen von 12–18 °C beträgt der Wasserbedarf etwa 2 kg pro kg Trockenmasse des aufgenommenen Futters. Bei laktierenden Milchziegen ist er auf 3,5 kg pro kg Trockenmasse vergrößert. Demnach braucht eine Ziege von 50 kg, die 2 kg Trockenmasse aufnimmt, etwa 7 kg Wasser. Erhält sie nur Trockenfutter mit 15 % Wassergehalt, muß sie dann über 6 l Wasser am Tag aufnehmen. Bei hohen Umgebungstemperaturen, wie an heißen Sommertagen oder in den Tropen, ist der Wasserbedarf 2–3 kg pro kg aufgenommener Trockenmasse höher. Allerdings kann die Ziege bei Wassermangel den Wasserumsatz einschränken (s. Seite 215).

Ist das Futter dagegen sehr wasserhaltig, kann der Bedarf an Trinkwasser sehr gering sein. Rechnerisch kommen Ziegen, die keine Milch geben, bei Temperaturen unter 20 °C ganz ohne Trinkwasser aus, wenn die Ration insgesamt etwa 66 % Wasser enthält. Zudem kann Tau, namentlich unter tropischen Klimaverhältnissen, nicht unerheblich zur Wasserversorgung beitragen (s. Seite 215).

Während Ziegen im allgemeinen sehr empfindlich auf die Qualität des Wassers reagieren und verunreinigtes oder auch zu kaltes Wasser ablehnen, können sie sich an salzhaltiges Wasser gewöhnen. So decken z. B. auf manchen Ozeaninseln Ziegen ihren Wasserbedarf neben der Wasseraufnahme über die Nahrung ausschließlich mit Meerwasser. Die Grenzen der Salzverträglichkeit sind allerdings nicht genau untersucht.

9.3.4 Mineralstoffe

Bisher wurde der Mineralstoffbedarf der Ziegen nur unvollständig untersucht und meist nicht im Hinblick auf praktische Fütterungsnormen, sondern im Zusammenhang mit physiologischen Fragestellungen. Bedarfsnormen müssen deshalb derzeit noch weitgehend von Untersuchungen bei Schafen bzw. Rindern abgeleitet werden. Der Bedarf für die Milchproduktion läßt sich aus dem Mineralstoffgehalt der Milch und, soweit bekannt, der Verdaulichkeit der Mineralstoffe ermitteln. Die Zahlen in Tab. 24 und 25 für Kalzium und Phosphor sind in dieser Weise in Anlehnung an französische Angaben (MORAND-FEHR u. SAUVANT 1978 b) zusammengestellt. Für die Milchproduktion wurde ein Bedarf von 3,6 g Kalzium und 1,4 g Phosphor pro kg Milch zugrunde gelegt. Der Bedarf an Spurenelementen dürfte dem der Milchkühe sehr ähnlich sein, möglicherweise liegt er an der oberen Grenze. Die meisten Spurenelemente sind in geringen Mengen lebensnotwendig, in größeren Mengen können sie jedoch Vergiftungen hervorrufen. Die Grenze für den toxischen Bereich liegt z. B. beim Kupfer für die Ziege, ähnlich wie für das Schaf, wesentlich niedriger

Tab. 30. Für die Bedarfsdeckung von Milchziegen erforderlicher Spurenelementgehalt der Gesamtration (pro kg Trockenmasse)

Natrium	2,0 g	Kobalt	0,1 mg
Magnesium	2,0 g	Zink	75,0 mg
Schwefel	1,5 g	Mangan	50,0 mg
Eisen	60 mg	Jod	0,2 mg
Kupfer	10 mg	Selen	0,1 mg

als für das Rind. Der Zinkbedarf scheint wesentlich höher zu sein als beim Milchrind; bei hohem Kalziumgehalt sind bis 100 mg/kg im Futter erforderlich. Im übrigen entspricht der erforderliche Mineralstoffgehalt des Futters für Ziegen offenbar etwa dem für Rinder (Tab. 30).

9.3.5 Vitamine

Auch über den Vitaminbedarf liegen keine ausreichenden Untersuchungen vor, so daß man sich weitgehend nach den für Schaf und Rind ermittelten Werten richten muß.

Der tägliche Bedarf von Lämmern, ausgedrückt in Internationalen Einheiten (I.E.), beträgt etwa:

Vitamin A	500–1000 I.E.
Vitamin D	125– 250 I.E.
Vitamin E	25– 50 I.E.

Bei erwachsenen Ziegen ist ein Mangel an diesen Vitaminen selten. Als Anhalt für die Versorgung kann der Gehalt in der gesamten Ration dienen; pro kg Trockenmasse des Futters sollten enthalten sein:

Vitamin A	5000 I.E.
Vitamin D	1400 I.E.
Vitamin E	100 I.E.

Vitamine der B-Gruppe werden im Pansen in ausreichenden Mengen gebildet. Als Sicherheitsmaßnahme ist jedoch bei Lämmern die Fütterung von Hefe zu empfehlen (2 % im Kraftfutter), die reich an Vitaminen der B-Gruppe ist.

9.4 Praktische Fütterung

9.4.1 Grundfutter

Aus dem im Kap. 9.1 beschriebenen Futteraufnahmeverhalten ergeben sich die Schwierigkeiten bei der Stallfütterung von Ziegen, besonders in der Herdenhaltung. Die Ziegen neigen dazu, aus dem vorgelegten Futter die besten Teile auszuwählen und vermindern danach die Futteraufnahme deutlich. Will man eine möglichst vollständige Aufnahme des vorgelegten Futters erreichen, dann muß man eine geringere Futteraufnahme in Kauf nehmen; will man dagegen eine möglichst hohe Nährstoffaufnahme aus dem Grundfutter erreichen, dann muß man größere Rückstände in Kauf nehmen. Zwischen diesen beiden Extremen bewegt sich die Technik und die Kunst des Fütterns.

Eine gute Futteraufnahme wird gefördert durch:
- Vorlegen kleiner Mengen des Futters, vor allem Heu, damit es nicht den Geruch von Stalluft oder Atemluft annimmt und nicht vom Speichel benetzt wird;
- Entfernen der zurückgelassenen Stengel und verschmähten Pflanzenteile. Je nach der Qualität des Futters kann dies ein erheblicher Anteil des vorgelegten Futters sein (20–30 %);

134 Fütterung

- Lange Freßzeiten;
- Fütterung in Raufen, aus denen die Ziegen das Futter herausziehen und in denen sich Rückstände nicht ansammeln und feucht werden können; dabei ist allerdings unvermeidlich auch die Futtervergeudung groß.

Die Futteraufnahme wird beeinträchtigt durch:
- Vorlegen großer Futtermengen und Liegenlassen der Rückstände, so daß sich von den Ziegen als nicht schmackhaft empfundenes Futter anhäuft;
- Fütterung in Krippen und Futterkästen, zumal wenn sich in ihnen verschmähtes Futter anhäuft;
- Auf kurze Zeiten begrenzte Fütterung.

Für den Halter von Einzelziegen, der Grundfutter kaufen muß, kann künstlich getrocknetes und gepreßtes Heu (Grascobs oder -pellets) u. U. günstiger sein als Heu. Cobs werden in den gleichen Mengen wie Heu oder sogar noch besser gefressen. Es ist auch möglich, Cobs zur freien Aufnahme anzubieten und damit den Grundfutterbedarf zu decken. Da die Struktur des Heus beim Pressen stark zerkleinert wird, ist die Aufnahme in großen Mengen ohne Ausgleich durch ein strukturiertes Futter jedoch gefährlich, denn die Pansenbewegungen, der pH-Wert und die Pansenflora können gestört werden (s. aber Seite 122).

Der wichtigste Faktor der Futteraufnahme ist jedoch die Qualität des Futters. Sie hängt von den Futterpflanzen und der Art ihrer Gewinnung bzw. Konservierung ab (Abb. 59). Gutes Wiesenheu, artenreich, blattreich und mit wenigen Stengeln, wird auch bei nicht optimalen Bedingungen bis zur vollen Sättigung gefressen, und es können große Mengen an Trockenmasse aufgenommen werden. Dagegen wird artenarmes Wiesenheu, in dem stengelreiche Gräser, wie z. B. Knaulgras, vorherrschen, nicht gerne vollständig aufgenommen. Die Veranlagung der Ziege zwingt sie förmlich dazu, aus Luzerne sorgfältig die Blätter auszulesen und die Stengel zurückzulassen. Abwechslungsreiches Futter mit Heu, Silage, Rüben, Zuckerschnitzeln fördert die Futteraufnahme. Aber auch mit Heu als einzigem Futter oder

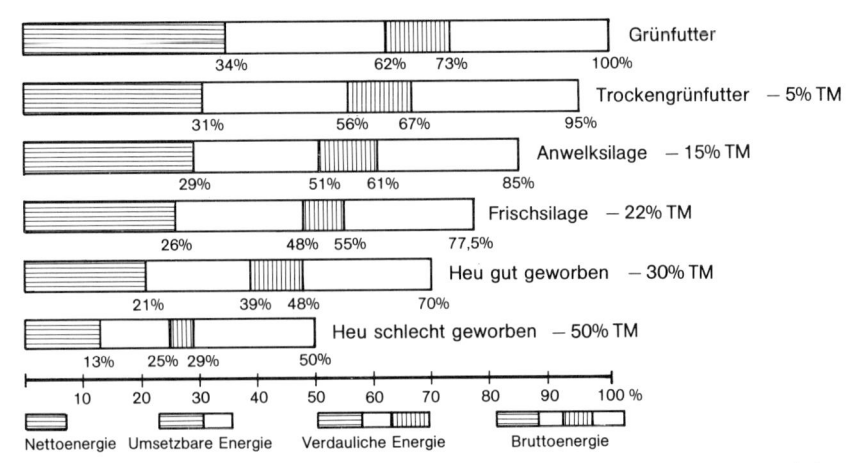

Abb. 59. Vergleich der Konservierungsverfahren hinsichtlich der TM-Verluste und ihrer verbleibenden Anteile an Brutto-, Umsetzbarer und Nettoenergie. Bezug: 1 kg Wiesengras-TM (aus Burgstaller 1980).

Heupellets bzw. -cobs sowie Stroh und Zuckerschnitzeln läßt sich eine gute Futteraufnahme erreichen.

Eine Ziege von 50 kg Gewicht frißt unter durchschnittlichen Bedingungen etwa 1 kg Heu pro Tag. Bei guter Qualität und günstigen Bedingungen (häufige Fütterung, begrenzte Kraftfuttermengen) und wenn 15–30 % Rückstände in Kauf genommen werden, kann der Durchschnitt 1,5 kg oder sogar 2–3 kg betragen. Die höchste Futteraufnahme läßt sich mit Grünfutter erzielen. Sie kann 12–14 kg pro Tag betragen, vermindert sich aber bei Zufütterung von 0,4–0,8 kg Heu auf 5–8 kg. In französischen Untersuchungen zeigte sich, daß die Aufnahme in kg Trockensubstanz pro 100 kg Körpergewicht von Weidelgras frisch 3,3 kg, als Heu dagegen nur 3,1 kg und als Silage 2 kg betrug. Die Verluste betragen auf der Weide ca. 20–40 %, d. h., nur 60–80 % der vorhandenen Grünmassen nimmt die Ziege auf. Beim Füttern gemähten Futters sind die Rückstände etwa gleich groß.

Bei der Fütterung bzw. dem Beweiden von eiweißreichem Ackerfutter, wie Raps, Markstammkohl oder Topinambur, ist große Vorsicht angebracht. Die Überschreitung verträglicher Mengen wird durch veränderte Kotkonsistenz angezeigt. Sie ist nur in Verbindung mit Energie- und rohfaserreichem Futter möglich.

Grassilage wird in Norwegen, wo die Heubereitung noch größere Schwierigkeiten bereitet als bei uns, mit Erfolg an Ziegen gefüttert.

Die Aufnahme von Silagen hängt sehr von ihrer Qualität ab. Von guter Silage aus jungem Gras, die, mit Konservierungsmitteln (Ameisensäure) bereitet, einen pH-Wert unter 4,2 hat, weniger als 0,1 % Buttersäure und weniger als 8 % des Gesamtstickstoffs als Ammonium-Stickstoff enthält, wird bis zu 1 kg Trockensubstanz aufgenommen, womit bis über 3 kg Milch (mit 4 % Fett) erzeugt werden. Weicher, wasserreicher Kot deutet allerdings darauf hin, daß diese Fütterung eine starke Belastung für die Ziegen darstellt.

Maissilage ist auch bei der Ziege geeignet, um ausreichend Energie zuzuführen. Mit Maissilage und Heu kann eine im Nährstoffverhältnis ausgeglichene Ration gestaltet werden. Wenn zusätzlich 1–1,5 kg Heu (Trockenmasse) gefüttert werden, vermindert sich die Aufnahme von Silage auf 0,2–0,4 kg TS. Allerdings gibt es bei Ziegen noch wenig Erfahrungen mit der Fütterung von Maissilage, und verschiedene Beobachtungen deuten auf häufige Pansenazidose, Störungen des Mineralstoffhaushaltes sowie Störungen der Magen-Darm-Flora hin. Ob es sich hier um eine besondere Anfälligkeit von Ziegen gegen Qualitätsmängel und bestimmte Eigenschaften der Maissilage handelt, läßt sich noch nicht sagen.

Anzeiger der ausreichenden Futteraufnahme ist neben der sichtbaren Pansenfüllung das Haarkleid. Besonders in der kalten Jahreszeit ist das Haar bei unzureichender Futteraufnahme rauh und aufgestellt. Bei extrem unzureichender Futteraufnahme zittern die Ziegen, ziehen den Hals ein, und das Haar an den Backen wird aufgestellt.

9.4.2 Nährstoffausgleich

Wegen ihrer Abhängigkeit von den Mikroorganismen des Pansens sind Wiederkäuer auf ein ausgeglichenes Verhältnis von Energie zu Eiweiß in der Nahrung angewiesen. Dies ist bei der Ziege offenbar in besonderem Maße der Fall. Wenn man an ihre Freßgewohnheiten denkt, dann leuchtet einem das ohne weiteres ein:

denn in dem ihr angemessenen Lebensraum kann sie mit ihrer stark selektiven Futteraufnahme unter allen Bedingungen stets Eiweiß- und Energiegehalt der Ration ausgleichen. Die Bedingungen sind kompliziert, weil das Nährstoffverhältnis das Wachstum der verschiedenen Mikroorganismen ebenso beeinflußt wie die Verfügbarkeit von Nährstoffen im Organismus. Das optimale Nährstoffverhältnis bei den verschiedenen Futterrationen und für die verschiedenen Leistungszustände ist wissenschaftlich noch unzureichend erforscht. Schwierigkeiten bereitet der Nährstoffausgleich vor allem in der intensiven Haltung, wenn hohe Leistungen angestrebt werden und leicht Rohfaser- und Energiemangel bei Eiweißüberangebot besteht. Die besten Hinweise auf das Nährstoffverhältnis ergeben sich aus der Beobachtung der Ziegen. Nachlassende Futteraufnahme und träge Pansenbewegung bei geringer Pansenfüllung, langsames Wiederkäuen, Mattigkeit und rauhes Haar sind erste Symptome einer gestörten Pansenflora. Im weiteren Verlauf wird der Kot weich. Der normale Ziegenkot ist in einzelne feste Kügelchen geformt. Jede Abweichung von dieser Form, schon das Zusammenkleben mehrerer Kügelchen zu kleinen Haufen, weist auf Störungen hin. Bei hoher Milchleistung mit intensiver Fütterung und Mangel an geeignetem Beifutter gelingt es zwar oft nicht, das Nährstoffverhältnis auszugleichen und eine normale Kotkonsistenz zu erreichen, man sollte sich aber immer dessen bewußt sein, daß dann der Verdauungstrakt belastet und die Ziege gefährdet ist. Auch bei anderen akuten und chronischen Störungen des Magen-Darm-Traktes ist die Kotkonsistenz ein verläßlicher Anzeiger, besonders bei Parasitosen.

Für den Nährstoffausgleich stehen energiereiche, rohfaserreiche und schmackhafte Futtermittel nur begrenzt zur Verfügung. In Frage kommen: Rüben, Trockenschnitzel, Kartoffeln und Kartoffelflocken, Maissilage sowie Blätter, Zweige und Rinden von Büschen und Bäumen. Auch Stroh ist als Ausgleichsfutter geeignet; mehr noch als bei Heu macht sich allerdings die selektive Futteraufnahme bemerkbar, und die Rückstände können sehr hoch sein. Wird außer Stroh kein anderes Futter angeboten, dann kann damit ein wesentlicher Teil des Erhaltungsbedarfs gedeckt werden. Für die Umstellung des Stoffwechsels ist allerdings Zeit erforderlich (u. U. bis zu 10 Wochen, s. Seite 130). Behandlung des Strohs mit Ammoniak oder Natronlauge zur Verbesserung der Verdaulichkeit kann die Aufnahme um etwa 10 % steigern. Mit Natronlauge behandeltes Stroh führt zu vermehrter Wasseraufnahme (etwa 50 %). Schnitzel werden gern aufgenommen, sie können in jeder Form (trocken, aufgeweicht, lose, pelletiert) gegeben werden. Melassierte Schnitzel sind besonders schmackhaft. Der hohe Kalziumgehalt der Schnitzel erfordert u. U. einen Ausgleich durch eine phosphorreiche Mineralmischung. Rüben und Kartoffeln werden ebenfalls gern gefressen, man gibt sie roh, gut gesäubert und unzerkleinert. 3 kg werden am Tag ohne weiteres aufgenommen, aber auch bis zu 6 kg.

Sehr dankbar sind Ziegen, wenn ihnen in der Stallhaltung etwas von ihrer bevorzugten Strauchnahrung geboten wird. Dazu eignen sich Blätter der verschie-

---

Tab. 31. Nährstoffgehalt einiger Futtermittel. Aus Kleiner Helfer für die Berechnung von Futterrationen für Wiederkäuer und Schweine, 5. Aufl. 1981, und DLG-Futterwerttabellen; Mineralstoffgehalte in Futtermittel, 2. Aufl. 1973, DLG-Verlag Frankfurt/Main

* bezogen auf den Bedarf für die Milcherzeugung
** berechnet mit durchschnittlicher Verdaulichkeit von 70 %

Praktische Fütterung 137

Futtermittel	TM g	Roh-faser g	NEL MJ	StE	Roheiweiß ges. verd.**		Ca g	P g	Na g	Mg g
					g	g				
			in 1 kg des Futtermittels							

Weidegras										
(Intensivweide, 200 kg N)										
1. Schnitt, Beginn d. Blüte	180	49	1,00	97	26	18	1,6	0,5	0,10	0,3
2. Schnitt, 4 Wachstumswo.	200	51	1,14	113	32	22	1,6	0,6	0,12	0,5
3. Schnitt	200	49	1,18	115	32	22	1,8	0,8	0,29	0,6
Ackerfutter										
Grünroggen, im Schossen	170	49	1,08	105	25	18	0,7	0,7	0,21	0,3
Luzerne, 1. Schnitt d. Blüte	200	57	1,12	107	38	27	3,1	0,5	0,07	0,8
Markstammkohl	130	24	0,82	80	18	13	2,5	0,4	0,22	0,2
Zuckerrübenblätter	150	17	0,98	95	21	15	1,8	0,4	0,42	0,7
Raps in der Blüte	110	21	0,74	72	22	15	1,9	0,5	0,15	0,3
Silage										
Grassilage, spät geschnitten, angewelkt	300	95	1,37	130	39	27	2,3	1,1	0,09	0,4
Maissilage, teigreif	300	59	1,98	187	28	20	0,8	0,6	0,12	0,6
Zuckerrübenblattsilage	180	22	0,79	78	21	15	2,3	0,4	1,14	0,7
Trockenfutter, Heu u. Stroh										
Gras-Cobs	900	219	5,31	455	147	103	4,9	4,4	0,72	1,6
Wiesenheu, 1. Schnitt i. d. Blüte	860	302	4,00	318	82	57	5,3	2,1	0,47	1,7
Luzerneheu, 1. Schnitt i. d. Blüte	860	263	4,09	318	164	115	13,8	2,6	0,67	2,6
Haferstroh	860	384	3,17	278	30	0,5	3,5	1,2	1,94	1,0
Wurzeln/Knollen										
Futterrüben (Gehaltsrüben)	150	10	1,19	88	12	8	0,4	0,3	0,60	0,3
Kartoffeln	220	6	1,78	174	20	14	0,1	0,5	0,12	0,3
Kartoffeln, getrocknet	900	26	7,63	718	83	58	0,4	2,3	1,00	1,2
Kraftfutter mit Energieüberschuß*										
Gerste	870	46	7,26	696	103	72	0,6	3,5	0,75	1,1
Hafer	880	102	6,24	614	103	72	1,1	3,1	0,34	1,2
Weizen	880	26	8,06	765	119	83	0,6	3,3	0,15	1,1
Mais	880	23	8,39	801	95	67	0,4	2,8	0,23	0,9
Weizenkleie	880	113	5,31	436	143	100	1,6	11,5	0,48	4,7
Maniokmehl (Tapioka)	880	29	8,05	760	22	15	1,5	0,9	0,38	0,9
Melasse	750	–	5,69	496	98	69	4,2	0,2	5,67	0,2
Trockenschnitzel, melassiert, 16 % Zucker	900	153	6,89	658	108	76	7,9	0,8	3,23	2,2
Molke	49	–	0,50	50	8	7	0,3	0,3	0,30	0,1
Kraftfutter mit Eiweißüberschuß*										
Biertreber, frisch	250	47	1,52	139	63	44	1,0	1,7	0,11	0,5
Kartoffelschlempe, frisch	70	6	0,36	35	19	13	0,3	0,5	0,04	–
Ölextraktionsschrote:										
Baumwollsaat	880	165	5,22	488	368	258	1,8	10,3	0,11	4,5
Erdnuß	880	49	6,75	487	499	349	1,3	5,9	0,35	3,3
Kokos	880	144	6,30	639	214	150	1,5	5,6	0,90	3,3
Lein	880	95	6,06	611	346	242	4,0	8,3	0,96	5,0
Palmkern	880	163	6,25	642	178	125	2,6	6,3	0,10	3,4
Soja	860	58	6,96	692	444	311	2,6	6,5	0,29	2,5
Ackerbohne	880	79	7,37	722	265	186	1,4	4,2	0,16	1,6
Milchleistungsfutter III	880	140	6,40	640	250	175	15–23	7–13	4,00	–

Tab. 32. Beispiele für Futterrationen

	in 1 kg des Futtermittels			in der Ration			
	TM	NEL	verd.	Anteil	TM	NEL	verd.
		MJ	Roheiweiß			MJ	Roheiweiß
	g		g	kg	g		g

Jungziege mit 20 kg, 140 g Zunahme am Tag

Futtermittel				Bedarf		4,6	74
Luzerneheu	860	4,09	115	0,50	430	2,0	57
Getreidemischung	880	7,50	70	0,35	308	2,6	24
(4 Gerste, 4 Mais, 2 Hafer)							
			gesamt	0,85	738	4,6	81

Jungziege mit 30 kg, 70 g Zunahme am Tag

Futtermittel				Bedarf		5,1	60
Wiesengras	200	1,14	22	2,00	0,400	2,28	44
Mais (Schrot)	880	8,39	67	3,50	0,308	2,93	23
			gesamt	5,50	0,708	5,21	67

Trockenstehende Ziege mit 50 kg

Futtermittel				Bedarf		5,61	63
Wiesenheu	860	4,00	57	1,0	860	4,00	57
Schnitzel	900	6,89	76	0,2	180	1,37	15
Stroh	890	0,85	–	0,3	267	0,25	–
			gesamt	1,5	1307	5,62	72

Mit dieser Ration wird die Ziege kaum satt. Sie kann von allen 3 Teilen etwas mehr fressen, nimmt dann etwas mehr Nährstoffe auf als nötig. Das Heu kann dann auch von geringerer Qualität sein.

Wiesengras	180	1,00	18	2,0	360	2,00	36
Trockenschnitzel	900	6,89	76	0,5	450	3,44	38
Stroh	890	0,85	–	0,2	178		–
			gesamt	2,7	988	5,61	74

Auch mit dieser Ration wird die Ziege nicht satt. Darum sollte das Stroh von guter Qualität sein und oft erneuert werden, so daß sie möglichst mehr davon aufnimmt.

Ziege mit 50 kg am Ende der Trächtigkeit bzw. bei 1 kg Milchleistung mit 3,5 % Fett

Futtermittel				Bedarf		8,5–9,0	110–120
Luzerneheu	860	4,09	115	0,5	430	2,04	57
Futterrüben	150	1,19	8	3,0	450	3,57	24
Hafer				0,5	440	3,12	36
			gesamt	4,0	1320	8,73	117

densten Bäume und Sträucher (Pappeln, Weiden, Eichen, Brombeeren und Ginster), junge Zweige, die ganz gefressen werden, oder ältere Äste, deren Rinde die Ziegen schälen. Rinde kann auch direkt gefüttert werden. Vor allem wenn sie klein geschnitten ist, wird sie im ganzen gefressen. Der Gerbstoffgehalt (Tannin) dieser

Tab. 32. Fortsetzung

	in 1 kg des Futtermittels			in der Ration			
	TM g	NEL MJ	verd. Roheiweiß g	Anteil kg	TM g	NEL MJ	verd. Roheiweiß g
Ziege mit 60 kg, 3 kg Milch mit 3,5 % Fett							
Futtermittel				Bedarf		15,26	217
Grünroggen	170	1,08	18	3,0	510	3,24	54
Stroh	890	0,85	–	0,5	445	0,42	–
Hafer	880	6,24	72	1,6	1320	9,36	108
Weizenkleie	880	5,31	100	0,5	440	2,65	50
			gesamt	5,6	2715	15,67	212

Die Ration hat einen hohen Anteil Kraftfutter, das deshalb auf möglichst viele Portionen (3–5) über den Tag verteilt werden soll.

Pflanzenteile bewirkt möglicherweise zusätzlich eine bessere Ausnutzung des Eiweißes, da es vor dem Abbau im Pansen geschützt wird. Wenn bei eiweißreicher, rohfaserarmer Ration ein Bedarf an Rohfaser vorhanden ist, wird die Rinde gern gefressen; 100 g können am Tag aufgenommen werden. Zu hohe Tanninaufnahme kann allerdings auch die Eiweißverwertung vermindern.

Ziegen, die auf sich selbst gestellt auf der Weide leben, wechseln ständig zwischen den verschiedenen Pflanzen und teilen außerdem ihre Futteraufnahme in viele kleine Perioden auf, die durch Perioden wählerischen Futtersuchens und Ruhepausen mit Wiederkäuen unterbrochen sind. Diese Art der Futteraufnahme ist die bekömmlichste und führt zur besten Ausnutzung der Nährstoffe. Die Fütterungstechnik muß versuchen, diesem natürlichen Vorbild möglichst nahe zu kommen. Je länger die Zeit des Tages (und der Nacht) ist, während der die Ziege fressen kann, je kleiner die einzelnen Mahlzeiten und je gleichmäßiger die Verteilung der einzelnen Futtermittel, um so besser. Vorratsfütterung, bei der die Ziegen den ganzen Tag über Zugang zum Futter haben, ist eine Möglichkeit, trockene und feste Futtermittel, wie Rübenschnitzel, Baumrinde und Mineralmischungen, ständig anzubieten, ebenso wie Rüben, Kartoffeln und hochwertige Silage. Dagegen müssen Futtermittel, deren Schmackhaftigkeit durch Feuchtigkeit vermindert wird (Heu), die stark ausgelesen werden (Stroh), kurz haltbar sind (Grünfutter) oder die nur begrenzt angeboten werden (Kraftfutter), stets in kleinen Mengen dargeboten und das Angebot in kurzen Abständen erneuert werden. Für praktische Verhältnisse gilt es, einen Mittelweg zwischen dem Wünschenswerten und dem Möglichen zu finden. In der Tab. 31 sind einige der wichtigsten Wirtschafts- und Handelsfuttermittel mit ihren Nährstoffgehalten aufgeführt, wie sie zum Berechnen von Futterrationen verwendet werden. Beispiele für einige Futterrationen gibt Tab. 32.

9.4.3 Kraftfutter

Bei der Fütterung von Grundfutter ist die Nährstoffmenge, die der Ziege zur Verfügung steht, begrenzt durch das Futteraufnahmevermögen und die Konzentration der Nährstoffe in den Futtermitteln. Reicht diese Menge nicht aus, um den Bedarf zu decken, dann muß die Konzentration der Nährstoffe erhöht werden. Dazu dient Kraftfutter, das man deshalb auch oft als Konzentrat bezeichnet.

Wildlebende oder auf extensiven Weiden gehaltene Ziegen nehmen als Konzentrat Früchte und Samen auf, die einen hohen Gehalt an Eiweiß und Energie haben können. Auch für die Fütterung haben Getreidekörner als Konzentrat die größte Bedeutung, neben Hülsenfrüchten (Samen von Leguminosen), Rüben und Kartoffeln. Außerdem dienen als Kraftfutter Nebenerzeugnisse bzw. Rückstände aus der industriellen Verarbeitung pflanzlicher Produkte zur Gewinnung bestimmter Inhaltsstoffe (Mehl, Öl, Zucker) oder zur Herstellung von Genußmitteln (Alkohol).

Für den Einsatz in der Fütterung ist das Verhältnis von Eiweiß- zu Energiegehalt bestimmend. Dementsprechend lassen sich zwei Gruppen von Kraftfutter unterscheiden, je nachdem, ob sie zum Ausgleich eines Eiweiß- oder eines Energiemangels in der Grundration geeignet sind. Zur ersten Gruppe gehören vor allem die Getreidearten. Hafer hat einen hohen Rohfasergehalt und hochwertiges Eiweiß; er gehört zu den für die Fütterung am besten geeigneten Kraftfuttermitteln, hat aber nur einen geringen Energieüberschuß. Der wirksamste Ausgleich eines Energiemangels ist mit Trockenschnitzeln oder Mais bzw. Tapioka möglich, deren Schmackhaftigkeit aber gering ist.

Im ganzen sind die Möglichkeiten, einen Energiemangel durch Kraftfutter auszugleichen, begrenzt. Viel einfacher ist es demgegenüber, fehlendes Eiweiß zu füttern, vor allem mit Hülsenfrüchten, Grünmehl und Ölkuchen.

Mischfutter, die für Milchrinder hergestellt werden, sind auch für Milchziegen geeignet. Milchleistungsfutter I ist für eine Grundration mit Eiweißüberschuß, die Milchleistungsfutter II, III und IV sind für eine Grundration mit Eiweißmangel bestimmt.

Die Ziegen nehmen in der Regel nicht mehr als etwa 1 kg Kraftfutter am Tag auf. Höhere Aufnahmen lassen sich nur mit besonders schmackhaftem Futter erzielen, in vielseitiger und wechselnder Zusammensetzung, das in vielen kleinen Portionen über den Tag verteilt oder gar als Brei bzw. Suppe dargeboten wird. Getreide muß gequetscht bzw. gebrochen werden; fein geschrotet ist seine Schmackhaftigkeit beeinträchtigt.

Molke kann nach norwegischen Erfahrungen auch an erwachsene Ziegen gefüttert werden. Sie nehmen pro Tag 4–7 l auf, und die Nährstoffe können gleiche Mengen im Kraftfutter ersetzen. Da der Kot bei dieser Fütterung dünn wird, ist sie nur bei geeigneter Aufstallung (Spaltenboden) möglich. Immerhin ist diese Möglichkeit interessant für die Ziegenhalter, die selbst Käse herstellen und Molke nicht verwerten können, weil sie keine anderen Tiere halten.

9.4.4 Lämmer

Nach der Geburt läßt man die Lämmer zunächst bei der Mutter Biestmilch (Kolostrum) saugen. Man trennt Lämmer und Ziegen entweder, nachdem sie sich einmal tüchtig vollgetrunken haben, oder aber nach 3–5 Tagen (s. Seite 183). Die künstliche Aufzucht erfolgt an Tränkgeräten oder aus Schüsseln (s. Seite 184).

Die Milch wird in den ersten Tagen 3mal täglich gegeben. Etwa ab dem 4. Tag genügen 2 Mahlzeiten täglich. Anfangs erhalten die Lämmer so viel Milch, wie sie aufnehmen, normalerweise steigt diese Menge von zunächst täglich knapp 0,5 l bis auf etwa 1,5 l am 4. Tag. Bis zum Alter von 2 Wochen kann die Milchmenge auf etwa 2 l gesteigert werden, Bocklämmer können bis 2,5 l bekommen.

Es ist nicht richtig, dem Lamm mehr als die angegebenen Milchmengen anzubieten; zwar kann damit zunächst die Entwicklung gefördert werden, später bleiben die Lämmer dann aber zurück, weil sie nicht genügend für die Aufnahme und Verwertung von Futter vorbereitet sind. Im Gegenteil, um zur Aufnahme von Heu und Kraftfutter anzuregen, ist es angebracht, die Milchmenge frühzeitig zu begrenzen, nach der 2. Woche nicht mehr zu steigern und ab etwa 8 Wochen allmählich auf 1 l zu verringern.

Anstelle von Ziegenmilch können zur Aufzucht auch Milchaustauscher verwendet werden. Hierfür sind die für Kälber hergestellten Produkte verwendbar, es muß nur darauf geachtet werden, daß der Fettgehalt der Tränke nicht höher ist als 3,5 %. Der Gehalt an Trockenmasse in der Tränke kann in einem weiten Bereich schwanken. Die Fütterung erfolgt auf die gleiche Weise wie mit der Vollmilch, jedoch muß die Aufnahme, berechnet auf der Grundlage der Trockenmasse, 10–25 % höher sein als bei Ziegenmilch, d. h., statt 2 l Milch mit 250 g TM müssen 275–300 g TM gefüttert werden. Milchaustauscher werden ab dem 4. Tag gegeben, wobei die Umstellung während 4 Tagen allmählich erfolgen sollte. In der zweiten Woche beginnen die Lämmer, außer Milch anderes Futter aufzunehmen. Für den Aufzuchterfolg ist es äußerst wichtig, daß Beifutter frühzeitig, reichlich und in guter Qualität angeboten wird. Die Muttermilch ist arm an Spurenelementen und Vitaminen, vor allem der B-Gruppe. Durch frühzeitige Aufnahme von Beifutter wird der Bedarf an Mineralstoffen gedeckt, und die Entwicklung des Pansens und Bildung seiner Flora, die unter anderem die Versorgung mit B-Vitaminen gewährleistet, kommt in Gang. Wahrscheinlich ist der Mineralstoffgehalt der Milch eigens deshalb so niedrig, damit das Lamm frühzeitig zur Aufnahme von anderem Futter als Milch angeregt wird, wozu es sonst gar kein Verlangen hätte, da Milch einfach und angenehm zur Verfügung steht.

Spätestens ab der zweiten Woche ist den Lämmern Heu, Wasser, Kraftfutter und eine Mineralstoffmischung anzubieten. Wenn sie zunächst auch wenig davon aufnehmen, muß dieses Futter doch ständig frisch und sauber zur Verfügung stehen. Nur so gewöhnen sich die Lämmer frühzeitig daran, neben der Milch anderes Futter aufzunehmen. Trinkwasser muß ständig kalt (nicht warm!) dargeboten werden. Der Wassergehalt in der Milch ist auf ihren Trockensubstanzgehalt eingestellt; jede zusätzliche Futteraufnahme bedingt zusätzlichen Wasserbedarf. Kann er nicht gedeckt werden, dann bleibt auch die Futteraufnahme begrenzt. Wird Wasser aber nur gelegentlich und sogar warm angeboten, nehmen Lämmer leicht zu große Mengen auf, da sie zwischen Milch und Wasser nicht genug unterscheiden können. Als Kraftfutter hat sich die folgende einfache Mischung bewährt:

	%
Hafer	50
Gerste	18
Leinsamen	10
Leinkuchen	10
Mais	10
Hefe	2

Das Getreide in der Mischung soll nur gequetscht oder gebrochen, nicht fein geschrotet sein.

Während der ersten 6 Lebensmonate wird die Mischung mit 20 % Magermilchpulver vermischt. Dies fördert die Aufnahme und ermöglicht frühzeitiges Absetzen.

Statt dieser Mischung kann auch ein Kälberstarter verwendet werden, der 22–25 % Roheiweiß und 6–7,23 MJ Nettoenergie/kg enthalten soll. Der Rohfasergehalt soll 10 % nicht übersteigen. Pellets von 2 mm Durchmesser werden gern gefressen; mit ihnen wird das Entmischen verhindert, und Verluste werden verringert.

Bei der herkömmlichen und einfachsten Methode der Aufzucht werden die Lämmer mit 3 Monaten und einem Gewicht von 18–20 kg abgesetzt. Dies setzt allerdings voraus, daß sie in diesem Alter genügend Kraftfutter und Heu aufnehmen. Wenn sie etwa 400 g Kraftfutter am Tag fressen, dann kann das Absetzen plötzlich erfolgen, ein langsames Umgewöhnen ist nicht erforderlich und auch nicht zu empfehlen. Das Rufen nach der Milch hört bereits am zweiten Tag nach dem Absetzen auf, und die fehlende Milch wird durch vermehrte Futteraufnahme ersetzt. Voraussetzung dafür ist allerdings die Qualität des Kraftfutters.

Tab. 33. Methoden zur Aufzucht von Zuchtlämmern

Aufzucht mit Muttermilch

bis 3. (5.) Tag	Kolostrum bei der Mutter saugen lassen – oder 1× reichlich vollsaugen lassen und danach 3× tgl. tränken, bis 1,5 l Kolostrum/Vollmilch am Tag
4.–7. Tag	3–2× tgl. tränken, 1,5 l Vollmilch am Tag
2. Woche	2× tgl. tränken, auf 2 l Vollmilch (Bocklämmer 2,5 l) am Tag steigern
3.–8. Woche	2× tgl. tränken, 2 l (2,5 l) Vollmilch am Tag
ab 8. Woche	2× tgl. tränken, allmählich auf 1 l Vollmilch am Tag vermindern
12. Woche	absetzen

Aufzucht mit Milchaustauscher

bis 3. (5.) Tag	Kolostrum wie oben
4.–7. Tag	2× tgl. tränken, 1,5–2 l Vollmilch am Tag
2. Woche	2× tgl. tränken, 2 l Vollmilch am Tag, Milch allmählich durch Milchaustauscher ersetzen
ab 3. Woche	2× tgl. tränken, 2 l Milchaustauscher am Tag
12. Woche	absetzen

Aufzucht mit Milchaustauscher und Frühabsetzen

bis 3. Tag	Kolostrum wie oben
bis 7. Tag	2× tgl. tränken, 1,5 l Vollmilch am Tag
2. Woche	2× tgl. tränken, Vollmilch allmählich durch Milchaustauscher ersetzen und auf 1,8 l am Tag steigern
3.–5. Woche	2× tgl. tränken, 1,8 l Milchaustauscher am Tag
6. Woche	2× tgl. tränken, Milchaustauscher allmählich auf 0,5 l vermindern
nach 6 Wochen	absetzen

Bei allen Methoden ab der 2. Woche Wasser, Heu und Kraftfutter zur freien Aufnahme

Auch Frühabsetzen der Lämmer ist möglich. Nach französischen Untersuchungen können die Lämmer bereits mit 6 Wochen abgesetzt werden (MORAND-FEHR 1981).
Nach dem Absetzen wird die Kraftfuttermenge auf 400–500 g am Tag begrenzt. Es enthält zunächst 6,7 MJ und 160 g verd. Eiweiß im kg. Der Eiweißgehalt kann im vierten Monat auf 130–140 g, im sechsten Monat auf 100–120 g pro kg vermindert werden. Heu oder Grünfutter wird ad libitum gereicht, wenn die Lämmer nicht auf der Weide gehen. In Tab. 33 sind drei Aufzuchtmethoden dargestellt.

9.4.5 Jungziegen

Wenn die Lämmer in der angegebenen Weise aufgezogen werden, dann ist eine besondere Vorbereitung auf das Decken nicht erforderlich. Während der ersten 3 Trächtigkeitsmonate sind die Nährstoffansprüche der heranwachsenden Frucht gering und erfordern keine zusätzliche Fütterung der Ziegen. In den letzten 2 Monaten der Trächtigkeit steigt der Nährstoffbedarf an; die Jungziegen werden dann zweckmäßigerweise mit den erwachsenen trächtigen und trockengestellten Ziegen gefüttert (Tab. 29).

9.4.6 Milchziegen

Die Fütterung ist bei weitem der wichtigste Faktor einer Ziegenhaltung zum Zweck der Milcherzeugung. Ziegen müssen das ganze Jahr über genügend Nährstoffe aufnehmen, um den Bedarf für die Milchsekretion zu decken. Nur so kann das große Produktionspotential unserer Leistungsrassen ausgeschöpft werden. Die Nährstoffzufuhr erfordert die Aufnahme großer Mengen von Futter, das Nährstoffe in der richtigen Konzentration und im richtigen Verhältnis zueinander enthält. Dafür sind die in 9.4.1–9.4.3 genannten Gesichtspunkte besonders wichtig. Nährstoffbedarf und Futteraufnahme sind in den einzelnen Abschnitten der Laktation und der Trockenzeit recht unterschiedlich.
Die Fütterung während der Tockenzeit soll den Ziegen ermöglichen, sich von der Laktation zu erholen und sie auf die folgende Laktation vorbereiten. Allerdings sollen sie dabei nicht fett werden. Im allgemeinen ist dies mit gutem Grundfutter, ohne Kraftfutter, zu erreichen. Nur wenn die Qualität des Grundfutters nicht ausreicht und wenn die Ziegen besonders stark durch die vorangegangene Laktation beansprucht sind, ist in der Trockenzeit Kraftfutter erforderlich.
Etwa 2 Wochen vor dem Lammen müssen die Ziegen wieder an die Aufnahme von Kraftfutter gewöhnt, und die Pansenflora muß entsprechend umgestellt werden. In langsam steigenden Mengen sollen die Ziegen vor dem Lammen die Kraftfuttermenge aufnehmen, die den Nährstoffbedarf für die zu erwartende Leistung deckt. Bei länger dauernder Fütterung von Kraftfutter in größeren Mengen werden der Geburtsverlauf und auch die Futteraufnahme nach der Geburt beeinträchtigt.
Nach dem Lammen läßt die Futteraufnahme zunächst meist etwas nach. Hierin liegt eine der größten Schwierigkeiten der Fütterung der Milchtiere. Bei hohen

Leistungen kann dann der Nährstoffbedarf u. U. nicht gedeckt werden. Da die Ziegen in dieser Situation Körperreserven mobilisieren, können sie den Nährstoffmangel zu einem Teil ausgleichen. Da allerdings vorwiegend Fett abgebaut wird, das nur Energie liefert, ist es richtig, zu dieser Zeit, vor allem wenn man Gewichtsabnahme beobachtet, etwas mehr Eiweiß zu füttern, als sich aus den Bedarfsnormen ergibt. Jedoch ist Kraftfutter sehr vorsichtig zu füttern, um zu vermeiden, daß die Grundfutteraufnahme beeinträchtigt wird. Dadurch kann der pH-Wert des Pansens sinken, die Ziegen werden „sauer" und fressen nicht oder sehr wenig. Deshalb wird das Kraftfutter in kleinen Mengen um nicht mehr als 250 g in der Woche gesteigert, und zwar bis zu der Ration, die den Bedarf für die höchste Milchleistung deckt. Der Nährstoffbedarf für die Milchproduktion ist im einzelnen in Kap. 9.3 angegeben. Für die häufigsten Verhältnisse kann der Bedarf aus Tab. 29 abgelesen werden. Erst wenn sich zeigt, daß die Leistung geringer bleibt, wird die Kraftfuttermenge der tatsächlichen Milchleistung angepaßt. Es ist dann nicht nötig, im weiteren Verlauf der Laktation die Kraftfutterzuteilung der jeweiligen Leistung anzupassen, vielmehr werden die besten Ergebnisse erzielt, wenn bis zum Ende der Laktation gleichbleibende Mengen von Kraftfutter gefüttert werden. Die Ziegen füllen dann bereits am Ende der Laktation ihre Reserven auf, und nach dem Trockenstellen kann die Kraftfutter-Fütterung ganz eingestellt werden.

9.4.7 Zuchtböcke

Zuchtböcke können im allgemeinen ihren Nährstoffbedarf aus dem Grundfutter decken. Nach dem Allgemeinzustand wird man beurteilen, ob dies der Fall ist, und wenn nötig etwas Kraftfutter geben. Kurz vor und während der Deckzeit ist eine Kraftfuttergabe in der Höhe, die Ziegen für 1 kg Milch erhalten, angemessen. Während der Deckzeit ist die Futteraufnahme der Böcke stark vermindert. Sie können bis zu 17 % ihres Körpergewichtes verlieren (Abb. 60). Deshalb ist es wichtig, daß sie vor Beginn der Deckzeit in gutem Ernährungszustand sind, da sie das Körperfett für ihren Energiebedarf brauchen. Eine gute Mineralstoff- und Vitaminversorgung ist für die Fortpflanzung wichtig. Wenn das Futter nicht reich an Karotin ist, dann muß Karotin oder Vitamin A beigefüttert werden.

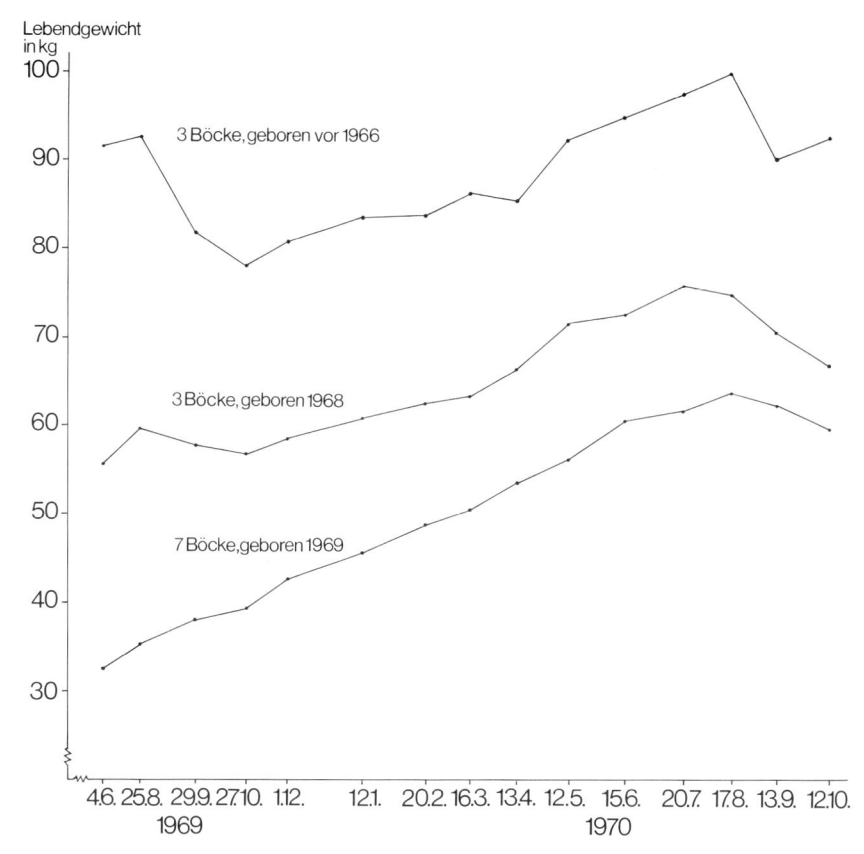

Abb. 60. Gewichtsveränderungen von Böcken (Bunte Deutsche Edelziege); deutliche Abnahme während der Fortpflanzungssaison.

10 Haltung

10.1 Ställe

Bei der Einrichtung von Stallungen für Ziegen müssen ihre Wesensart und ihr Verhalten berücksichtigt werden. Als Gebirgstiere leben Ziegen in Gruppen von etwa 20 Tieren. Ein wesentliches Verhaltensmerkmal zur Anpassung an das Hochgebirge ist ihre Fähigkeit, an den unzugänglichsten Stellen Futter zu finden. In der Haustierhaltung erscheint uns das als Gefräßigkeit, Neugier und schier unstillbarer Bewegungsdrang.

Es sollen hier keine detaillierten Bauanleitungen für Ziegenställe gegeben werden. Nur äußerst selten besteht der Bedarf, für die Ziegenhaltung neue Ställe zu bauen. Meist sind vorhandene Gebäude für Ziegen einzurichten, allenfalls kleine Unterkünfte für wenige Tiere zu schaffen. Deshalb werden nur einige allgemeine Gesichtspunkte besprochen. Für die baulichen Einzelheiten stehen die Beratungsdienste zur Verfügung. Stallungen für Ziegen können und sollen auch einfach sein.

Die Temperaturen, bei denen sich Ziegen am wohlsten fühlen, liegen zwischen 10 und 15 °C, bei einer relativen Luftfeuchtigkeit, die 85 % nicht übersteigen sollte. Auch bei Temperaturen unter 0 °C fühlen sie sich wohl, solange es nicht feucht ist und sie nicht Zugluft ausgesetzt sind. Höhere Temperaturen ertragen Ziegen zwar auch gut, die Hitzeanpassung ist sogar eine hervorstechende Eigenschaft mancher Rassen (s. Seite 214). Aber Ziegen mit höherer Milchleistung fühlen sich in warmen Ställen, zumal wenn sie nicht gut gelüftet und feucht sind, nicht wohl. Ställe sollen deshalb im Sommer gut gelüftet, im Winter vor allem trocken und zugfrei sein.

Gitter zur Umgrenzung und Unterteilung in Ställen, in denen Ziegen frei laufen, müssen 120 cm hoch sein. Sie sollen durchbrochen sein, um die freie Luftzirkulation zu ermöglichen. Maschendraht, auch stärkerer, eignet sich dafür wenig, da die Ziegen an ihm hochsteigen und sich während des Haarwechsels an ihm reiben. Sie wenden dabei großen Druck an, wodurch der Draht verformt wird. Am besten sind senkrecht angeordnete Stäbe oder Bretter, an denen die Ziegen sich nicht wie an horizontal angeordneten aufrichten können (Abb. 61). Dadurch werden Verschmutzung und Bruch verhindert. Die lichte Weite zwischen den Stäben darf nicht größer sein als 7 cm, damit kein Kopf hindurch paßt. Holz hat gegenüber Eisen den Vorteil, daß man es selbst bearbeiten und reparieren kann. Es ist billiger und braucht weniger Pflege, allerdings muß man damit rechnen, daß es von den Ziegen angefressen und deswegen, zumindest teilweise, in kurzen Abständen erneuert werden muß.

Türen sind stets so anzuordnen, daß sie nach innen, zu den Ziegen hin, öffnen. In dieser Anordnung können die Ziegen die Tür auch dann nicht passieren, wenn ein Verschluß einmal offen ist. Bei der Wahl der Verschlüsse darf man die Gewandtheit der Ziegen nicht unterschätzen. Nur ein Verschluß, der keinerlei Möglichkeit bietet, mit Klaue, Maul oder Horn geöffnet zu werden, ist auf die Dauer sicher. Dabei muß allerdings auch berücksichtigt werden, daß die Tür für den Menschen leicht zu

Abb. 61. Horizontal angeordnete Latten an Zäunen und Gattern müssen stark genug sein, um die Last der sich an ihnen aufrichtenden Ziegen zu tragen.

öffnen ist, möglichst mit einer Hand, wenn man eine Ziege am Halsband führt oder ein Lamm auf dem Arm trägt (oder beides). Auch bei allen anderen Einrichtungen ist an die Menschen zu denken, die mit den Ziegen arbeiten. Der Stall soll praktisch eingerichtet sein, so daß unnötige Arbeiten vermieden werden.

10.1.1 Laufstall

Grundsätzlich gibt es drei Möglichkeiten für die Aufstallung von Ziegen: Laufstall, Boxen- und Anbindestall.

Abb. 62. Versetzbare Freßgitter (Frankreich). Die Rückwand des großen Rauhfuttertroges ist am hinteren Teil hochgeklappt; am vorderen Teil ist sie heruntergeklappt und dient zur Aufnahme von Kraftfutter.

148 Haltung

Abb. 63a. Größere Herden im Laufstall brauchen einen Lauf-Hof. Er muß in unseren Breiten befestigt sein.

Abb. 63b. Im milden, regenarmen Klima trocknet der Mist und kann, zu einem Berg zusammengeschoben, längere Zeit im Auslauf gesammelt werden (Kalifornien).

Abb. 64a. Einfaches Freßgitter mit breitem Futtertisch, auf dem die Ziegen die bevorzugten Futterteile aussuchen können.

Abb. 64b. Stall-Fütterung in von außen beschickbaren Trögen. Der große Trog begünstigt die selektive Futteraufnahme.

150 Haltung

Der Laufstall ist die für Ziegen am besten geeignete Stallform, in der die ganze verfügbare Fläche genutzt wird, um den Tieren Bewegungsmöglichkeiten zu geben. Der Laufstall hat vier verschiedene Bereiche, die Liegefläche, die Lauffläche, den Freßplatz und den Melkstand. Vorzuziehen ist eine völlige Trennung der Bereiche, aus Platzmangel können sie aber auch überlappen. So ist die Fütterung auf der Liegefläche möglich oder auch das Melken am Freßplatz.

Als *Liegefläche* sind für jede Ziege 1,5 m² vorzusehen. Eine größere Fläche bringt keine Vorteile, aber erhöhten Strohbedarf. Die Liegefläche wird am besten als Tiefstreu eingerichtet, die nur ein- bis zweimal im Jahr entmistet wird. Dadurch werden Arbeit und Stroh gespart und den Ziegen ein angenehmes Lager geschaffen. Voraussetzung für eine problemlose Haltung auf Tiefstreu ist allerdings eine gute Lüftung. Unterteilungen innerhalb des Laufstalls sollten für die Bildung von mindestens zwei Gruppen vorgesehen werden.

Da der Mist im Laufe des Jahres hochwächst, müssen die Unterteilungen entweder so eingerichtet sein, daß sie mit dem Mist höher verstellt werden können, oder aber sie müssen so hoch sein, daß sie auch dann noch ausreichen, wenn der Mist seine größte Höhe erreicht hat. Außerdem sollten sie herausnehmbar sein, um das Entmisten mit dem Frontlader zu ermöglichen (Abb. 62).

Die *Lauffläche* mit angrenzendem Futterplatz soll überdacht sein und pro Ziege mindestens 0,5 m² bieten. Sie ist ständig frei von Kot und Futterresten zu halten, muß also täglich gereinigt werden. Ist die Fläche groß, dann fällt mehr Arbeit für die Reinigung an, die Ziegen können sich allerdings mehr bewegen. Wenn Platz zur Verfügung steht, kann man abseits vom Futterplatz eine größere befestigte Lauffläche einrichten (Abb. 63). Sie wird nur wenig beschmutzt und bietet Gelegenheit zu

Abb. 65a. Palisadenfreßgitter.

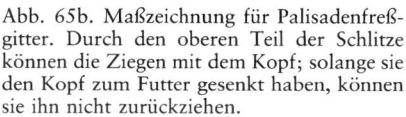

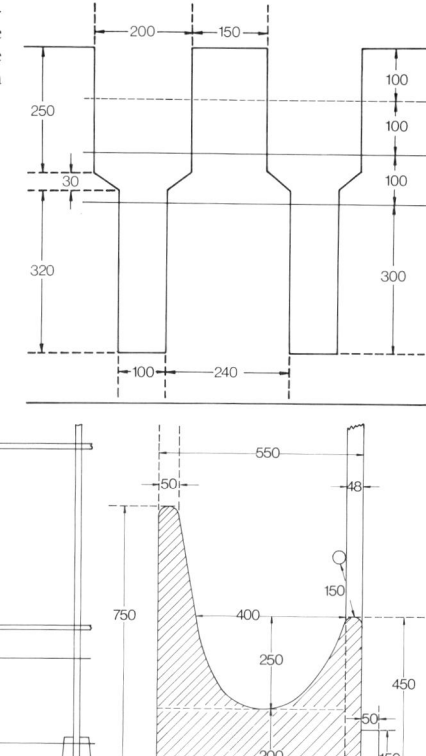

Abb. 65b. Maßzeichnung für Palisadenfreßgitter. Durch den oberen Teil der Schlitze
können die Ziegen mit dem Kopf; solange sie
den Kopf zum Futter gesenkt haben, können
sie ihn nicht zurückziehen.

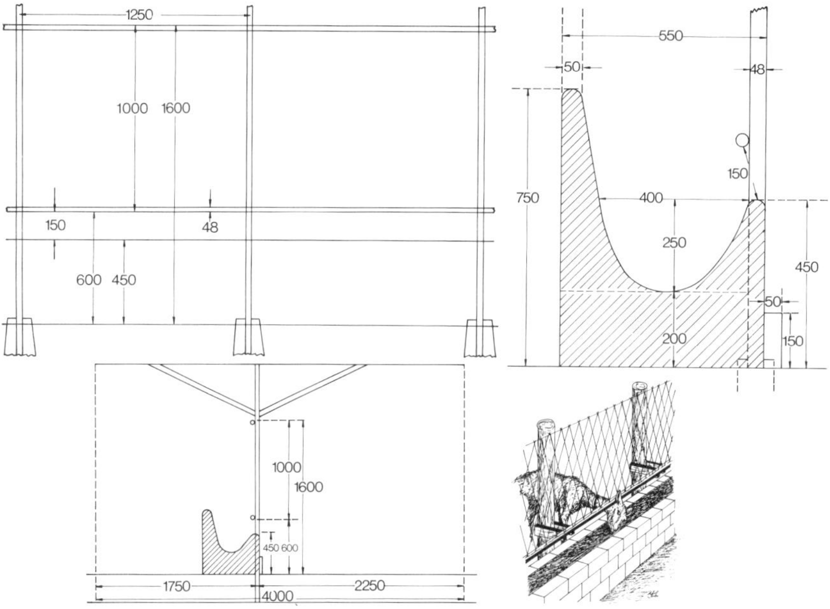

Abb. 66. Freßplatz für Großhaltung. Die Ziegen erreichen den Trog nur nach seitlicher
Drehung des Kopfes. So wird das Zurücktreten während des Fressens und damit das
Verstreuen von Futter verhindert.

ausgiebiger Bewegung. Am *Freßplatz* halten sich die Ziegen die längste Zeit des
Tages auf. Er muß deshalb überdacht und gut befestigt sein und soll möglichst ein
Gefälle haben. Am Freßgitter braucht jede Ziege 40 cm Platz. Die Gestaltung des
Freßgitters ist sehr wichtig. Da Ziegen zu selektiver Futteraufnahme neigen, wird
u. U. sehr viel Grundfutter vergeudet (Abb. 64). Die Tiere nehmen sich gern einen
Mund voll Heu und gehen dann nach rückwärts, um es ungestört zu verzehren.
Dabei fällt der größte Teil zu Boden. Durch die Gestaltung des Freßgitters soll

152 Haltung

erreicht werden, daß die Ziegen während des Fressens fest auf ihrem Platz bleiben und das Futter über dem Trog verzehren. An Fanggitter gewöhnen sich Ziegen schlecht, sie erfordern auch viel Arbeit. Bewährt haben sich vor allem Palisadengitter in der Form eines Schlüsselloches (das auch oben offen sein kann) (Abb. 65). Um an das Futter zu gelangen, müssen die Ziegen ihren Hals in den engen unteren Teil des Loches bringen, durch den der Kopf nicht hindurch paßt. Wenn sie zurücktreten wollen, müssen sie immer zuerst den Kopf hochheben, um ihn durch den oberen, weiten Teil der Öffnung zu ziehen. Eine andere Form besteht in einem schmalen Schlitz über dem Trog, durch den die Ziege den Kopf nur hindurchbringt, wenn sie ihn um 90° nach der Seite dreht (Abb. 66). Wenn die Tiere an diesem Trog eng beieinander stehen, können sie nicht ohne weiteres rückwärtstreten.

10.1.2 Boxenstall

Boxen wird man zur Aufstallung nur wählen, wenn man wenige Ziegen und viel Platz hat und einen höheren Aufwand nicht scheut. Sie machen mehr Arbeit, aber die Haltung verursacht keine Probleme. Wenn die Boxen geräumig sind und die Ziegen im Sommer auf die Weide können, sind es ideale Unterkünfte. Wenn man nicht mindestens etwa 4 m^2 für höchstens zwei Ziegen zur Verfügung stellen kann, sollte man eher einen Laufstall einrichten. Die Maße für Gatter und Freßgitter sind die gleichen wie im Laufstall.

Abb. 67. Ein Anbindestall ist bei beengtem Platz manchmal die einzige Möglichkeit. Er ist den Bedürfnissen der Ziegen wenig angepaßt (Foto: Hinrichsen, Stuttgart/Gießen).

10.1.3 Anbindestall

Der Anbindestall ist für Ziegen die am wenigsten geeignete Haltungsform, die ihrem Temperament nicht angepaßt ist. Sie bietet auch wenig Vorteile, außer für den Ziegenhalter, der nicht bereit ist, sich auf das Wesen der Ziege einzustellen.

Abb. 68. Kraftfutter wird Lämmern zweckmäßigerweise außerhalb des Stalles gereicht, um Verschmutzung zu vermeiden (Foto: Landw. Bildberatung, München).

154 Haltung

10.1.4 Lämmerstall

Lämmer werden am besten auch im Laufstall und auf Tiefstreu gehalten. Allerdings ist ihre vermehrte Wasserausscheidung während der Säugezeit zu berücksichtigen, für die die Saugfähigkeit von Stroh nicht ausreicht. Man kann die Streu auf einem Lattenrost anlegen, unter dem überschüssige Flüssigkeit abzieht, oder auch das Stroh mit Torfmull anreichern. Auf jeden Fall ist die Streu in kürzeren Abständen zu wechseln. Lichte Weite und Bodenabstand der Gitter dürfen maximal 5 cm betragen, damit die Lämmer nicht durchschlüpfen können (Abb. 68).

10.1.5 Bockstall

Bockställe müssen solide gebaut sein. Vor allem während der Deckzeit können die eingesperrten Böcke bei Ausbruchversuchen erhebliche Kraft aufwenden. Zollstarke Bretter sind für die Umzäunungen und Abteilungen angebracht. Sie müssen mindestens 150 cm hoch sein (Abb. 69). Entgegen einer verbreiteten Ansicht kann man im allgemeinen durchaus mehrere Böcke in einer Box halten. Ihr Verhalten wird dadurch sogar positiv beeinflußt. Allerdings gibt es Böcke, die man wegen ihres Temperaments alleine halten muß.

Böcke sollten mit Rücksicht auf den Geschlechtsgeruch in freistehenden Hütten untergebracht werden. Diese sollten mit einem Auslauf verbunden und so eingerichtet sein, daß die Fütterung im Innern der Hütte erfolgt. Dadurch werden Schwierigkeiten im Umgang mit den Böcken vermieden, die sich einstellen, wenn der Betreuer zu selten die Hütte betritt. Der Bock neigt dann dazu, diese als sein Territorium zu betrachten und zu verteidigen oder je nach Temperament auch dorthin zu fliehen. Das verursacht dann unnötige Schwierigkeiten in der Handhabung der Böcke während der Deckzeit. Man rechnet für einen Bock 3 m^2 Liegefläche und zusätzlich eine angemessene Lauffläche (ca. 6 m^2).

Bei der Fütterung im Stall nimmt man die größere tägliche Arbeit, einen höheren Futterverlust und auch die Notwendigkeit häufigerer Klauenpflege in Kauf.

10.2 Tränken

Für die Wasserversorgung sind in größeren Beständen Selbsttränken vorzusehen. Für Schafe konstruierte Tränken können auch von Ziegen benutzt werden, die Erfahrungen mit ihnen sind aber nicht gut. Da die Hebel sehr leicht eingestellt sein müssen, läuft leicht Wasser über. Tränken sollten so hoch angebracht sein, daß sie nur erreichbar sind, wenn die Ziegen mit den Vorderbeinen auf einer erhöhten Rampe stehen. Dadurch wird vermieden, daß die Becken mit Kot und Urin verunreinigt werden (Abb. 70).

Besser als Ventiltränken eignen sich Tränkebecken mit etwa 10 l Fassungsvermögen, in denen sich ständig Wasser befindet, dessen Zulauf durch ein schwimmergesteuertes Ventil (Klosettspülung) geregelt wird. Der größte Teil des Beckens einschließlich Schwimmer und Ventil sind abgedeckt, nur eine kleine Öffnung erlaubt das Trinken. An solchen Tränken trinken die Ziegen schneller, es entsteht deshalb weniger Gedränge. Zum Frostschutz kann ein kleines elektrisches Heizelement eingebaut werden.

Abb. 69. Bockställe. a) Vorn überdachter Freßplatz, in der Mitte Laufhof, hinten offene Hütten. b) Links ehemaliger Hennenwagen. Rechts Spitzhütte, Laufplatz mit Stangen eingezäunt.

10.3 Weide

Vielfach wird behauptet, daß eine geordnete Weidehaltung mit Ziegen nicht möglich sei. Tatsächlich ist sie schwierig, jedoch nicht unmöglich. Schwierigkeiten ergeben sich aus dem selektiven Freßverhalten und der Geschicklichkeit, mit der Ziegen auch anscheinend sichere Zäune durchqueren. Bei der Weidenutzung muß, ähnlich wie bei der Fütterung im Stall, ein Mittelweg gefunden werden zwischen optimaler Nutzung der Weide und großem Futterverzehr. Dieser kann nur erreicht werden, wenn größere Weideverluste in Kauf genommen werden; soll die Weide möglichst vollständig genutzt werden, dann werden Futterverzehr und Nährstoffaufnahme geringer.

Für eine gute Weidenutzung und hohe Futteraufnahme ist es wichtig, daß die Ziegen nebenher kein oder nur sehr wenig anderes schmackhaftes Futter erhalten.

156 Haltung

Abb. 70. Bei der Einrichtung von Tränken sollte man die Fähigkeit der Ziegen nutzen, Wasser an schwierig erreichbaren Stellen aufzunehmen, die nicht leicht verunreinigt werden können.

Eine gute Weideführung stellt oft eine Geduldsprobe zwischen Ziegen und dem Ziegenhalter dar. Wenn die Ziegen erfahren, daß sie bei unzureichender Futteraufnahme ein anderes Futter erhalten, dann neigen sie dazu, nur wenig Gras zu fressen und auf das bequemere und möglicherweise bevorzugte Futter zu warten. Wissen sie dagegen, daß sie ausschließlich vom Gras leben müssen, können sie ein ordentliches Weideverhalten entwickeln. Nur Stroh, Rinde (Zweige, Blätter und ähnliches) sowie Mineralstoffe können ihnen immer zur Verfügung stehen.

Ziegen sind auf der Weide leicht zu stören. Sie fressen sehr schnell, schon knapp nach einer Stunde ist der größte Appetit gestillt, und in der Herde beginnt eine gewisse Unruhe. Jede kleinste Ablenkung kann sie jetzt vom Fressen abhalten. Blätter, herabhängende Zweige von Bäumen, Rinde und Holz von Bäumen und Zäunen, aber auch Papier und ähnliches erregen ihre Neugier und Freßlust. Gelegentlich lecken sie auch an Erde, die sie u. U. aufgraben. Gegen Regen sind Ziegen auf eine eigenartige Weise empfindlich. Schon wenige Tropfen können sie von der Weide vertreiben, wobei sie mit den Ohren wackeln und anscheinend jeden Tropfen zu vermeiden suchen. Wenn ihnen aber das Fressen wichtig ist, fressen sie auch bei leichtem Regen weiter.

Die Abneigung gegen Regen kann die Futteraufnahme wesentlich verringern. Bei regnerischem und/oder kaltem Wetter wird das Wohlbefinden der Ziegen rasch beeinträchtigt, offenbar, weil durch mangelhafte Futteraufnahme die Aktivität der Pansenflora und damit deren Wärmeentwicklung nachläßt: die Ziegen beginnen zu frieren. Dieser Umstand ist zu beachten und den Tieren rechtzeitig Futter im Trockenen zu bieten.

Auch gegen Fliegen sind Ziegen besonders empfindlich und versuchen sie mit großer Aufmerksamkeit abzuwehren. Dies kann zu erheblicher Unruhe führen, durch die die Futteraufnahme beeinträchtigt wird.

Als Weidemethoden kommen in Frage:

10.3.1 Tüdern

Die Ziegen werden an einem je nach Futtermenge 5–10 m langen Seil mit einem Wirbel am Halsband festgebunden. Wenn die Ziegen den ganzen Tag über getüdert werden, muß in der warmen Jahreszeit für Wasser und Schatten gesorgt sein. Büsche, Bäume, Felsen im Bereich des Tüders bergen die Gefahr des Strangulierens. Das Tüdern eignet sich für Kleinhaltungen zur Nutzung kleiner Flächen.

10.3.2 Umtriebsweide

Koppeln mit ziegensicheren Zäunen (s. Seite 159) werden großflächig zugeteilt, so daß die Ziegen je nach Vegetationsverlauf einige Tage auf demselben Stück weiden (Abb. 71). Diese Methode bereitet am Anfang der Vegetationsperiode während des starken Wachstums Schwierigkeiten, wenn die Ziegen weniger Gras fressen, als nachwächst, und dabei viel Futter zertreten. Nach den ersten Umtrieben ist es daher meist erforderlich, nachzumähen. Außerdem sind Wurminvasionen nicht zu vermeiden, wenn die Ziegen auf der Fläche sind, auf der aus den von ihnen ausgeschiedenen Wurmeiern sich infektionsfähige Larven entwickelt haben. Dies ist im Durchschnitt nach 10 Tagen, bei warmem, feuchtem Wetter u. U. aber auch bereits nach 5 Tagen der Fall. Deshalb müssen aus hygienischen Gründen die Koppeln alle 10 (evtl. 5) Tage gewechselt werden; nach 6 Wochen ist das Infektionsrisiko so gering, daß die Flächen wieder beweidet werden können. Demnach sind für den Weideumtrieb 4–8 Koppeln erforderlich.

Abb. 71. Geordnete Umtriebsweide ermöglicht die Erhaltung einer gepflegten und leistungsfähigen Grasnarbe.

158　Haltung

10.3.3 Portionsweide

Mit Portionsweide, bei der den Ziegen täglich ein kleines neues Stück zugeteilt wird, das mit einem Elektrozaun abgeteilt ist, läßt sich eine hohe Futteraufnahme erzielen, die Grasverluste sind aber hoch. Das Verfahren muß so durchgeführt werden, daß die abgeweideten Parzellen nach 5–7 Tagen nicht mehr betreten werden (Parasiten). Nachmähen ist zumindest am Anfang der Vegetationszeit erforderlich.

10.3.4 Standweide

Die Ziegen bleiben das ganze Jahr über auf einer großen Weidefläche. Nur am Anfang der Vegetationszeit muß u. U. die Fläche begrenzt werden, da sonst zu große Verluste durch zertretenes Gras entstehen. Das Futter der ausgesparten Fläche wird konserviert. Bei dieser Weideart sind regelmäßige Wurmkuren notwendig (s. Seite 272). Nach der Behandlung müssen die Ziegen für 5 Tage von der Weide genommen werden, damit die abgetriebenen Parasiten und ihre Eier nicht zu sofortigen Neuinfektionen führen. Bei der Standweide bilden sich mehr oder weniger ausgedehnte unzureichend oder gar nicht abgefressene Stellen. Diese werden am besten gemäht, bevor sich Samen bilden. Je nach Futteranfall auf der übrigen Fläche wird das gemähte und angewelkte Futter von den Ziegen gefressen.

Abb. 72. Knotengitterzäune sind zwar ziegendicht; wenn jenseits des Zaunes begehrtes Futter wächst, ist der Verschleiß durch das Aufsteigen jedoch groß (Foto: Steinbach, Gießen).

10.3.5 Weidezäune

Zäune sind nur dann sicher und ziegendicht, wenn sie aus Knotengitter hergestellt sind, das den Bodenunebenheiten angepaßt ist (Abb. 72). Ein Bodenabstand von 10 cm oder bei sehr straff gespanntem Draht von 15 cm genügt den Ziegen zum Durchschlüpfen. Dabei sind sie äußerst findig im Aufspüren von Schwachstellen (Abb. 73).

Drahtzäune müssen mindestens 5, besser 8 Drähte haben, die untersten mit jeweils 10 cm Abstand (Abb. 98, Seite 219). Elektrozäune müssen mit drei Drähten gespannt sein, in 25, 60 und 90 cm Abstand vom Boden. Die Stromspannung auf dem Zaun muß ständig ausreichen. Besonders beim ersten Einsatz des Elektrozaunes ist dies wichtig; denn erfahren Ziegen erst einmal, daß die Berührung mit dem Zaun harmlos ist, dann respektieren sie den Zaun nicht, auch wenn die Spannung richtig ist. Offenbar lernen sie das schwache Geräusch beim Überspringen von Funken an der Berührungsstelle von Grashalmen mit dem Draht kennen und nutzen sein Ausbleiben für das Durchqueren des Zaunes.

10.4 Fortpflanzung

Die Ziege ist frühreif und fruchtbar, ihr Fortpflanzungsrhythmus ist so eingerichtet, daß sie alljährlich im Frühjahr lammt und auch die neugeborenen Ziegen nach 12 Monaten bereits lammen.

Abb. 73. Bei der Weidehaltung können Ziegen erhebliche Schwierigkeiten machen, indem sie immer wieder durch die Zäune schlüpfen. Wer den Aufwand für ziegensichere Weidezäune sparen will, kann einen leichten Holzrahmen am Hals der Ziegen befestigen.

10.4.1 Saisonale Fortpflanzung

Die Geschlechtstätigkeit der Ziegen ist in unseren Breiten (und in den entsprechenden Breiten der südlichen Halbkugel) saisonabhängig. Brunst tritt in der zweiten Jahreshälfte auf, die Lammungen fallen dementsprechend auf den Jahresanfang. Man deutet diesen Rhythmus als eine Anpassung an die Verhältnisse, unter denen die wilden Vorfahren unserer Hausziegen lebten. Der gleiche Rhythmus wird auch heute bei den noch wildlebenden Ziegen und ihren Verwandten beobachtet. Im Gegensatz zum Rind, das im Wildzustand auch eine Fortpflanzungssaison hatte, die aber bei der Domestikation einer ständigen Fortpflanzungsbereitschaft wich, ist bei der Hausziege der Rhythmus erhalten geblieben. Er wird von der Tageslänge gesteuert. Wenn am Anfang des Herbstes die Tage kürzer werden, beginnt die Geschlechtsaktivität. Sie läßt nach, wenn die Tage wieder länger werden. Die Lichtreize werden vom Auge über den Sehnerv zur Hirnanhangdrüse (Hypophyse) geleitet, von der aus die Hormondrüsen gesteuert werden. Man kann diese Zusammenhänge nachweisen, indem man Ziegen im Dunkeln hält und den Lichtrhythmus steuert. Wenn die Änderung der Beleuchtungsdauer den Verhältnissen im Herbst entspricht, dann beginnt die Geschlechtstätigkeit. Mit diesen Erkenntnissen ist auch zu erklären, daß in tropischen Ländern, in denen die Unterschiede der Tageslänge nur gering sind, der strenge jahreszeitliche Rhythmus der Fortpflanzung nicht wie in unseren Breiten besteht. Zwar gibt es dort auch bestimmte Lammzeiten, aber sie hängen nicht von der Tageslänge ab, sondern von der jahreszeitlichen Temperatur und der durch die Regenzeit bedingten Ernährungssituation. Ziegenrassen, die sich unter tropischen Bedingungen herausgebildet haben, wie z. B. die Afrikanischen Zwergziegen, haben keinen jahreszeitlichen Fortpflanzungsrhythmus. Auch wenn sie in nördliche Breiten verbracht werden, pflanzen sie sich in allen Monaten des Jahres fort. Allerdings werden auch bei anderen Rassen gelegentlich Zyklen außerhalb der normalen Fortpflanzungssaison beobachtet. In subtropischen Gebieten bleibt bei den Rassen der gemäßigten Zonen der Fortpflanzungsrhythmus weitgehend erhalten, aber es gibt deutliche Rassenunterschiede.

In der von mir über mehrere Jahre beobachteten Ziegenherde in Schleißheim (München) traten die ersten Zyklen, in denen Ziegen trächtig wurden, in der ersten Septemberwoche auf. In Südafrika liegt der entsprechende Zeitraum zwischen dem 15. und 25. März. Nach französischen Erfahrungen ist der Zeitpunkt der ersten Brunst erblich bedingt und kann durch Selektion vorverlagert werden. Allerdings kommen die Jungziegen stets erst etwa zwei Monate später in Brunst (RICORDEAU 1981). Die Fortpflanzungssaison wird bei Ziegen häufig durch einen Zyklus ohne sichtbare Brunst eingeleitet, der jedoch von Böcken erkannt wird. Die Gegenwart von Böcken fördert den Beginn der Zyklen (OTT u. M. 1980 a). Dieser Umstand kann zur Anregung der Brunst im Herbst für einen frühen Beginn der Decksaison genutzt werden (s. Seite 169). Die Brunstsaison dauert bis Februar/März, wobei es Rassenunterschiede gibt; bei Angoras in Südafrika z. B. dauert sie nur drei Monate.

10.4.2 Geschlechtsreife

Frühreife Rassen können bereits mit 3–4 Monaten geschlechtsreif sein. Die Zuchtreife beginnt, bei den einzelnen Rassen verschieden, im Alter zwischen 5 und etwa

12 Monaten. Bei uns in den gemäßigten Zonen fällt die Geschlechtsreife mit der Fortpflanzungssaison im Herbst zusammen; im Winter und Frühjahr geborene Ziegen kommen mit 5–7 Monaten erstmals in Brunst. Herkömmlicherweise werden im ersten Zuchtjahr jedoch nur die im Januar und Februar geborenen Jungziegen gedeckt, und zwar erst gegen Ende der Saison, so daß sie dann im März/April im Alter von etwa 14 Monaten lammen. Nach meinen Erfahrungen mit Bunten Deutschen Edelziegen ist eine solche Vorsicht nicht nötig. Mit ganz wenigen Ausnahmen können alle Lämmer im Herbst mit den erwachsenen Ziegen zusammen gedeckt werden und im Alter von durchschnittlich 12 Monaten ablammen. Einzige Voraussetzung dafür ist eine gute Fütterung, die eine angemessene Körperentwicklung ermöglicht (s. auch Seite 63).

10.4.3 Geschlechtszyklus der Ziegen

Der Ovarial-(Eierstocks-)Zyklus, das ist das periodisch wiederkehrende Heranreifen eines Eies, dauert etwa 21 (17–23) Tage. Ist das Ei in einem Zyklus nicht befruchtet worden, dann reift nach diesem Zeitraum ein neues Ei heran. Abweichungen von dieser Zeitdauer kommen am Anfang der Saison bei Jungziegen häufig in Form von sehr kurzen, nur 5–8 Tage dauernden Zyklen vor. Verlängerte Zyklen kommen vor allem dann vor, wenn ein Ei befruchtet wurde, aber nach etwa 11 Tagen abstarb und von der Gebärmutter resorbiert (verdaut) wurde, wovon äußerlich der Ziege nichts anzusehen ist. Danach kommt der Zyklus wieder in Gang, doch das Auftreten der nächsten Brunst verzögert sich. Geht ein befruchtetes Ei dagegen während der ersten 10 Tage zugrunde, dann läuft der Zyklus genau so ab, als wäre das nicht befruchtete Ei resorbiert worden.

10.4.4 Brunst und Brunstsymptome

Die Brunst ist in erster Linie am Verhalten der Ziege zu erkennen. Sie ist unruhig, meckert oft und wackelt dabei mit dem Schwanz. Sie harnt häufig und setzt dabei auch nur kleine Mengen ab. Sie bespringt andere Ziegen und läßt sich von anderen Ziegen bespringen. Wenn die brünstige Ziege das Aufspringen anderer Ziegen duldet, wobei sie den Rücken leicht aufkrümmt, nur wenig mit dem Schwanz wackelt und evtl. den Kopf nach hinten zu der aufspringenden Ziege dreht, dann ist das das sicherste Zeichen für die Brunst. Die geschilderten Symptome beginnen in der genannten Reihenfolge allmählich und steigern sich im Verlaufe von 24 Stunden. Die Brunst dauert etwa 36 Stunden, mit Schwankungen von 32–40 Stunden.

Während der Brunst werden auch die Schamlippen etwas dicker, und es zeigt sich etwas Schleim. Dies ist allerdings ein weniger verläßliches Zeichen als das Verhalten. Gegen Ende der Brunst wird etwas mehr Schleim, der rauchig trüb oder auch gelblich sein kann, sichtbar.

Stimulierend auf Brunst und Ovulation wirken Riechen, Sehen und Hören des Bockes. Über eine Entfernung von 150 m sind diese Eindrücke nicht mehr wirksam. Zwar konnte nachgewiesen werden, daß jeder einzelne der Sinneseindrücke auf die Geschlechtsfunktion der Ziege eine Wirkung hat, sie reicht aber nicht an die heran, die beim direkten Kontakt mit dem Bock ausgeübt wird (SHELTON 1980).

Wenn Ziegen während der Deckzeit mit einem Bock zusammen gehalten werden, macht das Erkennen der Brunst keine Schwierigkeiten.

In größeren Herden kann man zur einfachen Brunsterkennung auch Böcke verwenden, die durch einen operativen Eingriff zeugungsunfähig gemacht sind. Dies kann entweder dadurch geschehen, daß der Samenleiter unterbrochen wird, oder dadurch, daß der Penis nach der Seite verlagert wird. Auch mit einem Schurz, der dem Bock um den Bauch gebunden wird, kann in der Regel ein erfolgreicher Deckakt verhindert werden; allerdings kommen gelegentlich dennoch Befruchtungen zustande. Sehr hilfreich beim Erkennen brünstiger Ziegen sind auch Zwitter, die sich oft genau wie Böcke verhalten. Auch wenn die Böcke nicht in direktem Kontakt mit den Ziegen sind, sondern in angrenzenden oder naheliegenden Ställen oder Einfriedungen gehalten werden, erleichtert ihre Gegenwart die Brunsterkennung, da die Ziegen sich zu den Böcken hinwenden und möglichst nahe zu ihnen drängen. Werden Ziegen dagegen ohne Böcke gehalten, dann ist zum Erkennen der brünstigen Tiere und zum Bestimmen des richtigen Zeitpunktes für die Paarung mehr Aufmerksamkeit erforderlich.

10.4.5 Ovulation und Deck-(Besamungs-)Zeit

Die Ovulation (der Eisprung) erfolgt bei der Ziege am Ende der Brunst, also gegen Ende der Zeit, während der die Ziege das Aufspringen duldet („steht"), oder auch noch bis zu 8 Stunden danach. Das Ende dieses Abschnittes der Brunst ist demnach der beste Zeitpunkt für die Paarung oder die Besamung. Da man nicht vorher weiß, wie lange die Ziege noch stehen wird, ist es am besten, 12 Stunden nach Beginn der Brunst zu decken. In der Praxis bedeutet das, daß Ziegen, bei denen morgens der Brunstbeginn festgestellt wird, abends gedeckt werden, und Ziegen, die nachmittags und abends in Brunst kommen, am nächsten Morgen. Wenn am Abend bzw. Morgen danach, also etwa 12 Stunden später, die Brunst noch andauert, werden die Ziegen erneut gedeckt. Wenn die Ziegen zum Bock geführt bzw. besamt werden, ist mit diesem Verfahren eine ausreichende Wahrscheinlichkeit gegeben, den richtigen Zeitpunkt für die Befruchtung abzupassen. Hat man dagegen selbst einen Bock und ist dieser nicht zu stark belastet, dann kann man eine Ziege mit lange fortdauernder Brunst auch öfter belegen. Wichtig ist nur, daß man die Brunst genau beobachtet und jeden Sprung registriert. Dies ist vor allem notwendig, um unfruchtbare Ziegen zu erkennen, die sehr lange Brunstperioden haben oder bei denen die Zyklen in verlängerten oder unregelmäßigen Intervallen auftreten.

Hat eine Befruchtung stattgefunden und sich der lebende Embryo im Uterus eingenistet, dann bleibt die Brunst aus. Nicht selten jedoch ist nach 3 oder 6 Wochen, und gelegentlich auch noch später, trotz Trächtigkeit erneut Brunst zu beobachten. Wenn die Ziege dann wieder gedeckt wird, stellt sich erst bei der Geburt aufgrund der Trächtigkeitsdauer heraus, daß das Tier beim Nachbelegen schon trächtig war.

10.4.6 Brunstsynchronisierung (Zyklussteuerung)

Läßt man kurz vor Beginn der Brunstzyklen im Herbst einen Bock zu den Ziegen, dann werden dadurch – häufig, aber nicht immer – Brunstsymptome und hormonell nachweisbare Zyklen ausgelöst. Innerhalb von etwa einer Woche kommt ein Teil der Ziegen in Brunst, allerdings führt Belegen in diesen frühen Zyklen seltener zu Zwillingsträchtigkeit als in den folgenden. Man kann durch dieses Verfahren frühe Trächtigkeit und ein zeitliches Zusammendrängen (Synchronisierung) erreichen (OTT 1980). Seit man die hormonalen Mechanismen kennt, die das Brunstgeschehen steuern, ist es auch möglich geworden, den Zyklus künstlich zu beeinflussen. Hierfür besteht ein gewisses Interesse im Zusammenhang mit der künstlichen Besamung, zur Erleichterung des Managements während der Lammzeit und auch zur Steuerung der Ablammzeit und damit der jahreszeitlichen Schwankungen der Milchproduktion. Die Funktionen des Eierstockes, die zum Heranreifen der Eier führen, werden durch die Wirkung des Gelbkörperhormons gehemmt. Verabreicht man Ziegen dieses Hormon über eine bestimmte Zeit, dann kann man genau voraussagen, wann nach dem Ende der Hormonwirkung ein neuer Zyklus beginnt. Regt man diesen Zyklus außerdem durch eine Gabe des Hormons an, das die Reifung der Follikel bewirkt, dann kann man zu einem vorbestimmten Zeitpunkt bei allen behandelten Ziegen die Brunst auslösen. Die Verabreichung des Gelbkörperhormons, das während 3 Wochen in kleinen Mengen aufgenommen werden muß, erfolgt durch kleine Schwämme, die in die Scheide eingelegt werden. Um die durch den Fremdkörper verursachte Infektion zurückzuhalten, wird dieser Schwamm mit einem Antibiotikum versetzt. Nach 3 Wochen wird der Schwamm entfernt und gleichzeitig eine Injektion mit Hormon, das die Follikelreifung herbeiführt (PMSG), verabreicht. 12–48 Stunden nach dem Entfernen des Schwammes und der PMSG-Injektion kommen die Ziegen in Brunst. Sie müssen wegen dieser Variation anschließend zweimal gedeckt bzw. besamt werden, jeweils etwa 32 Stunden nach der Behandlung und dann noch einmal etwa 18 Stunden später.

Dieses Verfahren ist in Frankreich bereits erprobt. Etwa 65 % der nach künstlich ausgelöster Brunst besamten Ziegen werden trächtig. Die geringe Konzeptionsrate zeigt allerdings, daß Einzelheiten der Technik noch nicht genügend ausgearbeitet sind. Unter anderem werden durch die Behandlung nicht alle für die Befruchtung erforderlichen Vorgänge in den Geschlechtsorganen ausgelöst. Zwar treten die äußeren Brunsterscheinungen auf und der Eisprung findet statt, aber die für den Samentransport günstigen Bedingungen in der Scheide und im Gebärmutterhals werden nicht geschaffen. Bei instrumenteller Besamung kann dies zum Teil durch eine erhöhte Zahl von Samenzellen in der Samendosis ausgeglichen werden (CORTEEL 1975).

Mit dem gleichen Verfahren ist es auch möglich, Brunst während der Saison, in welcher normalerweise die Geschlechtstätigkeit ruht, auszulösen. Allerdings liegen die Befruchtungsraten dann noch niedriger, und zwar sind sie um so geringer, je früher vor Beginn der natürlichen Paarungszeit die Brunst ausgelöst wird.

Neuerlich wurde auch Prostaglandin ($F2_\alpha$ oder Analog), durch das der Gelbkörper abgebaut und damit Brunst ausgelöst wird, zur Brunstsynchronisierung bei Ziegen erprobt (OTT u. M. 1980 b). Da es in den ersten 4–6 Tagen des Zyklus unwirksam ist, muß es zweimal im Abstand von 11 Tagen verabreicht werden. Die Erfolge der Versuche sind gut, etwa 48 Stunden nach der zweiten Injektion kommen alle Ziegen in Brunst, über 70 % Trächtigkeit werden erreicht.

10.4.7 Geschlechtsfunktion der Böcke

Die Bildung von Samenzellen beginnt beim Jungbock im Alter von etwa 5 Monaten. Zunächst sind die Konzentration von Samenzellen in der Samenflüssigkeit und ihre Beweglichkeit noch gering. Die Qualität des Spermas verbessert sich rasch und erreicht eine ausreichende Qualität wie bei erwachsenen Böcken, wenn sie 8 Monate alt sind. Der Beginn der Geschlechtsreife ist bei den Böcken, wie bei den Ziegen, von Rasse zu Rasse verschieden und wird auch von der Haltung beeinflußt. In der ersten Fortpflanzungssaison wird noch nicht die volle Leistung erreicht, sondern nur etwa 60 % der Leistung erwachsener Böcke.

Auch beim Bock gibt es saisonale Unterschiede in der Geschlechtsaktivität. Zwar ist der Bock das ganze Jahr über aktiv und kann decken oder für die Samengewinnung verwendet werden, aber in der Zeit der Geschlechtsruhe der Ziege im Frühjahr und im Sommer sind Geschlechtslust und Befruchtungsfähigkeit des Spermas wesentlich geringer. Letzteres liegt außer an geringerer Bewegungsfähigkeit auch daran, daß der Anteil geschädigter Samenzellen größer ist als während der Fortpflanzungssaison. Der Geschlechtsgeruch ist außerhalb der Saison wesentlich geringer, er kann fast ganz verschwinden. Dies zum einen, weil die Duftdrüsen nicht aktiv sind, zum anderen, weil in der Ruhezeit das sogenannte Maulharnen (s. Seite 166) fast nicht geübt wird, das infolge der Netzung der Langhaare an Kopf und Hals und der Zersetzung des Harns einen Teil des besonders ausgeprägten Geschlechtsgeruches hervorruft.

Böcke können am Tag 10–20mal decken. Im Versuch wurde ermittelt, daß erst nach durchschnittlich 7 Sprüngen die Pausen zum nächsten Sprung länger als 10 Minuten wurden. Erwachsene Böcke können während der Saison etwa 350 Sprünge ausführen (SAMBRAUS 1978). Diese Zahl wird beim Sprung aus der Hand allerdings kaum erreicht. Da man außerdem für ein gutes Befruchtungsergebnis damit rechnen muß, daß viele Ziegen mehr als einmal in einem Zyklus zu decken sind, ist die Zahl der Ziegen, die einem Bock im Jahr zugeführt werden können, wesentlich niedriger. Meist rechnet man mit einem Bock für 50 Ziegen, unter günstigen Bedingungen kann diese Zahl aber bis 100 gesteigert werden. Andererseits wird bei extensiver Weidehaltung, wenn die Böcke den ganzen Tag bei der Herde sind, die Zahl der Ziegen pro Bock wesentlich niedriger sein, u. U. nur 25.

10.4.8 Paarungsverhalten

Ziegen, die in Brunst kommen, gesellen sich zum Bock, auch wenn der Bock nicht in der gleichen Einfriedung ist; sie suchen seine Nähe. Solange der Bock keine brünstige Ziege findet, kontrolliert er ständig Ziegen, er beschnuppert sie, besonders im Schwanzbereich, reibt Kopf und Flanken an Ziegen, schnalzt mit der Zunge, schlägt mit den Vorderfüßen auf den Boden und macht gelegentlich Aufsprungversuche. Er „kostet" – wenn Ziegen harnen; er beschnuppert am Boden liegenden Harn und Kot, wonach er häufig flehmt. Seine Rückenhaare sind gesträubt, der Schwanz aufgebogen. Wird ein Bock nur zeitweise in eine Ziegenherde gelassen, um brünstige Ziegen herauszufinden, dann sind die beschriebenen Aktivitäten verstärkt, sowohl nach Häufigkeit als auch Intensität der einzelnen Handlungen und Merkmale.

Die meisten Ziegen wenden sich dem Bock zu, weichen ihm aber aus, wenn sie nicht in Brunst sind. Ist eine Ziege in Brunst, dann ändert sich ihr Verhalten im Verlauf einiger Stunden. Während sie zunächst zwar die Nähe des Bockes sucht und ihm nicht ausweicht, sondern im Gegenteil sich sogar an ihn drängt, duldet sie doch seinen Aufsprung nicht, duckt sich im Hinterteil, dreht sich immer wieder ab und wendet sich mit dem Kopf dem Bock zu. Zwar wedelt sie heftig mit dem Schwanz, sobald der Bock in ihre Nähe kommt und hebt den Schwanz, wenn der Bock sie beschnuppert, beim Aufsprungversuch klemmt sie den Schwanz aber kräftig ein. Wenn dann der Höhepunkt der Brunst erreicht ist, bleibt die Ziege bei Aufsprungversuchen anderer Ziegen oder des Bockes zunehmend länger stehen, bis sie schließlich ganz unbeweglich „steht" und der Bock sie begatten kann. Dies ist ein sehr rascher Vorgang; nach kurzen, schnellen Suchbewegungen erfolgt der heftige Nachstoß, bei dem sich der Bock hoch aufrichtet, dabei kann eine kleine Ziege u. U. in die Knie gehen.

Für den Züchter ist es wichtig, diese charakteristische Bewegung bei der Samenablage zu kennen, denn Jungböcke mit gestörter Fruchtbarkeit und auch ältere, überlastete Böcke führen zwar alle Einzelheiten des Vorspieles aus und springen auf, beenden den Begattungsversuch aber ohne Nachstoß und Samenablage. Namentlich, wenn Ziegen zum Bock geführt werden, also beim „Sprung aus der Hand", kann das Befruchtungsergebnis durch unerkannte Scheinbegattung beeinträchtigt werden. Andererseits können gerade Jungböcke auch sehr schnell ohne jedes Vorspiel decken.

Frei in einer Ziegenherde laufende Böcke konzentrieren sich meist auf eine einzelne brünstige Ziege. Kommen gleichzeitig weitere Ziegen in Brunst, dann kann es leicht vorkommen, daß diese vom Bock nicht beachtet werden. Es gibt außerdem offensichtlich die Vorliebe eines Bockes für bestimmte Ziegen.

Umgekehrt lehnen auch Ziegen bestimmte Böcke ab. Brünstige Ziegen, die bei einem aktiven Suchbock „gestanden" sind, verwehren sich u. U. anderen Böcken, namentlich Jungböcken, oder wenig aktiven Böcken. Möglicherweise spielt hierbei auch der Geschlechtsgeruch eine Rolle, woran beim Enthornen von Böcken gedacht werden sollte, bei dem leicht ein Teil der Geruchsdrüsen hinter den Hörnern zerstört wird. Die Möglichkeit, daß bestimmte Böcke und Ziegen nicht zueinanderkommen, muß beim Herdensprung berücksichtigt werden. Bei entsprechenden Ziegen ist dann der „Sprung aus der Hand" auszuführen.

Bei seinem Werben um eine bockende Ziege ist der Bock ständig darauf bedacht, mögliche Rivalen abzuwehren. Auch wenn keine anderen Böcke in der Herde sind, macht er kleine Scheinangriffe gegen Ziegen, die sich seinem Spiel interessiert zuwenden. Selbst Menschen können in dieser Situation angegriffen werden. Sind aber weitere Böcke in der Herde, dann werden ständig Rivalenkämpfe ausgefochten. Wenn der Kraftunterschied zwischen den Böcken nicht groß ist, kann dies dazu führen, daß einzelne bockende Ziegen überhaupt nicht gedeckt werden. Es ist nicht ungewöhnlich, daß sich zwei Böcke ständig um eine bockende Ziege streiten und weitere bockende Ziegen dabei völlig unbeachtet bleiben. Böcke, die in der Nähe brünstiger Ziegen, aber getrennt von ihnen sind, können sehr unruhig sein, und der Stall muß sehr fest gebaut sein, um den Stößen eines großen Bockes zu widerstehen. Ich habe erlebt, daß ein junger Bock nachts einen 1,80 m hohen Zaun überwand.

Die Geschlechtsaktivität nimmt die Böcke während der Paarungszeit sehr in Anspruch. Zwar wenden sie sich gelegentlich dem Futter zu, wenn sie keine brünstige Ziege vorfinden, aber meist verweilen sie nicht lange dabei, sondern beginnen bald wieder ihre Kontrollen. Tatsächlich ist die Futteraufnahme während der Paarungssaison stark vermindert, und die Böcke nehmen ab. Der Gewichtsverlust zwischen August und Oktober kann erheblich sein (Abb. 60).

Während der Deckzeit kann man die Böcke häufig beim Maulharnen (SAMBRAUS 1978) beobachten. Sie spritzen mit erigiertem Penis und gekrümmtem Rücken Harn nach vorn und beugen dabei den Kopf nach unten zwischen die Vorderbeine oder seitlich nach hinten und lecken den Harn. Dabei werden Haare und Haut an den Beinen, Kopf und Hals mit Harn benetzt, der sich rasch zersetzt und den Geschlechtsgeruch der Hautdrüsen verstärkt. Bei Böcken mit großem Bart (Abb. 45) kann er äußerst intensiv werden. Werden die Böcke im Stall gehalten und zudem wenig zum Decken eingesetzt, kann die Nässung bei sehr häufigem Maulharnen erheblich werden und regelmäßige Reinigung erforderlich machen, weil sonst unangenehme nässende Hautentzündungen entstehen können. Nach dem Waschen müssen Haut und Haar am besten mit Hautöl oder mit Pomade geschützt werden, andernfalls wird durch die Entfernung des natürlichen schützenden Hautfettes die Gefahr von Hautentzündungen nur vergrößert.

Man nimmt an, daß das Maulharnen der Verstärkung des Geschlechtsgeruches dient und somit die Aussichten des Bockes, sich paaren zu können, vergrößert und auch die Fruchtbarkeit der Ziegen erhöht (s. Seite 161).

Eine ähnliche Rolle wie Böcke spielen bezüglich der Brunsterkennung in einer Herde die Zwitter, die ja besonders bei hornlosen Ziegen vorkommen (s. Seite 106 ff.) und häufig ausgeprägte männliche Verhaltensweisen zeigen. Sie können sich in einer Herde als „Suchbock" sehr nützlich erweisen, aber auch die Tätigkeit des Deckbockes behindern. Bei den Rivalenkämpfen werden sie wie Böcke behandelt. Andere Zwitter verhalten sich ständig wie brünstige Ziegen, allerdings selten bis zu dem Punkt, daß sie „stehen". Es ist jedoch nicht leicht, zwischen solchen „weiblichen" Zwittern und Ziegen zu unterscheiden, die besonders geschlechtsaktiv sind. Es gibt Ziegen, die jedesmal, wenn in der Herde eine Ziege bockt, „mit von der Partie sind", sich zu dem Bock gesellen und mehr oder weniger ausgeprägte Verhaltensweisen der bockenden Ziege äußern. Dies kann auch fortdauern, wenn sie selbst schon belegt und trächtig sind, läßt aber mit fortschreitender Trächtigkeit nach. Wenn in größeren Herden an einem Tag mehrere Ziegen bocken, dann ist es sehr häufig, daß eine größere Zahl anderer Ziegen ebenfalls Verhalten brünstiger Ziegen zeigt, so daß es nicht leicht ist, die tatsächlich brünstigen Ziegen, die noch nicht „stehen", von den nur angesteckten und nachahmenden Ziegen zu unterscheiden. Dies gilt auch, wenn zum Herausfinden bockender Ziegen ein Suchbock in der Herde verwendet wird.

10.4.9 Instrumentelle Besamung

Die Besamung mit frischem Sperma ist bei der Ziege ohne besondere Schwierigkeiten möglich. Dazu wird der Samen mittels einer künstlichen Scheide entnommen und je nach der Menge des Ejakulats in mehrere Portionen geteilt, die sofort zur Besamung verwendet werden. Diese Technik ist nur in größeren Herden sinnvoll einzusetzen, wenn an einem Tage mehr Ziegen von einem bestimmten Bock gedeckt werden sollen, als dies mit der natürlichen Paarung möglich ist.

Verdünnter und gekühlter Samen bleibt etwa 12 Stunden befruchtungsfähig. So ist es möglich, von einem Bock auch Ziegen zu besamen, die nicht in der gleichen Herde stehen, da genügend Zeit für den Samentransport bleibt. Zur Verdünnung des Samens eignen sich nur Verdünner auf der Basis von Magermilchpulver. Eidotter-Verdünner ist deshalb ungeeignet, weil die Samenflüssigkeit ein Enzym enthält, das Eigelb zersetzt, wobei eine für die Samenzellen giftige Substanz frei wird. Allerdings scheint es dabei Unterschiede zu geben, die u. a. von der Hühnerrasse, von denen die Eier stammen, abhängen.

Den größten Fortschritt für die Züchtung bringt die instrumentelle Besamung dann, wenn es möglich ist, Samen über lange Zeit zu lagern, ohne daß die Befruchtungsfähigkeit eingeschränkt wird. Dies ist mit Hilfe der Tiefgefrierung möglich. Beim Ziegensperma bestehen Schwierigkeiten, die von anderen Tierarten nicht bekannt sind. Der Anteil der Spermazellen, der nach dem Auftauen von gefroren gelagertem Samen lebendig und befruchtungsfähig bleibt, ist niedriger als z. B. bei Bullensperma. Vor kurzem wurde herausgefunden, daß wahrscheinlich eine in der Samenflüssigkeit enthaltene Substanz sich nachteilig auf die Konservierung der Samenzellen auswirkt. Wenn die Samenzellen vor dem Einfrieren durch Zentrifugieren von der Samenflüssigkeit getrennt werden, kann dieser Einfluß ausgeschaltet und damit eine höhere Befruchtungsrate erzielt werden (CORTEEL 1981).

Die Besamung der Ziege ist schwieriger als die des Rindes. Beim Rind wird die richtige Samenablage in der Gebärmutter oder im Gebärmutterhals dadurch erleichtert, daß durch den Mastdarm (Rektum) hindurch diese Organe mit der Hand festgehalten und die besamende Pipette geleitet werden kann. Da dies bei der Ziege nicht möglich ist, die Samenablage in der Gebärmutter oder zumindest im Gebärmutterhals aber Voraussetzung für die Befruchtung ist, muß der Samen unter Sichtkontrolle eingeführt werden. Dazu muß die Scheide mit einem geeigneten Gerät (Scheidenspekulum) geöffnet und bei entsprechender Beleuchtung die Pipette in die Zervix eingeführt werden. Dabei wird die Ziege zweckmäßigerweise hinten hochgehoben.

Bei der Besamung mit frischem unbehandeltem Sperma sind die Erfolge sehr gut, was anzeigt, daß die instrumentelle Samenübertragung an sich nicht Grund für geringe Fruchtbarkeit zu sein braucht. Daß tatsächlich bei der Besamung stets ein geringerer Befruchtungserfolg erzielt wird als bei natürlicher Paarung, liegt demnach an anderen Faktoren, vor allem an der Verdünnung und Konservierung des Spermas.

Der Vorteil der Besamung gegenüber dem natürlichen Decken ist bei der Ziege nicht so groß wie beim Rind, da einerseits die Kosten der Bockhaltung nicht sehr groß sind, andererseits aber die Kosten der Besamung – bezogen auf die Produktion und den züchterischen Gewinn – höher sind als beim Rind. Dies und der allgemeine Rückgang der Ziegenhaltung sind der Grund dafür, daß sich die Besamung der Ziege in der Bundesrepublik Deutschland nicht ausgedehnt hat, obwohl sie hier zuerst eingeführt wurde. Auf Wunsch sind manche Besamungsstationen bereit, Samen zu konservieren. Sonst kann Samen auch aus Frankreich (ITOVIC) oder auch den USA (BUCK SEMEN, s. Seite 297) bezogen werden.

10.4.10 Fruchtbarkeit

Die Fruchtbarkeit der Ziege ist hoch. Störungen der Fortpflanzung sind im Vergleich zu anderen Haustieren selten. Dies wird unter anderem dem Umstand zugeschrieben, daß bei der Züchtung der Ziege auf Milchleistung keine Merkmale berücksichtigt wurden, die sich auf die Fruchtbarkeit nachteilig auswirken können, wie z. B. Wachstumsrhythmus und Körperzusammensetzung.

Bei richtiger Haltung und ordentlichem Deckbetrieb ist der Anteil der Ziegen, die nicht aufnehmen, niedrig. Nach Ausschluß der Ziegen, die aufgrund anatomischer Mängel nicht aufnehmen können, werden im allgemeinen über 95 % der gedeckten Ziegen trächtig. Man kann damit rechnen, daß 85–90 % der Ziegen beim ersten Decken aufnehmen, der Rest nach dem zweiten Decken. Nur selten bocken Ziegen noch ein zweites Mal nach. Geringere Fruchtbarkeit läßt auf Mängel in der Fütterung, Krankheiten, Fehler im Deckbetrieb und unzureichende Fruchtbarkeit der Böcke schließen.

Solange die Ziegen noch nicht ausgewachsen sind, tragen sie öfter nur ein Lamm, doch kommen ebenso bei erwachsenen Ziegen Einlinge vor, daneben allerdings auch Drillinge und Vierlinge. So ergeben sich in Abhängigkeit vom Alter beim Lammen folgende Durchschnittswerte für die Lämmerzahlen pro 100 Ziegen, die bei Bunten Edelziegen erwartet werden können:

mit 12 Monaten 170
mit 24 Monaten 180
ab 36 Monaten 200

Ab einem Alter von etwa 8 Jahren nimmt die Häufigkeit der Mehrlingsgeburten wieder etwas ab. Dieses Alter wird allerdings bei unseren Ziegen selten überschritten, obwohl die mögliche Lebensdauer über 15 Jahre beträgt.

Die Jahreszeit hat ebenfalls einen Einfluß auf die Häufigkeit von Zwillingsgeburten. Sie sind seltener bei den ersten Trächtigkeiten zu Beginn der Fortpflanzungssaison und auch am Ende der Saison. Somit werden die höchsten Lämmerzahlen erzielt, wenn alle Ziegen möglichst am Anfang der Saison (die allerersten Wochen ausgenommen) gedeckt werden.

Die Fütterung hat nur in extremen Situationen einen Einfluß auf das Fortpflanzungsergebnis. Bei deutlicher Unterernährung kann das Auftreten der ersten Brunst verzögert, die Konzeptionsrate oder die Häufigkeit von Zwillingsgeburten vermindert sein. Über eine Steigerung der Mehrlingshäufigkeit durch einen energiereichen Futterstoß vor der Deckzeit (das sogenannte flushing) liegen bei der Ziege keine Untersuchungen vor; seine Wirkung ist aber auch beim Schaf nicht eindeutig. Bei den meisten europäischen Rassen ist die Fruchtbarkeit sehr ähnlich, dagegen gibt es Rassen, die fast durchweg nur Einlinge bringen, aber auch solche, bei denen Mehrlinge die Regel sind. Wohl die fruchtbarste Rasse ist die chinesische Ma T'ou, bei der 70 % der Geburten Zwillinge oder Drillinge sind und die bei zweimaliger Lammung im Jahr durchschnittlich 4,5 Kitze bringt (EPSTEIN 1969). Andererseits werden bei Angoraziegen in Südafrika bis 17 % unfruchtbare Jungziegen registriert. Innerhalb der Rassen sind die züchterisch nutzbaren genetischen Einflüsse auf die Fruchtbarkeit gering.

10.4.11 Geburtenfolge

Der Abstand zwischen zwei Geburten ist in unseren Breiten mit saisonaler Fortpflanzung etwa ein Jahr. Für die Milchproduktion ist dies auch ein angemessener Zeitraum, wenngleich viele Ziegen eine Laktation von 300 Tagen nicht vollenden. Werden Ziegen nicht gemolken und ist ihre Fortpflanzung nicht saisongebunden, dann sind kürzere Intervalle zwischen den Geburten möglich. Schon 6 Wochen nach der Geburt kann eine erneute Trächtigkeit eintreten.

Im allgemeinen gibt es bei der Ziege keinen Laktationsanöstrus, d. h., auch wenn Ziegen noch gemolken werden, kommen sie in Brunst und können trächtig werden, doch wird das Auftreten der ersten Brunst unter Bedingungen einer nicht saisonalen Fortpflanzung bei Fleischziegen durch das Absetzen gefördert. So kam z. B. die Mehrzahl von Burenziegen in Südafrika innerhalb von einer Woche nach dem Absetzen, das 42 Tage nach der Geburt erfolgte, in Brunst (NAUDÉ u. HOFMEYR 1981). Wird ein Bock in die Herde gesetzt, kommen die Ziegen in der Regel 8 Tage danach in Brunst. Bei saisonaler Brunst erfordert dies allerdings eine künstliche Stimulierung (s. Seite 163). Damit ergibt sich theoretisch ein Geburtsintervall von 6 Monaten, und es wären 2 Geburten im Jahr möglich. Eine derart rasche Geburtenfolge wird jedoch nur erreicht, wenn die Lämmer früh abgesetzt und künstlich aufgezogen werden. Zieht die Ziege dagegen ihre Lämmer selbst auf, dann sind die kürzest möglichen Intervalle etwa 8 Monate. Das heißt, daß unter solchen Bedingungen jede Ziege in 2 Jahren dreimal lammen kann.

Falls es für das Herdenmanagement besser ist, wenn Decken und Lammen auf bestimmte Zeiten begrenzt sind und sich nicht über das ganze Jahr erstrecken, müßte bei Lamm-Intervallen von 8 Monaten ein strenger Kalender eingehalten werden, der wie in Tab. 34 aussehen könnte. Ziegen, die in der ihr zugedachten Zeit nicht aufnehmen, haben in der folgenden Deckzeit eine erneute Chance; sie verlieren nur 4 Monate.

Tab. 34. Deck- und Lammzeiten bei 8monatigen Intervallen

Deckzeit	Lammzeit	Deckzeit
1. März – 15. April	1. August – 15. September	1. November – 15. Dezember
1. Juli – 15. August	1. Dezember – 15. Januar	1. März – 15. April
1. November – 15. Dezember	1. April – 15. Mai	1. Juli – 15. August

Mit einem solchen Kalender wäre es möglich, bei saisonaler Fortpflanzung den Acht-Monate-Rhythmus einzuhalten und die Zeit der Geschlechtsruhe auszusparen (s. auch Seite 71).

Umgekehrt kann es bei der Milchproduktion wünschenswert sein, die Lammzeit möglichst lange auszudehnen, um einen gleichmäßig über das Jahr verteilten Milchanfall zu erreichen (s. Seite 71).

10.4.12 Trächtigkeitsfeststellung

Möglichkeiten zur Trächtigkeitsfeststellung haben bei der Ziege bisher wenig Beachtung gefunden, da Unfruchtbarkeit selten vorkommt. Wenn für trächtig

gehaltene Ziegen sich als nicht trächtig erweisen, kann das vor allem in zwei Situationen nachteilig sein.
1. Nicht trächtig gebliebene Jungziegen, besonders in hornlosen Rassen, können unerkannte Zwitter sein (s. Seite 106). Ihre Haltung ist unwirtschaftlich.
2. Wenn man gute Milchziegen, die für trächtig gehalten werden, trockenstellt, dann sind sie unter den Bedingungen der saisonalen Fortpflanzung ein Jahr lang unproduktiv. Wenn sie dagegen als nicht trächtig erkannt worden wären, hätten sie, nicht trockengestellt, ein weiteres Jahr einen ansehnlichen Milchertrag liefern können (s. Seite 60).

Eine sichere Feststellung der Trächtigkeit durch Fühlen der Frucht unter der Bauchwand ist erst etwa 4 Wochen vor dem Ende der Trächtigkeit möglich. Aber auch wenn keine Frucht gefühlt wird, kann das Bestehen einer Trächtigkeit nicht mit Sicherheit ausgeschlossen werden.

Ein anderes Verfahren, das sich an der manuellen Schwangerschaftsfeststellung in der Gynäkologie orientiert, ist auch bei der Ziege ab der 10. Woche der Trächtigkeit recht genau. Dabei wird der auf dem Rücken liegenden Ziege ein abgerundeter und mit einem Gleitmittel versehener Plastikstab von 50 cm Länge und 1,5 cm Durchmesser in den Mastdarm eingeführt und gegen die Bauchwand gedrückt. Mit der freien Hand läßt sich so zwischen Plastikstab und Bauchdecke der gefüllte Uterus tasten.

Mit Hilfe von Ultraschall kann eine Trächtigkeit ebenfalls ab 8./9. Woche festgestellt werden, doch ist dazu das entsprechende Gerät erforderlich (OTT u. M. 1981). Auch mit Hilfe von Hormonuntersuchungen im Blut oder in der Milch ist es möglich, eine Trächtigkeit festzustellen. Die Blutwerte des Gelbkörperhormons Progesteron sinken während der Brunst auf sehr niedrige Werte ab. Wenn 3 Wochen nach dem Belegen der Progesterongehalt festgestellt wird, zeigen niedrige Werte mit Sicherheit an, daß keine Trächtigkeit besteht. Werden dagegen hohe Werte gefunden, dann ist eine Trächtigkeit sehr wahrscheinlich. Sie ist jedoch nicht mit absoluter Sicherheit festzustellen, da ein befruchtetes Ei in den Frühstadien der Entwicklung absterben kann. Bei Untersuchungen in Frankreich lammten 85 % der Ziegen, bei denen 21 Tage nach einer Besamung hohe Progesteronwerte festgestellt wurden, später auch tatsächlich ab (CORTEEL 1977). Bei Untersuchungen in Indien war die Sicherheit der Diagnose sogar 100 % (JAIN u. M. 1980).

10.4.13 Trächtigkeitsdauer

Die Trächtigkeit dauert bei der Ziege etwa 150 Tage, die Schwankungsbreite beträgt 146–152 Tage. Mehrlingsträchtigkeiten dauern in der Regel etwas kürzer als Einlingsträchtigkeiten. Bei Zwergrassen dauert die Trächtigkeit nur 141–143 Tage.

10.5 Die Geburt

Der Ablauf der Geburt kann in 3 Phasen unterteilt werden: Vorbereitungs-, Eröffnungs- und Austreibungsphase. Die Dauer der einzelnen Phasen ist unterschiedlich. Die sichtbare Vorbereitung und Eröffnung dauert im allgemeinen bei Erstgebärenden 3–4 Stunden, bei erwachsenen Ziegen 2–3 Stunden. Die Austreibung dauert bis ca. 2 Stunden.

10.5.1 Vorbereitung und Eröffnung

Das Herannahen der Geburt zeigt sich durch die Vergrößerung des Euters an; an den Zitzen kann man die Füllung mit Kolostrum tasten. Die Beckenbänder „fallen ein", d. h., die Verbindung zwischen Sitz- und Kreuzbein wird weich, wodurch der Geburtsweg erweitert wird. Dabei tritt der Schwanzansatz weiter hervor und wird beweglich. Die Scheide schwillt an, und zähflüssiger Schleim tritt aus. Die Ziege hört auf zu fressen, sondert sich, wenn sie dazu die Möglichkeit hat, von den übrigen Tieren ab. Sie legt sich oft nieder, steht aber bald danach wieder auf. Sie wendet sich mit dem Kopf zum Schwanz, beleckt die Schwanzgegend und das Euter und setzt häufig Kot und Harn ab. Später läßt sie die charakteristischen Lockrufe für das Lamm, ein dumpfes, unterdrücktes Meckern hören. In einer Herde erregt eine Gebärende die Aufmerksamkeit vieler anderer Ziegen, die während der Geburt an der austretenden Frucht und dem Fruchtwasser riechen und lecken. Die Gebärende versucht, sie durch Drohgebärden und Stoßen mit dem Kopf zu verjagen, im Liegen richtet sie sich dabei halb auf.

Gegen Ende der Eröffnungsphase werden am Ausgang der Scheide die Fruchthüllen (Amnion und Allantois) sichtbar. Das Lamm wächst in der Gebärmutter in einem Fruchtsack (dem Amnion) heran, der mit Schleim gefüllt ist. Der Fruchtsack selbst ist in einer weiteren Blase, die mit gelblich-bräunlicher wäßriger Flüssigkeit (0,5–1 l) gefüllt ist, der „Wasserblase" (Allantois), eingeschlossen. Bei der Geburt wird diese Wasserblase meist zuerst durch den Gebärmutterhals gedrängt, womit die gleichmäßige, schonende Eröffnung unterstützt wird. Ein Zeichen dafür, daß die Geburt in ihre letzte Phase tritt, ist das Austreten der Wasserblase aus der Scheide. Das geschieht während einer kräftigen Wehe, und meist platzt die Blase dabei. Vom Platzen der Wasserblase bis zum Abschluß der Geburt vergehen höchstens 2 Stunden. Allerdings wird das Platzen der Blase nur selten beobachtet. Danach tritt der Fruchtsack, auch „Fußblase" genannt, hervor, der eine festere Wand hat und nicht so leicht platzt. Er hilft mit seiner Flüssigkeit, einem dicken, glasigen Schleim (ca. 1 l), bei der Öffnung des Geburtsweges. Der ganze Druck der Wehen wird durch die Flüssigkeit gleichmäßig auf die Wände des Geburtsweges übertragen und bewirkt eine starke Dehnung an dessen Öffnung, dort, wo ihm kein Widerstand entgegenwirkt. Ist die Blase dagegen geplatzt, dann drückt die Frucht selbst mit ihren unregelmäßigen Formen auf den Geburtsweg. Es ist deshalb völlig falsch, die Fruchtblase absichtlich zu eröffnen, wie man dies vielfach beobachtet. Für das Lamm besteht keine Gefahr, im Fruchtsack zu ersticken oder Fruchtwasser einzuatmen.

Durch die Blase hindurch erkennt man die anstehenden Körperteile der Frucht, im Normalfall die Klauen der Vorderbeine und den Kopf. Wenn unter dem zunehmenden Druck der Wehen die Fruchtblase schließlich platzt, beginnt die Austreibung, sie wird durch den Schleim des Fruchtsackes, ein vorzügliches Gleitmittel, unterstützt.

10.5.2 Austreibung

Der Druck der Frucht auf die innere Öffnung des Geburtsweges wirkt als starker wehenauslösender Reiz, so daß jetzt kräftige Wehen schnell aufeinander folgen. Die beginnenden Wehen sind deutlich an der Spannung der Bauchdecke zu erkennen. Beim Herannahen einer Wehe legt sich die Ziege nieder. Bei stärkeren Wehen stemmt sie die ausgestreckten Hinterbeine gegen den Boden.

Während der Preßwehen stöhnt die Ziege und kann auch laut klagen. Wenn in dieser Phase der Kopf des Lammes scheinbar in der Scheide steckenbleibt, weil kaum Bewegungen feststellbar sind, werden die Ziegenhalter leicht unruhig und suchen nach Möglichkeiten der Hilfe. Dabei ist es vor allem bei Erstgebärenden völlig normal, daß vom Sichtbarwerden des Kopfes bis zum Abschluß der Geburt wegen der nötigen letzten Erweiterung des Geburtsweges noch etwas Zeit vergeht. Es ist daher falsch, die Ziege jetzt durch Zughilfe zu unterstützen. Man sollte in dieser Phase nie die normalen Kräfte der Geburt unterschätzen. Solange Wehen regelmäßig aufeinanderfolgen und (wenn auch kleinste) Fortschritte in der Austreibung des Lammes zu erkennen sind, ist der Geburtsverlauf normal und Hilfe nicht erforderlich. Sie kann durch den übermäßigen Druck auf das Gewebe von Gebärmutterhals, Scheide und Scham nur schaden. Nachdem der Schädel mit seiner weitesten Stelle, dem Augenbogen, ausgetreten ist, folgt meist eine kleine Pause, nach der dann mit einigen weiteren Wehen das Lamm endgültig ausgetrieben wird. Bei Lämmern mit sehr breiten Hüften können noch zusätzliche Wehen für die Passage der Hüfte sowie der hinteren Extremitäten notwendig werden. Erst in diesem Moment kann Zughilfe angebracht sein.

Die Überwachung der Geburt und ihre Unterstützung soll möglichst zurückhaltend erfolgen. Man sollte nie die Tatsache vergessen, daß die meisten Geburten ohne irgendeine Unterstützung ablaufen und eine muntere Ziege mit gesundem Lamm vorgefunden wird, ohne daß die Geburt beobachtet wurde. Prinzip der Unterstützung muß sein, die Ziege so wenig wie möglich zu stören. Jede Veränderung ihrer Umgebung durch Verbringen in einen anderen Raum, Anwesenheit fremder Personen, laute Geräusche u. ä. stören die Geburt. In einer großen Herde kann man beobachten, daß z. B. die Arbeiten während des Melkens hemmend auf die Geburten wirken. Wenn nach dem morgendlichen Melken Ruhe im Stall eintritt, beginnen in der Regel die Geburten.

Die einzelnen Abschnitte des Geburtsablaufes: Beginn der Wehen, Austritt und Platzen der Blasen, Austritt der ersten Fruchtteile sollen jedoch aufmerksam registriert werden, damit das Ausmaß einer etwaigen Verzögerung der Geburt festgestellt werden kann.

10.5.3 Hilfe bei der normalen Geburt

Beim „Einschneiden" des Kopfes kann die Ziege unterstützt werden, indem man die Haut der Schamlippen, die jetzt straff gespannt und dünn ist, mit beiden Händen gegen den Kopf des Lammes drückt, um so ein Einreißen zu verhindern. Im weiteren Verlauf kann man diesen Druck gegen den Nacken des Lammes richten und damit zugleich die Austreibung etwas unterstützen.

Nur wenn man ganz sicher ist, daß die Frucht richtig in das Becken eingetreten ist und genügend Zeit war für die Eröffnung der Geburtswege, und wenn der Eindruck besteht, daß die Wehenkraft für die Austreibung nicht ausreicht, kommt leichte Zughilfe in Betracht. Dabei ist folgendes zu bedenken:

– Die Kraft einer Person ist das Äußerste, was man der Ziege zumuten kann. Das Gewebe, das den Geburtsweg auskleidet, ist empfindlich und schon nach geringen Quetschungen bleiben schwere Gewebsschwellungen (Ödeme) zurück; leicht kommt es zu Gewebszerreißungen, die zu Entzündungen führen.
– Ist die Frucht absolut zu groß, dann kann auch die Hüfte des Lammes ein nicht zu überwindendes Hindernis sein. Es gelingt dann u. U., Kopf und Schulter aus dem Becken zu ziehen, danach bleibt das Lamm aber festgeklemmt. In diesem Stadium ist jede weitere Geburtshilfe sehr erschwert.
– Der Geburtsweg muß feucht und gut geschmiert sein. Sind bei längerem Geburtsverlauf das Lamm und der Geburtsweg bereits trocken, dann muß vor dem Versuch einer Zughilfe für Ersatz des Fruchtwassers gesorgt werden. Im einfachsten Fall kann dazu ein Aufguß von Leinsamen verwendet werden, der jedoch mit Hilfe einer geeigneten Pumpe tief in die Gebärmutter eingebracht werden muß.
– Zughilfe muß mit den Wehen abgestimmt erfolgen. Der stärkere Druck auf den Gebärmutterhals beim Ziehen wirkt wehenanregend. Zughilfe kann in den

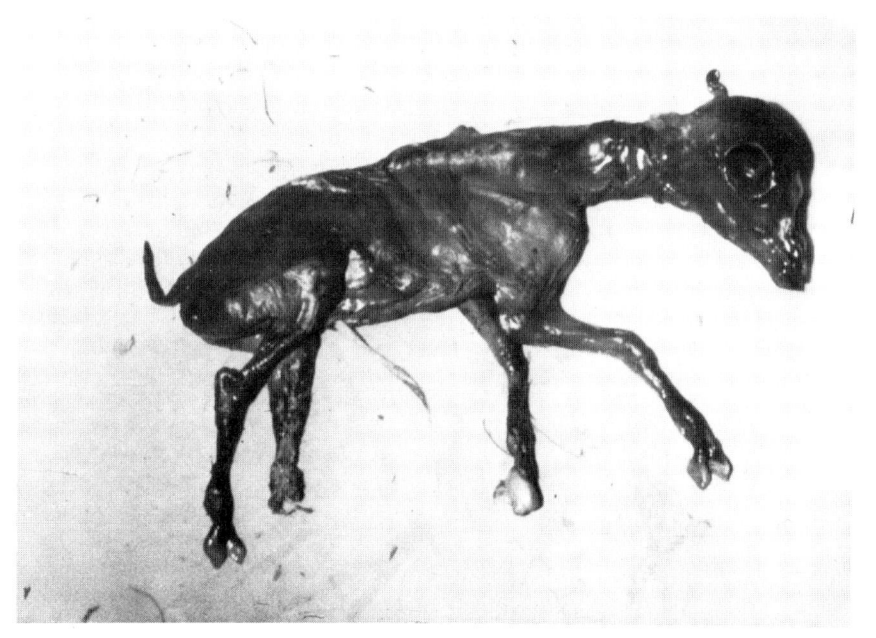

Abb. 74. Mumifizierte Frucht. Werden abgestorbene Lämmer nicht alsbald abortiert, schrumpft der ganze Körper allmählich und trocknet ein. Solche Früchte werden gelegentlich mit einem gesunden Lamm geboren oder auch erst Tage nach der Geburt ausgestoßen.

Wehen die Kraft zur Austreibung vergrößern, in den Wehenpausen soll der Zug nachlassen. Sind Hemmnisse überwunden, die den Ablauf der Geburt verzögerten, dann soll man vor weiterer Zughilfe zunächst Zeit für die vollständige Eröffnung der Geburtswege lassen. Dies gilt besonders für Erstgeburten.
— Geburtsstricke oder Ketten dürfen nur mit großer Vorsicht verwendet werden. Sie können nur dazu dienen, dem Geburtshelfer die Hände freizumachen und das Lamm in einer gewünschten Position zu halten, nicht aber, um eine stärkere Zugkraft auszuüben.

Nachdem das erste Lamm geboren ist, entsteht gewöhnlich eine Pause, während der das zweite Lamm in den Geburtsweg eintritt. Es kann sich in demselben Fruchtsack wie das erste Lamm befinden, dann wird es geboren, ohne daß vorher eine weitere Blase austritt und platzt. Es kann sich aber auch in seinem eigenen Fruchtsack entwickeln; dasselbe gilt auch für ein drittes oder gar viertes Lamm. Wenn sich erneut Wehen einstellen, unterbricht das Muttertier die Pflege des erstgeborenen Lammes und konzentriert sich auf die weitere Geburt. In der Regel verläuft die Austreibung des zweiten Lammes rasch und ohne Komplikationen; doch sind solche nicht ausgeschlossen. Besonders wenn die Ziege nur schwache Wehen hat, kann jede der beschriebenen Störungen vorkommen. In Extremfällen kann bis zur Geburt des zweiten (dritten oder vierten) Lammes viel Zeit vergehen. Es ist schon vorgekommen, daß erst nach mehreren Tagen das letzte, dann allerdings abgestorbene Lamm geboren wurde, oder aber es verblieb sogar in der Gebärmutter und wurde erst später in eingetrocknetem Zustand (mumifiziert) gefunden (Abb. 74). Da dies aber sehr seltene Ereignisse sind, empfehle ich dem Ziegenhalter, nach einer Schwergeburt die Gebärmutter nicht nach weiteren Lämmern abzutasten. Zwar wird dies der Tierarzt stets tun, aber er verfügt über die Mittel, dabei einer Infektion vorzubeugen. Außerdem ist es für den Laien ohnehin kaum möglich, mit Sicherheit zu sagen, daß kein Lamm mehr in der Gebärmutter ist.

10.5.4 Komplikationen der Geburt

Das Lamm liegt vor der Geburt in einer gekrümmten Haltung in der Gebärmutter (Abb. 75a). Zur Geburt richtet es sich auf und streckt sich, so daß es mit dem Kopf auf den Vorderbeinen in den Geburtsweg eintritt (s. Abb. 75b). Dieser Vorgang wird durch die Bewegung des Lammes und der Mutter unterstützt, etwaige Fehler im Bewegungsablauf werden bei dem häufigen Niederlegen und Aufstehen vor der Geburt korrigiert. Sind bei Erscheinen der Fruchtblase Kopf und 2 Klauen zu erkennen, ist zunächst zu prüfen, ob das Lamm lebt. Dazu drückt man mit dem Finger leicht zwischen die Klauen, was eine Bewegung von Klaue und Bein hervorruft. Auch am Kopf kann man durch leichten Druck reflektorische Bewegun-

---

Abb. 75. Normaler und fehlerhafter Geburtsverlauf. a) Stellung des Lammes vor der Geburt. b) Normaler Eintritt des Lammes in den Geburtsweg: beide Vorderfüße und der Kopf bahnen den Weg. c) Ein Vorderfuß bleibt hinten. d) Beide Vorderfüße sind abgebeugt. e) Der Kopf bleibt zurück. f) Hinterendlage. g) Steißlage, die Hinterfüße bleiben zurück. h) Das Lamm liegt quer vor der Öffnung des Geburtsweges, was besonders dann vorkommt, wenn ein zweites Lamm nachdrängt. i) In dieser Stellung verklemmt sich das Lamm im Geburtsweg.

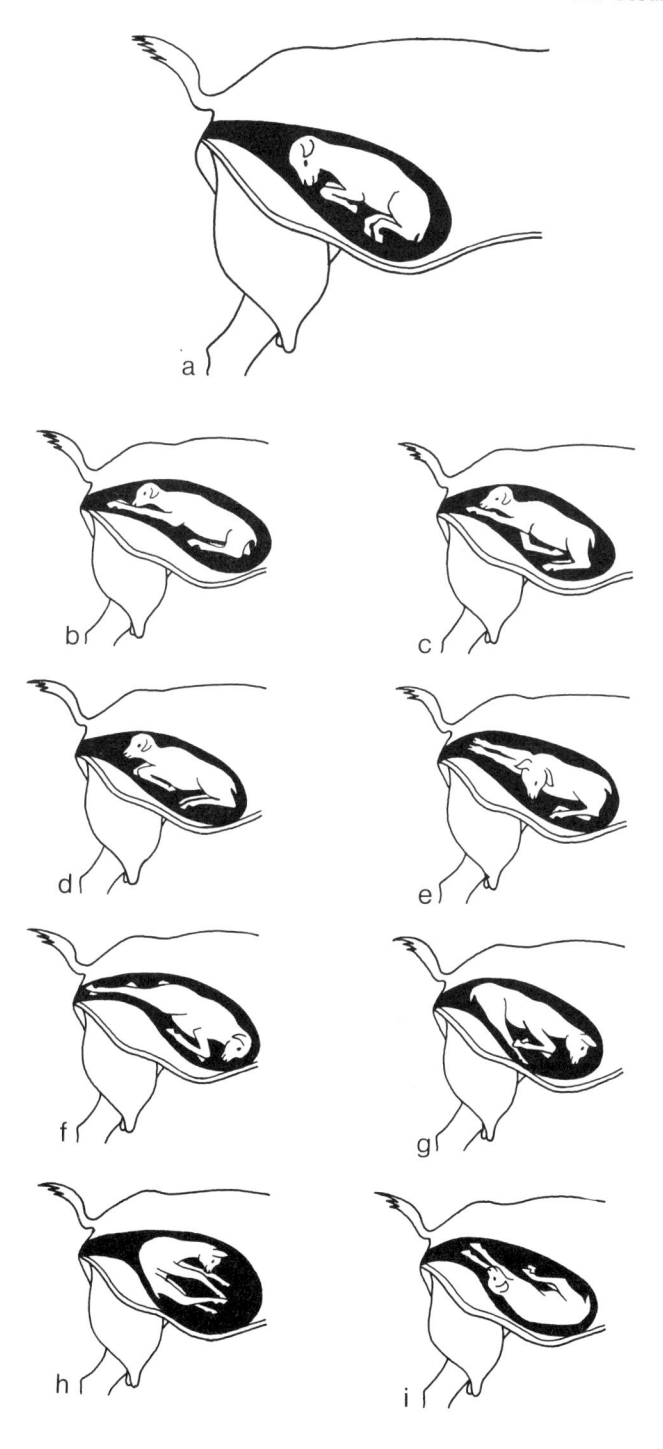

Die Geburt 175

gen auslösen. Dann muß man prüfen, ob die beiden sichtbaren Füße Vorderfüße eines Lammes sind, denn es kommt vor, daß zusammen mit einem Vorderfuß ein Hinterfuß oder auch der Fuß eines Zwillingslammes eintritt. Wenn nach Erscheinen der Blasen keine Teile der Frucht zu erkennen sind und wenn außerdem trotz Wehen die Geburt nicht vorankommt oder aber die Wehen ganz ausbleiben, dann besteht der Verdacht auf fehlerhafte Haltung oder Lage des Lammes. Es muß dann versucht werden, die Art der Störung festzustellen und sie möglicherweise zu beseitigen. Nach sorgfältiger Reinigung von Scham, Scheideneingang und Hand kann man versuchen, durch Tasten in der Scheide die Lage des Lammes zu erkunden.

Ist nur ein Fuß in Becken bzw. Scheide eingetreten, kann man das zweite Bein, das seitlich an der Brust liegt (Abb. 75c), hochheben, indem man es vor dem Beckenrand abbeugt und dann in das Becken hineinstreckt.

Ist nur der Kopf im Becken zu tasten, muß man versuchen, die Korrektur der Beinhaltung beiderseits vorzunehmen. Der Versuch, ein normal großes Lamm nur am Kopf auszuziehen, ist aussichtslos (Abb. 75d).

Sind nur 2 Füße im Becken, der Kopf aber gar nicht oder aber nur in der Tiefe als runde harte Form zu spüren, kann es sein, daß der Kopf abgebeugt ist und mit der Stirn gegen den Beckenrand klemmt (Abb. 75e). Zur Berichtigung ist das Lamm in einer Wehenpause vorsichtig zurückzudrängen; erst dann kann versucht werden, den Kopf so zu heben, daß er mit der Nase voran in das Becken kommt. Ist der Kopf dagegen gar nicht zu fühlen, muß man sich zunächst vergewissern, daß die beiden ausgetretenen Füße zu den Vordergliedmaßen gehören. Ist dies der Fall, muß der nach hinten seitlich abgebeugte Kopf, ähnlich wie zuvor beschrieben, in das Becken geholt werden. Zeigt sich dagegen, daß die beiden Füße zu den hinteren Gliedmaßen gehören, handelt es sich um eine Hinterendlage (Abb. 75f). Man fühlt Sprunggelenke, Becken und Schwanz. Bei dieser Stellung ist für eine rasche Austreibung zu sorgen, da der Nabel leicht eingeklemmt wird und bei den dadurch ausgelösten Atemzügen Fruchtwasser in die Atemwege gelangen kann. Bei der Steißlage (Abb. 75g) ist u. U. nur der Schwanz zu fühlen.

Sind weder Gliedmaßen noch Kopf zu sehen oder zu tasten, und ist der Verlauf der Geburt offenbar verzögert, dann wird man durch Tasten in der Zervix und, wenn möglich, im Uterus versuchen, die Stellung des Lammes zu ermitteln. Es kann vorkommen, daß es mit dem Rücken quer zum Beckenausgang liegt (Abb. 75h). Die Korrektur zur Hinterendlage ist in diesem Fall meist leichter als die zur Vorderendlage, da der Kopf nicht mitgeholt werden muß. Die Korrektur ist aber nur zu empfehlen, wenn der Geburtsweg bereits weit geöffnet ist und mit dem Ausziehen des Lammes nicht noch die eigentliche Eröffnung erfolgen muß. Meist wird die erforderliche Erweiterung des Geburtsweges bei Erstgebärenden noch abzuwarten sein. Liegt das Lamm im Geburtsweg auf dem Rücken, verklemmt es sich mit den gegen das Becken gestemmten Vorderfüßen; es muß daher zunächst gedreht werden (Abb. 75i).

Weiterhin können sich 2 Früchte im Geburtsweg verklemmt haben. Man findet dann z. B. 3 Füße im Becken oder einen Kopf zusammen mit einem Hinterfuß. In solchen Fällen ist es notwendig, das Lamm oder die Lämmer möglichst weit zurückzudrücken, um ein Lamm in der richtigen Lage in das Becken zu dirigieren.

Mißbildungen der Lämmer können ebenfalls ein Geburtshindernis sein. Wasserlämmer (Bulldoglämmer, Hydrops universalis (s. Abb. 76a) entstehen aufgrund einer erblich bedingten Störung des Hormonhaushalts während der Entwicklung im Mutterleib. Flüssigkeitsansammlungen in den Körperhöhlen und unter der Haut führen zu unförmiger Vergrößerung des ganzen Körpers. Oft besteht gleichzeitig eine Wassersucht der Eihäute und übermäßige Ausdehnung des Bauches der Mutterziege (Abb. 76b). Die Lämmer sind nicht lebensfähig. Bei der Geburtshilfe erkennt die tastende Hand die Flüssigkeitsansammlung unter der Haut der erreichbaren Körperteile. In seltenen leichteren Fällen kann das mißgebildete Lamm ausgezogen werden. Meist ist dagegen die Fruchtzerstückelung erforderlich, die sich hier besonders eignet.

Beim Schizosoma reflexum (das ist eine Mißbildung, bei der die Bauchdecke des Lammes nicht geschlossen ist, so daß die inneren Organe sich außerhalb der Leibeshöhle des Lammes befinden (s. Abb. 77), kann es leicht vorkommen, daß sich alle 4 Beine im Becken verkeilen. Für den Geburtshelfer ist es schwer, die Mißbildung zu erkennen, da sich die Organe mit Teilen der Eihäute verwechseln lassen. Meist ist nach Lageberichtigung der Auszug möglich.

Nach der Berichtigung von Haltungs- und Lagefehlern soll man der Ziege zunächst etwas Zeit lassen, damit die Wehentätigkeit für die vollständige Eröffnung und die Austreibung von allein in Gang kommen kann. Die richtig in das Becken eingetretene Frucht gibt einen starken Reiz zur Auslösung der Wehen. Nur wenn die Geburt über lange Zeit verschleppt ist und sich Wehen nicht mehr einstellen, ist das

Abb. 76a. Wasserlamm. Man sieht die großen Ansammlungen von Flüssigkeit unter der Haut und in den Körperhöhlen. Wahrscheinlich durch eine Erbanlage bedingt. Das obere normale Lamm stammt aus derselben Trächtigkeit.

178 Haltung

Abb. 76b. Ziege hochträchtig mit Wasserlamm. Übermäßige Ausdehnung des Bauches weist auf diesen Zustand hin.

Ausziehen des Lammes angebracht. Der Tierarzt kann allerdings außerdem den Geburtsablauf medikamentös fördern.

Diese Aufzählung von Geburtsstörungen ist nicht vollständig. Am Beispiel der häufiger vorkommenden Störungen soll nur die Aufmerksamkeit des Ziegenhalters auf die Schwierigkeiten gelenkt und die Möglichkeiten zur Hilfe angedeutet werden.

Die geschilderten Maßnahmen der Geburtshilfe sind durch eine Reihe von Umständen erschwert:
– Man muß „blind" arbeiten und kann nur durch Tasten Haltung und Lage des Lammes erkennen;
– die Wehen üben auf Lamm und Becken einen u. U. erheblichen Druck aus, der jedes Arbeiten mit der zusätzlich in das Becken eingeführten Hand erschwert;
– bei den schwierigeren Korrekturen kann man nur mit den Fingerspitzen arbeiten, und oft fehlt die Kraft, um die schlüpfrigen Gliedmaßen oder den Kopf zu fassen und u. U. gegen die Bewegungen des Lammes in das Becken zu dirigieren;
– bei lange verzögerten Geburten ist der Geburtsschleim ausgepreßt worden und das Lamm sowie die Wand der Eihäute bzw. der Gebärmutter sind trocken, wodurch jede Bewegung sehr erschwert ist.

Mit allen diesen Schwierigkeiten ist der Tierarzt vertraut, er ist ausgebildet und erfahren in den Methoden der Geburtshilfe. Außerdem verfügt er über das notwendige Instrumentarium und kann die Geburtshilfe auch durch Medikamente unterstützen. Vor allem aber kann er, wenn eine Entwicklung der Früchte nicht möglich ist, ohne das Muttertier zu verletzen rechtzeitig die Geburt auf dem natürlichen

Abb. 77. Schizosoma reflexum. Die Eingeweide haben sich außerhalb der nicht geschlossenen Bauchhöhle entwickelt. Bei der Geburt erschienen alle vier Füße gleichzeitig. Die Ursache ist nicht genau bekannt, möglicherweise ist eine erbliche Anlage beteiligt.

Weg abbrechen und sie operativ beenden. Dazu gibt es zwei Möglichkeiten, die Fruchtzerstückelung (Fötotomie) und den Kaiserschnitt.

Die *Fruchtzerstückelung* in der Gebärmutter kommt vor allem dann in Frage, wenn das Lamm nicht mehr am Leben ist. Bewährt hat sich bei abgestorbenen Lämmern die Zerstückelung unter der Haut, wie sie von Tierärzten früher viel bei Kälbern und Fohlen vorgenommen wurde. Dabei wird ausgehend von dem aus der Scheide herausragenden Körperteil (Kopf oder Bein) nach einem Einschnitt in die Haut des toten Lammes dieses innerhalb seiner Haut Stück für Stück zerlegt. Zwischen der Hand des Operateurs und dem Geburtsweg befindet sich dabei immer als schützende Schicht die Haut des Lammes. Die Methode erfordert Geduld und Geschick, hat aber den Vorteil, daß nach Abschluß die Ziege unversehrt und auch das Infektionsrisiko für die Gebärmutter gering ist.

Der *Kaiserschnitt,* bei dem Bauchwand und Gebärmutter eröffnet werden und das Lamm bzw. die Lämmer unter Umgehung des Beckens geboren werden, ist auch bei der Ziege möglich. Es ist aber eine größere Operation, und die Milchleistung danach ist gering. Wegen der dünnen Haut der Ziege sind Komplikationen an den Wundnähten nicht selten.

Es ist deshalb richtig, stets sehr sorgfältig zu prüfen, ob nicht die Fruchtzerstückelung der bessere Weg ist, um wenigstens das Muttertier zu retten, wenn das Lamm bereits abgestorben ist.

Nicht selten tritt während der Trächtigkeit ein Scheidenvorfall auf. Beim Liegen dringt ein unterschiedlich großes Stück der Scheidenschleimhaut aus der Vulva, das meistens beim Aufstehen der Ziege allmählich wieder zurückschlüpft. Obwohl sich die Schleimhaut durch die Verunreinigung und durch kleine Verletzungen entzündet, bleibt der Vorfall meist harmlos. Bei der Geburt kann sich daraus allerdings leichter als bei anderen Ziegen ein Gebärmuttervorfall entwickeln. In schweren Fällen bleibt der Vorfall ständig bestehen. Die Schleimhaut entzündet sich dann, trocknet aus und kann reißen. Komplikationen entstehen vor allem durch andauerndes Pressen der Ziegen. Obwohl verschiedene Faktoren für das Zustandekommen des Vorfalls verantwortlich gemacht werden, dürfte er im wesentlichen auf eine individuelle Veranlagung zurückgehen. Mit Wiederholungen ist bei folgenden Trächtigkeiten zu rechnen.

Der Gebärmuttervorfall kommt vor allem nach Schwergeburt bei erblich dazu veranlagten Tieren vor, die oft auch schon während der Trächtigkeit einen Scheidenvorfall hatten. Die Gebärmutter (Uterus) wird dabei durch die Scheide nach außen gepreßt, wie ein Strumpf, den man beim Ausziehen ausstülpt. Dabei kommt die Uterusschleimhaut nach außen, die Bauchhöhlenseite bleibt innen. Wenn der Vorfall sofort behandelt wird, sind die Heilungsaussichten gut.

Die Ziege wird hinten hochgestellt und unter Zuhilfenahme von desinfizierten, feuchten Handtüchern wird der gut mit spezieller Desinfektionslösung gereinigte Uterus langsam zurückgedrängt. Die Eihaut (Nachgeburt) wird dabei, wenn möglich, abgenommen. Die Tücher dienen dazu, das Zerreißen der Uteruswand zu verhindern, und helfen, den Uterus in der jeweils erreichten Stellung zurückzuhalten. Sie werden nach gelungener Reposition wieder entfernt.

Das völlige Zurückstülpen des Uterus kann u. U. nur durch Einfüllen von Schleim erreicht werden.

Der Tierarzt kann die Behandlung des Vorfalls durch schmerzstillende und krampflösende Medikamente wesentlich unterstützen.

Die erfolgreich zurückverlagerte Scheide wird mit einem Scheidenverschluß oder einer Bandage gegen erneuten Vorfall gesichert. Anschließend ist eine ausreichende Antibiotikabehandlung erforderlich.

10.5.5 Nachgeburt

Die Nachgeburt löst sich innerhalb weniger (im allgemeinen 6) Stunden. Zusammen mit dem Schleim vom Fell des Lammes und dem Schleim am Boden nimmt die Ziege oft auch die Nachgeburt ganz oder teilweise auf. Dies ist offenbar ein normaler Vorgang, und die Befürchtung, daß dadurch Verdauungsstörungen entstehen können, ist unberechtigt. Wahrscheinlich ist es für die wildlebende Ziege richtig, die Nachgeburt zu verzehren, die Raubtiere anlockt, welche den Lämmern gefährlich werden können. Außerdem ist möglicherweise das Eiweiß zur Deckung des hohen Bedarfes am Anfang der Laktation nützlich.

Nachgeburtsverhaltungen sind bei den Ziegen selten. Ob sie auch bei ihnen wie bei anderen Säugern vor allem mit falscher Ernährung zusammenhängen, ist nicht geklärt, aber wahrscheinlich. Die Behandlung der Nachgeburtsverhaltung erfolgt vorwiegend konservativ (s. Seite 281).

10.6 Aufzucht

10.6.1 Pflege des Neugeborenen

Nach der Geburt liegt das Lamm zunächst einen Moment regungslos. Die Fruchthülle kann noch unversehrt sein, und wenn die Ziege bei der Austreibung liegt, reißt der Nabel u. U. bei der Geburt nicht sofort ab. Erst wenn die Ziege aufsteht, wird dann der Nabel getrennt. Man soll diesem natürlichen Vorgang nicht zuvorkommen, da die fortdauernde Blutzirkulation bei unversehrtem Nabel die Anpassung des Lammes an das Leben außerhalb der Gebärmutter erleichtert. Dabei ist zu berücksichtigen, daß der Streß für das Lamm durch die mechanische Einwirkung bei der Geburt, durch Temperatur, Licht und Geräusche erheblich ist. Die Umstellung des Kreislaufs und der Beginn der Atmung sind äußerst kritische Momente. All dies wird durch eine kleine Frist nach der Geburt, während der das Neugeborene noch vom Blutkreislauf der Mutter versorgt wird, gelindert.

Kältereiz und Mangel an Sauerstoff rufen die ersten Bewegungen hervor, das Lamm beginnt zu atmen, hebt und schüttelt den Kopf und zerreißt dabei die Fruchthülle, falls sie noch intakt ist. Da totgeborene Lämmer oft in der uneröffneten Fruchthülle vorgefunden werden, besteht vielfach die Meinung, das Lamm sei erstickt, weil die Hülle nicht eröffnet war. In Wahrheit dürfte dies bei kräftigen Lämmern nicht vorkommen, allerdings ist es möglich, daß ein schwaches Lamm, das sich allein nicht aus der Hülle befreien kann, mit rechtzeitiger Hilfe durch den Menschen überleben kann.

Das kräftige Lamm befreit durch Schütteln des Kopfes und durch Niesen Mund und Nase vom Schleim. Eine Hilfe ist auch dabei nicht nötig. Sie soll sich auf jeden Fall darauf beschränken, Mund und Nase von außen abzustreifen, keinesfalls etwa darf man den Finger in Mundhöhle oder Nasenlöcher einführen. Die Infektionsmöglichkeit hierbei ist groß und der mögliche Nutzen gering. Bei Lämmern, die durch eine schwere und langsame Geburt geschwächt sind, kann es erforderlich sein, die beginnende Atmung zu unterstützen. Dabei kommt es darauf an, die Reize, welche die ersten Atemzüge auslösen, zu verstärken, was durch Reiben der Haut, vorsichtiges Drücken auf den Brustkorb und einen zusätzlichen Kältereiz mit kaltem Wasser geschehen kann. Außerdem muß Schleim, der bei ersten Atemzügen in die Luftwege gelangt ist, entfernt werden. Das vielfach geübte Hochhalten des Lammes an den Hinterbeinen, evtl. durch schleudernde Bewegung unterstützt, kann zwar wirksam sein, ist aber zugleich sehr gefährlich, da es zu Gefäßverletzungen im Kopf führen kann. Sehr nützlich ist es, den Schleim aus dem Rachen und der Luftröhre mit einem kleinen Schlauch (z. B. Ernährungssonde 2 × 3 mm) abzusaugen. Allerdings ist dafür eine kleine Pumpe erforderlich, da das Absaugen mit dem Mund aus hygienischen Gründen nicht vertretbar ist. Es genügt eine Wasserstrahlpumpe; für eine größere Herde kann eine derartige Ausrüstung zur Versorgung der Neugeborenen durchaus zweckmäßig sein.

Die Mutterziege beginnt gleich nach der Geburt oder nach einer nur ganz kurzen Ruhepause, das Neugeborene zu lecken (Abb. 78). Offenbar handelt es sich dabei zunächst mehr um ein Verzehren des Schleims, der das Lamm bedeckt, als um seine Pflege. So ist es auch zu erklären, daß die Ziege ebenso den auf dem Boden liegenden Schleim aufnimmt. Das Lecken des Lammes wird unterbrochen, wenn die Wehen zur Austreibung weiterer Lämmer beginnen. Sind zwei Lämmer kurz

Abb. 78a. Gleich nach der Geburt beginnt die Ziege, das Lamm trockenzulecken.

Abb. 78b. Schon nach kurzer Zeit sucht das Lamm das Euter.

nacheinander geboren, dann sorgt ein komplizierter Instinktmechanismus dafür, daß die Ziege sich nicht ausschließlich mit einem Lamm, sondern in angemessener Weise mit beiden bzw. allen Lämmern beschäftigt. Bei Erstlingsziegen dauert es eine Weile, bis sich die Beziehung zwischen Mutter und Lamm entwickelt. Zunächst weiß die Ziege mit dem Lamm nichts anzufangen, sie ist von dem Anblick offensichtlich überrascht, ja manchmal fürchtet sie sich anscheinend sogar, was auf der Weide dazu führen kann, daß sie sich vom Lamm entfernt. In dieser Zeit kommt es vor, daß sich andere Ziegen um das Lamm kümmern und es belecken. Dies kann eine kritische Phase sein, denn die zurückkehrende Mutter wird meist von den anderen Ziegen zunächst weggestoßen. Widersetzt sie sich nicht energisch genug, kann sie für dauernd von ihrem Lamm getrennt werden. Das Interesse der anderen Ziegen erlahmt jedoch meist rasch, und das Lamm bleibt dann ohne Pflege und geht ein, wenn ihm der Mensch nicht zu Hilfe kommt.

Bald nach der Geburt beginnt das Lamm mit Aufstehversuchen und ist oft schon nach einer halben Stunde am Euter (Abb. 78b). Die Bindung von Mutter und Lamm erfolgt in den ersten Stunden nach der Geburt, vor allem aufgrund des Geruchs, der dem Lamm anhaftet und ihm beim Belecken durch die Mutter und mit der Milch übertragen wird (GUBERNICK u. M. 1981). Die Bindung aufgrund der Lautäußerung findet erst später statt. Sollen die Lämmer bei der Mutter aufgezogen werden, ist es wichtig, daß sich diese Bindung ungestört aufbaut, vor allem auch bei Mehrlingen.

Große Euter mit dicken Zitzen, die das Lamm nicht in den Mund bekommt, stellen manchmal ein unüberwindliches Hindernis bei den Saugversuchen des Lammes dar. An solchen prallgefüllten Eutern können Lämmer verhungern, wenn sie nicht vom Ziegenhalter rechtzeitig unterstützt werden. Notfalls wird zunächst ins Maul gemolken, bis Euter und Zitzen etwas erschlaffen und das Lamm selbständig saugt.

10.6.2 Lämmeraufzucht

Nach der Geburt läßt man die Lämmer zunächst bei der Mutter saugen. Wenn sie reichlich Kolostrum aufgenommen haben, kann man sie von der Mutter trennen und danach künstlich aufziehen. Es ist wichtig, daß die Lämmer möglichst rasch und ausreichend Kolostrum aufnehmen, mit dem sie ihren bei der Geburt sehr geringen Vorrat an Blutzucker auffüllen (s. Seite 66). Außerdem geht der Gehalt an lebenswichtigen Schutzstoffen (Antikörper) im Kolostrum schon nach einigen Stunden zurück, und auch das Lamm kann diese Stoffe nur wenige Stunden lang durch seinen Darm aufnehmen. Umsichtige Ziegenhalter werden nach Möglichkeit einen entsprechenden Vorrat an Kolostralmilch einfrieren, um bei Tod oder Milchmangel eines oder sogar mehrerer Muttertiere die Versorgung der frisch geborenen Lämmer sicherzustellen.

Wenn man die Lämmer überhaupt nicht saugen läßt, sondern von Anbeginn tränkt oder mit der Flasche füttert, nehmen sie in der Regel schwer genügend Kolostrum auf. Da das Kolostrum in den ersten 5 Tagen ohnehin nicht als Milch verwendet werden darf, läßt man die Lämmer also am besten in dieser Zeit bei der Mutter. Allerdings ist es dabei erforderlich, täglich ein- bis zweimal zu kontrollieren, ob alle Lämmer tatsächlich bis zur Sättigung gesaugt haben. Schwächere Lämmer, vor allem Zwillinge, können andernfalls leicht unzureichend ernährt werden und infolge einer allgemeinen Schwächung dann überhaupt nicht mehr zum Saugen kommen und eingehen (s. Seite 285). Außerdem ist es nötig, sich täglich zu vergewissern, daß die Euter vollständig geleert sind, und sie evtl. auszumelken, um so dem Auftreten von Euterentzündungen vorzubeugen.

Diese Methode sichert zwar eine gute Ernährung der Lämmer während der kritischen ersten Woche und erleichtert das Anmelken besonders der Erstlingsziegen, sie erfordert aber in größeren Herden einen nicht unerheblichen Arbeitsaufwand. Außerdem ist die Umstellung der Lämmer auf künstliche Ernährung (Tränken), nachdem sie länger bei der Mutter waren, nicht einfach, und die Ziegen leiden

184 Haltung

unter der Trennung von den Lämmern. Deshalb werden die Lämmer gern von der Mutter getrennt, sobald sie trockengeleckt sind und ausgiebig Kolostrum aufgenommen haben. Die Reflexe für die Milchaufnahme sind dann noch nicht so eingefahren, und die Mutter-Lamm-Beziehung ist noch nicht so fest, so daß die Trennung von beiden leichter ertragen wird und die Umstellung auf die Tränke einfacher ist als beim Absetzen nach 5 Tagen.

Die Lämmer können aus Schüsseln oder kleinen Eimern getränkt werden oder auch aus Tränkgeräten mit Gummisaugern (s. Abb. 79), wie sie für Schaflämmer verwendet werden. Die Löcher im Sauger sollen keinesfalls mit einer heißen Nadel in den Sauger gebrannt, sondern mit einem kleinen Schnitt angebracht werden. Es ist darauf zu achten, daß die Löcher eng sind und das Saugen nur mit einiger Mühe

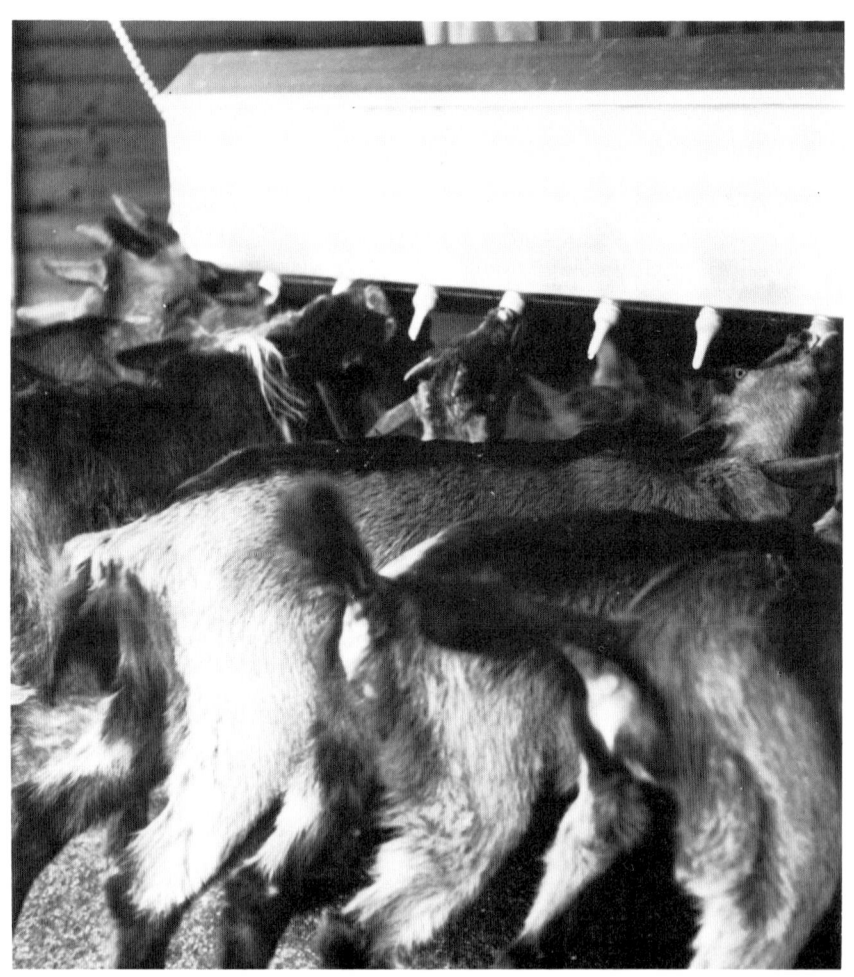

Abb. 79. Ein Tränkeapparat, bei dem die Sauger so angebracht sind, daß die Lämmer mit der natürlichen Kopfhaltung saugen, erleichtert die Eingewöhnung.

möglich ist. So wird verhindert, daß sich die Lämmer übersaufen und dadurch krank werden (s. Seite 286); außerdem löst die Anstrengung beim Saugen offenbar den Reflex aus, der die Schlundrinne schließt, womit die Milch durch den Pansen hindurch direkt in den Labmagen geleitet wird.

Die Milch wird im allgemeinen körperwarm gegeben, d. h., daß sie auf etwa 40 °C erwärmt werden muß. Die Milch, die bei einer Mahlzeit nicht aufgenommen wird, muß entfernt werden; kalt gewordene und verunreinigte Milch kann wesentliche Ursache für Durchfälle sein. Die Milch muß kühl gelagert werden. Peinlichste Sauberkeit der Gefäße ist ebenso wichtig wie die richtige Milchtemperatur. Doch kann die Milch auch kalt (ca. 6–10 °C) gefüttert werden (MORAND-FEHR 1981); keinesfalls darf zwischen Warm- und Kalttränke gewechselt werden. Neben der Arbeitsersparnis werden damit die Möglichkeiten für Verunreinigungen oder fehlerhafte Temperaturen (weniger als Körperwärme) sowie die Aufnahme zu großer Milchmengen vermieden.

10.7 Melken

Die Milchdrüse der Ziege hat zwei anatomisch und funktionell vollkommen getrennte Hälften. Das bedeutet, daß z. B. Krankheitserreger einer erkrankten Hälfte nicht ohne weiteres in die andere Hälfte gelangen und auch nicht Medikamente, die durch die Zitze verabreicht werden. Die Hälften sind getrennt durch einen Bindegewebsstrang, an dem das Euter aufgehängt ist. Er ist am Becken angewachsen, und zwar so, daß das Euter im Gleichgewicht hängt; die zusätzliche Befestigung durch Bindegewebe am Rand des Euters und durch die Haut hat im Vergleich zur Wirkung des großen mittleren Aufhängebandes geringe Bedeutung.

Das Euter besteht aus dem Drüsenteil und dem Milchsammelraum, der Zisterne, zu der auch der Innenraum der Zitze gehört. Die Milch wird von den Drüsenzellen in die Drüsenbläschen abgesondert, die durch ein Kanalsystem mit der Zitzenzisterne verbunden sind. Man kann sich dieses System wie eine Traube aufgebaut vorstellen, wobei die Drüsenbläschen die Beeren und Milchkanäle die Stiele sind, die ineinander münden, bis sie sich in einem großen Kanal vereinen. Die Milch bleibt zunächst in den Drüsenbläschen und muß von dort durch Druck in die Milchkanäle und die Zisterne befördert werden. Dieser Druck entsteht durch muskelähnliche Zellen, welche die Bläschen wie Körbe umgeben und bei deren Zusammenziehen die Bläschen ausgedrückt werden.

Diese Zellen werden durch das Hormon Oxytocin zur Kontraktion angeregt, das bei nervösen Reizen während des Saugens oder aber auch beim Anrüsten des Euters vor dem Melken ausgeschüttet wird. Allerdings wirkt dieser Mechanismus nicht so strikt wie beim Rind. Viele Ziegen lassen sich melken, ohne daß Oxytocin wirksam wird. Dies mag daran liegen, daß durch kleine Oxytocinausschüttungen in der Zeit vor dem Melken die Milch allmählich aus der Drüse in die Zisterne gelangt, die groß genug ist, um die meiste Milch zu speichern, oder auch daran, daß ein zusätzlicher nervöser Mechanismus eine ähnliche Funktion wie das Oxytocin ausübt. Dennoch ist es richtig, Ziegen vor dem Melken sorgfältig anzurüsten, um eine hohe Oxytocinausschüttung zu erreichen, da das Oxytocin offenbar auch eine fördernde Wirkung auf die Milchsekretion hat und damit für die Aufrechterhaltung der Laktation und eine hohe Persistenz verantwortlich ist. Ausschüttung und

Wirkung des Oxytocins werden durch Adrenalin gehemmt. Dieses Hormon wird bei Schmerz, Schreck, Aufregung ausgeschüttet und wirkt in Sekundenschnelle. Beim Melken ist daher alles zu vermeiden, was diese Reaktion der Ziege bewirken könnte.

Die Zitzen stehen leicht nach vorn und sind sehr verschieden groß. Bei Erstlingsziegen sind die Zitzen oft so klein, daß das Handmelken große Mühe macht. Erwachsene Ziegen können Zitzen haben, die bequemes Faustmelken mit 3 oder 4 Fingern gestatten. Die Wand der Zisterne ist dünn und kann sich unter der Belastung durch große Milchmengen und durch unsachgemäßes Melken leicht übermäßig dehnen. Danach entsteht der sogenannte Milchbruch. Bei derartigen Eutern geht der Drüsenteil ohne Absatz in die große Zisterne über; das Euter hat eine Flaschenform, Zitze und Zisterne sind nicht voneinander abgesetzt, die Zitze erscheint übergroß (s. Abb. 42d, Seite 99).

Diese Euter lassen sich zwar verhältnismäßig einfach mit der Hand melken. Jedoch besteht die Gefahr, daß die Hand auf das empfindliche Gewebe im Bereich der Zisterne einen zu starken Druck ausübt und es quetscht. Beim Maschinenmelken „verstopft" die große Zisterne den Melkbecher und versperrt den Milchfluß. Außerdem ist das durch die erweiterte Zisterne große Euter vermehrt Verletzungen ausgesetzt. Deshalb sind solche Flascheneuter unerwünscht. Angestrebt wird das halbkugelförmige Euter mit deutlich abgesetzten, allerdings auch nicht zu kleinen Zitzen (s. Abb. 42a, Seite 99).

Ob sich Ziegen leicht oder schwer melken lassen, hängt vor allem ab von der Spannung des Zitzenschließmuskels. Sie muß durch den Druck der Hand auf die Zitze überwunden werden. Zu feste Schließmuskeln sind besonders bei kleinen Zitzen lästig und erschweren das Melken sehr.

Der Milchfluß beträgt bei Ziegen etwa 1 kg pro Minute; er ist bei Ziegen mit höherer Milchleistung etwas größer, so daß je nach der Leistung 2–2,5 kg Milch in 2 Minuten aus 2 Zitzen gemolken werden können.

In normalen, sauberen Ställen ist die Euterhaut der Ziege sauber und braucht vor dem Melken nicht gewaschen werden. Wird das Euter jedoch gewaschen, so hat dies gründlich zu erfolgen, und das Euter muß anschließend gut abgetrocknet werden. Andernfalls gelangt die Waschflüssigkeit in die Milch. Die Bedeutung des Waschens für das Anrüsten des Euters und die Anregung der Oxytocinausschüttung ist bei der Ziege, wie bereits erwähnt, nicht so eindeutig wie bei der Kuh. Auf jeden Fall wirkt sich sorgfältiges Anrüsten günstig auf die Laktation aus.

Ziegen nehmen beim Melken die Säugestellung ein, d. h. sie biegen das Kreuz auf und drücken das Becken vor, um das Euter nach vorn und unten zu schieben, dabei spreizen sie die Knie. So erleichtern sie dem Lamm das Saugen und ebenso auch das Melken von vorn seitlich. Allerdings nehmen nicht alle Ziegen und nicht für die ganze Dauer des Melkens diese Stellung ein. Während die Säugestellung das Handmelken erleichtert, kann das Maschinenmelken durch sie eher erschwert werden, da der Bodenabstand des Melkzeuges vermindert und der Winkel der Zitzen zur Senkrechten vergrößert wird, so daß die Melkbecher die Zitze leicht abknicken können.

Ziegen werden entweder von der Seite oder von hinten gemolken. Beim Melken von hinten muß man aufpassen, daß die Milch nicht durch Kot oder Harn verunreinigt wird. In vielen tropischen Ländern werden Ziegen von der Seite gemolken, wobei ein Bein der Ziege festgehalten wird (Abb. 100, Seite 224).

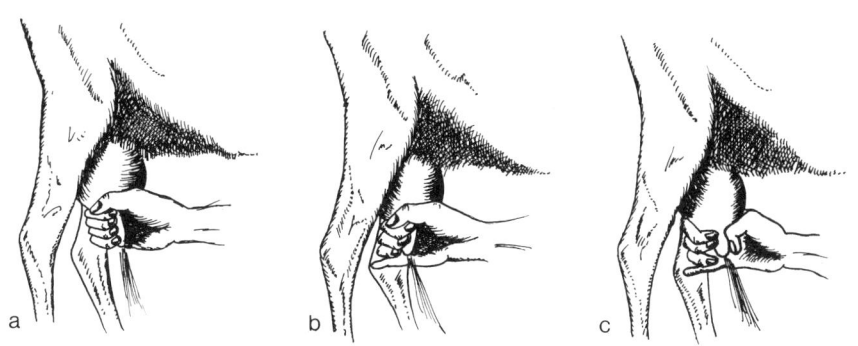

Abb. 80. a) Faustmelken bei langer Zitze: ganze Hand. b) Faustmelken bei kurzer Zitze: 3 Finger. c) Knebeln: 2 Finger gegen Daumen (Zeichnung: Schwan, Hannover).

10.7.1 Handmelken

Vorzugsweise soll mit der Faust gemolken werden (Abb. 80a). Dies ist die schonendste Art des Melkens, für das Euter und die Hand des Melkers. Bei kleinen Zitzen kann neben dem Daumen nur mit drei Fingern gemolken werden (Abb. 80b). Ist die Zitze so klein, daß nur zwei Finger auf ihr Platz haben, dann ist das Faustmelken schwer, weil Zeige- und Mittelfinger ein unzureichendes Widerlager am Daumenballen finden und die Milch an der Handfläche entlangfließt. Bei solchen Ziegen wird meist gestrippt, d. h. die Zitze mit dem an der Haut herabgleitenden Daumen und Zeigefinger ausgepreßt. Diese Methode birgt aber die Gefahr einer Verformung von Euter und Zitze. Je nach der Spannung des Schließmuskels ist der Zug, der ausgeübt wird, beträchtlich. Er dehnt und zerrt das Gewebe der Zitze und der Zisterne und fördert die Ausbildung des Milchbruches. Das Zerren am Euter belastet außerdem die Euteraufhängung; wenn diese nachgibt, entsteht das Pendeleuter. Diese Gefahr kann nur vermindert werden, wenn beim Strippen Melkfett verwendet wird. Besser ist es, bei solchen Eutern zu knebeln. Mit Knebeln meine ich aber keineswegs ein verstärktes Strippen, bei dem statt der Spitze des Daumens das abgewinkelte erste Glied des Daumens verwendet wird. Diese Art verstärkt nur noch die Schäden durch das Strippen. Das richtige Knebeln ist vielmehr eine Abwandlung des Faustmelkens. Die Zitze wird mit Zeige- und Mittelfinger gegen das abgewinkelte erste Glied des Daumens ausgepreßt, ohne daß die Hand an der Zitzenhaut nach unten gleitet (Abb. 80c). Die Technik erfordert allerdings einige Übung, sie gestattet dafür aber ein sehr rasches und vor allem schonendes Melken auch kleiner Zitzen.

10.7.2 Melkanlagen

Ziegen sollten grundsätzlich auf einer erhöhten Plattform gemolken werden, und zwar beim Maschinen- wie auch beim Handmelken und unabhängig von der Tierzahl. Das Höherstellen erspart das mühsame Bücken und ermöglicht, mit einfacher Arbeit saubere Milch zu gewinnen. Das Verfahren wird erleichtert dadurch, daß für Ziegen keine schweren Konstruktionen erforderlich sind und daß

188 Haltung

Abb. 81a. Gruppenmelkstand (Melktisch), Frankreich. Fanggitter mit Vorrichtung zum Fixieren der einzelnen Ziegen (s. Abb. 81b). Das Brett an der Vorderseite kann heruntergeklappt werden und bildet dann einen Auftritt. Die hochliegende Absaugleitung ist ungünstig.

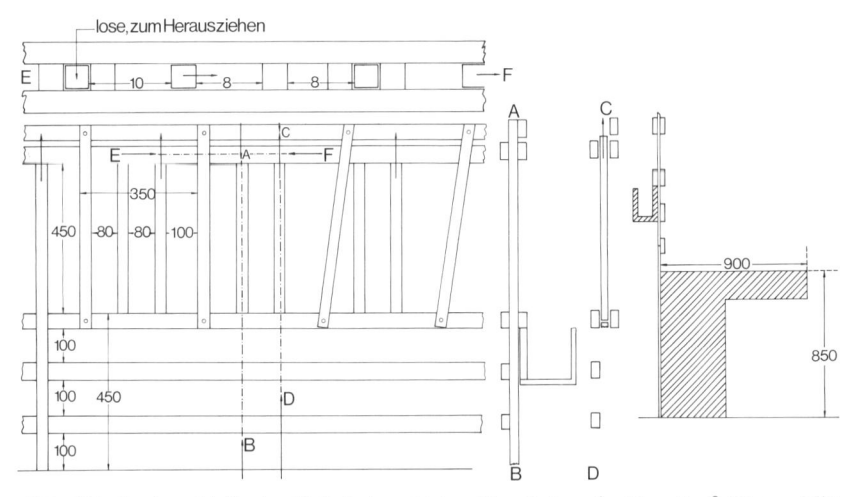

Abb. 81b. Rechts: Maße des Melktisches. Links: Einzelheiten des Fang-Freß-Gitters. Mitte und oben: Schnitte, die Einzelheiten der Fangvorrichtung zeigen. Mit einem Schieber wird das ganze Gitter geschlossen und geöffnet. Durch Herausziehen der Stäbe können einzelne Ziegen nachträglich fixiert werden.

die Ziegen selbst leicht die Plattform erklimmen. In manchen Ländern sind einfache Melkböcke verbreitet, die seitlich einen Sitz für den Melker haben, der die Ziege schräg von vorn melkt. Zweckmäßiger sind höhere Stände, in denen die Ziegen durch den stehenden Melker von hinten oder von der Seite gemolken werden. Sie sind als Einzel- oder als Gruppenstände eingerichtet und für Hand- wie auch Maschinenmelken benutzbar. Die Stände können problemlos auch im Eigenbau aus Holz gefertigt werden.

Sehr einfach konstruiert ist der Melktisch (Abb. 81). Er ist etwa 80 cm hoch, das genaue Maß richtet sich nach der Größe des Melkers: die Ziegen sollen so stehen, daß er in der bequemsten Stellung, d. h. mit horizontalen Unterarmen, melken kann. An der Stirnseite ist ein Freßgitter, das möglichst als Fanggitter eingerichtet sein soll, so daß die Ziegen beim Melken fixiert sind. Die Tiefe des Tisches richtet sich nach der Körperlänge der Ziegen. Sie sollen bequem stehen, aber doch so weit am vorderen Rand, daß sie mühelos gemolken werden können. Oft ist vorn am Tisch ein kleiner Auftritt angebracht, der zum Melken hochgeklappt wird. In der Praxis hat sich gezeigt, daß dieser Auftritt nicht erforderlich ist, da die Ziegen rasch

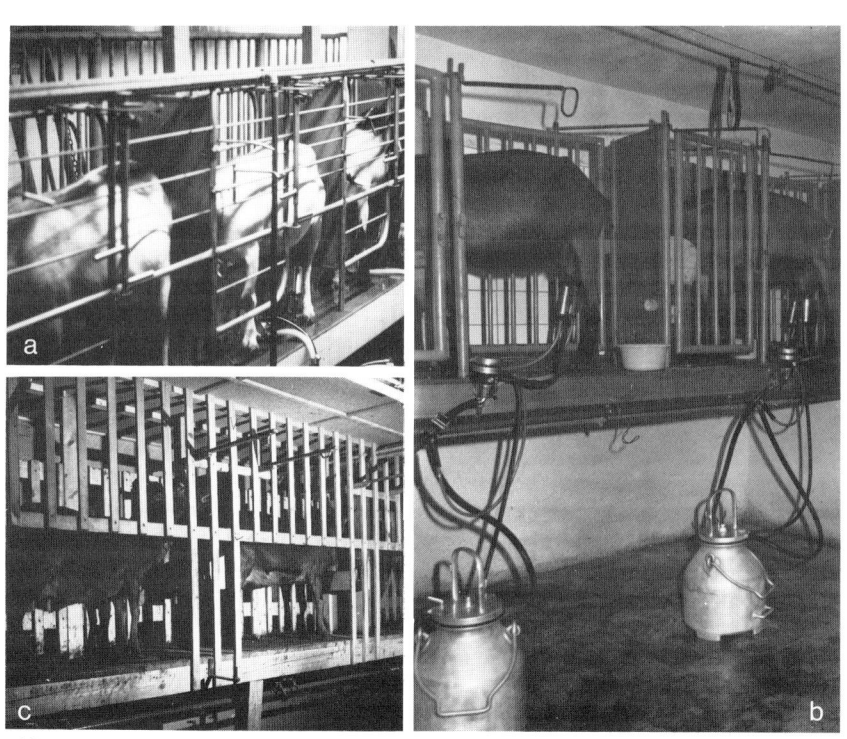

Abb. 82. Tandem-Melkstand. Jede Ziege kann unabhängig von den anderen den Melkplatz betreten und verlassen. a) Stahlrohrkonstruktion in einem Vorzugsmilch-Betrieb in Kalifornien. Tiefliegende Absaugleitung, das Sammelstück ruht auf dem Boden. b) Tandem-Melkstand (Schleißheim). Der Seilzug an der Decke öffnet die Schiebetür zum Vorwarteraum. Ein- und Ausgangstür sind mit Stangen zu bedienen. Kraftfutter in Trögen. Eimer-Melkanlage. c) Tandem-Melkstand in Holzbauweise (Württemberg). Für Eimer-Melkanlage eingerichtet.

Abb. 83. Im „Melktunnel" (Frankreich) stellen sich die Ziegen frei zum Melken auf. Hochliegende Absaugleitung (Foto: Le Jaouen, I.T.O.V.I.C.).

lernen, den Tisch auch ohne Hilfsmittel zu besteigen. Die Größe des Melkstandes hängt von der Zahl der Ziegen ab. Zweckmäßig wäre z. B. für 20 Milchziegen ein Stand mit 10 Plätzen.

Der Tandem-Melkstand (Abb. 82) eignet sich besonders für kleinere Bestände. Er hat den Vorteil, daß jede Ziege einzeln gemolken wird und ihr die volle Aufmerksamkeit gewidmet werden kann. Diese Form ist in Frankreich so abgewandelt worden, daß die Ziegen nicht einzeln in Ständen, die mit Türen verschlossen sind, stehen, sondern in einem engen, nur seitlich offenen Tunnel (LE JAOUEN 1981; Abb. 83).

Das Melkkarussell ermöglicht in größeren Herden weitere Arbeitsersparnis. Die Tiere werden auf einer drehbaren Plattform am Arbeitsplatz des Melkers vorbeibewegt. Er steht entweder im Innern, nämlich bei der ringförmigen Plattform, oder außen, wenn die Plattform scheibenförmig ist. Die Ziegen können so stehen, daß sie von hinten oder von der Seite gemolken werden.

10.7.3 Maschinenmelken

Das Lamm saugt an der Ziege in 2 Phasen: dem eigentlichen Saugen, bei dem ein Unterdruck von 13–40 kPa (100–300 mm Hg) auf die Zitze wirkt und dem anschließenden Abschlucken der Milch, bei dem auf die Zitze ein leichter Überdruck von 110–113 kPa (830–850 mm Hg) ausgeübt wird. Dieser dient dazu, den Blutfluß in der Zitze wieder in Gang zu bringen, der durch das Saugen unterbrochen wird. Die Technik der Melkmaschine muß versuchen, diese zwei Phasen nachzuahmen. Würde man die Milch mit einem ständig wirkenden Unterdruck aus dem Euter heraussaugen, dann entstünden durch den Blutstau Schmerz und Gewebsreiz. Deshalb wird das Saugen periodisch unterbrochen durch den Entlastungstakt, bei dem der Zitzengummi auf die Zitze drückt. Hierfür sind unsere Melkzeuge mit einem Zweiraummelkbecher ausgerüstet. In den Zitzenbecher aus Metall ist der Zitzengummi eingespannt; zwischen beiden besteht eine Kammer, in die abwechselnd atmosphärischer Druck und Unterdruck eingelassen wird. Da im Innenraum des Melkbechers, wo sich die Zitze befindet, ständig Unterdruck herrscht, entstehen zwei Phasen (s. Abb. 84):

1. Die Saugphase, in der im Innen- und Außenraum der gleiche Unterdruck herrscht. Dann ist der Gummi glatt und die Milch fließt.
2. Die Entlastungsphase, in der innen Unterdruck, außen aber atmosphärischer Druck herrscht. Dadurch wird der Zitzengummi nach innen gegen die Zitze gedrückt und massiert sie.

Im Unterschied zum Saugen des Lammes aber bleibt während der Entlastungsphase der Unterdruck im Innenraum erhalten. Die Massage kann deshalb den Rückfluß des Blutes längst nicht so wirksam fördern wie die Zunge des Lammes.

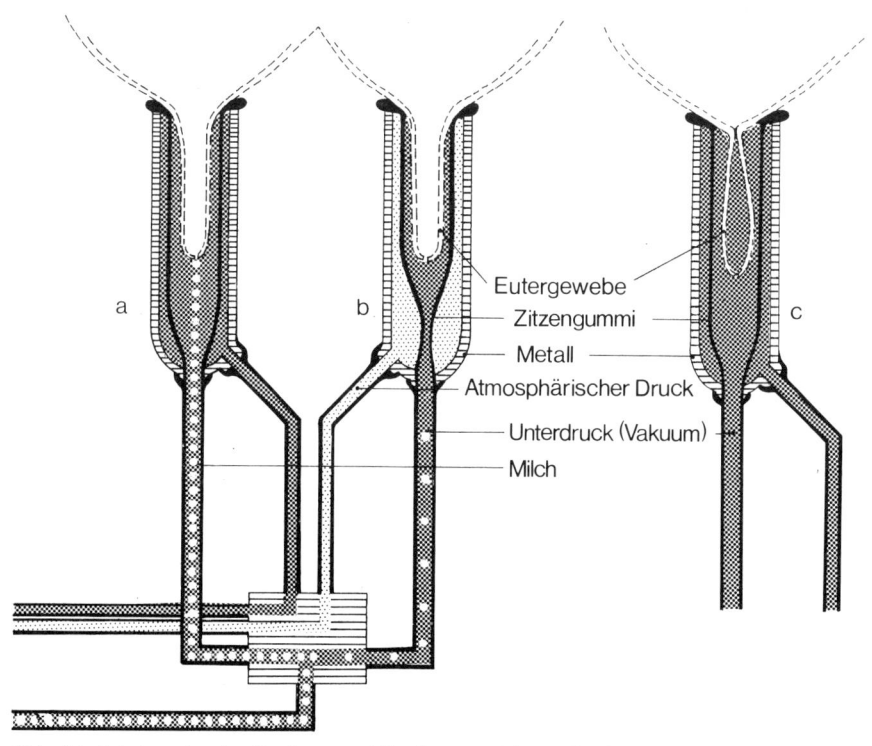

Abb. 84. Arbeitsweise des Zweiraummelkbechers. a) Arbeitstakt, b) Ruhetakt, c) Druckverhältnisse beim Blindmelken. Der Milchfluß ist durch den hochgekrochenen Becher abgesperrt, Vakuum dringt in die Zitze ein.

Es ist wichtig, daß der Melker sich über diese Grundlagen klar ist, weil er seine Melktechnik darauf abstellen muß. Die Ziegenmelkmaschinen sind im Prinzip aufgebaut wie Rindermelkmaschinen auch. Die Abwandlungen betreffen neben der Begrenzung auf 2 Zitzenbecher (statt 4), das Vakuum, den Melkakt und die Größen-Gewichts-Verhältnisse.

Als Vakuum für Ziegenmelkmaschinen werden in Frankreich 38–44 kPa (280–330 mm Hg) empfohlen. Der Melktakt ist wesentlich schneller als bei der Kuh und beträgt 70–90 Takte pro min. Das Verhältnis zwischen Saug- und Entlastungstakt schwankt (wie bei der Kuh) zwischen 50:50 und 70:30. Bei kürzerem Ruhetakt wird das Nachgemelk höher. Durch das geringe Vakuum ist die Funktion eines vakuumgesteuerten Pulsators erschwert. Der einwandfreien Arbeit des Pulsators ist deshalb besondere Aufmerksamkeit zu widmen. Elektrische Pulsatoren haben diesen Nachteil nicht.

Wie beim Rindermelkzeug auch muß das Volumen des Sammelstückes groß genug sein für einen ungehinderten Abfluß der Milch, vor allem bei Beginn des Melkens und prinzipiell bei Rohrmelkanlagen. Da Ziegen meist leicht zu melken sind und viel Milch in der Zisterne ansteht, hat dieser Faktor besondere Bedeutung.

Um das Abfallen des Melkzeuges zu verhindern, liegt bei manchen Fabrikaten das Sammelstück auf dem Boden, so daß sein Gewicht nicht am Euter zieht (s. Abb. 85). Dies ist insofern günstig, als einerseits ja das Vakuum bei der Ziegenmelkmaschine geringer und andererseits die Wand der Zitze sehr dünn ist, so daß sie am Ende des Milchflusses schlecht im Zitzenbecher haftet.

Die Vakuumreserve muß für Ziegenmelkanlagen groß sein, da infolge der dünnen Zitzen gegen Ende des Melkens leicht Luft in die Zitzenbecher einströmt und außerdem bei dem häufigen Wechseln der Melkzeuge wegen der geringeren Milchmenge der einzelnen Ziegen viel Vakuum verlorengeht. In Frankreich wird heute für jede Melkeinheit ein Luftdurchsatz von 80 l/min empfohlen, dazu eine Grundmenge von 50 l/min für Eimer- und 150 l/min für Absauganlagen.

Für die richtige Funktion der Melkanlage ist besonders auf folgende Punkte zu achten:

Vakuumpumpe: sie muß ausreichend groß sein, damit die Vakuumreserve groß genug ist;

Reguliérventil: Es muß ein konstantes Vakuum sichern;

Manometer: es muß die genaue Kontrolle des Vakuums ermöglichen (Nacheichung);

Rohre und Schläuche: sie müssen absolut dicht sein.

Pulsatoren: jeder einzelne muß Puls und Takt richtig steuern, und alle Pulsatoren der Anlage müssen übereinstimmen, damit die Ziegen nicht von einem zum anderen Melken unterschiedlich gemolken werden, worauf sie empfindlich reagieren.

Die meisten Fehler machen sich nicht direkt bemerkbar, die Anlage funktioniert scheinbar richtig weiter; Fehler werden erst durch Beeinträchtigung der Milchleistung und der Eutergesundheit erkennbar. Deshalb sind gezielte Überprüfungen und regelmäßige Wartung der Anlagen unerläßlich.

Nach dem Reinigen und Anrüsten des Euters wird zunächst vorgemolken. Aus jeder Zitze wird ein Strahl auf eine schwarze Fläche (Vormelkbecher) gemolken, um die Milch zu prüfen. Dabei werden Veränderungen, die auf eine Sekretionsstörung hinweisen, erkannt. Danach wird das Melkzeug vorsichtig angesetzt, wobei keine

Abb. 85. Melkzeug für Absauganlage zum Melken von hinten (Melotte). Das große Sammelstück und der Pulsator ruhen auf dem Boden.

Luft einströmen soll. Die Zitzen müssen glatt im Melkbecher liegen, es dürfen sich keine Falten bilden. Dies ist besonders bei Flascheneutern mit milchbrüchigen Zitzen zu beachten. Die Milch muß sofort fließen, und während der ganzen Melkzeit muß der Milchfluß aufrechterhalten bleiben.

Das sogenannte Blindmelken, bei dem das Melkzeug am Euter hängt, ohne daß Milch fließt, ist für die Ziege schmerzhaft, hemmt daher den Milchfluß und kann zu Gewebsveränderungen führen, die einer Euterentzündung den Weg bereiten. Vor allem durch das Hinaufkriechen der Becher an der Zitze wird der Milchfluß unterbrochen. Der Kragen des Zitzengummis drückt dann die Wand der Zisterne zusammen, so daß keine Milch in die Zitze gelangen kann (s. Abb. 84c). Während des Melkens muß man dies verhindern, notfalls, indem man etwas Luft in den Melkbecher einströmen läßt und gegen Ende des Melkens einen leichten Zug auf die Melkbecher ausübt. Gleichzeitig kann man mit massierenden Bewegungen den Fluß der Milch aus der Drüse fördern. Wenn keine Milch mehr fließt, wird das Melkzeug abgenommen, nachdem vorher das Vakuum abgestellt und etwas Luft in den Zitzenbecher eingelassen wurde. Es ist falsch, die Melkbecher abzureißen, ohne daß vorher das Vakuum abgebaut wurde.

Die Frage, ob am Ende des Melkvorganges mit der Hand nachgeholfen werden soll, um die Milch möglichst vollständig aus dem Euter herauszuholen, und ob nach dem Abnehmen des Melkzeugs noch mit der Hand nachgemolken werden soll, ist vor allem bei großen Herden interessant, da etwa 20% der Melkzeit auf das Nachmelken entfallen. Die Frage wird sehr unterschiedlich beantwortet. Zunächst muß man wissen, daß auch bei sorgfältigstem Ausmelken eine gewisse Milchmenge im Euter verbleibt, die sogenannte Restmilch. Man kann dies nachweisen, indem man Ziegen nach dem Melken Oxytocin verabreicht; es ist dadurch ein großer Teil der Restmilch zu gewinnen. Ziel des Melkens ist demnach nicht, dem Euter den allerletzten Tropfen Milch zu entziehen, sondern in einer vertretbaren Zeit in einer für die Ziege verträglichen Weise die ohne weiteres melkbare Milch zu gewinnen. Hierzu gehört auch die Kontrolle beim Nachlassen des Milchflusses, ob noch eine Füllung des Euters spürbar ist und gegebenenfalls die oben beschriebene Hilfe. Da besonders bei großen Zitzen das Melken der letzten Milch viel Zeit erfordert, ist es u. U. besser, die Maschine frühzeitig abzunehmen und den Rest der Milch rasch mit der Hand auszumelken. Dabei sollte allerdings ein nochmaliges Anrüsten vermieden werden, da sich Ziegen daran leicht gewöhnen und die Milch während des Maschinenmelkens schlecht hergeben.

In Versuchen wurde gezeigt, daß man auf das Nachmelken verzichten kann, ohne daß dadurch Euterentzündungen entstehen und ohne daß die Leistung nennenswert beeinflußt wird (LE MENS 1978). Ich empfehle dennoch, das Nachmelken beizubehalten, weil dies die einzige Gelegenheit ist, bei der das leere Euter durchgetastet wird, und somit eventuelle Veränderungen und Sekretionsstörungen frühzeitig erkannt werden.

Die Vorteile, die das Maschinenmelken gegenüber dem Handmelken bringt, sind bei der Ziege geringer als bei der Kuh, und zwar aus folgenden Gründen:
1. die Milchmenge pro Tier ist wesentlich geringer, und deshalb nehmen die Vorbereitungen, das Aufsetzen, Abnehmen und die Kontrolle des Sitzes des Melkzeuges, einen größeren Anteil der gesamten Arbeitszeit in Anspruch;
2. die Ziege hat nur 2 Zitzen. Mit jedem Handgriff, der an der Maschine notwendig ist, könnte in der gleichen Zeit der volle Milchfluß mit der Hand in Gang gebracht werden (bei der Kuh jeweils nur die Hälfte, 2 von 4 Zitzen);
3. die Ziegen lassen sich leicht melken, der Kraftaufwand ist gering, so daß der Zeitaufwand mehr zählt als die Anstrengung, die mit dem Melken verbunden ist.

Untersuchungen in Frankreich haben ergeben, daß Maschinenmelken nicht in jedem Fall eine Zeitersparnis gegenüber Handmelken erbringt (LE JAOUEN 1981). In kleinen Herden bis etwa 25 Ziegen, die von einer Person in einer Stunde mit der Hand gemolken werden können, rentiert sich die Melkmaschine kaum. Ihr Vorteil liegt vor allem beim Melken der Erstlingsziegen und anderer Ziegen mit sehr kleinen Zitzen. Auf jeden Fall muß man sich vor der Entscheidung zur Einrichtung einer Melkanlage darüber klar sein, daß die Vorteile nicht analog zum Rind gesehen werden können, und daß die Arbeitserleichterung beim Melken selbst durch die erforderliche Reinigung, Wartung u. a. zum Teil wieder aufgewogen wird. Auch wenn man sich für das Handmelken entscheidet, sollte man die Ziegen jedoch auf einem Melkstand melken.

Da das Melken einen großen Teil der gesamten Arbeit mit einer Ziegenherde ausmacht, sind Überlegungen naheliegend, diesen Aufwand zu verringern. Wenn einmal in der Woche, z. B. sonntags, nur morgens gemolken wird und das Abendmelken ausfällt, dann wird die Laktationsleistung um etwa 5 % vermindert. Allerdings verändert sich die Milchzusammensetzung und nimmt normale Werte erst wieder nach 4 Tagen an (LE MENS 1978; MOCQUOT 1978). Dies muß bei der Milchkontrolle beachtet werden. Es ist auch möglich, Ziegen prinzipiell nur einmal am Tag zu melken; je nach der Höhe der Leistung wird der Milchertrag dadurch aber um 30–50 % vermindert. Läßt man das Sonntagabend-Melken dagegen erst ab dem 5. Monat der Laktation ausfallen, ist der Milchausfall unerheblich (etwa 1 %).

Außerdem reagieren die Ziegen sehr unterschiedlich, und ein Teil bringt auch bei einmaligem Melken hohe Leistungen. Da an dieser Reaktion offenbar erbliche Faktoren beteiligt sind, müßte es möglich sein, sie langfristig durch Selektion zu fördern.

10.7.4 Trockenstellen

Ziegen sollten vor dem Lammen 6–8 Wochen trockenstehen. Da ihre Laktation meist kürzer als 300 Tage dauert, stellen sie sich entweder selbst trocken, oder aber die Milchleistung ist 6–8 Wochen vor dem Lammen schon so stark abgesunken, daß das Trockenstellen kein Problem ist. Bei hohen Milchleistungen können Ziegen jedoch 8 Wochen vor dem Lammen noch so viel Milch haben, daß das Trockenstellen nicht einfach ist. Am besten ist das schnelle, übergangslose Trockenstellen.

Am Tag vor dem Trockenstellen melkt man die Ziege abends nicht. Am nächsten Morgen wird gründlich ausgemolken und das Euter gut eingefettet. Danach wird die Ziege nicht mehr gemolken. Das Euter wird zunächst groß und fest. Es muß dabei sorgfältig beobachtet werden. Es ist aber nicht richtig, zur Erleichterung das Euter jetzt ganz oder teilweise auszumelken. Im Euter läßt nämlich durch den Druck die Milchsekretion rasch nach, die Milch wird resorbiert und die Flüssigkeit im Euter wird allmählich dem Blutserum ähnlich und wirkt entzündungshemmend. Wird dieses Sekret entzogen, wird dadurch der natürliche Vorgang des Trockenstellens gestört. Zeigen sich dagegen Zeichen einer Entzündung, muß das Euter behandelt werden.

Die wichtigste Maßnahme zur Unterstützung des Trockenstellens ist die Fütterung. Die Ziege erhält kein Kraftfutter und als Grundfutter nur Stroh. In größeren Herden ist es außerdem nützlich, die Ziege von den übrigen Tieren zu trennen. Bei Ziegen, die im Verlauf der Laktation eine Euterentzündung hatten oder auch in allgemein mastitisgefährdeten Beständen, sollten die Euter gleichzeitig mit dem Trockenstellen vorbeugend behandelt werden. Diese Behandlung führt entweder der Tierarzt durch, der gleichzeitig Risikofälle leichter erkennt und notfalls dann noch besondere Maßnahmen empfiehlt; oder der Ziegenhalter hat die entsprechenden Kenntnisse und Fertigkeiten der Routinebehandlung erworben, so daß er nur in Ausnahmefällen die Hilfe des Tierarztes benötigt. Die erforderlichen Antibiotika zur Behandlung kranker Euter sind allerdings immer nur für den Einzelfall und nur über den Tierarzt zu beziehen (s. auch Seite 284).

10.8 Enthornen

Wegen der genetischen Verbindung von Hornlosigkeit und Unfruchtbarkeit (s. Seite 106) sollte mit gehörnten Ziegen gezüchtet werden. Um gleichzeitig den Vorteil hornloser Ziegen in der Haltung zu nutzen, können gehörnten Ziegen die Hörner entfernt werden. Bei den Methoden des Enthornens muß zwischen dem Entfernen der bereits ausgewachsenen Hörner älterer Ziegen und dem Verhindern des Hornwachstums bei Ziegenlämmern unterschieden werden.

Die Hörner ausgewachsener Ziegen können nur mit einer Operation in Narkose oder unter örtlicher Betäubung durch den Tierarzt amputiert werden. Zusätzlich zum Horn selbst muß ein breites Stück Haut am Hornsaum weggeschnitten werden, um damit sicher zu verhindern, daß später Stummelhörner nachwachsen (Abb. 86). Dabei wird die Stirnhöhle eröffnet, die Blutung aus größeren Blutgefäßen muß gestillt werden. Es dauert mehrere Wochen, bis das entstandene Loch im Schädel wieder zuheilt. Dies erfolgt zwar meist ohne Komplikationen, aber das Ganze ist doch ein größerer Eingriff, dessen Aufwand kaum zu rechtfertigen ist.

196 Haltung

Abb. 86. Das Nachwachsen der Hornreste nach dem Enthornen ist bei Böcken schwer zu vermeiden (Criollo, Mexiko).

Für das Entfernen der nur einige Zentimeter langen Hörner von Lämmern und Jungziegen wird oft das Anlegen von Gummiringen empfohlen. Diese Methode ist jedoch für die Tiere in der ersten Zeit, nachdem der Ring angebracht wurde, sehr schmerzhaft. Die Hörner fallen zwar nach einiger Zeit ab, aber es bleiben Stummel, die später nachwachsen.

Dagegen ist das Entfernen der Hornanlage bei Lämmern problemlos, wenn es richtig gemacht wird. Die Hornanlage muß vollständig zerstört werden, damit kein Horn mehr nachwachsen kann. Dies ist möglich durch Verbrennen, Zerstören mit Ätzkali oder Salpetersäure oder auch durch Ausstanzen des betreffenden Hautstükkes. Die zuletzt genannte Methode ist bei Ziegen nicht zu empfehlen. Für das Enthornen sind die anatomischen und physiologischen Gegebenheiten zu berücksichtigen:

Das Horn der Ziege wächst sehr rasch. Bereits in der 2. Woche kann der Hornzapfen so groß sein, daß die Enthornung nur schwer vollständig gelingt. Man darf sich nicht dadurch täuschen lassen, daß bei einigen Lämmern das Hornwachstum erst später beginnt. Deshalb soll möglichst früh enthornt werden, am besten, sobald das Lamm kräftig bei der Mutter saugt und nicht mehr zu fürchten ist, daß die Bindung zwischen Mutter und Lamm beeinträchtigt wird. Der späteste Termin ist die zweite Lebenswoche. Da bei Bocklämmern das Horn schneller wächst, sollte man diese schon in der ersten Woche enthornen. Die Zellen, in denen das Horn gebildet wird, befinden sich in dem behaarten Hornsaum, der den Hornzapfen umgibt. Es genügt also nicht, den Hornzapfen selbst zu zerstören, die umgebende Haut muß einbezogen werden; die zu behandelnde Fläche hat etwa die Größe eines

Markstückes. Das Wachstum des Hornes ist im vorderen, der Nase zugewandten Bereich am stärksten: besonders bei Böcken ist hier sehr gründlich zu arbeiten.

Vor dem Brennen und dem Ätzen ist die Haut um den Hornzapfen herum zu scheren. Das geschieht leicht mit einer gebogenen Schere.

Zum *Brennen* eignet sich ein Enthorner, wie er auch für Kälber verwendet wird. Der Brennkopf hat einen äußeren Durchmesser von 22 mm, der innere Durchmesser ist 18 mm. Es ist darauf zu achten, daß der Brennkopf richtig heiß ist, am besten prüft man dies an Holz: es muß bei mäßigem Druck sofort ein schwarzer Ring einbrennen.

Das Lamm kann man selbst auf dem Schoß festhalten und den Kopf mit einer Hand über dem Nasenrücken und den Augen fixieren. Das Brenneisen wird mit mäßiger Kraft und leichter Drehung senkrecht gegen den Schädel gedrückt, so daß es unter leichtem Zischen und Rauchentwicklung tief in die Haut eindringt.

Wer diese Operation zum ersten Mal durchführt, ist meist ängstlich, weil das Lamm sich gegen den plötzlichen Schmerz wehrt. Dieser ist aber gleich stark, unabhängig davon, ob nur flach oder genügend tief gebrannt wird. Ob ausreichend tief gebrannt wurde, wird dadurch angezeigt, daß sich in der Tiefe ein fast weißer Ring abzeichnet. Ist der Ring unregelmäßig braun, so war der Brand nicht tief genug, entweder weil das Eisen nicht heiß genug war oder weil man es nur zu kurz und zu leicht angedrückt hat. Die Operation wird ohne Unterbrechung rasch hintereinander an beiden Hornanlagen ausgeführt. Sie ist vorbei, ehe das Lamm recht begriffen hat, was vor sich geht. Anschließend kann man etwas Vaseline oder Melkfett auftragen, um die Wunde zu schützen.

Beim *Ätzen* muß ein Ring von etwa der Größe eines Markstückes um den Hornzapfen herum verätzt werden, das Ätzen des Zapfens selbst ist weniger wichtig. Das Verätzen der Hornanlage kann mit Lauge oder Säure erfolgen. Im Handel sind Ätzkalistifte erhältlich; ihre Anwendung ist nicht einfach, da man die Ätzwirkung nicht direkt sieht und daher schlecht dosieren kann. Es wird oft zu wenig geätzt, so daß die Hörner weiterwachsen; wer es gründlich machen will, ätzt auch leicht zu viel. Besonders wenn man versehentlich den Bereich der Ohren und Augenlider verätzt, entstehen häßliche Narben.

Mit konzentrierter (roher, rauchender) Salpetersäure bestehen diese Nachteile nicht. Man sieht das Ausmaß der Ätzung sofort und kann daher sehr sorgfältig gerade so viel von der Säure auftragen, wie für eine vollständige Zerstörung der Hornanlage nötig ist, ohne anderes Gewebe zu beschädigen. Es ist aber peinlich genau darauf zu achten, daß sich kein Flüssigkeitstropfen bildet. Er könnte leicht am Kopf des Lammes herunter zum Auge oder Maul rinnen. Schleimhäute sind besonders empfindlich gegen Verätzungen.

Beim Arbeiten mit Säure wird das Lamm von einem Helfer fixiert. Nach dem vorbereitenden Scheren der Haut wird mit Vaseline oder Melkfett ein Schutzring um die zu ätzende Fläche gelegt. Damit wird verhindert, daß Säure benachbartes Gewebe unnötig zerstört. Man wickelt ein kleines Stück Watte um ein Holzstäbchen und netzt es durch Eintauchen in die Säure so viel, daß keine Säure abtropft. Mit diesem Tupfer benetzt man den Hornzapfen in kreisenden Bewegungen. Auftropfen der Säure, wie es leider manchmal empfohlen wird, ist deshalb nicht geeignet, weil die Haut nicht richtig benetzt wird und die Gefahr des Verspritzens viel zu groß ist. Ein Tropfen auf die Hornhaut des Auges genügt, um diese so zu schädigen, daß eine unheilbare Trübung eintritt.

Der Schmerz, der beim Ätzen entsteht, ist gering. Man kann sich leicht davon überzeugen, indem man z. B. bei sich selbst eine Warze auf die gleiche Weise wie die Hornanlage der Lämmer behandelt. Wer seinen Lämmern jedoch jeden Schmerz ersparen will, kann heute sehr einfach eine Kurznarkose anwenden. Der Tierarzt wird durch eine Injektion (z. B. mit ca. 0,1 ml 2 % Rompun, Bayer), eine harmlose Narkose machen, die für den Eingriff ausreicht und nach der das Lamm sehr rasch wieder kräftig auf den Beinen steht.

Auf und um die verbrannte oder verätzte Hornanlage bildet sich nach einigen Tagen ein fester Schorf. Der Schorf ist der natürliche Schutz der Wunde und sollte nicht vorzeitig entfernt werden. Nach einigen Wochen hebt er sich zunächst am Rand und fällt dann ab. Unter ihm tritt rotes Narbengewebe zutage, das keiner weiteren Behandlung bedarf. Nur wenn sich am Rand unter dem Schorf Eiter zeigt, soll der Schorf abgehoben werden. Die Wunde ist mit einem desinfizierenden Mittel zu behandeln.

Wenn genügend gebrannt oder geätzt wurde, fällt der Hornzapfen nach einigen Tagen ein. Vergrößert er sich dagegen allmählich, muß man damit rechnen, daß das Enthornen nicht erfolgreich war. Man kann dann allerdings nichts mehr unternehmen, denn durch den Schorf hindurch ist eine Nachbehandlung unwirksam. Gewaltsames Entfernen des Schorfes und erneutes Ätzen oder Brennen der darunterliegenden Wunde ist keinesfalls zu vertreten.

Bei richtigem Enthornen bleibt nach Abheilen der Ätz- und Brandwunde eine glatte Narbenfläche zurück. Bei Böcken ist die Bildung von kleinen Hornstreifen auch bei sorgfältigem Enthornen allerdings oft nicht zu vermeiden.

10.9 Entfernen überzähliger Zitzen

Gar nicht selten haben Ziegen Bei- oder Afterzitzen, das sind kleine zusätzliche Zitzen hinter den beiden normal ausgebildeten Zitzen. Sie können ausschließlich Hautbildungen sein, sie können aber auch mit etwas Drüsengewebe in Verbindung stehen, das mit der übrigen Drüse Milch bildet. Diese Zitzen sind beim Melken lästig und daher empfiehlt es sich, sie zu entfernen. Das geschieht bei ganz jungen Lämmern, am besten gleich mit dem Enthornen. Die kleine Zitze wird einfach mit einer scharfen, gebogenen Schere mit einem raschen Schnitt entfernt. Die jungen Lämmer empfinden dabei kaum Schmerz, die kleine Hautwunde blutet überhaupt nicht oder ganz unerheblich. Mit einem Tropfen Jod wird anschließend desinfiziert. Die Wunde heilt in der Regel sehr schnell, damit wird auch der eventuell vorhandene Strichkanal sicher verschlossen.

Da die Anlage vererbt wird (s. Seite 104), ist die Operation in den Zuchtunterlagen unbedingt zu vermerken, damit das Vorhandensein der Afterzitzen bei Zuchtentscheidungen berücksichtigt werden kann.

Etwas anders ist die Doppel- oder gespaltene Zitze zu beurteilen. Sie ist nicht so einfach zu korrigieren, und außerdem ist die Gefahr der züchterischen Verbreitung der Anlage größer. Daher sollte man Ziegen mit dieser Mißbildung grundsätzlich von der Zucht ausschließen.

10.10 Klauenpflege

Die Klauen der Ziege sind ihrem ursprünglichen Lebensraum, dem Gebirge, angepaßt. Sie sind dementsprechend hart, und das Horn wächst schnell, um die Abnutzung durch den felsigen Grund auszugleichen. Bei jeder Haltung auf weicherem Boden oder mit geringer Bewegung wächst mehr Horn nach als abgenutzt wird. Wenn das überschüssige Horn nicht regelmäßig entfernt wird, kommt es zu Verbildungen der Klauen. Diese beeinträchtigen die Bewegung der Ziegen und begünstigen die Entstehung von Infektionen. Da das Horn der äußeren Klauenwand besonders schnell wächst, kann es leicht dazu kommen, daß diese sich über den Sohlenrand hinweg schiebt und durch die Belastung dann unter die Sohle gebogen wird. Es entsteht die tütenförmige Rollklaue (Abb. 87). Unter dem eingerollten Wandhorn sammeln sich Erde, Steine und Mist; diese Stoffe bilden einen Nährboden für Infektionserreger, die in das Sohlenhorn eindringen und die Klauenfäule verursachen. Von da aus können Keime auch am Klauensaum und am Ballen Abszesse hervorrufen. Diese Erkrankung kann nicht ohne Klauenpflege bekämpft werden.

Die Klauen müssen bereits bei Lämmern gekürzt werden, wenn sie 6 Wochen alt sind, sofern eine ausreichende Abnutzung in einem entsprechenden Auslauf oder auf der Weide nicht möglich ist. Man vermeidet dadurch, daß das Horn der Wand sich unter die Sohle schiebt, wodurch es zu schmalen, verbildeten Klauen kommt. Bei den Lämmern ist das Schneiden sehr einfach mit einer gebogenen Schere

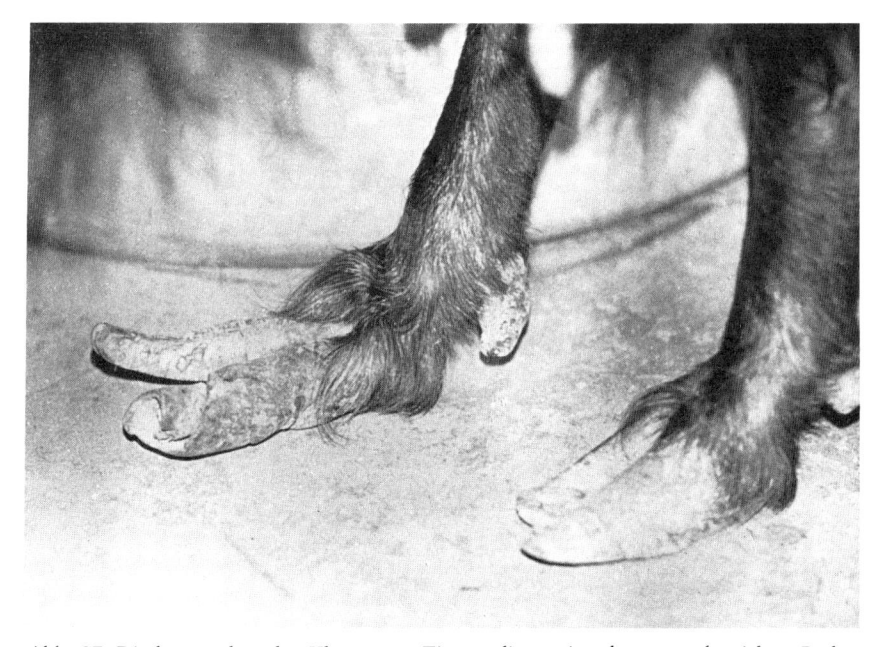

Abb. 87. Die langwachsenden Klauen von Ziegen, die wenig oder nur auf weichem Boden laufen, neigen dazu, sich einzurollen.

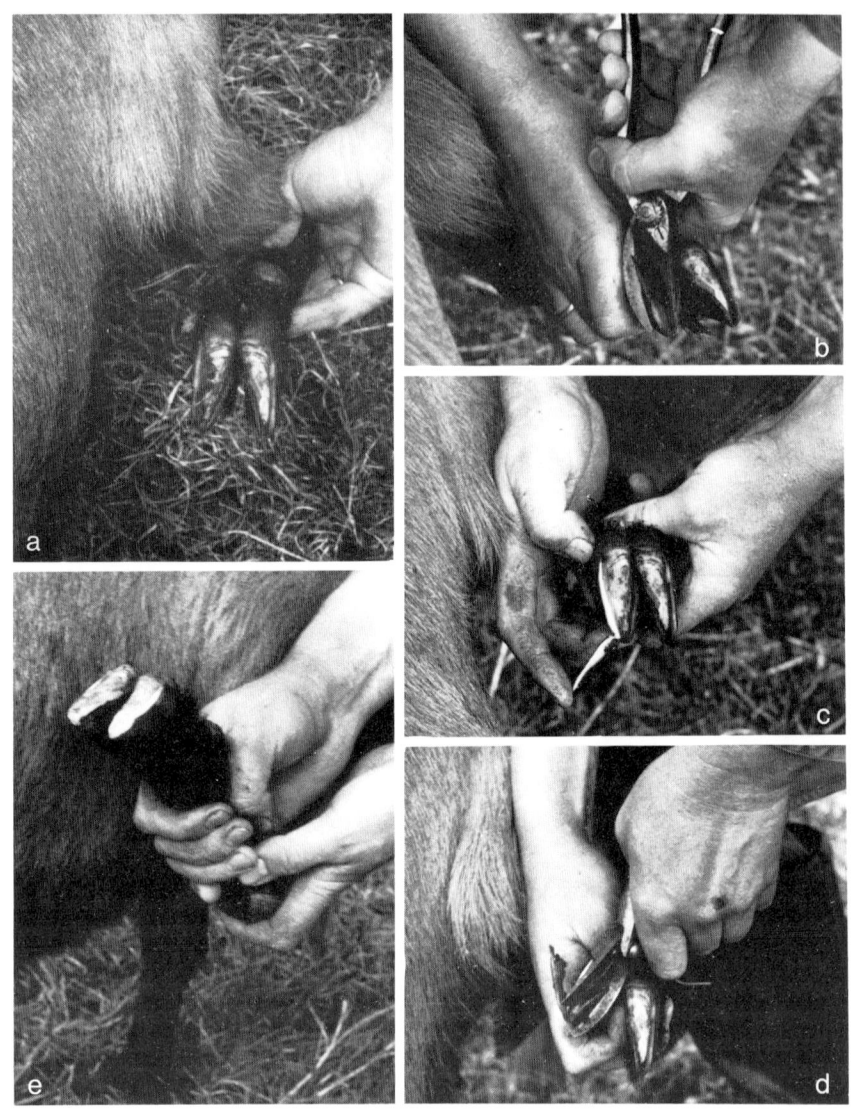

Abb. 88. Schneiden einer nicht verformten Klaue. a) Klaue vor dem Schnitt. b) Schnittführung an der Klaue außen. c) Das abgeschnittene überstehende Horn. d) Schnittführung an der Klaue innen. e) Die beschnittene Klaue.

Abb. 89. Lederschuh zum Schutz des Verbandes bei Klauenverletzungen (Hauptner).

möglich. Wichtig ist, daß das Horn am Ballen nicht zu tief geschnitten, aber die Klauenspitze ausreichend gekürzt wird.

Wenn die Ziegen im Stall gehalten werden oder auf ebener Wiese weiden, ist das Schneiden der Klauen im Abstand von ca. 3 Monaten erforderlich. Bei längeren Abständen können sich die Klauen verbilden, und die Pflege erfordert dann viel mehr Zeit.

Bei erwachsenen Ziegen wird die Klaue am besten mit einer Rosenschere geschnitten. Wenn die Pflege in regelmäßigen Abständen erfolgt, lassen sich alle Korrekturen schnell und einfach mit der Schere vornehmen (Abb. 88). Taschenbildungen an den Ballen und Unregelmäßigkeiten an der Innenseite der Klauen müssen mit einem Hufmesser geschnitten werden. Sind die Klauen bereits verformt, darf man keinesfalls versuchen, auf einmal die richtige Form zurechtzuschneiden. Hierbei würde man unweigerlich auf das „Leben" kommen, d. h., die Lederhaut verletzen. Denn die Verformung betrifft nicht nur das Horn, sondern die ganze Lederhaut mit dem Horn, sogar die Form des Klauenbeins kann sich verändern. Die Korrektur ist also nur über einen längeren Zeitraum durch mehrmaliges zurückhaltendes Schneiden möglich.

Zum Schneiden der Klauen von Lämmern setzt man sich am besten auf einen niedrigen Sitz oder auf den Boden und legt die Tiere auf den Rücken, so daß der Kopf im Schoß liegt. Die Klauen erwachsener Ziegen schneidet man im Stehen. Die Ziegen werden mit dem Halsband an einer Wand festgebunden. Mit dem eigenen Körper drängt man die Ziege leicht gegen die Wand und kann die beiden der Wand abgekehrten Füße dann aufheben. Dabei ist Bücken allerdings nicht zu vermeiden, denn man kann das Bein nur etwa so weit aufheben, daß das Sprunggelenk an das Hüftgelenk bzw. die vordere Klaue in die Höhe des Ellbogengelenks kommt.

Kleinere Verletzungen, wie zu tief geratene Schnitte, können mit Holzteer bestrichen werden, größere Verletzungen erfordern einen Schutzverband. Man legt dann einen Lederschuh an, wie er in verschiedenen Größen z. B. auch für Hunde angefertigt wird (Abb. 89).

10.11 Kastration

Ältere Zuchtböcke werden blutig kastriert, indem die Hoden entfernt werden. Dabei wird der Hodensack am unteren Ende eröffnet, die Hoden werden herausgeschoben, und der Samenstrang wird stumpf durchtrennt. Wer diese einfache und sichere Methode beherrscht, wendet sie auch bei jungen Böcken an. Meist werden junge Böcke aber mit der Burdizzo-Zange kastriert. Dabei werden die Samenstränge gequetscht und damit die Hoden zum Absterben gebracht. Man verwendet Zangen, die für Schafe und Ziegen hergestellt werden; sie sind auf die Hautdicke einzustellen. Es muß darauf geachtet werden, daß die Quetschstellen an beiden Samensträngen leicht versetzt sind, da sonst der ganze Hodensack abstirbt. Mit Gummiringen können Bocklämmer im Alter von wenigen Wochen kastriert werden. Die Infektionsgefahr ist hierbei zu berücksichtigen. Gänzlich vermieden werden Infektionen bei einer traditionellen Methode, die in Venezuela angewandt wird. Dabei wird der Hoden im Hodensack um den Samenstrang verdreht und in den Inguinalkanal geschoben, wo er wie nach dem Quetschen mit der Burdizzo-Zange abstirbt (Abb. 90). Junge, noch nicht geschlechtsreife Bocklämmer dürfen ohne Betäubung kastriert werden (§ 5 (3) 1 des Tierschutzgesetzes v. 24. 7. 1972). Ältere Zuchtböcke müssen dagegen zum Kastrieren betäubt werden, wozu nur der Tierarzt berechtigt ist.

10.12 Kennzeichnung der Tiere

Zum Kennzeichnen der Ziegen dienen Halsbänder, Ohrmarken und Tätowierungen. Ohrmarken sind die einfachsten und billigsten Zeichen. Verwendet werden schmale Ohrmarken, wie es sie auch für Schafe gibt. Sie müssen vor allem eng am Ohr anliegen. Auch Plastikohrmarken kommen in Frage, besonders solche, die an den Enden keinen geschlossenen Bogen bilden, so daß sich die Ziegen damit nicht an Büschen und dergleichen festhaken könnten. Ganz allgemein haben die Ohrmarken den Nachteil, daß sie aus den verhältnismäßig zarten Ohren ausreißen können und dann häßliche Schlitze hinterlassen. Im Verlauf einiger Jahre reißen fast alle Ohrmarken einmal aus.

Halsbänder mit Nummern haben den Vorteil, daß sie leicht und auch von weitem erkennbar sind. Schilder mit gestanzten Nummern lassen sich von beiden Seiten auch aus der Entfernung erkennen (s. Abb. 91). An Ketten können Ziegen leicht hängenbleiben. Auch Halsbänder gehen irgendwann einmal verloren. Zur sicheren Kennzeichnung, besonders in großen Herden, sind Ziegen deshalb unbedingt zu tätowieren (Abb. 92). Dies geschieht im allgemeinen auf der Innenseite der Ohren oder aber an der Schwanzunterseite, was den Vorteil hat, daß beim Melken die Nummer leicht abzulesen ist. Auch bei dunkler Haut kann eine richtig angebrachte Tätowierung gut gelesen werden, selbst bei schwarzer Haut ist dies möglich. Die Verwendung roter oder grüner Tätowierfarbe bringt dagegen kaum Vorteile. Unter Umständen muß man aber in einem dunklen Raum das Ohr mit einer Taschenlampe durchleuchten. Für richtiges Tätowieren sind einige Punkte zu beachten:
– Mit dem Wachstum dehnen sich die Tätowierungen aus. Wenn die Stiche und die Zeichen nicht exakt sind, können sie schwer leserlich werden. Deshalb sollte nicht zu früh tätowiert werden, also nicht, solange die Ohren noch klein sind;

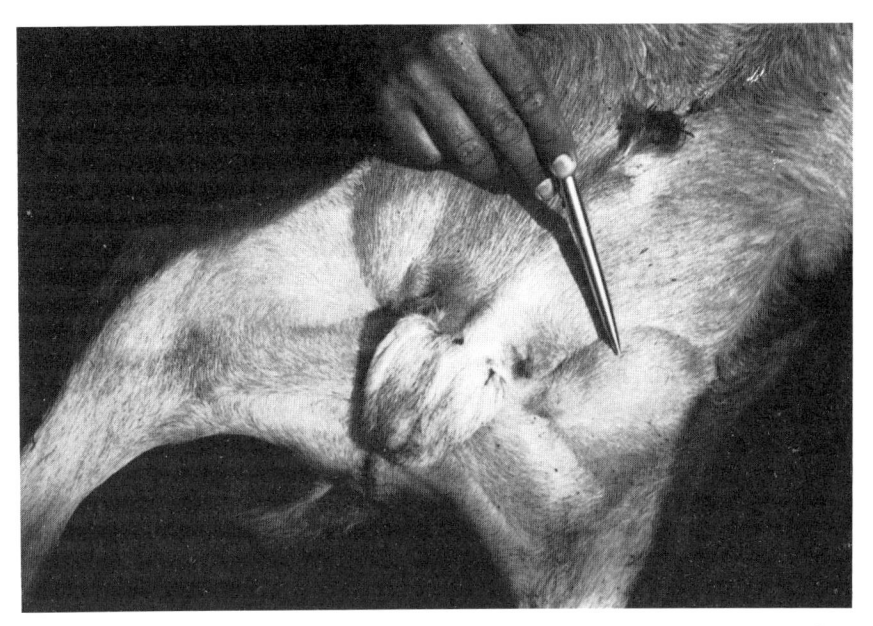

Abb. 90. Unblutige Kastration. Die Hoden sind in den Leistenkanal geschoben, der Hodensack ist leer (Venezuela).

Abb. 91. Nummernschild aus Aluminium, am Lederband zu tragen. Die perforierten Nummern sind von beiden Seiten zu lesen (s. auch Abb. 108).

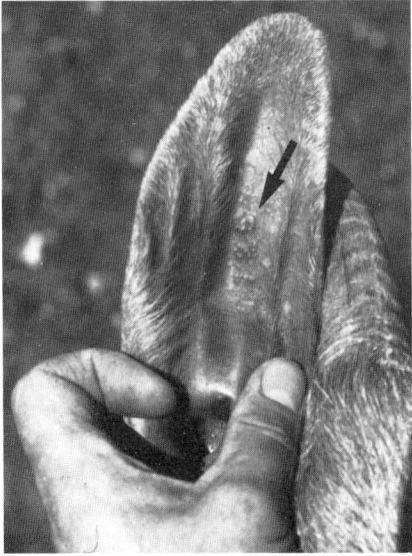

Abb. 92a. Die Tätowierung im Ohr in dem glatten Feld zwischen Rippen und Gefäßen.

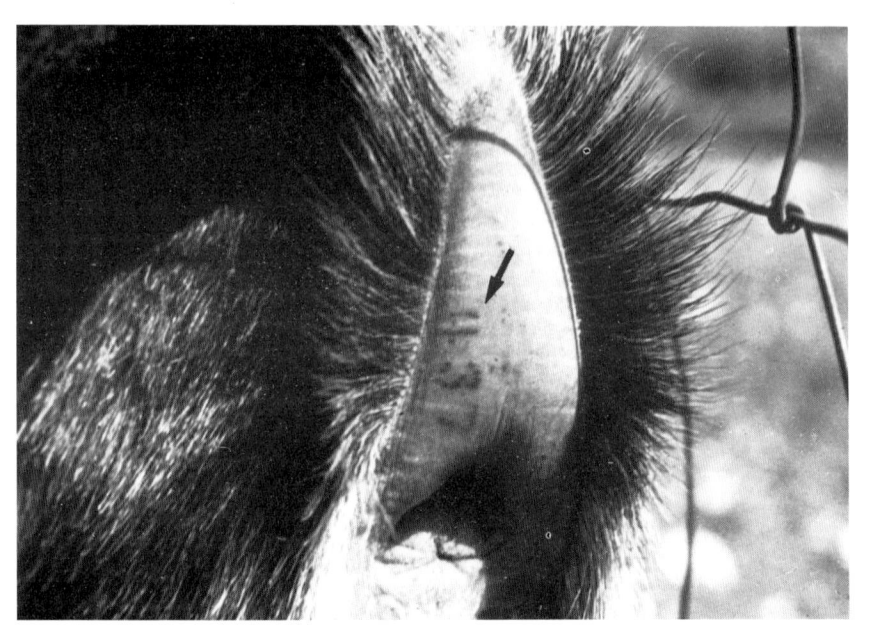

Abb. 92b. Die Tätowierung an der Schwanzunterseite ist besonders nützlich, wenn im Melkstand von hinten gemolken wird.

Abb. 92c. Tätowierbesteck: Zange und Buchstaben (Hauptner).

– die Stiche der Tätowierung sollen nicht zu klein sein, damit genügend Farbe in die Haut gelangen kann, aber auch nicht zu groß, damit sich nicht Narben bilden, durch welche die Zeichen unleserlich werden;
– beim Tätowieren sind Stiche in Gefäße oder die Rippen des Ohres zu vermeiden;
– die Farbe muß gründlich eingerieben werden. Dazu ist nach dem Eindrücken der Tätowierung reichlich Farbe aufzutragen und mit den Fingern einige Minuten fest einzumassieren. Nur wenn wirklich in alle Löcher genügend Farbe tief eingedrückt wird, kann sie fest in die Haut einheilen und sichtbar bleiben. Beim Einfärben werden die meisten Fehler gemacht.

Beim Tätowieren an der Schwanzunterseite wird eine Hautfalte seitlich von den Wirbeln weggezogen; man muß darauf achten, daß die Knochen nicht verletzt werden.

Da neugeborene Lämmer nicht dauerhaft gekennzeichnet werden können, müssen sie in größeren Herden, wo die Möglichkeit besteht, daß sie von fremden Muttergeizen angenommen werden, möglichst bald nach der Geburt, am besten mit einem Halsband, gekennzeichnet werden. Besonders in Zuchtherden ist dies wichtig, um die Abstammung der Ziegen zu sichern.

10.13 Altersbestimmung

Das Alter der Ziege kann man bis zu etwa 4 Jahren an den Zähnen erkennen, da diese in bestimmten Entwicklungsstadien gewechselt werden. Es gibt jedoch erhebliche individuelle Abweichungen vom durchschnittlichen Rhythmus, so daß es sinnvoll ist, nur annähernde Zahlen zu nennen. Bei Lämmern kann das Durchbrechen der Milchzähne zur Altersbestimmung dienen, doch ist die Bedeutung gering, da in den ersten Lebenswochen das Alter ohnehin leicht zu erkennen ist.

Wir benennen die Zähne einfach mit Ziffern von innen nach außen. Bei der Geburt ist stets das erste und häufig das zweite Paar der Schneidezähne durchgebrochen; das dritte Paar ist entweder ebenfalls schon durchgebrochen oder zumindest unter der Schleimhaut zu erkennen, es bricht dann in der zweiten Woche durch. In der dritten Woche sind alle 4 Paare sichtbar. Mit 3 Monaten sind alle Schneidezähne etwa gleich hochgewachsen. Im Alter zwischen 3 Monaten und etwa einem Jahr sind am Zahnbild keine deutlichen Unterschiede festzustellen.

Beim Wechsel der Schneidezähne lassen sich zwei Stadien erkennen: das Ausfallen der Milchzähne, wobei gleichzeitig die bleibenden Zähne durchbrechen, sowie das Hochwachsen der Zähne bis zum Niveau der übrigen Zahnreihe. In der Abb. 93 ist schematisch dargestellt, wie die Zahnreihe nach dem Wechseln der Zähne in den einzelnen Altersstufen aussieht. Bei der vorherrschenden saisonalen Fortpflanzung fällt der Zahnwechsel in der Regel mit den Jahreszeiten zusammen. Man kann dann annähernd einen Rhythmus feststellen, wie er in Tab. 35 angegeben ist.

Ziegen können ein Alter von 15 und mehr Jahren erreichen. Zahlen über die durchschnittliche Nutzungsdauer unserer Ziegen liegen nicht vor. Im allgemeinen scheiden Ziegen mit etwa 5 Jahren aus der Nutzung aus. Daß Ziegen auch bei hohen Leistungen wesentlich länger gesund und fruchtbar bleiben können, zeigen die Eintragungen im Ziegenleistungsbuch (Tab. 22); für die dritte Eintragung müssen die Ziegen mindestens 9 Jahre alt sein.

Tab. 35. Wechsel der Schneidezähne

Schneidezähne	Alter (Jahre)	Jahreszeit	Lebensjahr
1.	1¼	Frühsommer	2.
2.	1¾	Winter	2.
3.	2	Frühjahr	3.
4.	2¾	Winter	3.

Es vergehen jeweils 1–2 Monate, bis die Zähne hochgewachsen und in Reibung sind, beim 4. Paar 4–6 Monate.

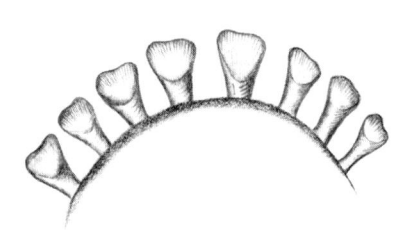

Zwischen 3 und 12 Monaten: das Lamm hat 4 Paar Milch-Schneidezähne, die Abstände zwischen den Zähnen werden zunehmend größer

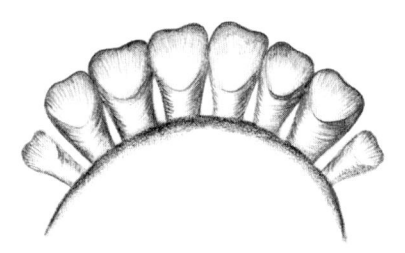

2½–3 Jahre: 3 Paar Schneidezähne sind gewechselt, das 4. Paar der Schneidezähne sind noch die kleinen Milchzähne

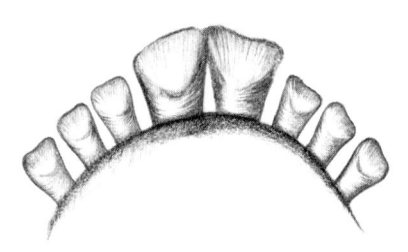

Zwischen 1¼ und 1½ Jahren: das 1. Paar der Schneidezähne ist gewechselt

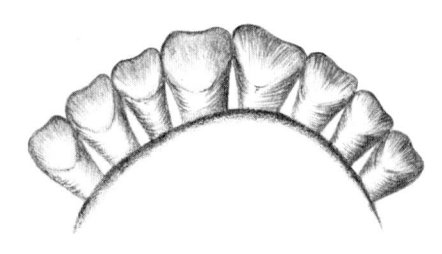

3½–4 Jahre: alle Schneidezähne sind gewechselt

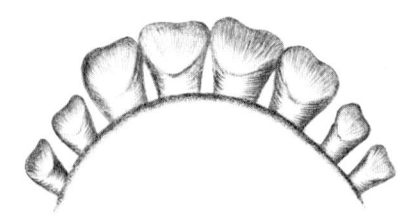

1¾–2 Jahre: das 2. Paar der Schneidezähne ist gewechselt

Im fortgeschrittenen Alter sind die Schneidezähne stark abgenutzt, einige Zähne können bereits ausfallen

Abb. 93. Zahnwechsel (Zeichnung: Schwan, Hannover).

11 Ziegenhaltung in Ländern mit tropischen und subtropischen Klimabedingungen

Etwa 80 % aller Ziegen werden in tropischen Ländern gehalten. In den Entwicklungsländern, die zum größten Teil in den Tropen liegen, leben 93 % des Ziegenbestandes der Welt, dagegen nur 48 % der Schafe und 64 % der Rinder. Die Verbreitung in den Tropen und Subtropen verdanken die Ziegen ihrer Anpassungsfähigkeit an tropische Klimabedingungen, ihren Freßgewohnheiten, durch die sie zur Nutzung von nährstoffarmem Futter, vor allem auch von Büschen und Dornengestrüpp in der Lage sind sowie den sozialen Bedingungen, die es den Landbewohnern nicht ermöglichen, Rinder zu halten.

Andererseits bestehen jedoch gerade in den Trockengebieten zum Teil erhebliche Bedenken gegen die Ziegenhaltung, wegen der häufig beobachteten Schäden an der Vegetation.

11.1 Zerstören Ziegen die Vegetation?

Eines der stärksten Argumente gegen die Ziegenhaltung liefern Beobachtungen der Vegetationsentwicklung auf unbewohnten Ozeaninseln, wie z. B. St. Helena und verschiedenen Inseln der Hawaii- sowie der Galapagos-Gruppe. Dort wurden im 17. und 18. Jahrhundert von Seefahrern Ziegen ausgesetzt, in der Erwartung, daß sie sich akklimatisieren und vermehren würden, so daß es später möglich sein würde, sich auf diesen Inseln durch Abschießen oder Einfangen von Ziegen mit frischem Fleisch zu versorgen. Auf vielen Inseln gab es bis zum Aussetzen der Ziegen keine größeren Pflanzenfresser. Infolgedessen hatte sich eine Pflanzengesellschaft entwickelt, die nicht auf den ständigen Verbiß durch äsende Tiere eingestellt war. Dies galt für Kräuter und Gräser ebenso wie für Bäume und Büsche. Wir wissen aus unseren Breiten ja gut, daß es im Grünland Kräuter und Gräser gibt, die trittfest sind und den Verbiß durch Weidetiere ertragen, aber auch andere, die diese Widerstandsfähigkeit nicht haben und die bei Beweiden verschwinden. Wir wissen auch, daß durch eine entsprechende Weideführung die Pflanzengesellschaft zu beeinflussen ist.

Da es auf den Inseln außerdem keine natürlichen Feinde für die Ziegen gab, konnten sie sich recht stark vermehren (wie übrigens auch Schweine, die in gleicher Weise auf die Inseln gelangt waren).

Diese Ziegenpopulationen spielten im 17. Jahrhundert eine nicht unerhebliche Rolle bei der Wahl solcher Inseln als Stützpunkte für Piraten. Als eine Maßnahme im Kampf gegen die Piraten wurden auf den Inseln Hunde ausgesetzt, die die Vermehrung der Ziegen aufhalten und damit eine wesentliche Nahrungsquelle beseitigen sollten, aber ohne Erfolg. Die große Zahl von Ziegen in einer auf sie nicht eingestellten Vegetation führte dann leicht zu einer Störung des ökologischen

Gleichgewichtes, die Vegetation konnte nicht das neu produzieren, was gefressen wurde; Arten starben aus, die Vegetationsdecke wurde u. U. sogar soweit reduziert, daß Bodenerosion begann.

Während man diesen Vorgängen auf unbewohnten Inseln lange Zeit keine Beachtung schenkte, wurden Ökologen in neuerer Zeit auf sie aufmerksam und deckten die Ursachen auf. Zur Erhaltung einmaliger Pflanzengesellschaften forderten sie, die Ziegen von den Inseln zu entfernen oder zumindest die Bestände zu vermindern. Dies ist teilweise mit Erfolg geschehen. Aus der ganzen Diskussion nahm ein breiteres Publikum jedoch vor allem eines zur Kenntnis: die Ziege zerstört die Vegetation. Zwar ist diese Feststellung für die betroffenen Inseln richtig. Man muß aber zur Bewertung der Beobachtungen die Umstände kennen, durch die Ziegen in diese Situation kamen. Schuld sind im Grunde nicht die Ziegen, sondern die Menschen, welche die Ziegen in eine Umgebung brachten, die auf Ziegen nicht eingestellt war und die sie nur mit bestimmten Schutzmaßnahmen ohne Schaden hätte ertragen können.

Die Ursache für die Verkarstung in Gebirgen am Rande des Mittelmeeres wird ebenfalls vorwiegend den Freßgewohnheiten der Ziegen zugeschrieben. Landschaftszerstörung dieser Art ist besonders deutlich in Nordafrika, im Libanon, in Anatolien, Griechenland, Dalmatien, Süditalien (Apulien, Basilikata, Kalabrien, Sizilien sowie einigen anderen Inseln) und Südfrankreich. Tatsächlich ist die Zahl der Ziegen in diesen Gebieten groß, und jeder Besucher kann zum Teil recht große Herden auf den kargen Hängen weiden sehen. Zwar begannen in Teilen des Mittelmeergebietes Verkarstung und Versteppung schon in der Jungsteinzeit, aber noch im Mittelalter gab es dort auch dichte Wälder.

Es ist einwandfrei nachgewiesen, daß die Zerstörung der Wälder eingeleitet wurde durch Abholzen zur Gewinnung von Nutzholz für Haus- und Schiffsbau. Dies geschah als Raubbau, d. h., ohne im gleichen Maße Jungholz nachzuziehen. Hinzu kamen Rodungen zur Gewinnung von Neuland für den Ackerbau und schließlich auch der Druck durch Weidevieh. Daß Vieh im Walde weidete, war an sich nichts Besonderes, Waldweide war im Mittelalter ganz normal, ja sie war die Hauptnutzung des Waldes. Um jedoch den Weideertrag besonders für Rinder zu erhöhen, pflegten die Hirten die Weiden abzubrennen, wobei unbeabsichtigt oder auch beabsichtigt Waldbrände entstanden. In vielen Mittelmeerländern kann man dies auch heutzutage alljährlich beobachten.

Die klimatischen Verhältnisse im Mittelmeergebiet mit Winterregen und trockenen, heißen Sommern führten immer zu Erosionsschäden, sobald die schützende Decke des Waldes entfernt war. Der fruchtbare Boden wurde durch starke Regen von Steilhängen heruntergespült, und es konnte sich nur mehr eine kümmerliche Vegetation halten. Diese Vegetation reichte nicht zur Fütterung von Rindern, und bei Fortschreiten der Verarmung an Pflanzenarten war sie bald auch nicht mehr als Weide für Schafe nutzbar. Übrig blieben allein Ziegen, die selbst unter diesen spärlichen Bedingungen noch genug Futter fanden, um ihren Erhaltungsbedarf zu decken und vielleicht sogar noch Nährstoffe für zusätzliche Leistungen sammeln konnten. Da die Leistungen allerdings gering waren, sahen sich die Ziegenhalter gezwungen, große Herden zu halten, um eine einigermaßen ausreichende Produktion zur Selbstversorgung ihrer Familien oder zum Erzielen eines gewissen Einkommens zu erreichen. Diese Entwicklung – Verarmung der Weiden, Verdrängung von Rindern und Schafen, große Ziegenherden – vollzog sich langsam, über viele

Abb. 94. In Steppengebieten an der Grenze zur Wüste sind Ziegen oft die einzigen Haustiere, welche die spärliche Vegetation noch nutzen können. Nicht selten müssen sie am Tag 40–50 km laufen, um ihr Futter zu sammeln oder eine Quelle zu erreichen. Oben: Süd-Tunesien (Foto: Steinbach, Gießen), Unten: Sudan.

Jahrzehnte hinweg, und der Beobachter sah nicht die Ursachen, sondern nur ihre Wirkung. So ist es verständlich, daß er, von dem Endzustand – viele Ziegen auf degenerierten Weiden – ausgehend, schloß, die Ziege selbst habe diese Katastrophe verursacht.

Ähnlich wie die Verkarstung in mediterranen Gebirgsgegenden ist auch die Versteppung oder gar Wüstenbildung in Trockengebieten vonstatten gegangen. Hier sind dem Ackerbau durch Mangel an Niederschlägen natürliche Grenzen gesetzt. Die Vegetationsdecke, die sich durch lange Zeiträume gebildet hat, stellt einen Schutz gegen Austrocknung und Erosion in den Trockenzeiten dar. Sie hält auch stand, wenn die periodischen Regen über längere Zeit ausbleiben, wie dies in bestimmten Abständen regelmäßig der Fall ist. Wird in diesen Grenzlagen aber Ackerbau betrieben, dann ist der Boden zwangsläufig eine gewisse Zeit des Jahres ungeschützt den Erosionskräften ausgesetzt. Bleiben die Regenfälle, von denen dieser Ackerbau abhängt, aus, dann wird der Boden sogar lange Zeit ungeschützt der Erosion preisgegeben.

Zur Vorbereitung der Saat wie auch zur Verbesserung der Weiden werden die Flächen vielfach abgebrannt. Das Feuer macht dabei nicht an den angrenzenden Wäldern halt, so daß diese allmählich immer mehr zurückgedrängt bzw. ausgedünnt werden. Weiterhin werden in diesen armen Gebieten Büsche und Bäume zur Gewinnung von Brennstoff genutzt. Solange der Vorrat groß genug ist, wird Holzkohle hergestellt, später wird Brennholz gesammelt, bis schließlich die letzten Wurzeln als Brennmaterial ausgegraben werden. Parallel zu diesem Prozeß wird die Vegetation durch Weidetiere genutzt, Rinder zunächst, bei nachlassender Produktivität wegen unzureichenden Futters in übermäßiger Zahl. Dadurch wird die Degradierung der Weiden beschleunigt, bis schließlich nur mehr Schafe und danach wiederum ausschließlich Ziegen ausreichend Futter finden. Sie sind dann die Tiere, die in den wüstenähnlichen Gebieten weiden, und ihnen wird die Schuld an der Entstehung zugeschoben, genau wie in den verkarsteten Gebirgsgebieten (Abb. 94). Diese Folgerungen scheinen durch die Beobachtungen des Freßverhaltens der Ziegen bestätigt zu werden. Denn Ziegen verschmähen nur wenige Pflanzen, fressen fast alles, was grün ist, einschließlich Blätter von Büschen und Bäumen, ja sogar kleine Zweige und Rinde. Sie graben Wurzeln aus und brechen Büsche nieder, an denen sie sich zur Futtersuche aufrichten. Die natürliche Verjüngung eines Baumbestandes in Anwesenheit von Ziegen ist kaum möglich; und wehe der Schonung, in der Ziegen weiden!

Über die Nutzung von Weiden und die möglichen Schädigungen der Vegetation in Trockengebieten durch Ziegen im Vergleich mit Schafen und Rindern hat man viele Untersuchungen angestellt. Es ging darum, herauszufinden, welche Pflanzen von den 3 Tierarten bevorzugt gefressen werden und möglichst auch, mit welcher Weidetechnik die Weiden angemessen und nachhaltig genutzt werden können, d. h. so, daß gleichbleibende Erträge ohne Schädigung der Vegetation möglich sind. Solche Untersuchungen wurden in Nord- und Südamerika, in Afrika und in Mittelmeerländern angestellt. In Südamerika und in Afrika wurde geprüft, wie viele der verfügbaren Weidepflanzen von Ziegen aufgenommen werden. Es zeigte sich, daß nur ganz wenige Pflanzen von Ziegen überhaupt nicht aufgenommen bzw. beweidet werden. Selbst giftige Pflanzen werden zumindest zeitweise, wenn Mangel an anderem Futter besteht, gefressen. In West-Galiläa nahmen Ziegen regelmäßig Futter von 30 der 40 vorkommenden verholzenden Pflanzen auf, während Rinder nur an 10 Baumarten fraßen, und dies vornehmlich in Zeiten extremer Futterknappheit (NAVEH 1960). In Kenia hat man die Futteraufnahmegewohnheiten von Ziegen mit denen von Rindern und Schafen verglichen (GLOVER u. a. 1966). Dazu wurden zunächst all die Pflanzen identifiziert, die von allen 3 Tierarten gleichermaßen aufgenommen wurden. Dann wurden die Pflanzen bestimmt, die jeweils nur von einer der 3 Tierarten zusätzlich gefressen wurden. Es waren dies 17 beim Rind, 20 beim Schaf. Die Ziege dagegen nahm zusätzlich 90 Arten auf, die von Schaf und Rind nicht gefressen wurden.

Bei der Bewertung solcher Untersuchungen zeigte sich bald, daß erhebliche Mißdeutungen möglich sind, wenn die Verfügbarkeit verschiedener Weidepflanzen infolge der Zusammensetzung der Flora nach Art und Menge nicht berücksichtigt wird. Diese Verfügbarkeit hängt nicht nur vom Standort ab, sie wechselt auch zwischen den Jahreszeiten. Das Wachstumsstadium der Pflanzen und ihr Nährstoffgehalt spielen dabei eine große Rolle. An sich von der Ziege bevorzugte Pflanzen werden nicht aufgenommen, wenn ihr Nährstoffgehalt gering ist (z. B. Gräser während der Trockenzeit) und wenn gleichzeitig andere Pflanzen zur Verfügung stehen, die gerade nährstoffreicher sind (z. B. Blätter von Büschen). So können Eichen und Wacholder, an denen Ziegen unter guten Futterverhältnissen nur wenig fressen, in schlechten Zeiten den Hauptteil der Ration ausmachen.

Besonders interessiert, wie hoch der jeweilige Anteil von Gräsern, Kräutern und Büschen ist, der von Ziegen aufgenommen wird. Denn hinsichtlich der Gräser besteht einerseits Konkurrenz mit Schafen und Rindern, andererseits ist ihre Überweidung der Hauptgrund für die bleibende Schädigung von Weiden. Die Ergebnisse einzelner Untersuchungen hierüber wichen zum Teil erheblich voneinander ab, was vor allem an der wechselnden Verfügbarkeit der verschiedenen Pflanzen liegen dürfte. In einigen Untersuchungen betrug der Anteil der Gräser in der aufgenommenen Nahrung der Ziegen nur etwa 15 %, in anderen machten Gräser 65–80 % der Ration aus. Bei ausgewogener Pflanzenzusammensetzung und gleichem Angebot von Nährstoffen aus Gräsern, Kräutern und Büschen deckt die Ziege ihren Nährstoffbedarf jedoch vorwiegend von Büschen (Abb. 95).

Im Freßverhalten wurden auch Rassenunterschiede beobachtet. Große Rassen können bis in höhere Bereiche von Büschen fressen als kleinere Rassen; Angoraziegen vermögen wegen ihres Haarkleides in dichten und vor allem dornigen Busch weniger gut einzudringen als glatthaarige Ziegen. Kleine Rassen klettern sogar auf entsprechende Bäume, wie dies in Nordafrika zu beobachten ist. Damit wird klar, warum selbst bei gleichem Angebot der Anteil der Strauch- bzw. Buschweide in der Nahrung verschiedener Rassen recht unterschiedlich ist.

Im Vergleich zur Ziege ist die Futteraufnahme von Schafen und Rindern viel weniger variabel. Bei ihnen machen Gräser und Kräuter unter allen Bedingungen den höchsten Anteil der Ration aus.

Aus allen diesen Beobachtungen folgt, daß die Ziege im Gegensatz zu landläufigen Vorstellungen Weiden und besonders die Grasdecke viel weniger beansprucht als andere Weidetiere, welche die von ihnen bevorzugten Pflanzen bei Futtermangel rasch schädigen. Vielseitigkeit und Anpassungsfähigkeit veranlassen die Ziege dazu, bei nachlassendem Angebot aus einer Quelle sich mehr anderen Pflanzen zuzuwenden, wodurch die stark beanspruchten Pflanzen geschont werden. Die Vielseitigkeit in der Futteraufnahme der Ziege stellt somit einen Schutz für die Vegetation dar. Werden karge Weiden vielseitiger Pflanzenzusammensetzung genutzt, so ist mit

Abb. 95. Zur Nutzung von Trockengebieten in den Tropen, wo Sträucher, Büsche, niedrige Bäume und Dornengewächse einen großen Anteil der Vegetation ausmachen, sind Ziegen besonders geeignet. Oben: Venezuela (Foto: Steinbach, Gießen) Unten: Mexiko.

Ziegen im Vergleich zu Rindern und Schafen die höchste Besatzstärke möglich, weil ihr selektives Freßverhalten die Vegetation insgesamt am wenigsten belastet. Ziegen sind auch von allen Weidetieren für gemischtes Weiden am besten geeignet. Sie finden immer die Nische, die von anderen Tieren nicht genutzt wird. Durch Überweidung mit einer übergroßen Zahl von Weidetieren, gemessen an der verfügbaren Grünmasse, können allerdings auch Ziegen Weiden zerstören.

Weil die Ziege sehr fruchtbar ist, besteht stets die Gefahr, daß die Bestände zu groß werden. Da in den gefährdeten Gebieten die Weiden fast durchweg Gemeineigentum sind, also von jedermann ohne Einschränkung und ohne Begrenzung der Zahl der Weidetiere genutzt werden, ist die Tendenz zur Überweidung allgemein. Insofern stellen Ziegen zweifellos eine Gefahr dar. Aber es ist nicht die Ziege an sich, sondern das unzureichende Management, das diese latente Gefahr wirksam werden läßt. Große, nur durch extensive Beweidung auf Dauer nutzbare Flächen, wie sie für weite Gebiete der Tropen und Subtropen typisch sind, können von keinem Weidetier besser genutzt werden als von der Ziege. Dort die Ziegenhaltung beseitigen, weil die Weiden langfristig degradieren und eventuell eines Tages völlig zerstört werden, hieße, den dort lebenden Menschen die Grundlage ihrer Existenz entziehen. Solange man für sie keine alternative Lebensmöglichkeiten hat, muß man sich demnach um eine Verbesserung des Managements der Ziegenhaltung, speziell der Weidetechnik, kümmern, um eine nachhaltige Weidenutzung zu sichern. Ziel dieser Maßnahmen muß sein, die Leistungen der Ziegen sinnvoll zu steigern, so daß die verkleinerten Herden, die das Weidepotential nicht übersteigen, gleiche Erträge liefern wie große.

Die einzelnen Arten von Weiden sind unterschiedlich anfällig für Schäden durch Überweiden. Wegen der Vorliebe der Ziegen für Strauchweide sind junge Holzbestände besonders gefährdet. Konflikte ergeben sich vor allem dort, wo versucht wird, in ökologisch geschädigten Gebieten Wälder anzupflanzen oder wieder aufzuforsten. Wenn diese Gebiete besiedelt sind und traditionell die Ziegenhaltung eine Rolle spielt, ist es schwer, den Wald im Hinblick auf nur langfristig zu erwartende Erträge zu schützen und die kurzfristig möglicherweise lebensnotwendige Nutzung durch Ziegen zu unterbinden. Wegen des hohen Prestigewertes des Waldes hat man in der Vergangenheit oft einfache Lösungen gesucht und Ziegenhaltung in Aufforstungsgebieten ganz verboten. Bei der Schwierigkeit, solche Verbote auch einzuhalten, sind diese Versuche selten erfolgreich gewesen. Sie gehen auch am eigentlichen Problem vorbei, das darin besteht, die langfristige Holzerzeugung mit der Nutzung der Begleitvegetation zu verbinden, wie dies seit alters her üblich war. Erst durch die übermäßige Zunahme der Weidetiere und das Mißachten einiger grundsätzlich notwendiger Beschränkungen wurde ja der Wald zerstört. Es erscheint durchaus möglich, Forst- und Weidenutzung mit angemessenen Tierzahlen zu verbinden, und zwar durch Rotation zwischen forstlicher Nutzung und Weide; geregelte Weide in Forstgebieten, z. B. zur Nutzung von Kahlschlägen und lichten Nadelholzbeständen oder zur Pflege der Feuerschutzstreifen anstelle des Abbrennens oder der Anwendung von Herbiziden; geordnete Nutzung der Nebenvegetation je nach dem Alter der Bäume durch Schneiden des Futters oder durch Weiden; Pflanzung von Futterbäumen in Forstkulturen oder gar Pflanzung von Futterbäumen zur Hauptnutzung anstelle von Holzerzeugung, was an manchen Standorten höhere Erträge ermöglicht (MAYDELL 1980).

11.2 Klimaanpassung

Die größte Konzentration von Ziegenbeständen auf der Erde finden wir in Trockengebieten der warmen Klimazonen. Dies hängt zu einem guten Teil damit zusammen, daß die Vegetation in diesen Gebieten von Ziegen besser genutzt werden kann als von anderen Weidetieren. Voraussetzung für die Haltung dort ist aber auch eine gute Klimaverträglichkeit. Bekannt ist die Fähigkeit der Ziegen, hohe Temperaturen in Trockengebieten zu ertragen. Dagegen ist die Kombination von Hitze und hoher Feuchtigkeit dem Wohlbefinden der Ziege abträglich, was zumindest teilweise daran liegt, daß bei hoher Luftfeuchtigkeit die Kühlung durch Wasserverdunstung (Atemluft, Schweiß) weniger wirksam ist. Dementsprechend findet man Ziegen in den feuchten Tropen fast ausschließlich in Kleinhaltungen, in denen sie gegen die Extreme der Klimawirkung geschützt werden können.

An der Hitzetoleranz sind verschiedene Mechanismen beteiligt. Einer davon ist die Erhöhung der Körpertemperatur bei Hitzebelastung. Dadurch werden alle Organfunktionen zur Regulierung der Körpertemperatur entlastet. Rasseunterschiede bestehen in dieser Hinsicht: Bei Anglo-Nubischen Ziegen wurde als Grenze der Verträglichkeit 35–40 °C gefunden, Jamnapuri-Ziegen ertrugen 45 °C.

Ein anderer Mechanismus der Anpassung an heiße Klimabedingungen ist die Steuerung des Wasserumsatzes. Dieser wird gemessen als die verbrauchte Wassermenge, bezogen auf ein Maß, das die Körperoberfläche schätzt (kg KGW$^{0,75 \text{ bis } 0,82}$) und ist bei den einzelnen Tierarten sehr unterschiedlich. Beim Kamel beträgt er z. B. 188 ml/kg^{0,82}, beim Schaf 197, beim Rind 347; die Ziege hat mit 185 einen sehr niedrigen Wert (MALOIY 1973). Die Wasserausscheidung durch die Niere kann bei ungenügender Wasseraufnahme eingeschränkt werden. Während diese Einschränkung bei Rind und Schaf nur etwa $^1/_3$ beträgt, kann die Ziege ähnlich wie das Kamel die Wasserausscheidung um fast $^3/_4$ vermindern.

Die Leistungsverminderung unserer Haustiere unter Hitzebelastung ist zu einem großen Teil auf die Verminderung der Futteraufnahme zurückzuführen. Bei einigen Ziegenrassen wird dies ebenfalls beobachtet, z. B. bei Anglo-Nubiern (APPLEMAN u. DELOUCHE 1958).

Andere Rassen, wie die Kleinen Ostafrikanischen, die Schwarzen Beduinen- und die Sinai-(Hejaz-)Ziegen, nehmen auch bei hohen Temperaturen unvermindert Futter auf. Die Sinai-Ziegen verlangsamen unter Hitzebelastung außerdem ihren Stoffwechsel (gesteuert durch unterdrückte Schilddrüsenaktivität), nutzen die Energie aus nährstoffarmem, rohfaserreichem Futter und infolgedessen auch den Stickstoff besser aus. Sie kommen in der Futternutzung unter Wüstenbedingungen dem Kamel nahe (SILANIKOVE u. a. 1980).

Ähnlich wie die Temperatur selbst bewirkt auch eine verminderte Wasserzufuhr ein rasches Nachlassen der Futteraufnahme. Ziegen, denen das Trinkwasser vollkommen entzogen wurde, verminderten innerhalb 5–8 Tagen die Futteraufnahme auf 92–74 % und das Körpergewicht auf 78–66 % (TULENBEKOV 1961). Barmer Ziegen nahmen nach 4 Tagen Wasserentzug bei 30 °C und 30 % relativer Luftfeuchte nur mehr 60 % der ursprünglichen Futtermenge auf; nach einer Woche Wasserentzug stellten Schwarze Beduinen-Ziegen bei Versuchen in Israel die Futteraufnahme ganz ein, während Sinai-Ziegen unvermindert weiterfraßen (SHKOLNIK u. a. 1972). Hier liegen also große Rassenunterschiede vor, und gerade die Sinai-Ziege scheint über wirkungsvolle Mechanismen der Hitzetoleranz zu verfügen.

Dazu gehören neben der Verminderung des Wasserverlustes mit Kot und Harn eine erhöhte Wasserverdunstung zur Temperatursenkung durch beschleunigte Atmung und durch vermehrtes Schwitzen. Besonders am Kopf ist die Schweißsekretion erhöht (DM'IEL u. a. 1979), was möglicherweise dazu dient, das zum Gehirn führende Blut zu kühlen und damit zu verhindern, daß dieses besonders empfindliche Organ gestört wird. Eine ähnliche Funktion üben möglicherweise die Hörner aus, deren knöcherne Zapfen sehr stark durchblutet sind (TAYLOR 1966).

Auch bei diesen Mechanismen der Temperaturregulation bestehen möglicherweise Rassenunterschiede; denn im Gegensatz zu den Schwarzen Beduinen-Ziegen scheint bei anderen Rassen der größte Teil der Wasserverdunstung über die Atemluft stattzufinden (JOHNSON 1976; BORUT u. a. 1979).

Sinai-Ziegen können ganz ähnlich wie Kamele nach einer Durstperiode innerhalb kürzester Zeit ihren Wassermangel wieder ersetzen. Nach 14 Tagen ohne Wasser nahmen Sinai-Ziegen im Versuch innerhalb von 2 Minuten eine Wassermenge auf, die 30–40 % ihres Körpergewichtes entsprach (SHKOLNIK u. a. 1972).

Während im allgemeinen das Gebiet, das als Weide genutzt werden kann, begrenzt ist durch Zahl und Lage der Wasserstellen, da die Tiere täglich einmal zum Tränken müssen, trifft dies für Ziegen nicht uneingeschränkt zu. Wenn sehr wasserreiche Pflanzen mit über 50 % Wassergehalt (DUNSON 1974) zur Verfügung stehen, wie z. B. Kakteen, die von Ziegen gefressen werden (Abb. 96), können sie damit ihren Wasserbedarf decken und kommen je nach den Umgebungstemperaturen und der Tag-Nacht-Differenz sowie dem von ihr abhängigen Tauanfall ganz oder für mehrere Tage ohne Tränke aus, besonders, wenn sie nachts weiden können.

Die Hirten-Nomaden in ariden und semi-ariden (trocken) Gebieten Afrikas und Asiens bringen ihre Ziegenherden regelmäßig trotz hoher Tagestemperaturen und

Abb. 96. Kakteen sind in Trockengebieten eine wichtige Quelle für Nährstoffe und Wasser.

niedrigen Wassergehalten der Futterpflanzen nur alle 2, 3 oder auch 4 Tage zur Tränke.

Die Nutzung mancher Weidegebiete ist dadurch eingeschränkt, daß kein Süßwasser zum Trinken zur Verfügung steht, sondern nur Brack-, Meer- oder salzhaltiges Grundwasser. Ziegen können Wasser mit relativ hohem Salzgehalt als Trinkwasser verwerten, besonders wenn sie daran gewöhnt sind, allerdings ist die genaue Grenze der Salzverträglichkeit nicht bekannt. Auf Ozeaninseln, wo kein Frischwasser zur Verfügung stand, nahmen wildlebende Ziegen Meerwasser in Mengen auf, die 4 % ihres Körpergewichtes entsprachen (DUNSON 1974), das ist etwa $^1/_3$ des gesamten Wasserbedarfes.

Die Milchleistung sank bei Wasserentzug innerhalb von 5–8 Tagen auf 66 % der Ausgangsleistung (TULENBEKOV 1961); bei 30 °C und 30 % relativer Luftfeuchte ohne Trinkwasser hielten Schwarze Beduinen-Ziegen ihre Milchleistung zunächst 2 Tage lang unvermindert aufrecht, erst nach 4 Tagen sank sie auf 20 % der Anfangsleistung ab, erreichte diese jedoch wieder innerhalb von 3 Tagen nach der Wasseraufnahme (MALTZ u. SHKOLNIK 1980).

Im Wüstenklima sind die Tiere nicht nur extremer Hitze während des Tages ausgesetzt, sondern in der Nacht auch sehr niedrigen Temperaturen. Aus diesen täglichen Temperaturunterschieden ist wahrscheinlich die auf den ersten Blick paradox erscheinende schwarze Haarfarbe von Wüstenziegen, wie der Schwarzen Beduinen- oder der Sinai-(Hejaz-)Ziege, zu erklären. Die Körpererwärmung nach nächtlicher Abkühlung sowie an kalten Wintertagen ist bei schwarzen Ziegen wesentlich effektiver. Andererseits ist bei hohen Außentemperaturen die Erwärmung der schwarz behaarten Oberfläche begrenzt; der Temperaturanstieg von der Felloberfläche zur Hautoberfläche ist bei schwarzen Haaren nicht wesentlich größer als bei hellen Haaren. Möglicherweise ist aber die Absorption der schädlichen Anteile der Sonnenstrahlen durch die schwarze Farbe wirksamer als ihre Reflexion durch helle Farben. Vielleicht kann man sich diese Verhältnisse auch so erklären, daß für die Anpassung an das Wüstenklima, die Fähigkeit, niedrige Temperaturen auszugleichen, bei Tieren, die am gleichen Tag hohe Temperaturen auszuhalten haben und deshalb kein dichtes Haarkleid und keine Fettschicht vertragen können, wichtiger als die Kühlung während der heißen Tagesstunden ist. Da diese durch hohe Verdunstungsraten in trockenem Wüstenklima sehr wirksam ist, wurde wahrscheinlich in der Evolution der Nachteil der dunklen Farbe zugunsten der besseren Erwärmung bei niedrigen Außentemperaturen in Kauf genommen.

11.3 Futteraufnahme

Auf den Seiten 121ff. wird das Freßverhalten der Ziegen besprochen. Verbunden mit der geringen Körpergröße der Ziege ist die Fähigkeit, bei spärlicher Vegetation ausreichend Nährstoffe aufnehmen zu können, ein weiterer Grund für ihre Verbreitung, namentlich in den Trockengebieten der Tropen. Ziegen können an manchen Standorten gedeihen und sogar noch Milch und Fleisch produzieren, wo andere Pflanzenfresser nicht überleben. Strittig ist allerdings die Frage, inwieweit Ziegen tatsächlich genügsame Weidetiere sind, die nur die ärmere Vegetation beweiden und demzufolge mit anderen Weidetieren nicht konkurrieren, sondern möglicherweise sie sogar unterstützen, indem sie solche Pflanzen beweiden, die das Wachstum anderer wertvollerer Weidepflanzen behindern.

In verschiedenen Versuchen in Afrika und Südamerika wurde gefunden, daß die Weideleistung von Rindern zunahm, wenn Ziegen vorher auf den Weiden waren. An der Texas A & M Universität stellte sich bei langjährigen Versuchen jedoch heraus, daß diese Vorstellung nur sehr bedingt richtig ist (MERRILL u. TAYLOR 1981). Bei gemischtem Weidebesatz war es regelmäßig nur eine kurze Zeitspanne gleich zu Beginn des Weideauftriebs, in der die Ziegen Futter aufnahmen, das von Schafen und Rindern nicht gefressen wurde. Sobald nämlich die schmackhaftesten Futterpflanzen abgeweidet waren, begannen die Ziegen mit den anderen Weidetieren um die jetzt für alle gleichermaßen attraktiven Futterpflanzen zu konkurrieren. Es bedarf also eines besonderen Geschickes, Ziegen für diese Art Weidepflege zu nutzen (s. unten).

Die vielseitige Futteraufnahme der Ziegen läßt sich auf Weiden in Trockengebieten mit einem weiteren Spektrum von Weidepflanzen einschließlich Büschen, Bäumen, Kakteen und dergleichen nutzen, indem man sie mit Rindern und Schafen mischt. Nach den Untersuchungen in Texas wird die Leistung von Rindern und Schafen gesteigert, wenn sie gemeinsam mit Ziegen weiden. Das ganze Spektrum der Weidepflanzen wird dabei gleichmäßiger genutzt. Die Ziegen selbst profitieren in ihren eigenen Leistungen jedoch nicht wesentlich, wenn sie mit Rindern und Schafen zusammen weiden. Diese Beobachtungen bestätigen, was weiter oben schon gesagt wurde, nämlich, daß Ziegen in ihrem Freßverhalten sehr anpassungsfähig sind, nicht an bestimmten Pflanzenarten hängen, sondern immer all das aufnehmen, was den höchsten Nährstoffgehalt hat. Dagegen neigen Rinder und Schafe dazu, einseitig Gräser bzw. Kräuter zu fressen und schädigen diese durch Überweiden, auch wenn genügend Grünmasse von anderen Pflanzen zur Verfügung steht.

Das Freßverhalten der Ziegen macht man sich in Trockengebieten, z. B. in manchen afrikanischen Ländern, in Südamerika und in Texas, zunutze, wo Büsche auf Weiden vordringen und das Wachstum der ertragreicheren Gräser und anderer Futterpflanzen beeinträchtigen. Wenn keine Gegenmaßnahmen getroffen werden und womöglich durch das Weidesystem die Entwicklung sogar noch gefördert wird, kann der Ertrag der Wiesenpflanzen stark vermindert werden, u. U. können sie ganz durch die Büsche verdrängt werden. Wir kennen das Problem auch in unseren Breiten, wo auf nicht bewirtschaftetem Ödland und neuerdings der Sozialbrache ähnliche Veränderungen der Vegetation stattfinden (s. Seite 80).

Um die Erträge solcher Weiden zu erhalten, werden verschiedene Methoden zur Bekämpfung des Busches eingesetzt: Brennen, mechanisches Entfernen der Pflanzen mit Planierraupen und auch chemische Behandlung mit Herbiziden. Biologisch vernünftige, nachhaltige und möglicherweise auch wirtschaftliche Formen der Buschbekämpfung bestehen in einer angepaßten Weidetechnik. Beim Beweiden mit Ziegen macht man sich zunutze, daß die Ziege bevorzugt von Büschen frißt, so daß sie entweder zurückgehalten oder gar ganz vernichtet werden (Abb. 95). Große Ziegen eignen sich besser als kleine, da sie höher in die Büsche hinaufreichen. Angoraziegen können wegen ihres dichten Haarkleides in sehr dichten Busch, zumal wenn dornige Arten vorherrschen, nicht eindringen. Das Ziel der Nutzung mit Ziegen ist in diesen Fällen die Eignung der Weiden für Rinder zu verbessern. Dies ist allerdings nicht leicht. Zwar fressen Ziegen gern und viel von Sträuchern, aber wenn frisches, nährstoffreiches Gras vorhanden ist, fressen sie auch dieses. Es kommt also darauf an, durch geschickte Weideführung die Ziegen gerade so lange weiden zu lassen, daß sie die Büsche genügend beweiden, um deren Wachstum zu hemmen und den übrigen Wiesenpflanzen bessere Bedingungen zu schaffen, sie aber wegzunehmen, sobald sie anfangen, von den für die Rinder vorgesehenen Pflanzen zu fressen. Dazu kommen Ziegen entweder in bestimmten Perioden des Jahres auf die Weiden, wo sie die Sprosse und Schößlinge der Büsche oder Bäume fressen, so wird z. B. in Texas die Invasion von Eichen kontrolliert; oder Ziegen weiden ständig zwischen oder im Wechsel mit Rindern. In jedem Fall muß durch sorgfältige Weideführung und Anpassung der Besatzstärke dafür gesorgt werden, daß die Ziegen möglichst nur die Buschvegetation fressen und nicht mit den Rindern um das Gras konkurrieren. Buschbekämpfung mit Ziegen ist jedoch keineswegs überall möglich; sie versagt bei Büschen, die von Ziegen verschmäht werden.

Viel ist geschrieben worden von der allgemeinen Überlegenheit der Ziege und ihren speziellen Fähigkeiten bei der Verwertung des Futters. Danach soll die Ziege Rind und Schaf besonders in der Verwertung geringwertigen, d. h. rohfaserreichen, eiweißarmen Futters deutlich übertreffen. Die meisten Berichte dieser Art stützen sich aber auf unzureichende Unterlagen. Dagegen zeigte sich in einer größeren Untersuchung an Rindern und Ziegen in Indien – beide Tierarten mit unterschiedlichem genetischen Leistungspotential und beide mit unterschiedlichem Rauhfutter-Kraftfutter-Verhältnis der Rationen gefüttert – eine solche Überlegenheit der Ziegen weder bei der Verwertung der Energie noch des Eiweißes (SUNDARESAN 1978). Ein Grund für Fehlinterpretationen kann auch sein, daß für optimale Verwertung, besonders von stickstoffarmen Rationen, eine ausreichende Anpassung erforderlich ist (s. Seite 130). Wenn nicht alle untersuchten Tiere sich ausreichend an die Versuchsrationen anpassen können, sind ihre Leistungen auch nicht ohne weiteres vergleichbar.

11.4 Soziale Bedingungen

Die Ziege gilt weithin als die Kuh des armen Mannes. Sie ermöglicht auch demjenigen, der kein eigenes Land besitzt und dem es nicht möglich wäre, eine Kuh zu halten, aus vorhandenen und frei verfügbaren Futtermitteln Nutzen zu ziehen. Der Beitrag von Milch und Fleisch zur Ernährung, namentlich von Kindern, alten und kranken Menschen kann erheblich sein. Jedoch hat die Gedankenverbindung von Ziegenhaltung und Armut auch ihre Nachteile. Vielfach besteht eine Tendenz von der Ziegenhaltung zur Rinderhaltung überzugehen, wo immer dies nur möglich scheint; auch dann, wenn die Haltung von Ziegen noch sinnvoller wäre. Eine Kuh ist ein Statussymbol, die Ziege wirkt in diesem Sinne eher negativ. Auch die für die Wirtschaftsentwicklung verantwortlichen Planer zielen meist in die gleiche Richtung. So wird in Forschung und Entwicklung für die Ziege in nur wenigen Ländern etwas getan, und Entwicklungsprojekte haben nur selten die Ziegenhaltung gefördert.

Ziegenhaltung in größeren Herden ist meist mit dem Vorhandensein ungenutzter Arbeitskraft verbunden. Wo Beschäftigungs- und Verdienstmöglichkeiten ausreichend zur Verfügung stehen, wird die Ziegenhaltung eingeschränkt. Allerdings sind beim Versorgen der Ziegen, besonders beim Hüten, vielfach Kinder beschäftigt.

Soziale Bedingungen 219

Abb. 97. Hüten der Ziegen ist oft die Aufgabe von Kindern. Süd-Sudan, Kleine Ostafrikanische Ziege.

Abb. 98. Ziegendichte Zäune sind aufwendig. Ein Zaun wie dieser in einer Versuchsstation in Venezuela dürfte in einem Privatbetrieb kaum wirtschaftlich sein (Foto: Steinbach, Gießen).

Dies ist sozial sehr bedenklich, da die Kinder dann in der Regel nicht die Schule besuchen und keine Ausbildung erhalten (Abb. 97). Der Zwang zur Hütehaltung ergibt sich, weil Zäune meist zu teuer (Abb. 98) sind oder deshalb nicht in Frage kommen, weil die Weiden Gemeingrund sind.

Auch religiöse Gründe können für die Ziegenhaltung bestimmend sein. In Ländern mit Hindu-Bevölkerung, der der Genuß von Rindfleisch untersagt ist, haben Ziegen neben Schafen einen wichtigen Platz als Fleischlieferant. In Islamischen Ländern gilt ähnliches, soweit Ziegen Futter verwerten (Haus- und Feldabfälle), das sonst von Schweinen genutzt wird. In manchen Kulturkreisen spielen Ziegen eine wichtige Rolle als Opfertiere bei rituellen Schlachtungen. In Ostasien werden Ziegen, namentlich Böcke, gelegentlich für Kampfspiele verwendet.

Die von Ziegen zu nutzenden Ressourcen unterscheiden sich in den verschiedenen landwirtschaftlichen Regionen, doch läßt sich allgemein sagen, daß Ziegen um so mehr genutzt werden, je dürftiger die Produktionsbedingungen sind. In ariden Gebieten sind Ziegen u. U. das einzige Produktionsmittel, während in intensiv kultivierten Gebieten möglicherweise keinerlei Platz für Ziegen ist. Sie werden dort meist nur gehalten, um Nebenprodukte zu nutzen, wie Stroh und Abfälle, oder zur Verwertung der Vegetation an Rändern von Wegen, Feldrainen, Terrassen und Bewässerungsgräben. Das Futter wird entweder gesammelt und den im Stall gehaltenen Ziegen gebracht, oder die Ziegen werden getüdert.

In Plantagen können Ziegen, wie andere Weidetiere auch, gehalten werden, um die Vegetation unter den Nutzpflanzen zu verwerten, die sonst durch Hacken oder Herbizidanwendung zurückgehalten wird. Die Ziege kann dabei den Vorteil haben, weniger Bodenschäden zu verursachen als das Rind. Jedoch ist ihre Nutzung, zumal in jüngeren Kulturen, begrenzt durch die Freßgewohnheiten, infolge derer Bäume bis zu einer Höhe von 2 m (je nach Ziegenrasse) gefährdet sind. Aus dem gleichen Grund können Ziegen in Forst-Schonungen nicht verwendet werden, um Unkraut und -gras zu verzehren.

Ziegenhaltung zur Verwertung von intensiv produziertem Futter, das alternativ auch durch Rinder verwertet werden kann, ist nicht häufig. Sie hat einen Markt zur Voraussetzung, der für Ziegenprodukte höhere Preise bezahlt als für die von Rind oder Schaf (s. Kap. 4.7).

Es wurde schon erwähnt, daß in tropischen Gebieten mit feuchtheißen Klimabedingungen relativ wenig Ziegen (in Klein- und Einzelhaltungen) gehalten werden, obwohl gerade hier ein großes Produktionspotential für Futter besteht. Der Grund hierfür liegt u. a. in der hohen Gefährdung durch Lungenerkrankungen und Parasiten. Andererseits sind Ziegen weniger anfällig gegen Tsetse-Fliegen und die von ihnen übertragene Trypanosomiasis und demnach geeignet, das Produktionspotential in von diesen Fliegen verseuchten Gebieten in Afrika, in denen Rinder nicht gehalten werden können, zu nutzen. Zwar sind Ziegen nach neueren Untersuchungen durchaus empfänglich für Trypanosomiasis, aber es gibt Rassenunterschiede, und in verseuchten Gebieten angestammte Rassen sind wesentlich weniger anfällig als importierte.

11.5 Leistungen der Ziegen in den Tropen

11.5.1 Fleischproduktion

Während die Ziege bei uns wie in den meisten europäischen Ländern in erster Linie als Milchtier gilt, ist sie in den Tropen vorwiegend ein Fleischtier. Allerdings ist die Nutzung oft nicht streng getrennt, und viele hauptsächlich für die Fleischnutzung gehaltene Ziegen werden zeitweise auch gemolken.

Die Wertschätzung des Ziegenfleisches ist recht unterschiedlich. Namentlich das Fleisch junger Lämmer gilt in vielen Ländern als Delikatesse, aber auch Fleisch älterer Ziegen ist vielfach sehr begehrt. Ein Beispiel ist Malaysia. Dort rangiert Ziegenfleisch an der Spitze der Beliebtheitsskala; der – staatlich festgesetzte – Preis ist sogar etwas höher als der für Rindfleisch, aber deutlich höher als für Schaf-, Schweine- und Geflügelfleisch. Der Grund für diese Bevorzugung soll neben dem Geschmack vor allem der geringe Fettgehalt des Ziegenfleisches sein. In vielen Ländern ist dagegen das Fett besonders begehrt, namentlich dort, wo die Nahrung arm an Energie ist. In Ländern wie Indien, wo Rindfleisch aus religiösen Gründen nicht verzehrt werden darf, sind Ziegen ähnlich wie Schafe eine wichtige Fleischquelle. In manchen Religionsgemeinschaften, in denen regelmäßig Tieropfer dargebracht werden, sind Ziegen häufig Opfertiere. Auch für die Bewirtung von angesehenen Gästen und für Feste werden häufig Ziegen geschlachtet. Dabei, wie beim Fleischverbrauch allgemein, ist die Größe der Ziege von Vorteil, weil ein Schlachtkörper meist dem Bedarf für eine Mahlzeit angepaßt ist, so daß sich keine Probleme mit der Konservierung ergeben. In Lateinamerika sind die jungen Lämmer sehr beliebt. Das „Cabrito al Pastor" (Abb. 99) wird am offenen Feuer gegrillt und gilt als Delikatesse. Die Preise sind entsprechend gut, ein Lamm mit 6–8 kg Lebendgewicht bringt bei Verkauf pro Stück etwa den Gegenwert von DM 20,– (1979). Allerdings sind starke saisonale Preisschwankungen üblich; in der Zeit des größten Lämmeranfalles können die Preise um mehr als die Hälfte niedriger sein. Außerdem gibt es in Lateinamerika typische Gerichte, die lang gekochtes Ziegenfleisch (neben Schaffleisch) enthalten, wie „Barbacoa" in Mexiko oder „Virria" in Venezuela.

Während das Töten erwachsener Ziegen bei uns durch Entbluten nach Betäubung erfolgen muß, werden auch erwachsene Ziegen in den meisten südlichen Ländern ohne Betäubung durch Halsschnitt oder durch Eröffnen der großen, vom Herzen kommenden Arterie (Aorta) getötet.

In manchen Ländern ist es üblich, Ziegen für die Nahrungszubereitung nicht zu häuten, sondern in der Haut zu kochen. Dazu werden in einigen afrikanischen Ländern die Haare abgesengt oder, in Ostasien, nach dem Brühen abgeschabt, eine Zubereitung, die der von Schweinen bei uns ähnelt. Grund für diese eigenartige Zubereitung von Ziegen mag die fehlende Fettauflage des Schlachtkörpers sein, wegen der bei anderer Zubereitung die Austrocknung zu groß wäre.

Unterschiedlich ist auch die Verwertung der Innereien und Schlachtabfälle. Die Weichteile des Kopfes, Blut sowie Magen und Darm werden vielfach vollständig verzehrt und zu speziellen Speisen zubereitet.

Felle werden in wenig entwickelten Ländern von den Ziegenhaltern selbst getrocknet und gegerbt und zu einfachen Gebrauchsartikeln, besonders Taschen, verarbeitet. Ganze, unversehrte Häute werden als Wassersäcke benutzt. Das Fell ganz junger langhaariger Lämmer, das bei manchen Rassen gelockt ist, wird auch

222 Ziegenhaltung unter tropischen Klimabedingungen

Abb. 99. „Cabritos". a) Lämmer mit 5–6 Wochen und 6–8 kg Gewicht werden in den Verbrauchszentren in großer Zahl geschlachtet (Criollos, Mexiko). b) Die Felle sind ein wertvolles Rohprodukt. c) Die Schlachtkörper sind eine Delikatesse. Sie werden unzerteilt am offenen Feuer geröstet.

zu Pelzen verarbeitet. Dies ist besonders im Nahen und Mittleren Osten der Fall.

Mehr noch als für die Milchproduktion ist die Fruchtbarkeit die wesentlichste Voraussetzung für die Fleischproduktion, da Lämmer die einzige Leistung der Mutterziegen sind. Ein großer Teil der tropischen Ziegenrassen, die nur für Fleisch genutzt werden, hat keine saisonal gebundene Fortpflanzung und kann damit in Intervallen von weniger als 12 Monaten lammen. Allerdings erlauben die Futterbedingungen in den Tropen Trächtigkeit nur während einer begrenzten Zeit des Jahres, so daß auch hier der Abstand zwischen 2 Geburten selten kürzer als 280 Tage ist. Die Häufigkeit von Zwillings- und Mehrlingsgeburten ist bei tropischen Ziegenrassen sehr unterschiedlich. In der Mehrzahl sind die Hälfte der Geburten Zwillinge. Doch gibt es auch in den Tropen Rassen, bei denen Zwillinge seltene Ausnahmen sind. Allerdings ist der Umwelteinfluß auf die Zwillingshäufigkeit groß. Unter anderem können Mangelernährung und Infektionen einen hohen Anteil von Aborten verursachen. Diese Faktoren vermindern außerdem die Überlebenschancen der Lämmer; nicht selten betragen die Verluste bis zum Absetzen mehr als 50 %.

Die täglichen Zunahmen der meisten tropischen Rassen mit 25–40 kg Lebendgewicht liegen weit unter 100 g am Tag. Burenziegen können während der dreimonatigen Säugezeit bis etwa 270 g, Bocklämmer bis 290 g am Tag zunehmen (s. Tab. 15). Eine Steigerung des Wachstums, die z. B. durch Einkreuzung von Burenziegen durchaus möglich sein sollte, wird allerdings nur für intensive Produktionsbedingungen angebracht sein. Unter den vorherrschenden Bedingungen sollte das Wachstum gerade ausreichen, damit die Jungziegen mit 15–18 Monaten erstmals lammen. Bei schnellerem Wachstum sind die Lämmer anfällig gegen unzureichende Nährstoffzufuhr, wie sie unter tropischen Haltungsbedingungen in bestimmten Jahreszeiten meist unvermeidlich ist.

Die Ergebnisse wissenschaftlicher Untersuchungen mögen über das Wachstumspotential von Ziegen in den Tropen dann ein falsches Bild geben, wenn die Auswirkung der selektiven Futteraufnahme nicht berücksichtigt wird. Sowohl die säugenden Muttertiere als auch die Lämmer suchen sich auf ihnen angemessener Weide mehr Nährstoffe, als sie in den in der Regel einseitigen Rationen unter Versuchsbedingungen erhalten.

Lämmer sollten mit 5–6 Monaten abgesetzt werden. Nicht selten werden sie in den Tropen allerdings überhaupt nicht planmäßig abgesetzt, sondern saugen, bis die Milch infolge einer neuen Trächtigkeit versiegt. Früheres Absetzen ist theoretisch auch in den Tropen möglich. Dies wäre besonders dort interessant, wo die Ziegen für Milchproduktion gehalten werden und möglichst wenig Milch für die Lämmer verbraucht werden sollte. Ihr Potential zur Produktion von Fleisch wird durch sehr frühe Schlachtung bei einem Gewicht von oft nur 6–8 kg unzureichend genutzt. Doch sind die für eine Fütterung nach frühem Absetzen erforderlichen Futtermittel in Entwicklungsländern meist nicht verfügbar oder zu teuer, ihre Verwendung für die Mast ist außerdem kaum gerechtfertigt, wenn sie auch direkt für die menschliche Ernährung gebraucht werden können.

11.5.2 Milchproduktion

Ziegenmilch wird in Asien, namentlich Indien und Pakistan, in den Mittelmeerländern und in Lateinamerika sehr geschätzt, weniger dagegen in den feucht-tropischen Gebieten Afrikas. Doch werden Ziegen auch dort, wo sie eigentlich nur für die Fleischproduktion gehalten werden, gelegentlich gemolken, wenn auch nur geringste Mengen Milch gewonnen werden. In Indien und in den Mittelmeerländern gibt es einige der besten Milchrassen. Die lateinamerikanischen Ziegen stammen von spanischen und portugiesischen Rassen ab. Sonst ist die Milchleistung der

224   Ziegenhaltung unter tropischen Klimabedingungen

Abb. 100. In tropischen Ländern häufige Melktechnik bei Ziegen mit geringen Leistungen. Ein Bein der Ziege ist zwischen den Schenkeln des Melkers festgeklemmt (Criollo, Venezuela).

tropischen Rassen gering, meist unter 200 kg in der Laktation. Das liegt bei vielen Rassen einfach daran, daß sie kleiner sind als die europäischen Leistungsrassen, jedoch ist auch die genetische Veranlagung geringer. Der wichtigste Grund für die begrenzte Milchproduktion in den Tropen ist allerdings, daß die Umweltbedingungen für höhere Leistungen nicht ausreichen. Das zeigt sich unter anderem daran, daß auch Leistungsrassen aus den gemäßigten Zonen in den Tropen meist gerade die Hälfte der Milchleistung erreichen, selten über 600 kg/pro Jahr. Die durch Kreuzung erhoffte Leistungssteigerung bleibt ebenfalls beträchtlich hinter den Erwartungen zurück. Doch liegt die Bedeutung der Ziegen in den Tropen auch gar nicht so sehr darin, daß sie extreme Leistungen erbringen können, sondern vielmehr in der Tatsache, daß sie unter den gegebenen Bedingungen, meist mit unzureichender Fütterung und unter Klimabelastung, einen ansehnlichen Ertrag liefern; dies muß man sich immer wieder klarmachen.

In den Tropen wie in anderen Ländern, wo die Milchleistung der Ziegen gering ist, werden die Lämmer meist bei der Mutter aufgezogen, die gleichzeitig gemolken wird (Abb. 100). Die nicht zur Zucht benötigten Lämmer werden sobald wie möglich verkauft, um frühzeitig alle Milch verwerten zu können. Dabei wird unterschiedlich verfahren: Entweder werden die Ziegen jedesmal nur teilweise gemolken, um genügend Milch für die Lämmer zurückzulassen, oder die Lämmer werden abends nach der Weidezeit, während der sie zu Hause bleiben, zu den Müttern gelassen, so daß sie die während des Tages gebildete Milch aufnehmen können. Nachts werden die Ziegen dann wieder von den Lämmern getrennt und morgens gemolken. Manchmal werden die Lämmer nach dem Morgenmelken ein

Abb. 101. Milchkauf ist in warmen Ländern Vertrauenssache. Kleine Händler bringen sie direkt zum Verbraucher. Verkauf in kleinsten Mengen ist die Regel (Khartum, Sudan).

zweites Mal zu den Müttern gelassen. Aufgrund entsprechender Versuche beim Rind wäre es wahrscheinlich richtiger, die Lämmer grundsätzlich etwa ½ bis 1 Stunde nach dem Melken eine begrenzte Zeit saugen zu lassen, deren Dauer von der noch verfügbaren Milchmenge abhängt. Jedoch liegen über dieses Verfahren bei der Ziege keine Erfahrungen vor.

Ein großer Teil der Milch wird im Haushalt der Ziegenhalter verbraucht. Vermarktung erfolgt an günstigen Standorten meist durch Zwischenhändler. Sie verkaufen die Milch entweder frisch (s. Abb. 101) oder stellen Sauermilchprodukte, seltener Käse her.

11.5.3 Faserproduktion

Angoraziegen sind an trockenes Klima angepaßt, das nicht heiß ist, in dem aber auch tiefe Wintertemperaturen nicht vorkommen. So liegen die meisten Gebiete mit größeren Angorabeständen in subtropischen Gebieten (etwa 500 m hoch) mit weniger als 600 mm Niederschlag. Außerdem sind in diesen Gebieten zum Teil ausgiebige Möglichkeiten zur Buschweide. Dies mag daran liegen, daß Ziegen allgemein diese Vegetation besser nutzen können als andere Pflanzenfresser (s. Seite 121), aber auch daran, daß Futter von Sträuchern einen besonders hohen Eiweißgehalt hat. Denn wegen des Faserwachstums haben Angoraziegen einen sehr hohen Eiweißbedarf (s. Seite 228). Sie sind keineswegs anspruchslose Weidetiere, die etwa grundsätzlich dort vorteilhaft eingesetzt werden könnten, wo andere Pflanzenfresser nicht gedeihen. Sie haben vielmehr ganz spezifische Standortansprüche, deren Kombination in nur wenigen Gebieten gegeben ist. Ihre Fähigkeit, Strauchweide zu nutzen in Gebieten, deren Weideertrag allgemein gering eingeschätzt wird, mag zu der Fehleinschätzung Anlaß gewesen sein, daß sie in armen und extremen Gebieten wirtschaftlich sein könnten. Dieser Irrtum führte zu Mißerfolgen bei Versuchen der Einführung in manchen Ländern.

Angoraziegen werden vorwiegend in größeren Herden gehalten (Abb. 102). Ganz ähnlich wie beim Wollschaf gibt es in kleinen Herden Schwierigkeiten mit Schur und Vermarktung. Außerdem sind Nutztiere, die nur ein- bzw. zweimal im Jahr einen Ertrag bringen, für den Ziegenhalter mit kleinem Bestand weniger geeignet als Tiere, die z. B. über Milch- oder Fleischproduktion bei asaisonaler Fortpflanzung eine regelmäßige Einkommensquelle sind.

Die Fortpflanzung ist streng saisonal mit Lammungen von etwa Januar bis März, in Südafrika von Juli bis September. Die Fruchtbarkeit ist niedrig, wozu geringe Konzeptionsrate, hohe Aborthäufigkeit (s. Seite 281) und mangelnde Muttereigenschaften beitragen. Geschoren wird in den USA und in Südafrika zweimal im Jahr, im Frühjahr und im Herbst, in der Türkei dagegen nur einmal. Bei nur einmaliger Schur wird der Stapel so lang, daß er Verunreinigungen und besonders in Gelände mit dornigen Pflanzen Beschädigungen ausgesetzt ist. Zwischen den Schuren sollen deshalb auch möglichst gleiche Abstände liegen. Da bei der Schur und in den ersten Wochen danach die Ziege keinen extremen Wetterbedingungen, vor allem tiefen Temperaturen mit Feuchtigkeit und Wind, ausgesetzt sein darf, fällt die richtige Wahl der Schurzeit nicht leicht. In Texas z. B. sind die Ziegen nach der Frühjahrs-

Abb. 102. Angora-Böcke werden zu Beginn der Deckzeit auf die Ziegenherden verteilt (Texas).

schur bei den nicht seltenen späten Kälteeinbrüchen mitunter stark gefährdet. Wenn es nicht gelingt, sie rechtzeitig aufzustallen, können viele Ziegen an Unterkühlung eingehen. Sie werden dann völlig steif und unfähig, sich zu bewegen, so daß sie auch nicht mehr getrieben werden können. Zur Vorbeuge wird Mohair nicht so kurz geschoren wie Wolle, und in Texas wird den Ziegen bei der Schur im Frühjahr ein „Mantel" (cape) auf dem Rücken belassen, obwohl dort Mohair erster Qualität wächst, das fast ein Siebentel des Ertrages ausmacht.

Lämmer werden erstmals mit etwa 6 Monaten geschoren. Sie liefern eine besonders begehrte Faser von etwa 24 µm, 14 cm Stapellänge und 1–1,5 kg Rohgewicht mit 80 % Reinertrag.

Nach der Lämmerschur nimmt der Durchmesser der Fasern mit dem Alter zu bis auf etwa 35 µm, das Schurgewicht steigt auf etwa 3 kg. Dagegen ändern sich die Stapellänge und der Reinertrag kaum.

Die einzelnen Qualitätsmerkmale von Mohair werden durch Umwelteinflüsse unterschiedlich beeinflußt. Bei intensiver Ernährung nimmt der Faserdurchmesser zu, es wird also weniger feine Wolle erzeugt. Dagegen hat die Fütterung einen geringen Einfluß auf die Stapellänge und auch auf den Rein-Mohair-Ertrag.

In Südafrika werden die Herden nachts herkömmlicherweise in einen Kraal gebracht, um sie vor Raubtieren und vor der Nachtkälte zu schützen. Seitdem die Weiden großenteils eingezäunt und Raubtiere dezimiert worden sind, wird meist nur mehr während der Lammzeit gepfercht. Dies ist unter anderem deshalb nötig, weil der Mutterinstinkt bei den Angoraziegen schwach ausgebildet ist und Lämmer oft unzureichend gesäugt oder überhaupt nicht von der Mutter versorgt werden, wenn sie nicht von sich aus kräftig genug sind, um sich durchzusetzen. Deshalb werden Mutterziegen auch abends, nachdem sie von der Weide kommen, angebunden, damit ihre Lämmer saugen können.

11.6 Fütterung

Ziegen werden in den Tropen fast ausschließlich gehalten, um vorhandene Futterquellen zu nutzen. Diese werden allenfalls mit landwirtschaftlichen Nebenprodukten ergänzt, in Einzelhaltungen auch mit Haushaltsabfällen. Die Beifütterung von gekauften Futtermitteln oder von Futter, das einen Marktwert hat, ist nur selten anzutreffen und auch nur dort, wo eine Möglichkeit zu gewinnbringender Vermarktung, vor allem von Milch, besteht. Beifütterung, die kurzfristig während der Laktation zur Steigerung der Milchleistung vorgenommen wird, erweist sich häufig als nicht wirtschaftlich. Meist liegt das daran, daß mit dem Beifutter lediglich die infolge einer vorangegangenen Mangelernährung angegriffenen Körperreserven aufgefüllt werden. Nur wenn langfristig der Erhaltungsbedarf gedeckt ist, kann mit einer Leistungssteigerung durch Beifütterung gerechnet werden.

Der Nährstoffbedarf ist unter tropischen Bedingungen höher als in den gemäßigten Breiten. Der Erhaltungsbedarf ist wegen der größeren Bewegungsaktivität und wegen des zusätzlichen Aufwandes zur Regulierung der Körpertemperatur um 75 % höher anzusetzen als der Ruhebedarf. Die Werte der Tab. 29 sind dementsprechend zu erhöhen (s. dazu Fußnote auf Seite 128).

Der zusätzliche Nährstoffbedarf für das Faserwachstum von Angoraziegen beträgt für ein Jahresschurgewicht von 1 kg am Tag 70 kJ und 3 kg verdauliches

Tab. 36. Nährstoffbedarf für Erhaltung von Angoraziegen in Abhängigkeit von Körpergewicht und Schurertrag (nach HUSTON u. a. 1971)

Körper-gewicht kg	Jahresschurertrag, kg							
	2		4		6		8	
	NEL MJ	verd. Roheiweiß g	NEL MJ	verd. Roheiweiß g	NEL MJ	verd. Roheiweiß g	NEL MJ	verd. Roheiweiß g
20	4,06	51	4,23	57	4,35	63	4,52	69
30	5,48	66	5,65	72	5,77	78	5,94	84
40	6,78	81	6,95	87	7,07	93	7,24	99
50	8,03	95	8,20	101	8,33	107	8,49	115

Roheiweiß. In Tab. 36 ist der Nährstoffbedarf für Angoraziegen zusammengestellt. Der Ruhebedarf wurde um 75 % erhöht, um die Bewegung bei extensivem Weidegang zu berücksichtigen. Nach der Schur ist infolge der fehlenden Isolierung der Energiebedarf erhöht, besonders bei kalter Witterung.

11.7 Haltung

In den warmen und trockenen Klimazonen sind die Einrichtungen für die Ziegenhaltung sehr einfach. Sie bestehen zumeist aus einem Gehege, das normalerweise aus örtlich vorhandenem Material hergestellt ist, und einem überdachten Platz, der Schutz während der Nacht und vor Regen bietet (Abb. 103). Je nach den Wetterverhältnissen kann dies auch eine Hütte mit geschlossenen Seitenwänden sein. Die Ziegen werden zur Nacht in das Gehege gebracht, vor allem zum Schutz vor Raubtieren und gegen Diebstahl. Die Weidezeit wird dadurch zum Nachteil der Futteraufnahme verkürzt.

Die Lämmer bleiben in den ersten Wochen tagsüber im Gehege, weil sie durch die langen Märsche, welche die Mütter meist zurücklegen, zu sehr geschwächt werden. Wo ihnen kein überdachter Platz zur Verfügung steht, werden sie mancherorts bei einem kleinen Schutzdach angepflockt, wo sie dann auch die Mutter zum Säugen aufsucht (Abb. 104).

Der Dung, der sich im Korral sammelt, bleibt meist ungenutzt; in der Nähe von Städten und in verkehrsgünstiger Lage wird er gelegentlich gesammelt und verkauft. In den feuchten Tropen, wo Ziegen häufig in intensiv bewirtschafteten Ackerbaugebieten gehalten werden, können sie während der Vegetationszeit nicht weiden. Sie werden dann in einfachen Hütten gehalten, wo sie auf Spaltenboden stehen. Der Dung sammelt sich unter der Hütte und ist im Landbau sehr geschätzt (Abb. 105).

In den Einzelhaltungen einer oder weniger Ziegen gibt es entweder einfache kleine Hütten oder oft auch gar keine eigene Einrichtungen. Nachts und bei schlechtem Wetter kommen die Ziegen dann mit der Familie in die Hütte.

11.8 Wirtschaftlichkeit

Nur wenige Untersuchungen geben bisher Auskunft über die Wirtschaftlichkeit der Ziegenhaltung in tropischen Ländern. Soweit Ziegen auf Gemeingrund weiden und

Leistungen der Ziegen in den Tropen 229

Abb. 103. Der Korral oder Kral ist die einzige Einrichtung für die Ziegenhaltung in Steppengebieten. Oben: Criollos, Mexiko, Unten: Criollos, Venezuela).

230 Ziegenhaltung unter tropischen Klimabedingungen

Abb. 104. Lämmeraufzucht. Die Lämmer sind an einem einfachen Wetterschutz angepflockt. Die Mutterziegen können ihre Lämmer nach dem Weidegang säugen.

Abb. 105. In den feuchten Tropen werden Ziegen während der Regenzeit häufig in Hütten untergebracht, die einen erhöhten Boden mit Spalten haben, unter dem sich der Mist sammelt.

von Familienarbeitskräften versorgt werden, die sonst keine Verdienstmöglichkeiten haben, ist die Berechnung des Gewinns verhältnismäßig einfach; er ergibt sich aus den Verkaufserlösen, von denen die Baraufwendungen abzuziehen sind (Veterinärkosten, Steuern, evtl. Futtermittel). Dem Gewinn wird meist noch der Verkaufswert der im Haushalt des Erzeugers verbrauchten Produkte (Fleisch und Milch) hinzugerechnet, obwohl dies verzerrend wirken kann, da der Eigenverbrauch nicht unbedingt reale Baraufwendungen für alternative Lebensmittel ersetzt. Diese einfachen Rechnungen bei kostenfreier Produktion ergeben naturgemäß fast stets einen Gewinn, wenn er auch oft nur bescheiden ist. Für günstige Verhältnisse auf den Karibischen Inseln Trinidad und Tobago wurden ein jährlicher Gewinn pro Ziege von etwa DM 115,- berechnet, in Malaysia etwa DM 58,-, für ungünstigere Bedingungen in ariden Gebieten, wie Venezuela oder Pakistan, dagegen nur etwa DM 22,- (DEVENDRA 1981).

Besonders interessant ist die Gegenüberstellung der Erlöse aus der Ziegenhaltung mit denen aus der Haltung von Schafen oder Rindern unter gleichen Bedingungen. Leider sind solche Vergleiche bisher fast ausschließlich in Situationen gemacht worden, in denen es darum ging, die Förderung der Ziegenhaltung zu rechtfertigen. Es gibt z. B. Untersuchungen aus Südostasien, die zeigen, daß die Haltung von Ziegen wirtschaftlicher ist als die von Schafen oder Rindern. In Malaysia war beispielsweise der Rohertrag aus der Fleischproduktion mit Ziegen auf kultiviertem Gras um 84 % größer als der mit Rindern erzielte. Man wird solche Ergebnisse zwar nicht verallgemeinern dürfen; sie geben aber einen Hinweis darauf, daß Ziegen durchaus auch für intensive Nutzungsformen interessant sein können.

Unter den im allgemeinen vorherrschenden Bedingungen sind allerdings auch in tropischen Gebieten Einrichtungen für die Unterbringung und zum Schutz der Ziegen vor Sonne, Regen und Nachtkälte erforderlich. In dünn besiedelten Gebieten der Trockenzonen werden sie in der Regel mit frei verfügbarem Material hergestellt und verursachen keine oder nur geringe Kosten. In dichter besiedelten Gebieten, vor allem den feuchten Tropen, entstehen dagegen Kosten für die Einrichtungen, die auch für Kleinhaltungen in die Wirtschaftlichkeitsberechnung einbezogen werden müssen. In Malaysia ergaben Untersuchungen, daß höhere Aufwendungen für Einrichtungen, verbunden mit anderen Maßnahmen zur Intensivierung (z. B. Kreuzung, Beifütterung), dennoch eine Steigerung des Gewinnes auf nahezu das Doppelte, nämlich DM 73,- pro Ziege und Jahr, bewirkten (PETERS 1980).

12 Ziegenmilch – Qualität und Verarbeitung

12.1 Milchzusammensetzung

Die physikalischen Eigenschaften der Milch sind charakterisiert durch die folgenden Meßgrößen:

Spezifisches Gewicht 1,026–1,042
pH-Wert 6,4
Gefrierpunkt . . . . −0,58 °C

Diese Werte sind ebenso wie Viskosität, Oberflächenspannung, elektrische Leitfähigkeit und Refraktions-Index den entsprechenden Werten der Kuhmilch sehr ähnlich. Der auffallendste Unterschied ist der etwas niedrige pH-Wert, Ziegenmilch ist also etwas „saurer" als Kuhmilch.

Milch besteht zu etwa 88 % aus Wasser. In den 120 g Trockensubstanz, die 1 kg Milch enthält, sind im einzelnen etwa:

35 g Fett
30 g stickstoffhaltige Substanzen (Eiweiß)
47 g Laktose
8 g Asche

Die Streubreite der wichtigsten Milchbestandteile bei den verschiedenen Rassegruppen ist in Tab. 37 aufgeführt.

Tab. 37. Zusammensetzung von Ziegenmilch verschiedener Rassegruppen in %

	TM	Fett	Eiweiß	Laktose
Milchrassen	12–13,5	3,5–4,6	3,0–3,5	4,0–4,9
tropische Rassen	14–15	4,8–5,5	4,0–4,6	4,7–4,8
Zwergrassen	18–21	6,9–7,8	4,0–5,0	5,4–6,3

12.1.1 Fett

Das Fett befindet sich in kleinsten Kügelchen, die in der Milch eine Emulsion bilden. Die Fettkügelchen sind 1–10 μm groß. Dies entspricht der Größenvariation der Fettkügelchen in Kuhmilch, aber der Anteil kleiner Kügelchen ist in Ziegenmilch größer, so daß auch der berechnete Mittelwert der Durchmesser mit 3,5 μm etwas kleiner ist als der Wert bei Fettkügelchen in Kuhmilch mit 4,5 μm. Dieser Unterschied ist zum Teil der Grund, weshalb Ziegenmilch nur wenig aufrahmt. Allerdings hat die Größe der Fettkügelchen auf das Aufrahmen nur eine Wirkung, solange die Milch warm ist. Für das Aufrahmen kalter Milch ist ein Faktor verantwortlich, das sogenannte Agglutinin, das eine Zusammenballung der Fettkügelchen bewirkt. Dieser Stoff fehlt der Ziegenmilch.

Es wird behauptet, daß Milchfett von Ziegenmilch wegen der geringen Durchmesser der Fettkügelchen besser verdaut wird. Ähnlich feine Fettkügelchen von 1–2 µm werden auch in Kuhmilch durch das Homogenisieren erzeugt. Die so behandelte Milch schmeckt besser. Im Tierversuch resorbierten Ratten das Fett der behandelten Milch besser. Bei Säuglingen wurde auch beobachtet, daß homogenisierte Milch weniger Magensäure beanspruchte und kürzer im Magen verweilte als unbehandelte Milch (ähnlich lang wie Frauenmilch); jedoch konnten bisher keine Beweise erbracht werden, daß diese Milch besser verdaut wird. Deshalb ist der Schluß auch nicht berechtigt, daß Ziegenmilch wegen der kleineren Fettkügelchen besser verdaut wird als Kuhmilch (JENNESS 1980).

Das Milchfett besteht vor allem aus Triglyzeriden. Diese enthalten verschiedene Fettsäuren, die sich durch ihren chemischen Aufbau unterscheiden und eine unterschiedliche Anzahl von Kohlenstoffatomen enthalten. Je nach der Zahl der Kohlenstoffatome bezeichnet man sie als C_4- bis C_{18}-Fettsäuren. Die kurzkettigen Fettsäuren machen im ganzen nur einen geringen Anteil des Milchfettes aus, aber bei Ziegenmilch ist er höher als bei Kuhmilch. In Ziegenmilch beträgt der Anteil von C_6-, C_8- und C_{10}-Fettsäuren etwa 15 %, in Kuhmilch dagegen nur 6 %.

12.1.2 Eiweiß

Eiweiß ist neben dem Fett der wichtigste Bestandteil der Milch. Es bestimmt weitgehend den Nährwert der Milch und ist die wesentlichste Substanz für die Herstellung von Käse. Das Eiweiß der Milch ist besonders hochwertig. Der Wert von Eiweiß ist bedingt durch den Gehalt an Aminosäuren. Der Mensch ist für seine Ernährung auf die Aufnahme einiger Aminosäuren angewiesen, die für ihn lebenswichtig (essentiell) sind. Als Quelle für diese hat tierisches Eiweiß in Fleisch, Eiern und Milch besondere Bedeutung. Der Gehalt an den verschiedenen Aminosäuren – etwa 20 kommen im Milcheiweiß vor – ist in Ziegenmilch zwar nicht genau gleich wie in Kuhmilch, aber die Unterschiede sind gering und dürften ernährungsphysiologisch nicht von Bedeutung sein.

Das Milcheiweiß ist vielfältig zusammengesetzt. Es besteht neben Albumin und Globulin vor allem aus Kasein. Kasein ist das Eiweiß, das durch Säure und/oder Lab zum Gerinnen gebracht wird und etwa 70 % der stickstoffhaltigen Substanzen der Milch ausmacht. Es ist keine einheitliche chemische Substanz. Der Anteil der einzelnen Kasein-Fraktionen in Ziegenmilch ist anders als der in Kuhmilch. Damit hängt wahrscheinlich zusammen, daß der mit Säure geronnene Quark aus Ziegenmilch eine andere, etwas feinere Struktur hat als der von Kuhmilch. Die mikroskopisch kleinen Fädchen (Mizellen) sind in Ziegenmilch kleiner. Dagegen gerinnt Ziegenmilch mit Lab schneller und bildet einen festeren Kuchen als Kuhmilch. Allerdings ist bei Untersuchungen über die Labgerinnung stets Kälber-Lab verwendet worden. Lab von Lämmern wirkt aber offenbar anders auf Ziegenmilch als das von Kälbern, wie aus der Erfahrung bei der Käseherstellung bekannt ist. In Ländern wie Griechenland und Portugal wird gern Lab aus den Labmagen (und auch ein Extrakt aus den Speicheldrüsen) von Lämmern verwendet, mit dem eine bessere Käsequalität erreicht wird (s. Seite 241).

Tab. 38. Milchzusammensetzung (%) in 348 Proben von 43 Herden im Verlauf eines Jahres (GRAPPIN u. a. 1981)

Fett	3,38	gerinnendes Eiweiß	2,19
stickstoffhaltige Substanzen	3,08	nichtgerinnendes Eiweiß	0,63
Eiweiß	2,81	Nicht-Protein-Stickstoff	0,27
Kasein	2,31	Harnstoff	0,04

Ziegenmilch enthält fast kein alpha-s_1-Kasein, das für den leicht bitteren Geschmack des Quarks aus Kuhmilch verantwortlich ist. Anhand dieser Substanz läßt sich mit chemischen Methoden Kuhmilch von Ziegenmilch unterscheiden.

Albumine und Globuline sind Eiweiß, das nicht durch Lab zum Gerinnen gebracht wird. Sie gehen bei der Herstellung der meisten Käsesorten mit der Molke verloren, doch gibt es auch Käsezubereitungen, welche ganz oder teilweise aus diesem Eiweiß bestehen (s. Seite 245). Neben Eiweiß enthält die Milch schließlich einen geringen Anteil von Stickstoffverbindungen, die nicht Eiweiße sind, vor allem Harnstoff und verschiedene Aminosäuren.

Der Eiweißgehalt der Milch wird im allgemeinen ermittelt, indem der Stickstoff analysiert und der Gehalt mit 6,39 multipliziert wird. Für die Käseherstellung ist dieser Wert kein ausreichender Hinweis auf die zu erwartende Ausbeute, da mit ihm ganz verschiedene stickstoffhaltige Substanzen erfaßt werden. In Sammelmilch, die bei einer französischen Käserei in ausgedehnten Untersuchungen analysiert wurde (Tab. 38), waren etwa 90 % der Stickstoffsubstanzen Eiweiß, 83 % davon Kasein und 22 % nicht koagulierbares (Molke-)Eiweiß. Auffallend ist der hohe Anteil an Stickstoffsubstanzen, die nicht Eiweiß sind und die auf ein Überangebot von Eiweiß im Futter schließen lassen. Die einzelnen Werte waren zwischen den Herden und von Monat zu Monat recht unterschiedlich.

12.1.3 Milchzucker (Laktose)

Der Milchzucker besteht aus einer Verbindung von Glukose und Galaktose. Milchzucker wird vom Menschen nicht direkt verwertet, sondern muß in die beiden Bestandteile zerlegt werden. Milchzucker hat den größten Anteil an der Trockensubstanz der Milch und liefert etwa 25 % ihrer Energie. Der Laktosegehalt variiert im Verlauf der Laktation und zwischen Ziegen bzw. Rassen weniger als Fett und Eiweißgehalt. Milchzucker wird durch Bakterien schnell zersetzt; dabei entsteht vor allem Milchsäure. Dies geschieht beim Sauerwerden der Milch und bei der Herstellung der verschiedenen Sauermilchprodukte.

12.1.4 Mineralstoffe, Spurenelemente und Vitamine

Ziegenmilch enthält in einem Liter 7,0–8,5 g Asche, deren Hauptbestandteile Kalzium, Phosphor, Kalium, Chlorid und Zitrat sind. In Tab. 39 ist der Gehalt der wichtigsten Mineralstoffe, wie er bei verschiedenen Untersuchungen gefunden wurde, aufgeführt. Er weicht nicht wesentlich von dem der Kuhmilch ab. Kalzium und Phosphor sind etwas mehr in Ziegenmilch vorhanden, Kalium und Chlorid reichlich mehr.

Tab. 39. Mineralstoffgehalt in der Milch (mg/100 ml)

	Milchrassen	Zwergziege	Kuh
Kalzium	123–151	198	118
Phosphor	98–122	153	95
Kalium	153–240		140
Natrium	38– 56		58
Magnesium	12– 21		12
Chlorid	121–204		104

Verschiedene Spurenelemente sind in Ziegenmilch in ähnlicher Konzentration wie in der Kuhmilch enthalten. Ihr Gehalt wird, wie auch der der anderen Mineralstoffe, stark von der Fütterung beeinflußt.

Ein hervorstechendes Merkmal der Ziegenmilch ist ihre weiße Farbe. Das kommt daher, daß Ziegenmilch (mit Ausnahme des Kolostrums in den ersten 2–3 Tagen nach der Geburt) kein Karotin, die Vorstufe des Vitamin A, enthält, dessen Baustein der gelbe Farbstoff ist. In Ziegenmilch ist nur Vitamin A enthalten, und zwar in Mengen, die den Vitamin-Wert des Karotins in der Kuhmilch übertreffen. Der Gehalt an Vitamin B_6 und Vitamin B_{12} ist zwar niedriger als in Kuhmilch, aber gleich bzw. doppelt so hoch wie in Frauenmilch. Die übrigen Vitamine der B-Gruppe sind in Mengen vorhanden, die für die Ernährung von Säuglingen knapp ausreichen, bis auf Folsäure. Folsäure ist für die Bildung von Hämoglobin, dem roten Blutfarbstoff, erforderlich. Der Mangel an diesem Vitamin ist die Ursache für die gelegentlich beobachtete „Ziegenmilchanämie" (s. unten). Diese Anämie wird in manchen Fällen durch gleichzeitigen Mangel an Vitamin B_6, B_{12}, Kupfer oder Eisen gefördert. Vitamin D und C sind ebensowenig wie in Kuhmilch in der Ziegenmilch ausreichend vorhanden und müssen bei einseitiger Ernährung von Säuglingen bzw. Kleinkindern mit Ziegenmilch ergänzt werden.

12.2 Die Bedeutung von Ziegenmilch für die Ernährung

Milch hat in erster Linie Bedeutung als Säuglings-, Kleinkinder- und Krankennahrung, aber auch als Rohstoff für Spezial-Nahrungsmittel und als Delikatesse für Erwachsene. Aufgrund der Verwandtschaft der beiden Wiederkäuer Ziege und Rind kann man vermuten, daß der Nährwert der Milch beider ähnlich ist, wie dies auch die Ähnlichkeit der physikalischen Beschaffenheit und der chemischen Zusammensetzung beider Milcharten nahelegt.

In Ernährungsversuchen wurde schon 1930 und dann noch einmal 1952 bei 10 bzw. 38 Kindern gefunden, daß Ziegenmilch der Kuhmilch gleichwertig ist (JENNESS 1980). In dem zweiten Versuch wurde zudem eine bessere Versorgung mit Vitamin A, Kalzium und Phosphor (Knochenbildung) festgestellt.

Der Wert eines Nahrungsmittels wird bestimmt durch:
- seinen Energiegehalt;
- die sogenannten essentiellen, d. h. unersetzbaren und damit lebenswichtigen Nährstoffe, wie Aminosäuren, Fettsäuren, Vitamine und Mineralstoffe;
- die Verdaulichkeit dieser Inhaltsstoffe;

- den Gehalt an schädlichen Substanzen und
- den Geschmack.

Der *Energiegehalt* von Kuh- und Ziegenmilch ist bei gleichem Fett- bzw. Trockensubstanzgehalt weitgehend gleich und entspricht etwa dem der Frauenmilch. Er betrug in ausgedehnten Untersuchungen bei Bunten Deutschen Edelziegen in 1 kg Milch mit 12,5 % Trockensubstanz 2,88 MJ (688 kcal) (s. Seite 68).

Ein Maß für die Bewertung der *essentiellen Nährstoffe* ist ihr Gehalt in der Milchmenge, die zur Deckung des täglichen Energiebedarfes erforderlich ist.

Bei der Ziegenmilch ergibt sich für die Säuglingsernährung, daß mehr als das Doppelte des Bedarfs an Eiweiß, Kalzium und Phosphor aufgenommen wird, dagegen zu wenig Eisen, Vitamin C, Vitamin D, Vitamin B_6 und B_{12} sowie besonders Folsäure. Die bereits auf Seite 235 erwähnte Ziegenmilchanämie kann ein Problem werden, wenn Kleinkinder über längere Zeit ausschließlich oder vorwiegend mit Ziegenmilch ernährt werden. Allerdings entstehen Anämien auch, wenn in gleicher Weise Kuhmilch verwendet wird. Bei derartiger Ernährung muß der Mangel an Folsäure ausgeglichen werden. Dies ist möglich durch die Fütterung von Gemüse (Spinat), Hülsenfrüchten, Leber, Hefe oder aber Vitaminpräparaten. Gleichzeitig sollte Eisen und Kupfer zugeführt werden, die bei unzureichender Versorgung der Ziegen in deren Milch in ungenügenden Mengen vorhanden sein kann, so daß ihr Mangel das Entstehen von Anämien fördert. In Ländern mit unzureichender Ernährung wird der Mangel an Folsäure und die durch ihn bedingte megaloblastische Anämie sehr häufig beobachtet. Sie gehört zu den typischen Mangelerscheinungen in armen Ländern und kommt keineswegs ausschließlich bei Ziegenmilch-Ernährung vor.

Viel diskutiert wird die Frage der *Verdaulichkeit* oder Bekömmlichkeit von Ziegenmilch. Daß für die Behauptung einer besseren Fettresorption aufgrund kleinerer Fettkügelchen keine Beweise bestehen, wurde schon auf Seite 233 erwähnt. Das Fett aus Frauenmilch wird in der Tat besser resorbiert als Fett aus Kuhmilch. Dies liegt wahrscheinlich am Bau bestimmter Triglyzeride, der aber in Ziegenmilch nicht anders ist als in Kuhmilch. Deshalb besteht kein Hinweis darauf, daß das Fett der Ziegenmilch besser resorbiert wird als das der Kuhmilch.

Ähnlich wie bei vielen Aminosäuren ist der Mensch auch bei manchen Fettsäuren, wie Linolein- und Arachodinsäure, auf die Zufuhr mit der Nahrung angewiesen. Milch von Ziegen enthält ebenso wie die von Kühen ausreichende Mengen dieser Fettsäuren.

Die Zusammensetzung der Aminosäuren ist in Ziegen- wie in Kuhmilch der in Frauenmilch ähnlich. Beide Ersatz-Milcharten sichern eine mehr als ausreichende Zufuhr dieser wichtigen Nährstoffe. Wie sich die unterschiedliche Gerinnung der Ziegenmilch (s. Seite 233) auf Verdauung und Resorption auswirkt, ist nicht exakt untersucht. Für die naheliegende Behauptung, daß der mit Säure weicher gerinnende Quark der Ziegenmilch besser verdaut wird, was für ältere Menschen sowie Magenkranke sicher vorteilhaft sein könnte, gibt es keine Beweise. Andererseits wird auch behauptet, daß die Verwertung der Aminosäuren aus Ziegenmilch schlechter sei als die aus Kuhmilch. Diese Behauptung geht wohl auf eine Untersuchung in den zwanziger Jahren zurück, die möglicherweise deshalb zu fehlerhaften Ergebnissen führte, weil die verabreichten Eiweißmengen wesentlich höher als die Bedarfsnormen waren. Nach allen heutigen Kenntnissen gibt es für eine schlechtere Verwertung keine Hinweise.

Als *Schadstoffe* kommen verschiedene Substanzen in Frage, die über das Milchtier oder bei der Behandlung und Verarbeitung in die Milch gelangen können. Dies können Mikroorganismen (Bakterien, Pilze) oder Chemikalien (Medikamente, Pflanzenschutzmittel) sein. Das Vorkommen solcher Verunreinigungen ist auch in Ziegenmilch nachgewiesen.

Weiter kann *Unverträglichkeit* gegen bestimmte Inhaltsstoffe bestehen. Bekannt ist die Laktoseunverträglichkeit, die Magen-Darm-Beschwerden bewirkt. Sie beruht auf dem Fehlen des Enzyms, das die in ihrer ursprünglichen Form unverdauliche Laktose in Glukose und Galaktose spaltet. Dieser erblich bedingte Enzym-Mangel kommt besonders bei Asiaten und Afrikanern vor. Hinsichtlich Ziegenmilch bestehen dabei jedoch keine Besonderheiten im Vergleich zu Kuhmilch.

Allergien können besonders gegen Eiweißstoffe auftreten. Allergische Reaktionen gegen Kuhmilch kommen nicht selten bei Kindern vor und können Ursache von Hautveränderungen, Durchfällen und Asthma sein. Im allgemeinen sind die Eiweißstoffe, die Allergien verursachen, sehr spezifisch, und die Annahme ist daher naheliegend, daß bei Allergien gegen Kuhmilch Ziegenmilch sehr wohl vertragen werden könnte. In verschiedenen Untersuchungen stellte sich jedoch heraus, daß die Eiweißstoffe der Ziegenmilch, die Allergien hervorrufen, zum größten Teil auch in Kuhmilch zu finden sind; bei Allergikern rufen beide die gleichen Reaktionen hervor, so daß Ziegenmilch nicht zum Ersatz von Kuhmilch verwendet werden kann. Man spricht in solchen Fällen von Kreuz-Allergien. Jedoch gibt es auch Ausnahmen hiervon, bei denen die Allergie gegen Eiweißbestandteile besteht, die nur in Kuh-, nicht aber in Ziegenmilch vorhanden sind (oder umgekehrt), so daß allergische Patienten Ziegenmilch vertragen können. Nur wenig gut belegte Fälle dieser Art sind allerdings bekannt. Angesichts der häufigen Kreuz-Allergien und der guten Erfolge bei der Ernährung mit Milchsubstituten, die statt Milcheiweiß pflanzliches Eiweiß enthalten, sind die meisten Kinderärzte gegenüber der Verwendung von Ziegenmilch bei allergischen Kleinkindern sehr zurückhaltend.

Durch Berichte über gute Wirkung in Einzelfällen sollte man sich nicht verleiten lassen, der Ziegenmilch Eigenschaften zuzusprechen, die nicht nachgewiesen sind. Besonders bedenklich ist es, wenn Ziegenmilch im Glauben an besondere Wirkungen ohne die für jede Milchart erforderliche Vorsicht und besonders ohne die erforderliche Hygiene verwendet wird. Denn es darf nicht übersehen werden, daß Milch von Ziegen, wie die von anderen Tieren auch, Krankheitskeime enthalten kann, die, beim Trinken roher Milch aufgenommen, zu Infektionen führen können. Dies ist hinsichtlich der Tuberkulose und Brucellose bekannt. Nur wenn Ziegen frei von diesen Krankheiten sind, und dies ist nur dort sicher, wo die Krankheiten durch ein systematisches Bekämpfungsverfahren getilgt wurden und eine fortlaufende Überwachung durchgeführt wird, kann Milch roh getrunken oder zu Frischkäse verarbeitet werden. Aber auch andere für den Menschen gefährliche Keime können mit der Ziegenmilch übertragen werden. So weiß man neuerdings, daß Ziegen in manchen Ländern zu einem hohen Anteil mit Toxoplasmen infiziert sind. Diese Protozoen verursachen bei den Ziegen keine Krankheitserscheinungen, so daß die Träger nicht erkannt werden. Die Milch aber enthält diese Einzeller und könnte somit möglicherweise für den Menschen eine Ansteckungsquelle sein.

So gilt für Ziegenmilch der gleiche Grundsatz wie für Kuhmilch auch, daß sie im allgemeinen vor dem Genuß gekocht werden soll. Bei der industriellen Verarbeitung wird das schonendere Verfahren der Pasteurisierung eingesetzt, bei dem die Milch nur auf Temperaturen von 85 °C bzw. 71–74 °C erhitzt wird. Bei der Reifung von Käse werden Keime abgetötet, so daß Käse, was im Interesse der Qualität wünschenswert ist, aus Rohmilch hergestellt werden kann. Dagegen überleben die Keime in Weißkäse, und zu seiner Herstellung muß die Milch deshalb pasteurisiert werden. Zur Prüfung der erfolgreichen Pasteurisierung dient für Kuhmilch die Phosphatase-Probe. Dieses Enzym, das durch die Erhitzung zerstört und demzufolge in der pasteurisierten Milch nicht mehr nachgewiesen werden kann, fehlt aber in Ziegenmilch, so daß der Test nicht anwendbar ist. Deshalb ist in Ziegenmilch nur die Peroxidase-Probe (Guajakol-Färbung) möglich, mit der allerdings nur die Hocherhitzung (auf 85 °C) nachweisbar ist.

Mit dem *Geschmack* von Ziegenmilch ist es eigenartig: manche Leute – Ziegenzüchter und Autoren – bemühen sich sehr darum, klar zu machen, daß Ziegenmilch keinen besonderen Geschmack hat und sich von Kuhmilch nicht oder nur wenig unterscheidet. Andere weisen auf den ausgeprägten Geschmack dieses Produktes hin, der ganz anders sei als der von Kuhmilch. Es kommt wohl auf den Standpunkt an, und der hängt vor allem davon ab, wie Ziegenmilch verwendet wird. Soll sie als Trinkmilch dienen, wird ihr Geschmack leicht als nachteilig empfunden. Wird aus ihr Käse hergestellt, dann beruht ihr Wert auf dem Aroma. In Norwegen, wo ein Ziegen-Molken-Käse (Geitost) hergestellt wird (s. Seite 246), wurden Untersuchungen über das Aroma der Ziegenmilch angestellt. Die Aromastoffe sind an das Milchfett gebunden und z. B. auch in der Buttermilch enthalten, während sie in Quark, Magermilch und Molke nur schwach wirken. Ziegenmilch mit ausgeprägtem Aroma hat im Fett einen hohen Anteil kurzkettiger flüchtiger Fettsäuren, mit 6, 8 oder 10 Kohlenstoffatomen. Diese Fettsäuren tragen übrigens die Namen Capronsäure, Caprylsäure und Caprinsäure (vom lateinischen Capra = Ziege), die auf ihren Geruch hinweisen. In geringen Mengen kommen sie in der Milch auch als freie Fettsäuren vor, die nicht als Triglyzeride Bestandteile des Milchfettes sind. Ihr ausgeprägter Geruch und Geschmack macht sich in der Milch bemerkbar und wird im allgemeinen als unangenehm empfunden. Der spezielle Ziegenmilchgeschmack dürfte hauptsächlich durch sie bedingt sein, allerdings entstehen die freien Fettsäuren in der Milch offenbar erst einige Zeit nach dem Melken, worauf unter anderem hinweist, daß frisch gemolkene, noch warme Milch einen geringen Geschmack aufweist. Die Abspaltung der freien Fettsäuren aus den Triglyzeriden erfolgt durch die Wirkung des Enzyms Lipase. Der Gehalt an diesem Enzym ist tatsächlich in Milch mit ausgeprägtem Ziegengeschmack höher als im Durchschnitt der Milchproben.

Die C_6–C_{10}-Fettsäuren sind auch in Kuhmilch enthalten, aber in geringerer Konzentration. Daraus erklärt sich wohl zum Teil die Tatsache, daß der Geschmack der Ziegenmilch subjektiv sehr unterschiedlich empfunden wird. Bisher wurden nur zwei Geschmackskomponenten in Ziegenmilch nachgewiesen, die in Kuhmilch nicht vorhanden sind, nämlich Ortho- und Metakresol.

Der Geschmack der Ziegenmilch ist am Anfang der Laktation nur wenig ausgeprägt und kaum von dem der Kuhmilch zu unterscheiden. In der Mitte der Laktation dagegen wird er herber, am Ende wieder milder. Teilweise wird der Einfluß des Laktationsstadiums überlagert von Fütterungseinflüssen. Bei Heufütterung ist der Geschmack ausgeprägter als bei der Fütterung von frischem Gras bzw. bei Weidegang. Silage und ebenso Kraftfutter können den Geschmack der Milch verstärken. Die Haltung der Ziegen kann einen Einfluß auf den Milchgeschmack haben, wobei vor allem der Geruch der Böcke eine Rolle spielt (s. Seite 164). Außerdem gibt es offenbar genetisch bedingte Geschmacksunterschiede (s. Seite 106).

12.3 Behandlung der Milch

Milch ist ein vielseitig zusammengesetztes Naturprodukt, dessen Qualität durch mechanische, chemische und mikrobielle Einflüsse verändert werden kann. Die Gewinnung, Behandlung und Lagerung der Milch trägt viel zu ihrer Qualität bei. Beim Melken ist größte Sauberkeit erforderlich, um Verunreinigungen zu vermeiden. Diese entstehen nicht nur durch Schmutz von der Haut der Ziegen, Kot, Haare, Fliegen, Stroh und Staub, sondern vor allem durch die unsichtbaren Mikroorganismen. Sie befinden sich überall, auch an scheinbar sauberen Oberflächen. Deshalb müssen die Hände des Melkers vor dem Melken stets mit Seife und Bürste gut gewaschen werden; die Fingernägel sind kurz zu halten, damit sie vollständig gereinigt werden können und sich unter ihnen nichts festsetzt; außerdem stören lange Fingernägel beim Handmelken und können leicht die Zitze verletzen. Das Gerät, mit dem Milch in Berührung kommt, muß nach jedem Melken gut gewaschen und anschließend getrocknet werden. Ihm darf keinerlei Geruch anhaften; er ist immer ein Zeichen ungenügender Reinigung.

Ziegenmilch wird wegen ihres Aromas geschätzt. Jedoch wird der Geschmack, der vom Geschlechtsgeruch des Bockes stammt, als unangenehm empfunden. Der intensive Bockgeruch wird in den Hautdrüsen des Bockes gebildet, haftet an allen Oberflächen, so auch an der Kleidung und der Haut des Menschen und ist nur sehr schwer zu entfernen. Auf die Milch wird der Geruch durch Kontakt (Stalluft, offene Milchgefäße, falsche Lagerung) übertragen und läßt sich nur fernhalten, indem jede Arbeit mit dem Bock streng vom Melken getrennt wird. Dies ist wichtiger als das Trennen des Bockes von den Ziegen, aber in der Praxis ist es kaum möglich, Berührung des Bockes zu vermeiden, wenn sich dieser bei den Ziegen aufhält. Aus diesem Grunde ist es angebracht, den Bock ganz getrennt von den Milchziegen zu halten. Nach Möglichkeit sollte derjenige, der den Bock versorgt und führt, nicht melken. Läßt sich das jedoch nicht vermeiden, so sollte beim Bock ein Extra-Schutzkittel getragen werden, der häufig zu waschen ist. Vor dem Melken ist dem Händewaschen dann besondere Aufmerksamkeit zu schenken. Das Spülen der Hände in einer Lösung von Tego® hat sich besonders bewährt.

In der Milch befindet sich ein Wirkstoff (das Enzym Lipase), welches das Fett spaltet, diesen Vorgang nennt man Lipolyse. Die Fettkügelchen der Fett-Suspension in der Milch sind von einer dünnen Eiweißhülle umgeben, die sie zusammenhält und gleichzeitig schützt. Wird diese Hülle durch mechanische Einwirkungen zerstört, kann die Lipase angreifen und aus dem Fett Fettsäuren abspalten. Dies sind unter anderem Capronsäure, Caprylsäure und Caprinsäure (s. Seite 238), die der Milch ein starkes Aroma verleihen. Die wichtigste mechanische Einwirkung, durch die in der Praxis Lipolyse beschleunigt wird, ist die Verwirbelung der Milch in Vakuumleitungen von Absauganlagen. Sie entsteht vor allem an aufwärts führenden Leitungen und in Meßgeräten. Beim Handmelken läßt sich Lipolyse durch vorsichtiges Umgehen mit der Milch vermeiden. Da die Lipase durch Hitze zerstört wird, ist rasches Pasteurisieren ein sicheres Mittel, um Geschmacksfehlern vorzubeugen.

Die Milch sollte, wenn sie nicht sofort verarbeitet wird, nach dem Melken rasch gekühlt und bei 4 °C gelagert werden. Für die geringen Milchmengen, die aus der Ziegenhaltung meist anfallen, eignen sich Kannenkühler.

12.4 Käseherstellung

Das wichtigste Produkt, das aus Ziegenmilch hergestellt wird, ist Käse. Ziegenkäse gelten wegen ihres Aromas und ihrer feinen Textur als Delikatesse. Die Herstellung von Käse ist eine uralte Methode zur Konservierung von Milch. Sie dürfte vor allem bei Haltern von solchen Milchtieren entstanden sein, die regelmäßig eine Zeit des Jahres keine Milch geben und die außerdem fern von der Wohnstatt gemolken werden – wie z. B. Ziegen im Gebirge. Hartkäse sind echte Dauerkonserven, ihre Herstellung ist allerdings schwierig, die für die erfolgreiche Käsebereitung wesentlichen Faktoren und Bedingungen, wie Temperatur, Säuregrad, Labzeit, Brechen des Labkuchens usw., müssen genau eingehalten werden; dennoch ist stets mit einem größeren Anteil nicht gelungener Käse zu rechnen. Die Herstellung von Weich- oder Frischkäse ist dagegen verhältnismäßig einfach, obwohl auch dabei die Qualität sehr vom richtigen Verfahren abhängt.

Die meisten Käse werden hergestellt, indem man Milch
1. säuert,
2. mit Lab zum Gerinnen bringt,
3. den Käsestoff (Quark) mehr oder weniger von der Molke trennt,
4. trocknen und schließlich
5. reifen läßt.

Unterschiede in diesen 5 Schritten führen zu ganz verschiedenen Käsesorten. Für den Ziegenhalter, der selbst Käse herstellen will, sind vor allem die Verfahren zur Bereitung von Frisch- und Weichkäse interessant.

Eine wichtige Grundvoraussetzung für erfolgreiche Käseherstellung ist Sauberkeit. Gerinnung und Reifung werden im wesentlichen durch Mikroorganismen hervorgerufen. Nur mit bestimmten Arten wird die erwünschte Qualität des Käses erreicht. Daher müssen Verunreinigungen mit Fremdbakterien und Pilzen vermieden werden, was nur durch sorgfältigste Reinigung aller mit der Milch und dem Käse in Berührung kommenden Geräte möglich ist.

Die Ausbeute, d. h. die Menge an Käse, die aus der Milch entsteht, hängt von der Art des Käses, vor allem von seinem Trockensubstanzgehalt ab. Aus 10 l Milch erhält man etwa 1,5 kg Frischkäse, aber nur 0,8–1 kg Hartkäse oder, umgekehrt gerechnet, für 1 kg Frischkäse braucht man etwa 6 l Milch, für 1 kg Hartkäse 10–12 l. Außerdem wird die Ausbeute von der Milchzusammensetzung bestimmt; entscheidend ist vor allem der Gehalt an „echtem" (d. h. gerinnendem) Eiweiß.

12.4.1 Die Säuerung (Dicklegung)

Die Säuerung ist die einfachste Art, Milch zum Gerinnen zu bringen. Sie ist auch Voraussetzung für die Gerinnung der Milch durch Lab. Die Säuerung wird durch Milchsäurebakterien verursacht, die Milchzucker in Milchsäure umwandeln. Dadurch wird das Wachstum anderer Bakterienarten und Keime allgemein unterdrückt. Sind aber am Beginn dieses Vorganges viele andere Mikroorganismen, speziell Bakterien, in der Milch, dann kann das Wachstum der Milchsäurebildner gehemmt sein, es entstehen Fehlgärungen. Mit dem natürlichen Keimgehalt der Milch wird eine Säuerung erreicht, die beste Voraussetzungen für Geschmack und Struktur des Käses bringt. Die gesiebte Milch wird bei 20–23 °C mehrere Stunden stehengelassen, bis der richtige Säuregrad erreicht ist und sie mit Lab versetzt wird, oder aber bis sie fest geronnen ist.

Um die Säuerung zu beschleunigen, kann man ältere Milch, etwa vom vorausgegangenen Abendmelken, die schon etwas sauer ist, hinzufügen, ferner Molke vom letzten Käse oder auch einfach Joghurt, jeweils etwa eine Tasse auf 10 l oder einen Eßlöffel pro l. Dieser Säurewecker muß sorgfältig und sauber bei 18–20 °C aufbewahrt werden, um die Anreicherung mit Milchsäurebildnern zu sichern und zu verhindern, daß andere Keime wachsen. In Molkereien wird die Milch meist aus hygienischen Gründen pasteurisiert (Dauererhitzung bei 62–65 °C oder höchstens 74 °C), wobei natürlich auch die Milchsäurebakterien abgetötet werden. Es ist dann notwendig, der Milch Milchsäurebakterien-Kulturen (Säurewecker) zuzusetzen. Diese werden industriell hergestellt und sind in getrockneter Form erhältlich. Sie bieten den Vorteil eines standardisierten Produktes. Für die Käseherstellung des Ziegenhalters läßt sich zwar bei sauberem Arbeiten auf sie verzichten, doch können sie die Unsicherheit bei der Säuerung weitgehend ausschalten.

12.4.2 Die Gerinnung

Bei fortschreitender Säuerung gerinnt die Milch. Der entstehende Käsestoff (Quark) ist bröckelig, trennt sich nur schwer von der Molke und ist deshalb nur für langsame, schonende Käseverfahren geeignet. Bei den meisten Verfahren wird die zuvor angesäuerte und auf 18–23 °C erwärmte Milch mit Lab versetzt. Die Labgerinnung beginnt nach etwa 10 min und ist nach ca. einer Stunde abgeschlossen. In den folgenden 24 Stunden erfolgt eine zunehmende Säuerung, die durch gleichbleibende Temperatur von etwa 20 °C gefördert wird; im Winter soll die Temperatur 1–3 °C höher, im Sommer entsprechend tiefer liegen. Lab wird am besten in der Stärke 1 : 10 000 verwendet (d. h. 1 l dieser Lablösung bringt 10 l Milch bei 35 °C in 40 min zum Gerinnen). Es werden also 10 ml/Lab für 100 l Milch benötigt. Für 10 l Milch braucht man etwa 1 Messerspitze getrocknetes bzw. ½ Teelöffel flüssiges Lab. Die richtige Menge muß man selbst herausfinden; die Labzeit soll 20–30 min betragen. Das Lab wird in einer Tasse Milch oder dem Säurewecker verdünnt am besten zuerst in das leere Labgefäß gegeben. Danach wird die Milch zugegeben und kurz und kräftig umgerührt. Wenn die Gerinnung beginnt, muß die Milch unbedingt ruhig stehen; sie wird am besten zugedeckt.

Die Labgerinnung hängt von der Stärke des Labs, der Temperatur und der Wirkungsdauer und damit dem Grad der Säuerung, aber auch vom Bakteriengehalt der Milch ab. Bei zu schnellem Ablaben entsteht harter, trockener und krümeliger Bruch, der leicht bitterlich schmeckt. Bei weniger Labzusatz und stärkerer Säuerung lassen sich diese Fehler vermeiden.

Lab wird aus dem Labmagen von Kälbern gewonnen. Er wird dort abgesondert, um die Verdauung der Milch vorzubereiten. Da Lab spezifisch auf die Muttermilch eingestellt ist, liegt der Gedanke nahe, daß aus Lämmermagen gewonnenes Lab mit

Ziegenmilch bessere Ergebnisse bringt als das aus Kälbermagen. Tatsächlich wird in manchen südlichen Ländern von den Käseerzeugern selbst ständig frischer Extrakt aus dem Labmagen geschlachteter Lämmer hergestellt. Vielfach wird behauptet, daß der damit hergestellte Käse wesentlich besser sei. Allerdings gibt es bisher keine wissenschaftlichen Untersuchungen hierzu. Außerdem werden auch pflanzliche Gerinnungsmittel mit labähnlicher Wirkung benutzt, aber mit Ziegenmilch liegen hierfür keine Erfahrungen vor.

Aus praktischen Gründen der Arbeitsorganisation ist es am besten, die Bedingungen so zu wählen, daß Laben und Säuern nach 24 Stunden beendet sind. Es kann dann jeweils morgens nach dem Melken in einem Arbeitsgang die frisch gemolkene Milch mit der Abendmilch zum Laben angesetzt und der Quark vom Vortag weiter bearbeitet werden.

Für das richtige Ablaben sind Verwendung gesunder Milch und frischen Labs, Einhalten der Arbeitsvorschriften und größte Sauberkeit erforderlich.

Unzureichendes Ablaben kann bedingt sein durch:
- überlagertes Lab,
- zu niedrige Temperatur,
- unzureichende Säuerung,
- Fremdkeime,
- Antibiotika in der Milch,
- unzureichenden Kalziumgehalt der Milch.

12.4.3 Das Formen

Wenn der Käsebruch etwa so fest ist wie Joghurt, wird er in Formen gefüllt. Dies geschieht entweder direkt oder nach vorherigem Zerteilen, evtl. auch nach vorherigem Abtropfen eines Teils der Molke. Beim direkten Formen erhält man einen glatten, cremigen Käse. Das Verfahren ist deshalb besonders für die Herstellung von Frischkäse geeignet. Der Nachteil ist, daß die Molke gänzlich aus den Formen abtropfen muß, so daß sich das Volumen stark vermindert und mehrmaliges Nachfüllen der Formen notwendig ist, wenn nicht Formen mit abnehmbarem Aufsatz verwendet werden.

Das „Brechen" des Quarks muß sehr vorsichtig erfolgen, damit seine Struktur nicht zerstört wird. Man verwendet am besten eine Harfe oder Lyra, das sind dünne Rahmen, in die feine Stahldrähte gespannt sind, oder aber auch einfach ein langes Brotmesser. Die Würfel sollen zunächst etwa 2–3 cm Kantenlänge haben. Wenn sich nach 5–10 min die Molke an der Oberfläche sammelt, kann man den Bruch mit einem Schneebesen feiner zerteilen.

Das Abtropfen vor dem Formen erfolgt in einem Tuch, das auf einem Tisch ausgebreitet ist und auf das der Bruch in einer dünnen Schicht gebreitet wird, oder aber in Beuteln, die mit dem Bruch gefüllt werden. Man läßt sie einzeln zum Abtropfen liegen, stapelt sie übereinander, um einen gewissen Druck auszuüben, oder beschwert sie sogar mit einem Brett und einem Stein.

Eine Steingutform, wie sie herkömmlicherweise für den Crottin-Käse in Frankreich verwendet wird, ist in Abb. 106a zu sehen. Heute werden allerdings meist Formen aus Kunststoff verwendet. Der Bruch wird mit einem Schöpflöffel in die Formen gefüllt, wo er sich langsam setzt und die Molke heraustropft. Nach 8–12

Abb. 106. Herstellung von Ziegenkäse in Frankreich. a) Form aus Steingut für Crottin-Käse. b) Wenden der Käse in der Form. c) Die abgetropften Käse auf Edelstahl-Tabletts. d) Trocknen der Käse.

Stunden, d. h. am Abend, wird der Bruch in der Form gewendet, um ein genügendes Abtropfen auch im unteren Teil zu ermöglichen (s. Abb. 106b). Auch hierbei muß man sehr vorsichtig vorgehen, um die Struktur nicht zu zerstören. Eventuell ist es nötig, das Umdrehen ein zweites Mal zu wiederholen.

Das Abtropfen soll bei 22–23 °C erfolgen, es kann dafür also der gleiche Raum wie für die Vorarbeiten benutzt werden. Bei höheren Temperaturen trocknen die Käse zu stark aus, die Struktur leidet, und die Ausbeute wird geringer. Das Abtropfen dauert 15–36 Stunden; im allgemeinen ist es wiederum aus praktischen Gründen vorzuziehen, die Arbeitsweise so einzurichten, daß 24 Stunden benötigt werden und bei der morgendlichen Arbeit auch die abgetropften Käse aus den Formen genommen werden können.

12.4.4. Die Trocknung

Die Käse werden aus den Formen geholt und auf Tabletts verteilt. Vor dem Trocknen werden die Käse gesalzen. Damit werden sie nicht nur gewürzt, das Salz bewirkt auch eine zusätzliche Trocknung, steuert die Keimbildung an der Oberfläche und eventuell die Bildung einer Rinde. Man verwendet reines Siede-Salz. Das Salz wird über die Käse gestreut, wobei sehr sorgfältig darauf geachtet werden muß, daß die Oberfläche möglichst gleichmäßig gesalzen wird.

Die benötigte Menge beträgt 1–3 % des Käsegewichtes, sie hängt von der Feuchtigkeit des Käses ab: das Salz zieht restliche Molke aus dem Käse und wird mit ihr abgeschwemmt. Durch wiederholtes Einreiben des Käses mit Salz oder mit einem in gesättigter Salzlösung getränkten Tuch ein- bis zweimal am Tag während 2–5 Tagen wird die Bildung einer Rinde gefördert. Käse können auch in Salzlake getaucht werden (33 %ige Lösung, 1–2 Stunden, bei 15 °C). Das Verfahren ist aber aufwendig, da die Lake ständig frisch sein und daher regelmäßig erneuert werden muß. Auch das Salzen des Quarks ist möglich, aber schwieriger als das Salzen nach dem Formen.

Bei der anschließenden Trocknung wird der Feuchtigkeitsgehalt des Käses so weit vermindert, daß die gewünschte Struktur und die richtigen Bedingungen für die spätere Reifung erreicht werden. Während beim Abtropfen mit der Feuchtigkeit auch das Molkeeiweiß, die Laktose bzw. Milchsäure und Mineralstoffe entfernt werden, ist es bei der Trocknung nur das Wasser. Die Trocknung erfolgt in einem Raum mit 15 °C und 85 % relativer Luftfeuchte, in dem eine ausreichende Luftbewegung am besten mit Ventilatoren erreicht wird (Abb. 106c u. d). Die Trocknung darf nicht zu rasch erfolgen, da sich sonst eine trockene Schicht an der Oberfläche des Käses bildet, welche die Feuchtigkeit im Innern abschirmt. Je nach dem Feuchtigkeitsgehalt am Beginn und dem gewünschten Feuchtigkeitsgehalt des fertigen Käses dauert die Trocknung 1–3 Tage oder für Käse mit längerer Lagerzeit 2–3 Wochen.

12.4.5 Die Reifung

Alle bis hierher beschriebenen Arbeiten dienen im Grunde nur der Vorbereitung der Reifung, bei der das Aroma und die Textur des Käses entstehen.

Die Reifung kommt zustande durch die Wirkung verschiedener Mikroorganismen, die an der Oberfläche, aber auch im Innern des Käses wachsen und mit ihren Enzymen die Inhaltsstoffe des Käses verändern. Besonders das Kasein wird zu einfachen Verbindungen abgebaut, namentlich Peptiden und Aminosäuren. Diese sowie zum Teil auch Abbauprodukte des Milchfettes verleihen dem Käse seinen eigenen Geschmack. Um die Entwicklung der Mikroorganismen zu ermöglichen, muß der Käse bei 8–12 °C, 85–95 % relativer Luftfeuchtigkeit und guter Lüftung gelagert werden. Bei der traditionellen Käseherstellung wurden hierfür natürliche Höhlen benutzt, die entsprechende Bedingungen boten. Heute stellt man diese meist mit Klimaanlagen (Heizung, Kühlung, Luftbefeuchter, Ventilator) her.

Die Pilze aus der Umgebung (Luft) besiedeln den Käse, und nach 4–7 Tagen bildet sich an der Oberfläche zunächst weißer Schimmel, etwa 5 Tage später kommt Blauschimmel dazu. Diese Farben sind durch verschiedene Sorten des Pilzes *Penicil-*

lium bedingt. Die Pilze wachsen allmählich durch die Oberfläche in die tieferen Schichten des Käses.

Von den Umweltbedingungen und der vorhandenen Mikroflora hängt die Besiedelung des Käses und das Wachstum der Pilze ab, das vor allem empfindlich auf die Temperatur reagiert. Außer den erwünschten Pilzen können auch andere Keime auf dem Käse wachsen und die Reifung stören. Eine Reifung, die ganz von der natürlichen Mikroflora abhängt, ergibt nie ganz gleichmäßige Resultate. Deshalb werden vielfach Kulturen von Pilzen verwendet, die ähnlich wie Säurewecker industriell hergestellt werden und entweder als Pulver (lyophilisiert) oder als Flüssigkeit erhältlich sind.

Auf dem mit einer Suspension der Kultur besprühten Käse bildet sich innerhalb von 24 Stunden eine Reinkultur von *Penicillium,* die die Oberfläche gleichmäßig bedeckt und andere Keime unterdrückt. Die Pilzkultur kann auch bereits dem Salz beigemischt oder sogar der Milch vor dem Laben zugesetzt werden.

Während der Reifung dürfen die Käse nicht zu dicht beieinander lagern. Liegen sie auf festen Unterlagen wie z. B. Strohmatten, dann müssen sie täglich (u. U. mehrmals) gewendet werden, um gleichmäßige Schimmelbildung zu ermöglichen und Fäulnisbildung an der Unterlage zu vermeiden. Zu bevorzugen sind für die Lagerung Gitterroste, namentlich aus rostfreiem Stahl, die nur geringe Kontaktflächen haben und Luftzutritt sowie Keimbesiedlung an der ganzen Käseoberfläche auch ohne Wenden gestatten.

Die Dauer der Reifung ist bei den einzelnen Käsesorten verschieden. Sie kann 14 Tage betragen oder bei Blauschimmelkäse 3 Monate. Sie hängt auch ab von dem gewünschten Reifegrad. Je länger die Reifung, desto „schärfer" der Käse. Überreife mit beginnender Fäulnis deutet sich durch Ammoniakgeruch an. Berücksichtigt werden muß auch, daß der Käse bis zum Verbrauch bei Transport und Lagerung nachreift. Nur wenn direkt an den Endverbraucher verkauft wird, kann die Reifung bis zum gewünschten Endstadium geführt werden.

Bei allen 5 geschilderten Schritten der Käseherstellung können die Einzelheiten, wie Temperatur, Menge der zugesetzten Hilfsmittel und Dauer der Behandlung, unterschiedlich gestaltet werden. Optimale Werte lassen sich dafür nicht angeben, sie hängen zu sehr von den speziellen Verhältnissen ab. Jeder, der Käse herstellen will, muß sie für sich selbst erproben. Dies gilt selbst für die industriellen Verfahren. Käseherstellung ist immer noch eine Kunst, die Qualität des Käses hängt neben der Qualität der Ausgangsprodukte von der Erfahrung und dem Gefühl ab, mit dem die Einzelheiten bei der Zubereitung gesteuert werden. SPÄTH (1974) empfiehlt, in einer Tabelle alle Einzelheiten der Käseherstellung festzuhalten, so daß man selbst das beste Verfahren herausfinden kann. Viele Einzelheiten zur Ziegenkäseherstellung finden sich in dem französischen Buch von LE JAOUEN (1974).

12.4.6 Molkenkäse

Während Molke meist als Abfallprodukt angesehen wird, das allenfalls zu verfüttern ist (an Ziegen oder Schweine), kann sie auch zu Käse verarbeitet werden. Dabei wird zuerst das Kasein aus ungesäuerter Milch durch Labgerinnung gewonnen. Die Molke wird mit einer organischen Säure (Fruchtsaft, Essig oder auch saurer Molke) versetzt, auf 80–90 °C erhitzt und nach dem Gerinnen gekocht. Das geronnene

Molkeneiweiß wird dann in Formen gefüllt, aus denen die restliche Flüssigkeit abtropft oder auch ausgepreßt wird. Da der entstehende Käse sehr körnig ist und nicht sehr angenehm schmeckt, wird die Molke auch vor der Verarbeitung gerne mit Milch versetzt. Der italienische Ricotta, französische Brousse oder Broccio, der griechische Athotyros und der schwedische Mysost sind solche Molkenkäse.

Eine Abwandlung des Verfahrens wird bei der Herstellung von Geitost, dem Braunen Ziegenkäse in Skandinavien, verwendet. Zunächst wird der Rahm abzentrifugiert, das Kasein aus der Magermilch wird mit Lab schnell ausgefällt und meist für technische Zwecke verwendet. Die entstehende Molke wird anschließend mit der ursprünglichen Sahne gemischt und gekocht. Dabei wird das Produkt eingedickt und durch Karamelisierung des Milchzuckers braun. Im Grunde handelt es sich mehr um eine karamellähnliche Süßigkeit als um Käse.

In Mexiko wird Vollmilch unter Zuckerzusatz eingedickt zu einem braunen Karamel (Cajeta), der entweder dickflüssig als Brotaufstrich verwendet oder mit Nüssen u. a. garniert zu kleinen Törtchen gebacken wird, ähnlich wie Marzipan. Alle diese Produkte werden auch aus Kuhmilch hergestellt, aber wegen des spezifischen Geschmacks sind die Ziegenmilchprodukte begehrt und erzielen bei geringen Herstellungskosten und knappem Angebot als Luxusprodukte hohe Preise.

12.5 Butterherstellung

Butter wird nur verhältnismäßig selten aus Ziegenmilch hergestellt. Sie ist weich, was von Kennern geschätzt wird, nach den allgemeinen Kriterien der Butterbewertung aber als Nachteil gilt; außerdem wird sie leicht ranzig durch Hydrolyse des Fettes. Die Butterherstellung ist erschwert dadurch, daß Ziegenmilch nicht immer leicht zu entrahmen ist, was mit den Besonderheiten der Suspension des Milchfettes zusammenhängt. Erforderlich ist eine Zentrifuge zum Abschleudern der Sahne. Die Sahne wird stehengelassen, bis sie einen säuerlichen Geruch bekommt, aber noch nicht sauer schmeckt. Wenn die Qualität der Säuerung nicht befriedigt oder die Sahne nicht buttert, dann kann man auch einen Säurewecker verwenden. Dazu wird die Sahne zuerst in einem Wasserbad 20 min lang auf 90 °C erhitzt. Danach wird sie abgekühlt und 12 Stunden im Kühlschrank aufbewahrt. Anschließend wird sie wieder erwärmt, und bei 10 °C wird der Säurewecker zugesetzt. Bei Zimmertemperatur wird die Sahne dann bis zur Säuerung stehengelassen. Wenn ein kräftiger Geschmack erzielt werden soll, wartet man, bis die Sahne nicht nur sauer riecht, sondern auch sauer schmeckt. Fallen nur kleine Mengen von Sahne an, dann kann man diese konservieren, bis eine für die Butterung genügende Menge angesammelt ist. Dazu wird der Sahne Molkerei-Salz beigefügt, und zwar soviel, wie 8 % der bis zum Buttern anzusammelnden Menge entspricht.

Das Buttern selbst wird bei 15 °C in einem Butterfaß oder Butterglas ausgeführt und dauert 15–20 min. Wenn die ersten Fettklümpchen erscheinen, gibt man etwas Wasser hinzu, so daß die Temperatur wieder auf etwa 15 °C gebracht wird (eine knappe Tasse pro l Sahne). Sind die Fettkugeln etwa erbsengroß, wird die Buttermilch abgegossen und die Butter mit kaltem Wasser gewaschen. Erst jetzt werden die Butterkugeln zu einem Klumpen zusammengeknetet und die restliche Buttermilch mit kaltem Wasser ausgespült. Danach wird die Butter ausgeformt und vor der Verwendung 12 Stunden kühl gelagert. Nach Bedarf kann vor dem Kneten dem letzten Waschwasser Salz zugesetzt werden; man läßt die Butter 15–30 min im Salzwasser ziehen.

12.6 Joghurtherstellung

Joghurt wird mit dem gleichen Gerät und Material, wie für Kuhmilch vorgesehen, hergestellt. Für kleinere Mengen zum Verkauf kann man einen einfachen Brutschrank selbst herstellen: in einen ausgedienten Kühlschrank, der nicht mehr kühlt, aber noch dicht ist, gibt man unten eine große Schale mit kochendem Wasser. Damit entsteht gerade die für die Reifung notwendige Temperatur und Feuchtigkeit. Der Schrank wird mit den gefüllten Joghurtgläsern beschickt und geschlossen. über Nacht reift der Joghurt aus.

13 Ziegenfleisch – Qualität und Verarbeitung

13.1 Schlachten und Häuten

Für das Schlachten von Ziegen gelten die gesetzlichen Bestimmungen wie für andere Schlachttiere: wo öffentliche Schlachthöfe bestehen, darf die Schlachtung nur in diesen erfolgen; die Tiere müssen vor dem Schlachten betäubt werden; die Schlachtkörper unterliegen der Fleischbeschau. Lämmer bis zum Alter von 3 Monaten können außerhalb des Schlachthofes geschlachtet werden, wenn sie für den eigenen Verbrauch bestimmt sind. Bei solchen Hausschlachtungen ist eine Fleischbeschau nicht erforderlich. Werden Lämmer für die gewerbliche Nutzung verwendet, dann gelten diese Ausnahmen nicht.

Die Ziegenhaut ist ein begehrtes Rohprodukt vor allem wegen seiner Feinheit. Diese bedingt aber zugleich, daß die Haut anfällig für Verletzungen ist. Deshalb muß das Häuten der Ziegen, und mehr noch der Lämmer, sehr sorgfältig erfolgen. Vor allem Schnitte, die mitten in der Haut liegen, machen diese wertlos. Ziegen werden im Liegen oder aufgehängt an den Beinen gehäutet. Die Haut soll möglichst trocken bleiben und vor allem nicht mit Blut verunreinigt werden. Zum Abziehen wird die Haut zunächst an der Unterseite vom Kiefer über Brust und Nabel bis zum Schwanz geöffnet. An den Beinen werden die Schnitte an den Streckseiten (vorn Vorderseite, hinten Hinterseite), dann an der Innenseite auf dem kürzesten Wege zur Mittellinie hin geführt, so daß sie in einem rechten Winkel auf den Mittelschnitt treffen. Kopf und Unterfüße (Metapodien) werden mit der Haut abgesetzt, und an den Beinen wird die Haut mit dem Messer abgetrennt. Hier ist sie durch straffes Bindegewebe mit dem Körper verbunden und muß vorsichtig mit einem scharfen, runden Hautmesser abgetrennt werden. Der After wird umschnitten, der Schwanz, soweit es geht, abgelöst, Euter oder Hoden werden weggeschnitten. An Hals, Brust, Becken und Bauch sitzt die Haut ebenfalls fest auf und muß mit dem Messer abgetrennt werden. An den übrigen Körperteilen wird sie stumpf mit der Hand oder dem Messergriff abgezogen. Es ist einige Übung erforderlich, um die Haut sorgfältig zu lösen, ohne daß Fleisch an ihr verbleibt, aber auch ohne daß sie verletzt wird. Besonders in tropischen Ländern wird das Häuten vielfach unterstützt, indem zwischen Haut und Körper Luft eingeblasen wird. Dadurch wird die Trennung der Haut vom Körper erleichtert. Die feinen Lämmerfelle reißen leicht beim Häuten. Bewährt ist das Abziehen vom kalten Schlachtkörper 1–2 Tage nach der Schlachtung. Das Abhängen im Fell ist auch für die Fleischqualität günstig. Dazu nimmt man das Lamm aus und stopft die Bauchhöhle leicht mit dünner Kunststoffolie zu. Das zuvor beim Ausnehmen vom After bis zum Kinn aufgeschnittene Fell wird an Schwanz, After, den Beinen und am Kopf mit dem Messer abgelöst, wobei die Schnitte geführt werden wie bei der erwachsenen Ziege. Es ist sorgfältig darauf zu achten, daß die Muskeln (das Fleisch) am Schlachtkörper bleiben, dann läßt sich das Fell leicht stumpf, ohne Gewalt und nur durch leichte Nachhilfe mit dem Messergriff und dem Daumen abziehen.

Nach dem Häuten soll an der Haut verbliebenes Fleisch vorsichtig abgeschnitten werden. Waschen der Haut ist nach Möglichkeit zu vermeiden, vor allem die Fleischseite kann sich leicht mit Wasser vollsaugen, was für die spätere Verarbeitung schädlich ist. Wenn die Haut nicht sofort zum Gerben kommt, muß sie durch Wasserentzug konserviert werden. Dies geschieht entweder durch Salzen oder durch Trocknen an der Luft. Salzen ergibt bessere Qualität, ist aber teurer, und vor allem in tropischen Ländern steht Salz oft nicht zur Verfügung. Es werden 25–50 % des Fellgewichtes an Salz verbraucht. Trocknen erfordert nur geringen Aufwand. Es muß langsam erfolgen, also im Schatten und ohne zu starken Luftzug, da sonst die äußeren Schichten trocknen, während die inneren noch feucht sind und dann von der äußeren Schicht abgeschirmt werden.

Das Fell wird auf eine gut gespannte Leine oder einen rostfeien Draht gehängt, die Fleischseite nach außen. Es kann auch auf eine Tür oder dergleichen genagelt werden. Besser ist es, das Fell in einem Rahmen aufzuspannen. Allerdings ist dies mit Lammfellen nicht möglich, da sie einschließlich der Ränder verwertet werden, die durch die für das Aufspannen nötigen Löcher geschädigt würden. Beim Aufspannen darf man die Felle keinesfalls überdehnen.

Bei der anschließenden Lagerung muß eine Beeinträchtigung der Felle durch tierische Schädlinge verhindert werden. Für eine lohnende Vermarktung ist meist die Ansammlung größerer Partien erforderlich. Bezahlt werden Rohfelle nach Gewicht.

13.2 Schlachtkörper- und Fleischqualität

In Mitteleuropa hat nur das Fleisch junger Lämmer einen guten Marktwert, das Fleisch älterer Ziegen ist dagegen kaum gefragt. Besonders Milchlämmer sind als Delikatesse im Frühjahr begehrt, die Nachfrage ist dann regelmäßig höher als das Angebot. Das Fleisch von Milchlämmern nimmt in der Wertschätzung der Verbraucher einen Platz zwischen Fleisch von Schafmastlämmern und Kaninchenfleisch ein. In Frankreich wird es meist in Geschäften verkauft, die auch mit Kaninchen und Geflügel handeln.

Die Schlachtausbeute der jungen Lämmer bis 10 kg Gewicht beträgt 60–70 %, wobei Kopf, Herz, Lunge, Leber, Milz und Nieren zum Schlachtkörper zählen, ohne diese Teile bleiben 50–55 % verwertbar. Der Fettgehalt des Schlachtkörpers beträgt 10–15 %, selten auch bis 20 %. Der Fleischanteil im Schlachtkörper der Lämmer erreicht etwa 70 %.

Die Schlachtausbeute von älteren Ziegen schwankt zwischen 43 und 53 %, je nach Alter und Ernährungszustand. Zum Teil erklären sich die großen Unterschiede zwischen den einzelnen Angaben in der Literatur auf der unterschiedlichen Zerlegung des Schlachtkörpers, der verschieden schwer wird, je nachdem, ob der Kopf und die Füße daran belassen werden und ob ein Teil der Innereien, besonders Milz, Leber, Herz und Lunge, mitgewogen werden oder nicht. Der Fleischanteil des Schlachtkörpers einjähriger Ziegen beträgt etwa 80 %. Der Fettanteil schwankt stark in Abhängigkeit von der Fütterung. Bezogen auf die Trockensubstanz werden Werte zwischen 30 und 50 % gemessen.

Ein Charakteristikum des Ziegen-Schlachtkörpers ist die dünne oder fehlende Fettauflage. Das Unterhautfett, das bei anderen Tierarten einen wirksamen Schutz des Schlachtkörpers vor Austrocknung bildet, fehlt der Ziege. Der Reifegrad der Schlachtkörper von Schaflämmern wird zu einem guten Teil an der Fettauflage geschätzt. Dies dürfte ein Grund dafür sein, daß in Ländern, in denen Schaf- und Ziegenlämmer nebeneinander vermarktet werden, die Ziegen als geringwertig gelten. Bei objektiven Untersuchungen über die Fleischqualität haben sich dagegen kaum Unterschiede zu Schaffleisch ergeben. Die chemische Zusammensetzung beider Fleischarten ist sehr ähnlich. Eine Fettsäure (Methyloctanoidsäure), die aus Schaf- und Ziegenfleisch extrahiert werden kann, soll für den spezifischen Geschmack verantwortlich sein. Der Gehalt an dieser Säure ist in Ziegenfleisch wesentlich höher als in Schaffleisch. Jedoch konnten bei Geschmacksprüfungen durch neutrale Personen, die keine Kenntnis über die Art und den Ursprung des Fleisches hatten, das sie kosteten, in mehreren Untersuchungen übereinstimmend keine Geschmacksunterschiede zu Schaffleisch festgestellt werden.

Dagegen wurde Ziegenfleisch regelmäßig schlechter bewertet als Schaffleisch, weil es weniger zart bzw. zäh war. Bei Geschmacksprüfungen in den USA erhielt Fleisch von 6–12 Monaten alten Ziegen eine bessere Bewertung als das Fleisch jüngerer Lämmer im Alter von 3–5 Monaten. Ein Grund für die Zähigkeit von Ziegenfleisch ist möglicherweise ebenfalls in der dünnen Fettauflage zu suchen, weil dadurch die Reifungsvorgänge anders ablaufen als bei Schlachtkörpern mit dickerer Fettauflage. Demnach könnte die Arbeitsweise vor und nach der Schlachtung, vor allem auch die Art der Abkühlung, geeignet sein, die Fleischqualität zu beeinflussen.

In den USA wurden Schlachtkörper von unter weitgehend standardisierten Bedingungen gefütterten Schafen (48 kg) und Ziegen (44 kg) verglichen (LADIPO 1973). Unterschiede zwischen den Schlachtkörpern beider Tierarten zeigten, daß im Ziegenfleisch mehr Muskeln und weniger Fett enthalten waren (Ziegen 17 % Fett, Schafe 24 % Fett). Allerdings unterschied sich auch die Verteilung des Fettes im Schlachtkörper, so daß das Fett im Schaffleisch die Qualität weniger beeinträchtigte als die im Ziegenfleisch. Die Verteilung des Fettes im gesamten Schlachtkörper unterscheidet sich deutlich zwischen Schaf und Ziege (Tab. 40).

In Deutschland und in anderen europäischen Ländern besteht für ältere Ziegen praktisch kein Markt, und das Fleisch kann nur schlecht verwertet werden. Mancherorts wird traditionell Ziegenfleisch in unterschiedlichen Anteilen gern zu Dauerwurst verwendet. Es eignet sich dazu, ähnlich wie Pferde- und Eselfleisch, wegen seiner Trockenheit. Wichtig ist bei der Verarbeitung allerdings, daß das Fett des Ziegenfleisches sorgfältig entfernt wird, da es zur Gelbfärbung und zum Ranzigwerden neigt. Außerdem ist bei solchen Würsten auf besonders festes Stopfen zu achten. In den USA wurde untersucht, bis zu welchem Anteil Ziegenfleisch Wiener Würstchen beigemischt werden kann. Bis zu 20 % war dies möglich, und die so hergestellte Wurst wurde von den Geschmacksprüfern sogar besser beurteilt als vergleichbare Ware ohne Ziegenfleisch (EGGEN u. a. 1971).

Tab. 40. Verteilung des Fettes im Schlachtkörper von Schafen und Ziegen in % des gesamten Körperfettes (LADIPO 1973)

	Schaf	Ziege
Unterhautfett	29,7	14,2
Intermuskuläres Fett	45,0	39,0
Fett in den Körperhöhlen	25,9	45,5

14 Krankheiten der Ziege

In diesem Kap. werden die wichtigsten Erkrankungen der Ziege kurz besprochen. Es ist nicht als eine vollständige Anleitung für Diagnose, Behandlung und Vorbeuge gedacht, dafür reicht der Umfang dieses Buches nicht aus. Umfassende Darstellungen findet man bei SCHULZE (1960), GUSS (1977) und WILLIAMS (1981). Es erscheint aber nützlich, dem Züchter einige Hinweise zu geben, damit er sich über die Natur der Erkrankungen ein Bild machen und den Tierarzt unterstützen kann. Möglicherweise kann die Aufzählung auch für diejenigen Tierärzte, die mit Ziegen wenig Erfahrung haben, hilfreich sein, indem sie ihre Aufmerksamkeit auf häufiger vorkommende Krankheiten lenkt. Bei den einzelnen Krankheiten werden kurze Hinweise auf Möglichkeiten der Vorbeuge (Hygiene, Schutzimpfungen) sowie der Behandlung (zumeist Chemotherapie) gegeben. Es handelt sich um spezifische Maßnahmen, die durch den Tierarzt oder aufgrund tierärztlicher Verordnung getroffen werden müssen und die sich als wirksam erwiesen haben. Bei infektiösen Erkrankungen werden Hinweise auf Antibiotika- und Sulfonamid-Behandlung, bei Parasiten auf die entsprechenden Parasitizide gegeben. Viele Ziegenhalter werden bei der Anwendung dieser Mittel aus grundsätzlichen Erwägungen zurückhaltend sein. Ihnen steht eine Reihe von Arzneimitteln zur Verfügung, welche die natürlichen Abwehrkräfte der erkrankten Tiere unterstützen und mit entsprechender Pflege und Geduld zur Heilung führen können. Angesichts der Möglichkeit langdauernder schwerer Krankheit mit eventuell sogar tödlichem Ausgang wird manch ein Ziegenhalter aber seinen Tieren die Arznei mit der im Moment größten Heilungsaussicht nicht vorenthalten wollen. Deswegen sind solche Arzneien jeweils angegeben. Dagegen wurde auf die Besprechung allgemeiner oder auch traditioneller Heilmethoden verzichtet, die den Rahmen dieses Buches sprengen würde. Krankheiten, die bei allen Tieren vorkommen, wie Verletzungen, Knochenbrüche, Lahmheiten, Organkrankheiten u. dgl., werden hier ebenfalls nicht dargestellt. Für ihre Beurteilung sei auf die einschlägigen Fachbücher verwiesen.

Die Behandlung kranker Tiere ist grundsätzlich Sache des Tierarztes. Bei leichten Erkrankungen und Verletzungen und wenn ein Tierarzt nicht zur Hilfe kommen kann, wird der Ziegenhalter seine Tiere selbst versorgen wollen. Dafür kann ein kleiner Vorrat an Heilmitteln nützlich sein, der von Apotheken auch ohne tierärztliche Verschreibung abgegeben werden darf.

Ein Fieberthermometer gehört in jeden Stall und zur Versorgung kleiner Verletzungen etwas Verbandsmaterial (Mull, Mullbinden, Watte, Heftpflaster).

In der folgenden Aufstellung sind einige allgemeine Heilmittel und ihr Verwendungszweck aufgeführt.

Holzteer	Klauenverletzungen
Ichthyolsalbe (10%)	Abszesse

Jod-Tinktur	Nabelpflege, Wunddesinfektion
Kampfersalbe (10%)	Euterentzündung
	Abszesse
	Schwellungen
	Verstauchungen
Zink-Lebertran-Salbe	Ekzeme, Wunden, Abszesse
Kamillenblüten	(für Tee) Durchfall bei Lämmern
Kohlepulver	Magen-Darm-Erkrankungen
Eichenrindenpulver	Magen-Darm-Erkrankungen
Leinsamen	(Aufguß) Magen-Darm-Erkrankungen
	(Schleim) Geburtshilfe

Ziegen wird vieles hinsichtlich Krankheitsanfälligkeit und Widerstandsfähigkeit nachgesagt, wovon das meiste allerdings in das Reich der Fabel gehört. Ziegen erkranken, wie andere Tiere auch, an einer Vielzahl der verschiedensten Krankheiten. Zum Teil sind das dieselben Erkrankungen, die ebenso andere Haustiere befallen, oft mit den gleichen Erscheinungsbildern. Allerdings treten manche Krankheiten nur bei Ziegen auf oder sind bei ihnen besonders schwer, und andererseits bleiben Ziegen von manchen Krankheiten verschont. Je nachdem, wie die in einer Gegend vorherrschenden Krankheiten die Ziegen befallen, mögen sich unterschiedliche Vorstellungen über Widerstandskraft bzw. besondere Anfälligkeit der Ziegen entwickelt haben.

Die verbreitete Behauptung, daß Ziegen nicht an Tuberkulose erkranken können, trifft ebensowenig zu, wie die, daß sie keinen Krebs bekommen können. Bösartige Tumore verschiedener Arten sind bei Ziegen festgestellt worden (Melanome, Lymphosarkome, Osteosarkom und andere). Allerdings ist die Häufigkeit von Tumoren gering; in einer Untersuchung in den USA wurde pro etwa 10 000 Schlachtziegen 1 Tumor gefunden. Die niedrige Frequenz ist natürlich dadurch bedingt, daß Schlachttiere im allgemeinen junge Tiere sind, insofern ergeben sich auch im Vergleich zu anderen Nutztieren kaum Unterschiede. Saanen- (und andere weiße) Ziegen scheinen besonders anfällig für Hautkrebs und übertragbare hartnäckige Papillome zu sein.

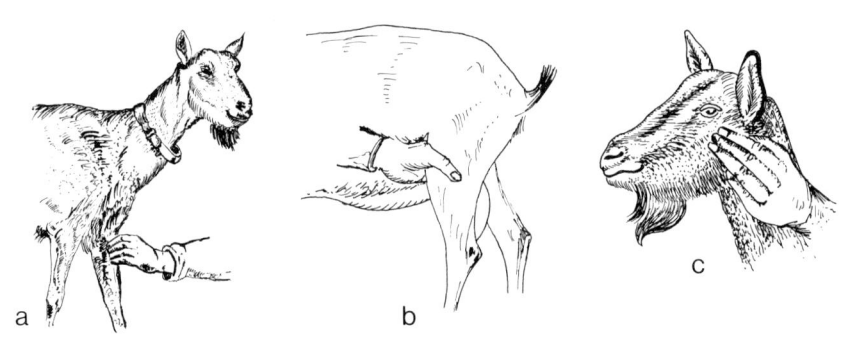

Abb. 107. Puls fühlen a) An der Innenseite des Unterarmes, b) an der Innenseite des Oberschenkels, c) unterhalb des äußeren Augenwinkels. Bei fetten Ziegen kann es schwierig sein, den Puls zu tasten, besonders wenn er wegen einer Krankheit schwach ist (Zeichnung: Schwan, Hannover).

Die ersten Symptome einer beginnenden Erkrankung sind meist nachlassende Futteraufnahme, verändertes Verhalten und Festliegen. Erste Maßnahme des Ziegenhalters sollte nicht der Versuch sein, das Tier mit besonders schmackhaftem Futter zum Fressen zu ermuntern, sondern die Art und Schwere des Krankheitszustandes möglichst genau zu ermitteln. Dazu werden vor allem Körpertemperatur, Puls- und Atemfrequenz festgestellt. Die Temperatur wird im Mastdarm (After) gemessen, den Puls fühlt man an der Innenseite des Unterarmes oder des Oberschenkels, evtl. auch am Kopf (Abb. 107), die Atemfrequenz wird nach der Bewegung des Brustkorbes und der Flanken gezählt. Außerdem gibt die Hauttemperatur Hinweise auf Störungen des Kreislaufes, die sich durch kalte Ohren und Beine anzeigen.

Die Normalwerte für Temperatur, Puls und Atmung schwanken in einem weiten Bereich; sie sind von Alter Umgebungstemperatur, Fütterung, Milchleistung und anderen Faktoren abhängig:

- Temperatur (°C): 39–40
- Puls (pro min): 70–95 (Lämmer bis 100)
- Atmung (pro min): 12–24–35

Erregung, z. B. durch Einfangen und Festhalten der Ziege, kann die Temperatur um 1 °C steigern sowie Puls und Atmung wesentlich beschleunigen. Wegen der weiten Variation der Normalwerte ist jedem Ziegenhalter dringend zu raten, für seine Ziegen die Normalwerte selbst zu bestimmen, so daß er im Verdachtsfalle weiß, ob die gemessenen Werte bereits eine Krankheit anzeigen. Entscheidend für die Bewertung von Temperatur, Puls, Atmung und Hauttemperatur ist immer der Vergleich mit anderen Tieren des Bestandes.

Wichtige Hinweise auf die Schwere der Erkrankung gibt auch das Verhalten: Teilnahmslosigkeit oder Aufregungszustände zeigen schwere Erkrankungen oder Schmerzen an.

14.1 Gruppierung von Krankheiten nach Symptomkomplexen

Krankheiten, die für Ziegen eine besondere Bedeutung haben, werden hier nach den verursachenden Faktoren geordnet, wobei Erkrankung der Fortpflanzungsorgane und Lämmerkrankheiten getrennt besprochen werden. Um dem Züchter die Zuordnung einzelner Krankheiten zu erleichtern, werden in der Tab. 41 einige Krankheiten nach häufig beobachteten Symptomen bzw. Symptomkomplexen gruppiert.

Ein großer Teil der Krankheiten äußert sich mit Allgemeinsymptomen. Die Ziegen fressen nicht oder wenig, liegen viel, zittern, krümmen den Rücken auf und ziehen den Hals ein. Das Haar ist gesträubt, die Körpertemperatur verändert. Dazu kommen bei einzelnen Krankheiten Symptome, die auf die Erkrankung bestimmter Organe und Organsysteme hinweisen, wie Durchfall, Blähung, Atemnot, Lahmheit usw. Auch Endo-Parasiten können Allgemeinsymptome, wie auch allmähliches Dahinsiechen bewirken, sie sind in der Aufzählung jedoch nicht aufgenommen.

Einige Infektionskrankheiten verursachen bei Ziegen zentralnervöse Erscheinungen, wie unkoordinierte Bewegungen, Taumeln, Manegebewegungen und Krämpfe. Hierzu gehören Enterotoxämie, Listeriose, Tetanus, Tollwut und einige Krankheiten, bei denen die nervösen Symptome das Krankheitsbild beherrschen.

254 Krankheiten der Ziege

Tab. 41. Gruppierung von Ziegenkrankheiten nach Symptomkomplexen

Allgemeinerscheinungen

Chlamydien-Abort	Mykoplasmose
Enterotoxämie	Pasteurellose
Encephalomyelitis granulomatosa	Pest der kleinen Wiederkäuer
Hypokalzämie	Pocken
Leptospirose	Toxoplasmose
Listeriose	Pseudotuberkulose
Maul- und Klauenseuche	Tuberkulose
Milzbrand	Visna/Maedi

Plötzlicher Tod

Aujeszkysche Krankheit	Listeriose
Babesiose	Maul- und Klauenseuche (Lämmer)
Enterotoxämie	Milzbrand
Herzwassersucht	Muskeldystrophie (Lämmer)
Leberegel	Pasteurellose (Lämmer)
Leptospirose	Rickettsiose

Schleichend verlaufendes Siechtum (Wasting diseases)

Osteomalazie	Traberkrankheit
Paratuberkulose	Tuberkulose
Pseudotuberkulose	Visna/Maedi

Nervöse Erscheinungen (Bewegungsstörungen, Krämpfe, Lähmungen, Zwangsbewegungen, Bewußtseinsstörungen)

Borna	Polyenzephalomalazie
Chlamydien-Abort	Pseudo-Wut (Aujeszkysche Krankheit)
Enterotoxämie	Tetanus
Encephalomyelitis granulomatosa	Tollwut
Hypokalzämie	Traberkrankheit (Scrapie)
Listeriose	Visna/Maedi
Muskeldystrophie (Lämmer)	Zeckenenzephalitis

Gelenksschwellungen, Gelenksentzündungen (Arthritis) und Lahmheiten

Chlamydien-Abort	Periarthritis (nicht infektiöse)
Maul- und Klauenseuche	Rehe
Mykoplasmen	Virus-Arthritis
Nabelentzündung und andere bakterielle Infektionen	Visna/Maedi
	Ziegen-Arthritis-Enzephalitis

Abort (Totgeburt, lebensschwache Lämmer, Nachgeburtsverhaltung)

habitueller Abort (bei Störungen des Hormonhaushalts)	
Brucellose	Listeriose
Chlamydien-Abort	Maul- und Klauenseuche
Leptospirose	Q-Fieber
	Vibriose

Euterentzündung (Mastitis)

Brucellose	Mykoplasmose
Chlamydiasis	Pasteurellose
Maul- und Klauenseuche	Tuberkulose

Tab. 41. Fortsetzung

An der Haut sichtbare Veränderungen (Abszesse, Ekzeme, Bläschen, Pocken)

Brand	Pocken
Demodikose	Räude
Ecthyma contagiosum	Staphylokokken-Dermatitis
Mangelzustände (Vitamin A, Selen, Jod, Zink)	Staphylokokken-Furunkel
Maul- und Klauenseuche	Streptotrichosis (Dermatophilose)

Augenveränderungen

Mykoplasmen	Visna/Maedi

Gelenkerkrankungen sind bei der Ziege verhältnismäßig häufig. Sie können als Symptom verschiedener komplexer Krankheiten vorkommen. Manche der Gelenkveränderungen betreffen nur das Gewebe, das die Gelenke umgibt, verursachen u. U. erhebliche Schwellungen, aber keine Lahmheit. Andere dagegen verlaufen akut, mit hochgradiger Lahmheit und Störung des Allgemeinbefindens, wieder andere haben chronisch degenerativen Charakter und führen zu fortschreitender Bewegungsunfähigkeit mit allen Sekundärfolgen (z. B. CAE; s. Abb. 108). Außer bei akuten Gelenkerkrankungen sind die Behandlungsmöglichkeiten und Heilungsaussichten gering bzw. aussichtslos.

Abb. 108. 8jährige Ziege mit Entzündung beider Knie- und Karpalgelenke. Entlastungsversuch, Zwangshaltung, „Schmerzgesicht".

256   Krankheiten der Ziege

Tab. 42. Krankheiten, die auf den Menschen übertragen werden können

Krankheit	Infektionsweg	Symptome
Bakterielle Erkrankungen		
Brucellose	Schleimhäute, Haut, Mund	Fieber, Gelenkschmerzen, Hodenentzündung und Abort
Leptospirose	Mund, Lunge, Haut	Allgemeinerkrankung, Gelbsucht
Listeriose	Haut, Schleimhaut, Magen-Darm, Zecken	tödlich ausgehende Gehirnentzündung
Milzbrand	Haut, Schleimhaut, Mund, Lunge	schwerste, oft tödliche Erkrankungen der Milz, der Lunge, oder weniger gefährliche Hauterkrankungen
Pseudotuberkulose	–	–
Q-Fieber	Atemwege, Magen-Darm	„Balkan-Grippe"
Salmonellose	Magen-Darm	Magen-Darm-Entzündung
Viruserkrankungen		
Ecthyma	Haut	kleine Pusteln an Armen, Hals und Gesicht; Lymphknotenschwellung
Maul- und Klauenseuche	Schleimhaut, Hautwunden, Magen-Darm	Hautveränderungen, Mundschleimhautentzündungen
Pocken	Haut	Haut-Blasen
Rift-Valley-Fieber und Wesselbronsche-Krankheit	Moskitos	grippeähnlich

Einige Krankheiten verlaufen so schnell, daß die Ziegen tot aufgefunden werden, ohne daß vorher Krankheitserscheinungen beobachtet wurden. Bei manchen dieser plötzlichen Todesfälle besteht die Krankheit allerdings schon längere Zeit, verursacht aber zuerst keine erkennbaren Symptome.

In der Tab. 42 sind Krankheiten zusammengestellt, die auf den Menschen übertragen werden können.

14.2 Bakterielle Infektionen

14.2.1 Milzbrand

Der Milzbrand ist bei uns selten, tritt aber weltweit auf und zwar immer in bestimmten Gebieten, in die Dauerformen der Erreger (Sporen) mit Abfällen aus der Verarbeitung tierischer Produkte und mit Kadavern von an Milzbrand verendeten Tieren gelangen. Die Krankheit ist vor allem gekennzeichnet durch schwere Gefäßschäden in den Organen. Sie wird durch den Milzbrandbazillus verursacht, der widerstandsfähige Sporen bildet, die jahrelang infektionsfähig bleiben. Die Sporen werden besonders auf der Weide mit Futter und Wasser aufgenommen, können aber auch durch Wunden in den Körper gelangen.

Bakterielle Infektionen 257

Infizierte Tiere werden meist tot aufgefunden, ohne daß vorher Krankheitserscheinungen beobachtet worden sind. Wenn erkrankte Tiere frühzeitig beobachtet werden, zeigen sie schwerste Krankheitssymptome: hohes Fieber mit pochendem Herzschlag und schwerer Atmung. Sie können bald nicht mehr stehen, blutiger Schaum tritt aus dem Mund, blutiger Kot wird ausgeschieden, die Tiere sterben unter Krämpfen. Die Kadaver sind eine gefährliche Ansteckungsquelle für andere Tiere und Menschen (s. Tab. 42). Die Krankheit kann durch den Tierarzt leicht diagnostiziert werden. In gefährdeten Gebieten können Schutzimpfungen regelmäßig erforderlich sein.

14.2.2 Tetanus (Wundstarrkrampf)

Tetanus ist eine Erkrankung des Zentralnervensystems, die durch Bakterien *(Clostridium tetani)* verursacht wird; diese gelangen durch Wundinfektionen in den Körper. Sie bilden ein Gift (Toxin), das zum Zentralnervensystem aufsteigt. Der sporenbildende Bazillus kommt weltweit, aber gebunden an bestimmte Gebiete vor, man spricht bei Tetanus deshalb auch von einer „Bodenseuche".
Als Folge einer Wundinfektion tritt innerhalb von 1–3 Wochen, bei Lämmern manchmal auch schon nach 2–3 Tagen diese tödliche Erkrankung auf, bei der, vom Kopf ausgehend, eine Versteifung aller Muskeln erfolgt. In Tetanus-Gebieten ist es nicht ausreichend, sich zur allgemeinen Vorbeugung auf Sauberkeit bei allen blutigen Eingriffen und Wunden (Geburt, Nabel, Kastration) zu verlassen, sondern es sind vorbeugende Impfungen erforderlich. Die gleichen Erreger rufen auch Tetanus beim Menschen hervor.

14.2.3 Brand (Rauschbrand, Gasbrand)

Als Wundbrand wird die Erscheinung bezeichnet, daß Körpergewebe unter verschiedenartiger Veränderung abstirbt. Das Absterben des Gewebes wird durch verschiedene Bazillen (Clostridien) verursacht, die Wunden infizieren. Die Erreger bilden widerstandsfähige Dauerformen, die überall gegenwärtig sein können; sie sind nicht einfach durch Sauberkeit oder Waschen zu entfernen. Jede Wunde kann Eintrittspforte der Erreger sein, z. B. auch kleine Verletzungen wie sie bei Geburten auftreten. Die Erreger bewirken örtliches Absterben des Gewebes, was sich zunächst durch Blaufärbung und Kaltwerden der betroffenen Zone anzeigt und schließlich zu Gasbildung führt. Gleichzeitig bilden sich Giftstoffe (Toxine), die innerhalb kurzer Zeit den Organismus der Tiere so schwer schädigen, daß der Tod eintritt. Die Infektion soll durch hygienische Maßnahmen vermieden werden; bei besonderer Gefährdung ist eine Schutzimpfung möglich. Bei bestimmten Euterentzündungen kann ebenfalls Brand entstehen, der aber als „trockener Brand" keine Allgemeinstörung verursacht (s. Seite 284).

14.2.4 Pasteurellose

Die Pasteurellose ist eine weltweit vorkommende, schwere Krankheit, die vor allem in Gefäßschädigungen besteht mit besonderer Lokalisation in der Lunge. Die

Erreger *(Pasteurellen)* rufen die Krankheit (vor allem bei älteren Tieren) nur dann hervor, wenn diese durch andere Infektionen, Parasiten oder Belastungsfaktoren, wie vor allem auch Transporte geschwächt sind. Bei Lämmern verursachen Pasteurellen eine Septikämie (Blutvergiftung) mit plötzlichem Verlauf, bei dem vor dem Tod entweder überhaupt keine Symptome beobachtet werden oder aber Schwäche, Festliegen, Nasenausfluß und angestrengte Atmung. Bei älteren Ziegen besteht eine akute Bronchopneumonie (Lungenentzündung, die hauptsächlich die Äste der Bronchien betrifft). Behandlung mit verschiedenen Antibiotika ist möglich; der Wert von Impfungen, die mancherorts routinemäßig vorgenommen werden, ist nicht gesichert.

14.2.5 Leptospirose

Dies ist eine bisher wenig erforschte, aber offenbar weit verbreitete Krankheit, die durch Bakterien (Leptospiren) verursacht wird und von der vor allem Ziegen befallen werden. In vielen Beständen sind Ziegen infiziert, ohne daß Symptome beobachtet werden. Die Krankheit ruft vielfältige Symptome hervor, die vor allem mit der Schädigung der Niere und des Gehirns zusammenhängen: Gelbsucht, Blutharnen, Teilnahmslosigkeit und Appetitlosigkeit; die Temperatur kann erhöht, aber auch erniedrigt sein, gelegentlich kommen Aborte vor. Der Verlauf kann perakut sein und innerhalb 24 Stunden zum Tod führen; die akute Krankheit dauert 1–4 Tage; bei chronischem Verlauf sind die Tiere bis 7 Tage krank. Die akute Form kann bei einem hohen Prozentsatz der Tiere tödlich verlaufen. Behandlung mit Antibiotika ist möglich, ebenfalls Impfung, die bisher aber nicht Routine ist.

14.2.6 Mykoplasmose

Mykoplasmen (das sind Erreger, die eine Zwischenstellung zwischen Bakterien und Viren einnehmen) verursachen bei Ziegen schwere Krankheiten mit vielseitigen Krankheitsbildern. Sie kommen besonders in Mittelmeerländern vor und treten in manchen Jahren seuchenhaft gehäuft auf. Drei verschiedene Krankheiten lassen sich unterscheiden:

Agalactia contagiosa
Die Agalactia contagiosa (Ansteckender Milchmangel) verursacht Veränderungen im Euter, den Gelenken und im Auge. Alle drei Erscheinungen kommen bei der Erkrankung regelmäßig vor, aber nicht immer zugleich bei demselben Tier. Die Gelenkentzündungen können ein oder mehrere Gelenke betreffen und bewirken mehr oder weniger starke Lahmheit, die oft zu tödlichem Ausgang infolge Festliegens führt. Im Euter bewirkt die Erkrankung zunächst eine Veränderung der Milch, dann Nachlassen und schließlich gänzliches Ausbleiben der Milchsekretion (daher der Name der Krankheit) sowie eine Verhärtung des Eutergewebes (Einzelheiten hierzu s. bei den Euterentzündungen). Am Auge schließlich werden Trübung der Hornhaut (Keratitis), manchmal auch eine Entzündung des ganzen Auges beobachtet.

Meist erkranken alle Tiere eines Bestandes. Beim ersten Auftreten können plötzliche Todesfälle eintreten, ohne daß vorher Krankheitserscheinungen beobachtet wurden. Meist beginnt die Erkrankung zunächst mit Fieber, und danach folgt die Ausbildung der spezifischen Symptome. Außerdem sind Allgemeinerscheinungen einer schweren Erkrankung sowie Lungenentzündungen, Abort bzw. Totgeburten häufig. Bei Lämmern kann die Krankheit akut verlaufen, sie sterben dann innerhalb weniger Tage mit Gehirnsymptomen (Meningitis), Gelenkentzündungen, die zum Festliegen führen und Hornhauttrübungen. Bis zu 10 % der erkrankten Ziegen können sterben.

Euterentzündungen können oft das einzige Symptom der Erkrankung sein, je nach Schwere der Erkrankung sind sie allerdings auch von Allgemeinerscheinungen begleitet, u. a. wiederum von Lungenentzündungen.

Ansteckende Pleuropneumonie (CCPP)

Lungenentzündungen (bzw. Bronchopneumonien) kommen als eine andere Form der Mykoplasmose vor. Sie verlaufen entweder akut mit hohen Verlusten oder chronisch mit Husten und Beeinträchtigung des Allgemeinbefindens. Diese Form der Erkrankung stellt möglicherweise eine Sekundärerkrankung dar, die sich nach vorausgehenden Belastungen verschiedenster Art einstellt.

Infektiöse Kerato-Konjunktivitis

Die infektiöse Kerato-Konjunktivitis (Horn- und Bindehautentzündung des Auges) wird durch ein Mykoplasma verursacht, das durch direkten Kontakt oder durch Fliegen übertragen wird. Die Erkrankung beginnt mit Tränenfluß und einer Rötung der Bindehaut, aus der sich allmählich eine Hornhautentzündung mit Trübung der Hornhaut entwickelt (Abb. 109). Die Krankheit verläuft gutartig, Heilung tritt in 5–8 Wochen ein, meist auch ohne Behandlung (Sulfonamide, Antibiotika, Jodoform).

Die Mykoplasmen werden massenhaft mit der Milch ausgeschieden und stellen hier die Infektionsquelle für Milchlämmer dar. Ebenso werden sie bei Befall der Lunge mit dem ausgehusteten Schleim verbreitet. Darüber hinaus werden die Erreger in infizierten Ställen mit dem Staub der Luft eingeatmet. Die Bekämpfung ist schwierig, weil Ziegen nach Überstehen der Krankheit Keimträger und damit Infektionsquelle bleiben. Außerdem ist die Diagnose nicht einfach zu stellen, so daß trotz typischer Symptome der Verdacht auf Mykoplasmose nicht immer bestätigt werden kann. Da die Erreger leicht von Tier zu Tier übertragen werden, außerhalb des Tierkörpers aber schnell zugrunde gehen, ist die wichtigste Vorbeugemaßnahme die Trennung erkrankter Tiere vom übrigen Bestand. In gefährdeten Herden sind alle erwachsenen Ziegen als mögliche Keimträger zu betrachten, deshalb sollen Lämmer von den erwachsenen Ziegen getrennt aufgezogen werden. Beim Einkauf von Ziegen ist immer an die Möglichkeit zu denken, daß sie Keimträger sind.

Impfungen sind möglich; sie verleihen jedoch nur eine kurzzeitige Immunität oder sind, wenn es sich um Lebendvakzine handelt, nicht ungefährlich und deshalb nicht überall zugelassen.

Die Behandlung mit Breitspektrum-Antibiotika kann gute Erfolge bringen. Wichtig sind ausreichende Dosierung und Dauer der Behandlung.

260 Krankheiten der Ziege

Abb. 109. Trübung der Hornhaut mit Entzündung von Bindehaut und Augenlidern sowie Tränenfluß kommen bei verschiedenen Infektionskrankheiten vor. Links: krankes Tier. Rechts: gesundes Tier zum Vergleich.

14.2.7 Enterotoxämie

Die Enterotoxämie ist eine schwere Allgemeinerkrankung, bei der durch Gifte von Bakterien (Clostridien) vor allem Gefäßschäden verursacht werden. Sie ist weltweit verbreitet. Der Erreger kommt in gesunden Tieren und ihrer Umwelt vor, verursacht Krankheitssymptome aber nur, wenn er sich, vor allem als Folge von Fütterungsfehlern jeder Art, insbesondere aber übermäßige Nährstoffaufnahme, stark vermehrt und dann ein sehr starkes und rasch wirkendes Gift (Toxin) bildet. Besonders fördernd scheint hoher Eiweißgehalt bei geringer Rohfaseraufnahme zu sein. Junge Lämmer können ganz plötzlich sterben und werden oft morgens tot aufgefunden, obwohl sie noch am Abend vorher keinerlei Krankheitserscheinungen zeigten. Bei älteren Ziegen beginnt die Krankheit mit Mattigkeit und Durchfall, nervösen Symptomen, Zwangshaltungen, unkoordiniertem Gang, Krämpfen. Der Verlauf ist tödlich. Die Vorbeuge besteht vor allem in einer fehlerlosen Fütterung. Beim Auftreten der Erkrankung können alle gefährdeten Tiere mit Immunserum für 2–3 Wochen geschützt werden. Durch aktive Immunisierung wird ein länger wirksamer Schutz erreicht.

14.2.8 Listeriose

Die Listeriose ist eine bei den meisten Tieren weltweit vorkommende Erkrankung, die bei Ziegen vor allem in der nervösen Form, seltener auch verbunden mit

Aborten auftritt. Die Erreger dieser Krankheit, die Listerien (Bakterien) kommen fast überall vor, verursachen aber nur selten Krankheiten. Die Gründe, die zum Auftreten der Krankheiten führen, sind nicht vollständig bekannt. Ausbrüche werden vor allem im Winter beobachtet, Temperaturstürze oder Fütterung von schlechter Silage können auslösend wirken. Die Krankheit beginnt bei Ziegen meist mit einem kurzen Vorstadium, in dem Fieber und Müdigkeit beobachtet werden. Danach treten Bewegungsstörungen auf, und zwar inkoordinierte Bewegungen oder aber typische Drehbewegungen; die Ziegen laufen unaufhörlich wie in einer Manege im Kreis. Wenn dieses Stadium begonnen hat, gibt es keine Überlebenschancen mehr. Außerdem kann Listeriose Aborte verursachen, häufig mit anschließender Endometritis (Entzündung der Gebärmutterschleimhaut).

Behandlung mit Antibiotika in frühen Stadien der Krankheit kann sehr erfolgreich sein. Eine Schutzimpfung gibt es bisher nicht.

Listerien sind auch für den Menschen infektiös. Sie können Allgemeinerkrankung, Augenentzündung, Hautveränderungen und möglicherweise auch Abort verursachen.

14.2.9 Tuberkulose

Die Vorstellung, daß Ziegen nicht an Tuberkulose erkranken können, trifft nicht zu. Sie kommt weltweit vor, ist bei uns allerdings ausgerottet. Tuberkulose tritt als Lungenentzündung (Bronchopneumonie), Leberentzündung (Hepatitis), Darmentzündung (Enteritis) und Euterentzündung (Mastitis) auf. Die Diagnose erfolgt durch Tuberkulinisieren (wegen der dünnen Haut schwierig). Behandlung ist nicht möglich, erkrankte Ziegen müssen ausgesondert werden. Planmäßige Bekämpfung hat in vielen Ländern zur Ausrottung geführt.

14.2.10 Paratuberkulose (Johnesche Krankheit)

Diese Krankheit wird durch *Mycobacterium paratuberculosis* verursacht. Sie hat sich in der letzten Zeit besonders im Osten der USA verbreitet. Es ist eine schleichende Erkrankung des Darmes, an der die Tiere im Verlauf von etwa einem halben Jahr allmählich dahinsiechen. Gelegentlicher Durchfall, nachlassende Milchleistung, rauhes Haarkleid, wechselnder Allgemeinzustand mit Perioden scheinbarer Besserung, Abmagerung und schließlich, vor dem Tod Festliegen kennzeichnen den Verlauf. Ältere Ziegen können resistent werden, den Erreger mit dem Kot ausscheiden und so die Jungtiere infizieren. Zwischen Infektion und dem Beginn der ersten Symptome (Inkubationszeit) vergeht mindestens ein Jahr, doch zeigen sich diese selten bei ein- oder zweijährigen Ziegen; meist treten sie erst im Alter von 3–5 Jahren auf.

Zur Vorbeuge gilt es vor allem, infizierte Tiere zu erkennen und auszumerzen sowie den Kontakt von Lämmern mit dem Kot erwachsener Ziegen zu verhindern. Die Kondition der Ziegen und die tiergerechte Fütterung, besonders auch eine gute Mineralstoffversorgung, können in einem gewissen Maße vor der Krankheit schützen. Eine wirksame Behandlung ist nicht bekannt. Die Diagnose ist anhand der Kotproben möglich.

14.2.11 Brucellose

Brucellose ist eine weitverbreitete Krankheit bei Ziegen, vor allem in den Mittelmeerländern, in Lateinamerika und den meisten tropischen und subtropischen Ländern. Sie ist Ursache von Aborten, kann aber in geschlossenen Herden latent sein und wenig Symptome hervorrufen. Aborte werden fast ausschließlich bei Erstlingsziegen hervorgerufen, und zwar in der zweiten Hälfte der Trächtigkeit. Bei Neueinstellungen von Lämmern oder Jungziegen in eine Herde kann die Zahl der Aborte unter diesen sehr hoch sein. In latent (versteckt) infizierten Herden können lebensschwach geborene Lämmer und geringe Milchleistung die einzigen Symptome sein.

Infizierte Ziegen beherbergen die Erreger *(Brucella melitensis)* in Muskeln, Organen und in den Lymphknoten, vor allem aber im Euter. Sie rufen dort zwar keine oder nur leichte Symptome hervor, werden aber mit der Milch ausgeschieden. Böcke tragen die Keime in den Hoden, die sich entzünden. Auch im Fleisch werden die Erreger gefunden, können sich aber offenbar dort nicht lange halten, so daß Fleisch keine Ansteckungsquelle für Menschen ist. Die Erreger werden nach dem Abort mit den Eihäuten und dem Puerperalsekret bis etwa 3 Monate nach der Geburt und außerdem mit Kot und Harn, vor allem aber mit der Milch ausgeschieden. Sie können mit der Milch und auch mit dem Staub durch Einatmung vom Menschen aufgenommen werden.

Die Diagnose der Brucellose ist nicht einfach. Die Beobachtung der klinischen Symptome reicht nicht aus. Serologische Untersuchungen (Blut und Milch) sind dadurch erschwert, daß die Titer bei infizierten Ziegen wechseln. Wenn in einer Herde auch nur eine Ziege serologisch positiv befunden wird, muß man damit rechnen, daß die ganze Herde infiziert ist.

Eine Behandlung einzelner erkrankter Tiere ist nicht möglich. Eine wirksame Bekämpfung erfordert die Ausmerzung aller infizierten Tiere. Zur Vorbeuge kann mit abgeschwächter Lebendvakzine (REV 1) geimpft werden. Sowohl Ausmerzung wie Impfung können nur dann erfolgreich sein, wenn alle in Kontakt kommenden, empfänglichen Tiere in das Verfahren einbezogen werden; bei Gemeinschaftsweiden sind das mindestens alle zu einer Gemeinde gehörenden Ziegen und Schafe (denn auch diese sind für den gleichen Erreger empfänglich).

Die Ziegenbrucellose ruft beim Menschen das Malta-Fieber hervor, das durch schubweise auftretendes und u. U. jahrelang andauerndes Wechselfieber gekennzeichnet ist, gelegentlich aber auch chronische Knochen- und Gelenkserkrankungen verursacht. In gefährdeten Gebieten ist Ziegenmilch zu pasteurisieren bzw. vor dem Verbrauch zu kochen. Während in Käse, der eine längere Reifung durchmacht, der Erreger abgetötet wird, ist dies in frischem Weißkäse nicht der Fall. Für seine Herstellung ist die Milch zu pasteurisieren.

14.2.12 Q-Fieber

Das Q-Fieber ist eine grippeähnliche Erkrankung des Menschen, die von Rickettsien *(Coxiella burnetii)* verursacht wird; sie kommt weltweit vor. Neben Rindern und Schafen können auch Ziegen Reservoir des Erregers sein. In Q-Fieber-Gebieten ist die Zahl infizierter Ziegen hoch. Krankheitserscheinungen werden bei Ziegen im

Bakterielle Infektionen 263

allgemeinen nicht hervorgerufen, doch können die Rickettsien Ursache von Aborten und Lungenentzündungen sein.

Die Erreger werden mit der Milch ausgeschieden, die damit eine wichtige Ansteckungsquelle für den Menschen ist. Außerdem werden die Erreger mit den Eihäuten und dem Nachgeburtssekret nach Aborten verbreitet.

14.2.13 Pseudotuberkulose

Pseudotuberkulose *(Lymphadenitis caseosa)* ist eine schleichende Krankheit, die erstmals bei erwachsenen Ziegen manifest wird und durch Abszesse der Lymphknoten gekennzeichnet ist. Die Krankheit ist bei uns selten, in anderen Ländern zum Teil recht häufig; sie stellt z. B. in den USA eine der verbreitetsten Ziegenkrankheiten dar und ist mit Exporten von Zuchtziegen nach Lateinamerika gebracht worden. Befallen werden vor allem Lymphknoten am Kopf und Hals (Abb. 110), aber auch am Oberarm und Oberschenkel. Sind Lymphknoten der inneren Organe betroffen, so kann sich dies durch Husten, Atembeschwerden (Mediastinallymphknoten), Durchfall (Darmlymphknoten) oder allgemeine Schwäche und Abmagerung bis zu Todesfällen zeigen. Die befallenen oberflächlichen Lymphknoten werden zuerst einige Zentimeter dick, können aber apfelgroß werden und sind schmerzlos. Sie sind mit einem dicken, grüngelben Brei gefüllt, der bei älteren Abszessen auch krümelig sein kann und den Erreger der Abszesse *(Corynebacterium ovis)* in Massen enthält. Die Übertragung erfolgt durch Hautverletzung, aber auch per os (durch den Mund).

Abb. 110. Schwellungen der Lymphknoten an Kopf und Hals sind meist erste Anzeichen der Pseudotuberkulose. Die Abszesse brechen später auf, wodurch der Erreger verbreitet wird.

264　Krankheiten der Ziege

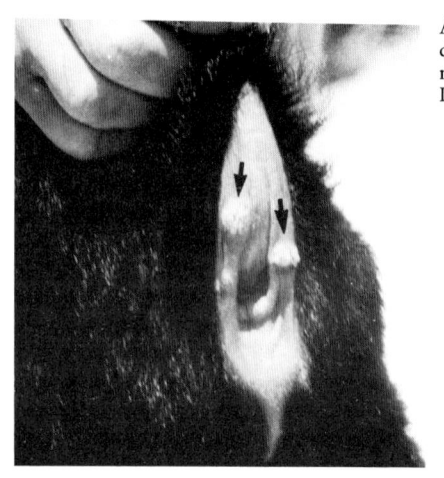

Abb. 111. Diese an der haarlosen Haut unter dem Schwanz auftretenden Abszesse dürfen nicht verwechselt werden mit den durch Lymphadenitis verursachten Abszessen.

Die Abszesse bei Pseudotuberkulose müssen unterschieden werden von anderen Abszessen, die vor allem durch Eitererreger *(Corynebacterium pyogenes,* Streptokokken, Staphylokokken u. a.) verursacht werden. Diese Abszesse treten in der Haut, unabhängig von Lymphknoten, vereinzelt auf (Abb. 111), oft in Verbindung mit kleinen Verletzungen. Sie sind in der Regel schmerzhaft, weicher, enthalten weniger dicken Eiter, der meist übel riecht. Diesen Abszessen kann nur durch allgemeine Hygiene, vor allem auch in Verbindung mit Injektionen, dem Scheren von Haaren usw. vorgebeugt werden.

Die Vorbeuge ist dadurch erschwert, daß die Krankheit erst erkannt wird, wenn mit den Abszessen die Erreger verbreitet werden. In jüngster Zeit sind serologische Methoden zur Frühdiagnose erarbeitet worden (SKEN u. a. 1982).

Eine wirksame allgemeine Behandlung der Pseudotuberkulose ist bisher nicht bekannt. Die Abszesse werden, bevor sie spontan platzen, chirurgisch geöffnet und so versorgt, daß eine Verbreitung der Erreger verhindert wird. Dazu muß die Ziege von anderen Tieren isoliert werden, bis die Wunde trocken ist. Die Verbreitung durch Instrumente, Verbandmaterial und verunreinigte Hände ist zu vermeiden.

Die Erreger der Pseudotuberkulose können auch bei Menschen Infektionen hervorrufen, folglich besteht eine gewisse Gefährdung für Schlachthofpersonal.

14.2.14 Staphylokokken-Dermatitis

Staphylokokken können eine Hauterkrankung (Dermatitis) verursachen, die besonders bei Mutterziegen auftritt und kurz vor der Geburt beginnt. Kleine Bläschen, aus denen rasch Pusteln werden, treten an der Zitzenbasis und im Euterspalt auf und können sich auf die Umgebung bis zum Bauch und zur Schwanzunterseite ausbreiten. Die Krankheit kann man leicht mit Ecthyma (s. Seite 288) verwechseln, sie ist allerdings oft auch eine Folgeerkrankung von Ecthyma. Sie wird beim Melken verbreitet und kann auch zu Staphylokokken-Mastitis führen. In andern Fällen rufen Staphylokokken tieferliegende Furunkel hervor, besonders an Euterspiegel, Kniefalte und Lippen. Sie müssen von den Abszessen der Pseudotuberkulose unterschieden werden, die an Lymphknoten gebunden sind.

14.3 Viruskrankheiten

14.3.1 Maul- und Klauenseuche (MKS)

Die MKS ist eine sehr ansteckende Viruserkrankung der Paarhufer, die, mit Ausnahme von Nordamerika, Australien und Neuseeland, weltweit vorkommt. Durch planmäßige Bekämpfungsverfahren ist die Seuche in Mitteleuropa zurückgedrängt worden. Ziegen (wie auch Schafe) sind verhältnismäßig wenig anfällig gegen die Erkrankung.

Infektionen der Ziegen haben nicht so sehr Bedeutung wegen der Erkrankung und gelegentlicher Verluste von Ziegen als für die Übertragung der Seuche, vor allem auf Rinder. Besonders in Ländern mit bisher wenig erfolgreicher Seuchenbekämpfung muß die MKS der Ziegen deshalb beobachtet werden. Dies ist auch der Grund dafür, daß Zuchtziegen (wie andere Paarhufer) aus Europa nicht nach Nordamerika und den meisten Ländern Südamerikas exportiert werden dürfen.

MKS äußert sich zuerst mit kleinen Blasen an der Schleimhaut im Mund, am Klauensaum und im Klauenspalt. Jedoch werden diese Blasen häufig übersehen, und als einziges Symptom wird eine leichte Allgemeinstörung mit geringer Futteraufnahme, nachlassender Milchleistung oder oft nur eine geringe Lahmheit beobachtet. In schwereren Fällen können Aborte und plötzlicher Tod von Sauglämmern auftreten.

Es gibt keine Behandlung; vorbeugende Schutzimpfungen und Tötung erkrankter bzw. auch gefährdeter Tiere sind die Bekämpfungsmaßnahmen.

14.3.2 Pocken

Pocken sind Bläschen auf der Haut, die durch Viren hervorgerufen werden. Es gibt weit verbreitet auf der Erde gutartige Pockenerkrankungen, die sich auf die Haut der Lippen, die Mundschleimhaut sowie die Haut des Euters beschränken. Nach dem Platzen der Blasen bildet sich ein Schorf, der nach etwa 6 Wochen abfällt. Diese Pocken-Form ist dem Ecthyma ähnlich und mit ihm verwandt. Die bösartigen Pockenviren kommen in Afrika und Asien vor und verursachen außer den Hautveränderungen am ganzen Körper auch Pockenbildung an inneren Organen. Diese sind besonders schwer am Lungengewebe, sie führen dann innerhalb kurzer Zeit zum Tode. Eine Behandlung kann nur auf eine Linderung der Hautsymptome gerichtet sein. Schutzimpfung ist möglich. Pocken können auch beim Menschen Hautveränderungen hervorrufen.

14.3.3 Pest der kleinen Wiederkäuer

Diese schwere Allgemeinerkrankung kommt in Westafrika vor. Fieber, Durchfall, Bronchopneumonie und Schleimhautläsionen (Verletzungen) mit schleimig-eitrigem Nasenausfluß sowie üblem Maulgeruch sind die Symptome. Die Krankheit endet je nach Verlauf in 1–3 Wochen meist tödlich. Erwachsene Ziegen können überleben. Eine Behandlung ist nicht bekannt; wegen der Verwandtschaft zu Rinderpest kann mit Rinderpest-Vakzine geimpft werden.

14.3.4 Tollwut

Tollwut ist eine akute Gehirnentzündung (Enzephalomyelitis). Sie ist weltweit verbreitet (Ausnahme: Australien, Neuseeland und Ozeanien), doch haben in den letzten Jahren viele Länder erfolgreiche Bekämpfungsmaßnahmen durchgeführt. Alle Warmblüter können erkranken. Das Virus wird mit dem Biß von erkrankten Füchsen, Hunden und anderen Fleischfressern übertragen. Die Inkubationszeit beträgt 2–7 Wochen, kann aber auch Monate dauern. Das Virus gelangt mit den Nervenbahnen ins Zentralnervensystem. Die nervösen Symptome sind zunächst Unruhe mit Angriffslust, später Lähmung, Speichelfluß, Festliegen und schließlich Tod durch Atemlähmung. Behandlung ist nach dem Viehseuchengesetz nicht zulässig. Die einzige Vorbeuge besteht im Schutz vor dem Biß wutkranker Tiere.

14.3.5 Aujeszkysche Krankheit (Pseudowut)

Die Krankheit ist eine Seuche bei Schweinen, die von ihnen auch auf andere Tiere, wie Ziegen, übertragen werden kann, ohne daß diese sich gegenseitig anstecken. Sie ist bei Schweinen in Südosteuropa und den Mittelmeerländern weit verbreitet und kommt in letzter Zeit wieder häufiger vor. Die Krankheit besteht in einer Gehirnentzündung (Enzephalomyelitis), die sich durch verschieden ausgeprägte nervöse Symptome äußert; wie Aufregung, Schreien, Schweißausbruch, Krämpfe, Lähmung und Juckreiz, der allerdings auch fehlen kann. Sie endet tödlich mit Lähmungen, vor allem Schlucklähmung. Der Verlauf kann auch perakut sein, und die Tiere werden ohne vorherige Symptome tot aufgefunden.
    Eine Behandlung ist nicht möglich. Impfstoffe sind noch nicht genügend erprobt. Da die Krankheit nur von Schweinen übertragen wird, ist bei ihrem Auftreten für eine Trennung der Ziegen von Schweinen zu sorgen. Besser ist es allerdings, Ziegen überhaupt nicht mit Schweinen zusammen zu halten.

14.3.6 Bornasche Krankheit

Die Bornasche Krankheit (Meningoencephalomyelitis infectiosa) befällt vor allem Pferde und Schafe, gelegentlich erkranken auch Ziegen. Sie ist auf bestimmte Gebiete beschränkt (Bodenseuche).
    Das Virus befällt das Gehirn und ruft verschiedene nervöse Symptome hervor. Die Erkrankung führt in 1–4 Tagen zum Tod; bei weniger akutem Verlauf können die Tiere überleben. Eine Behandlung gibt es nicht, Schutzimpfung ist möglich.

14.3.7 Visna/Maedi

In den letzten Jahren sind diese Krankheiten bei Ziegen in Europa, Amerika und Australien beobachtet worden. Visna/Maedi sind schleichende System-Krankheiten, die wahrscheinlich durch ein langsamwirkendes Virus verursacht werden. Die nervöse Form wird als Visna bezeichnet, während bei Maedi, von der vor allem Jungziegen befallen werden, Lungenveränderungen im Vordergrund des Krankheitsbildes stehen. Es wird angenommen, daß Visna und Maedi Teile eines Komplexes sind und möglicherweise von ein- und demselben Virus verursacht werden. Allerdings sind die Forschungsergebnisse hierüber noch nicht schlüssig.

Visna beginnt nach einer Inkubationszeit von mindestens einem Jahr mit Bewegungsstörungen: Nachhandschwäche, unkoordinierter Gang, Schiefhals, Zittern, Kaumuskelkrampf und Speichelfluß. Später kommt es zur Lähmung einzelner Gliedmaßen, die von hinten nach vorne fortschreitet. Außerdem können Sehstörungen mit Trübung der Hornhaut auftreten. Im Verlauf der Krankheit können sich die befallenen Tiere zunächst wieder erholen, allmählich aber werden sie schwach, magern zusehends ab und liegen schließlich fest. Organveränderungen werden im Gehirn und im Auge gefunden, außerdem besteht meist eine verschiedengradige Polyarthritis (entzündliche Veränderungen der Gelenke).

Maedi tritt bei Ziegen frühestens im Alter von 2–3 Jahren schon nach kurzer Inkubationszeit von 3–4 Wochen auf und ruft eine Lungenentzündung hervor, die sich durch Husten und bei älteren Ziegen (5–6 Jahre) durch Atemnot und Kachexie (Abmagerung) anzeigt.

Über die Ansteckungswege ist bisher nichts bekannt, so daß keine Vorbeugungsmaßnahmen empfohlen werden können. Behandlungsmöglichkeiten gibt es ebenfalls nicht.

14.3.8 Ziegen-(Caprine-)Arthritis-Enzephalitis (CAE)

Die CAE (früher auch Virus-Leukoenzephalitis) ist eine erst seit kurzem in den USA bekannt gewordene Krankheit (ADAMS u. M. 1980) mit sehr komplexem Symptom-

Abb. 112a. Schwellungen am Knie bei chronischer Gelenkentzündung.

268 Krankheiten der Ziege

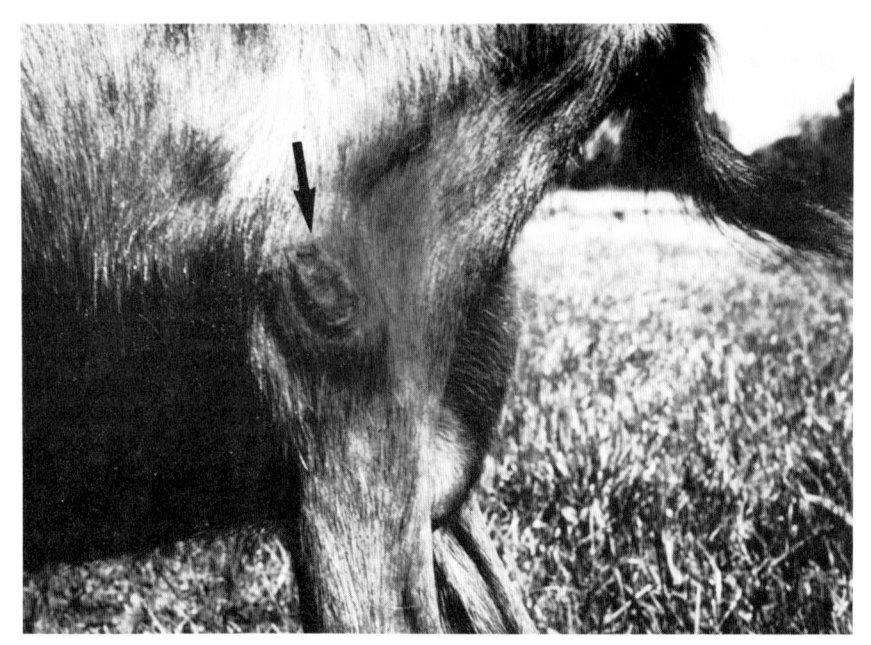

Abb. 112b. Aus der Schwellung entsteht oft ein Geschwür.

bild. Sie ist auch in Australien festgestellt worden und kommt mit größter Wahrscheinlichkeit in vielen Ländern, so auch in Deutschland vor. Sie wird von einem Retrovirus verursacht, das mit dem Visna-Virus verwandt ist. Infiziert werden Lämmer bei oder bald nach der Geburt, der Mechanismus ist noch nicht geklärt. Die Infektionshäufigkeit ist hoch, sie liegt in den USA wahrscheinlich bei 80 %. 10–20 % der Lämmer erkranken im Alter von 2–4 Monaten an einer fieberlosen fortschreitenden Lähmung bis zum Festliegen. Obwohl das Allgemeinbefinden im übrigen ungestört erscheint, erholen sich die Lämmer nicht mehr. Oft besteht eine interstitielle Pneumonie (Lungenentzündung, die hauptsächlich das Bindegewebe der Lunge betrifft). Bei 1–2jährigen Ziegen beginnen die Erscheinungen an den Gelenken (meist an den Karpal-, später an Knie-, Hüft-, Sprung- und weiteren Gelenken) mit Schwellungen, zunächst wechselnder Schmerzhaftigkeit, Verdickung der Gelenkkapsel und schließlich zunehmender Bewegungsunfähigkeit (Abb. 112). Die Krankheit verläuft chronisch, die Ziegen magern ab, bekommen ein rauhes Haarkleid, Schleimbeutelschwellungen und Hautgeschwüre besonders über den Gelenken. Der Tod tritt nach Festliegen meist durch Sekundärerkrankungen innerhalb von 2–4 Jahren ein.

Im Anfangsstadium muß die Krankheit unterschieden werden von einer verbreitet vorkommenden Schwellung der Vorderfußwurzelgelenke (Karpalgelenk, fälschlich meist Knie genannt), bei der keine Lahmheit besteht; sie wird durch eine chronische Entzündung der Gelenkkapsel und des umgebenden Gewebes bedingt. Die Ursache ist nicht geklärt, aber es scheint eine genetische Veranlagung zu bestehen.

Über Vorbeugung der CAE kann noch nichts gesagt werden, eine Behandlung ist bisher nicht möglich. Deshalb sollten Ziegen, sobald die Diagnose feststeht, getötet werden.

14.3.9 Encephalomyelitis granulomatosa

Encephalomyelitis granulomatosa galt bisher als eine spezielle Gehirnerkrankung der Lämmer; sie ist nach neueren Erkenntnissen wohl identisch mit der Virus-Leukoenzephal(omyel)itis. Die Krankheit befällt Lämmer im Alter unter 6 Monaten. Erste Anzeichen sind Bewegungsstörungen, steifer, unkoordinierter Gang, Drehbewegungen und Krämpfe. Es folgt Lahmheit, und schließlich stellt sich, beginnend bei den Hinterextremitäten, eine fortschreitende Lähmung ein. Außerdem kommen Lungenveränderungen vor, die sich durch Rasselgeräusche kundtun und in einer interstitiellen Pneumonie bestehen.

Auch bei dieser Krankheit ist eine Behandlung nicht möglich, und über Vorbeugungsmaßnahmen kann nichts gesagt werden.

14.3.10 Zeckenenzephalitis

Durch Zecken übertragene Erreger (Viren oder Rickettsien) verursachen eine Enzephalitis, die Gleichgewichtsstörungen, Zittern, Krämpfe und Lähmungen hervorruft. Krankheitsdauer 2–3 Wochen, Todesfälle sind häufig. In Südafrika ist eine Krankheit als Karoo-Lähme bekannt, bei der ähnliche Symptome möglicherweise nur durch Gifte (Toxine) der Zecken verursacht werden.

14.3.11 Rift-Valley-Fieber und Wesselbronsche Krankheit

Beide Krankheiten treten in Südafrika gehäuft auf. Sie werden durch zwei verschiedene Virusarten verursacht, die Erscheinungsbilder der Erkrankungen sind sehr ähnlich. Die Viren werden durch den Biß von Moskitos übertragen. Symptome sind die einer hochakuten fieberhaften Allgemeinerkrankung, bei Lämmern mit bis zu 80 % Sterblichkeit, Abort und Gelbsucht bei erwachsenen Ziegen. Zur Vorbeugung gibt es die Möglichkeit der Impfung und außerdem die Fliegenbekämpfung. Menschen werden ebenfalls infiziert und erkranken mit grippeähnlichen Symptomen.

14.3.12 Scrapie (Traberkrankheit)

Scrapie kommt weltweit bei Schafen und Ziegen vor und kann hohe Verluste in Ziegenbeständen fordern. Bei uns ist sie seit längerer Zeit nicht mehr aufgetreten. Sie wird durch einen übertragbaren Erreger, wahrscheinlich ein Virus, verursacht, das Veränderungen im Zentralnervensystem und in Muskeln hervorruft. Erkrankte Ziegen zeigen zunächst Erregbarkeit und dann auf den ganzen Körper verbreiteten starken Juckreiz. Sie magern ab und sterben im Verlauf von 1–4 Monaten oder auch noch später. Therapie ist nicht möglich, der Ausgang ist stets tödlich. Etwa ab einem Alter von 3 Jahren können Ziegen resistent sein.

Tötung aller erkrankten und verdächtigen Ziegen ist die einzige Bekämpfungsmethode. Die Hypothese, daß die Krankheit erblich sei, konnte inzwischen widerlegt werden.

14.4 Pilzinfektionen

Pilze können die Haut von Ziegen befallen und zu Schuppenbildung und Haarausfall führen, der am Kopf beginnt. Die Haut wird trocken und das Haar stumpf. Pilzbefall kommt besonders im Winter und in dunklen, schlecht gelüfteten Ställen vor.

Streptotrichose wird besonders in feucht-warmer Umgebung von dem *Pilz Dermatophilus congolensis* verursacht. Sie verursacht nicht juckende Schuppenbildung an der ganzen Körperoberfläche, manchmal von Lymphknotenschwellung begleitet. Die Behandlung mit Antibiotika ist erfolgreich.

Glatzflechte mit typischen kreisrunden, haarlosen verkrusteten Stellen, vor allem an Ohren, Kopf und Hals, kommt bei Ziegen ähnlich wie bei Rindern vor. Die Behandlung mit Jod oder antimykotischen Salben kann durch Vitamin-A-Gaben unterstützt werden. Oft ist die Flechte hartnäckig, verschwindet aber von selbst bei Verbesserung der Umweltverhältnisse.

Pilze können sich außerdem im Euter ansiedeln und langwierige Entzündungen verursachen. Ebenfalls sind Pilzerkrankungen der Lunge beobachtet worden. Das Auftreten von Pilzerkrankungen steht wahrscheinlich in einem Zusammenhang mit der Anwendung von Antibiotika, besonders wenn diese in geringen Dosen und über zu kurze Zeit verabreicht wurden.

14.5 Parasiten

14.5.1 Endoparasiten

Bandwürmer
Bandwürmer kommen besonders bei Lämmern häufig vor. Man sieht die Bandwurmglieder an der Oberfläche von Kotballen oder aber (schwerer zu erkennen, weil meist schon eingetrocknet) an den Haaren in der Umgebung des Afters.

Bandwürmer haben nur dann eine Bedeutung, wenn sie Lämmer in Massen befallen; sie verschwinden bei den erwachsenen Ziegen. Larven von Hundebandwürmern werden als verschieden große Bläschen bei der Schlachtung gefunden und sind ebenfalls ohne Bedeutung für die befallenen Ziegen.

Leberegel
Der große Leberegel (Fasciola hepatica bzw. in den Tropen F. gigantica) kann dort ein Problem sein, wo Ziegen auf Weiden gehen, auf denen die als Zwischenwirte erforderlichen Schnecken leben. Die akute Leberegelerkrankung kommt durch die frisch aufgenommenen Larven zustande, die durch die Leber wandern und deren Gewebe zerstören; bei massiver Infektion kann es zu Fieber, Abmagerung und sogar zu Todesfällen kommen. Bei massiver akuter Infektion können Ziegen ohne vorherige Anzeichen plötzlich eingehen.

Nach der Durchwanderung der Leber setzen sich die Egel in den Gallengängen fest und verursachen chronische Krankheitserscheinungen, deren Schwere vom Allgemeinzustand der Tiere abhängt; Durchfall, Anämie, Ödeme an Kopf und Hals, Abmagerung und geringe Leistung. Bei unterernährten Ziegen kann auch die chronische Erkrankung zum Tode führen. Die Behandlung erfordert eine systematische Kur, die bei geschwächten Tieren nicht ungefährlich ist. Zur Vorbeugung müssen die Schnecken bekämpft und die Weideführung den Bekämpfungsmaßnahmen und dem Behandlungsrhythmus entsprechend organisiert werden.

Der kleine Leberegel ruft meist keine Krankheitserscheinungen hervor.

Lungenwürmer

Lungenwürmer können bei Ziegen Bronchopneumonie hervorrufen, besonders bei Lämmern im Alter von 6–9 Monaten. Meist ist der Verlauf chronisch mit Nasenausfluß, Husten, schlechtem Allgemeinzustand und geringem Wachstum. Die akute Lungenwurmerkrankung kann tödlich verlaufen.

Es sind zwei Gruppen von Lungenwürmern zu unterscheiden: der große Lungenwurm *(Dictyocaulus filaria)* und die kleinen Lungenwürmer *(Protostrongylus, Muellerius, Cystocaulus* und *Neostrongylus)*. Die großen Lungenwürmer verursachen die Wurmpneumonie; sie haben einen direkten Zyklus, d. h., aus den mit dem Kot ausgeschiedenen Eiern entwickeln sich auf der Weide direkt ansteckungsfähige Larven. Die kleinen Lungenwürmer dagegen brauchen für die Entwicklung Schnekken als Zwischenwirte: kleine Lungenwürmer verursachen Knötchen im Lungengewebe, die aber kaum akute klinische Symptome hervorrufen, gelegentlich jedoch chronische Lungenentzündungen.

Magen-Darm-Würmer

Magen-Darm-Wurmbefall ist eines der größten Probleme der intensiven Ziegenhaltung. Die Trichostrongyliden *(Haemonchus, Ostertagia, Trichostrongylus)* sowie die Strongyliden *(Oesophagostomum, Chabertia)* und Ancylostomen *(Bunostomum)* haben alle einen direkten Entwicklungszyklus.

Haemonchus, Ostertagia und *Trichostrongylus* sind Magenwürmer; sie verursachen Anämie, Ödeme, Durchfall, verminderte Futterverwertung, im akuten Stadium auch Temperaturanstieg, Puls- und Atembeschleunigung. Bei Lämmern kann der Verlauf der Erkrankung tödlich sein. Die Strongyliden sind Darmparasiten; sie verursachen ebenfalls Durchfall, Abmagerung, gelegentlich blutigen Kot und Ödeme. Im akuten Stadium der Infektion können fiebrige Symptome auftreten. Im ganzen sind die Symptome der Magen-Darm-Parasiten wenig spezifisch, zumal die Ziegen auch nie nur von einer einzigen Parasitenart befallen werden, sondern die Mischinvasion vorherrscht.

Die Häufigkeit und Schwere der Parasitosen ist Anlaß für viele Spekulationen über deren Ursache. Eine häufige Überlegung geht davon aus, daß Ziegen in ihrem angestammten Biotop vorwiegend von Büschen und Bäumen fressen und wenig vom bodendeckenden Gras. Dadurch hat sich in der Evolution keine Anpassung an vornehmlich über das Gras aufgenommene Parasiten bzw. deren Eier oder Larven vollzogen wie bei anderen Pflanzenfressern. Unter Bedingungen intensiver Haltung, in gemäßigten Klimazonen, wo Ziegen gezwungen sind, vorwiegend oder ausschließlich Gras zu fressen, wirkt sich diese mangelhafte Anpassung verheerend aus.

In der Tat leiden Ziegen viel weniger unter Parasitosen, wenn sie überwiegend an Büschen weiden, anstatt zu grasen. An die feuchten Tropen angepaßte Rassen scheinen allgemein weniger empfänglich für Innenparasiten zu sein.

Bei allen Wurminvasionen hängt die Schwere der hervorgerufenen Erkrankung vom Allgemeinzustand der Ziegen ab; bei unzureichender Ernährung, namentlich junger Ziegen, womöglich gleichzeitiger zusätzlicher Belastung durch Klimafaktoren, hohe Leistung etc. können die Parasiten sich stärker vermehren und heftigere Symptome hervorrufen als bei erwachsenen und weniger belasteten Ziegen.

Die Diagnose der Parasitosen ist nicht leicht zu stellen; die Symptome sind nicht spezifisch, und der einfache Nachweis des Parasitenbefalls beweist noch nicht, daß sie die primäre Ursache der Erkrankung sind. Oft wird erst aus dem Erfolg einer Behandlung nachträglich der Schluß zu ziehen sein, daß Parasiten den krankhaften Zustand der Ziegen verursachen. Allerdings ist dieser Schluß wiederum dadurch erschwert, daß bei stärker geschwächtem Organismus der Erfolg der Behandlung erst nach längerer Zeit eintritt und ganz ausbleiben kann, wenn nicht auch gleichzeitig die Ernährung verbessert wird.

Bei Vorbeugungsmaßnahmen ist zu beachten, daß manche Parasiten (wie Kokzidien oder *Ostertagia*) für Ziegen spezifisch sind, andere dagegen (wie *Haemonchus* oder *Trichostrongylus*) auch andere Wiederkäuer befallen oder andere Tiere als Zwischenwirte brauchen (wie Bandwürmer Hunde).

Zur Parasitenbehandlung gibt es viele Mittel, die zum Teil gegen die meisten Formen gleichzeitig wirken. Problematisch ist die Wirkung gegen Larven. Dieser Sachverhalt macht zusammen mit der ständigen Neuinvasion Behandlungen in regelmäßigen Abständen erforderlich, und zwar mindestens je eine Behandlung vor Beginn und am Ende der Weideperiode, je nach den Weideverhältnissen aber auch zusätzlich während der Weidezeit (z. B. bei warmer und feuchter Witterung). Besser ist es, die Behandlung dem Zyklus der Parasiten anzupassen, so daß nicht nur die momentane Wurmbürde vermindert, sondern auch eine Reinvasion verhindert wird. Hierzu gehört auch der Weidewechsel nach der Behandlung, ohne den der Zyklus immer wieder geschlossen wird.

Kokzidiose
Kokzidien rufen leichte bis tödlich verlaufende Darmerkrankungen (blutige Durchfälle) bei Lämmern hervor (s. Seite 286). Überlebende Lämmer bleiben meist Dauerausscheider. Im allgemeinen rufen Kokzidien bei erwachsenen Ziegen keine Symptome hervor, es gibt aber Hinweise, daß sie in übermäßiger Zahl doch zu Beeinträchtigungen führen, u. a. zu verminderter Milchleistung. Fütterungsumstellung und andere Belastungen, z. B. die Schur von Angoraziegen, können sogar zur akuten Erkrankung erwachsener Ziegen führen.

Toxoplasmen *(Toxoplasma gondii,* auch *Isospora)* sind Kokzidien, die Erkrankungen bei Katzen hervorrufen, sie können sich in verschiedenen Organen von Ziegen ansiedeln, führen aber höchstens zu vorübergehenden, wenig ausgeprägten Krankheitserscheinungen, die deshalb unbemerkt bleiben. Die Erreger werden aber mit der Milch ausgeschieden, so daß befallene Ziegen eine latente Ansteckungsquelle auch für den Menschen darstellen.

Kokzidiose wird mit Sulfonamiden behandelt. Die Vorbeuge richtet sich auf die Verhinderung des Kontaktes der Lämmer mit infiziertem Kot, sei es der älterer Ausscheider oder ihr eigener. Regelmäßige und sorgfältige Reinigung der Ställe und

Ausläufe, besonders auch bevor neue Lämmer in einen Stall kommen, ist unerläßlich. Kleine Dosen von Sulfonamiden mit dem Futter verabreicht, helfen die Infektion zu verhindern, Vitamin A wirkt hierbei unterstützend.

14.5.2 Blutparasiten

Einige der wichtigsten Krankheiten der Ziegen in den Tropen und Suptropen werden durch Blutparasiten verursacht, die von Zecken oder Fliegen übertragen werden. Sie haben in den gemäßigten Zonen eine geringe Bedeutung.

Trypanosomen
Trypanosomen kommen vor allem in Afrika vor; sie werden von Tsetse-Fliegen übertragen und verursachen Anämie und Kümmern. Bis vor kurzem wurde noch angenommen, daß Ziegen für Trypanosomiasis unempfänglich seien. Inzwischen wurde jedoch nachgewiesen, daß Ziegen sehr wohl an dieser Krankheit leiden, allerdings ist der Fliegenbefall geringer als beim Rind. Außerdem gibt es Rassenunterschiede, und in Trypanosomiasis-Gebieten einheimische Ziegenrassen sind wesentlich weniger anfällig als importierte Rassen.

Die Krankheit kann bei Ziegen akut verlaufen; dabei sind geringes Fieber und Schwäche, später Abmagerung, Muskelschwund und gelegentlich Hodendegeneration die Symptome. Bei Selbstheilung der widerstandsfähigen Tiere werden nur eine kurzdauernde Temperaturerhöhung und leichte Schwäche beobachtet.

Die wirtschaftliche Beeinträchtigung durch Verluste bzw. Schwächung der Ziegen sind allerdings nicht unbedeutend. Die Infektion mit Trypanosomen kann verhindert werden, indem man die Ziegen tagsüber, wenn die Fliegen aktiv sind, in Ställen hält. Auch eine prophylaktische Chemotherapie ist möglich und kann wirtschaftlich sein.

Rickettsien
Rickettsien verursachen die Bildung des Herzwassers; sie werden von Zecken übertragen und kommen nur in Afrika vor. Angoraziegen sind besonders anfällig. Tiere können innerhalb Stunden nach Auftreten der ersten Symptome sterben, die Krankheit nimmt aber meist einen langsameren Verlauf mit Fieber und später nervösen Symptomen. Bei der Obduktion zeigen sich Flüssigkeitsansammlungen im Herzbeutel und der Brusthöhle, weshalb die Krankheit als *Herzwassersucht* bezeichnet wird.

Behandlung mit Antibiotika kann in frühem Stadium wirksam sein. Immunisierung ist möglich, erfordert aber außer bei Lämmern unter 6 Wochen, die weitgehend unempfänglich für die Krankheit sind, u. U. ebenfalls antibiotischen Schutz. Jedoch ist auch gegen diese Erkrankung die Bekämpfung der Zecken die einzig wirksame Maßnahme.

Anaplasmen
Anaplasmen kommen wahrscheinlich weltweit in tropischen Gebieten vor. Sie werden von verschiedenen blutsaugenden Insekten, namentlich Fliegen und Zecken, übertragen, aber auch durch Impfnadeln und bei Blutproben. Sie verursachen bei Ziegen Anämie und Kümmern, wenn sie zuvor geschwächt sind. Kräftige Ziegen

beherbergen die Parasiten, ohne zu erkranken. Behandlung mit Antibiotika ist möglich.

Piroplasmen
Zu den Piroplasmen zählen Babesien und Theilerien, Parasiten, die vor allem für die Nutztierhaltung in warmen Ländern wirtschaftliche Bedeutung haben. Beide werden durch Zecken übertragen.

Babesien kommen in den Tropen, aber auch im mittleren Osten und in Südeuropa vor. Sie verursachen Fieber, Anämie, Gelbsucht und gelegentlich Hämoglobinurie und plötzliche Todesfälle. Allerdings sind in Gebieten, in denen Babesien endemisch sind, die meisten Tiere immun.

Die Krankheit wird durch Zeckenbekämpfung kontrolliert. Chemotherapie ist möglich.

Theilerien befallen Nutztiere in Nordafrika, Asien und Südosteuropa; sie verursachen Lymphknotenschwellung und Fieber, Anämie, Gelbsucht, Blutharnen und Kümmern, oft mit tödlichem Ausgang. Es gibt keine Behandlung, aber Immunisierung ist möglich. Durch Zeckenbekämpfung wird die Krankheit kontrolliert. In Afrika beherbergen Ziegen häufig Theilerien, ohne jedoch zu erkranken.

14.5.3 Ektoparasiten

Bei Ziegen spielen Parasiten der Haut eine geringere Rolle als bei manchen anderen Haustieren. Grundsätzlich ist auch bei Ziegen der Allgemeinzustand entscheidend dafür, ob Hautparasiten zu einem Problem werden.

Zecken
Zecken kommen weltweit vor, haben aber besonders in den Tropen Bedeutung für die Verbreitung von Blutparasiten sowie bakteriellen und Viruserkrankungen. Hinzu kommt auch eine Belästigung der Ziegen durch Juckreiz; bei starkem Befall verursachen sie Anämie, und der Wert der Häute ist dann beeinträchtigt. Am Ohr und an den Füßen können Zecken örtlichen Infektionen und Fliegenlarven den Weg bereiten. Zecken zwischen den Klauen verursachen Lahmheit.

Zecken werden durch regelmäßiges Baden oder Sprühen der gesamten Herde mit Akariziden bekämpft. Solange eine Totalausrottung nicht möglich erscheint, hat die Beachtung der Wirt-Parasit-Beziehung besondere Bedeutung. Es ist dann wichtig, daß die Tiere noch gelegentlich von Zecken befallen werden; denn diese übertragen die Blutparasiten, und nur so wird mit der Zeit eine aktive Immunisierung gegen diese erreicht.

Räudemilben
Räudemilben verursachen Juckreiz und Hautentzündungen. Die verschiedenen Formen befallen unterschiedliche Körperstellen. *Sarcoptes* beginnt am Kopf und neigt dazu, sich auf den ganzen Körper auszubreiten. *Psoroptes* ist vorwiegend auf das Ohr und seine Umgebung begrenzt (Abb. 113), und *Chorioptes* befällt vor allem Beine, seltener Schwanzwurzel, Rücken und Hals.

Die Bekämpfung erfolgt durch routinemäßiges Baden oder Besprühen der Tiere mit Akariziden.

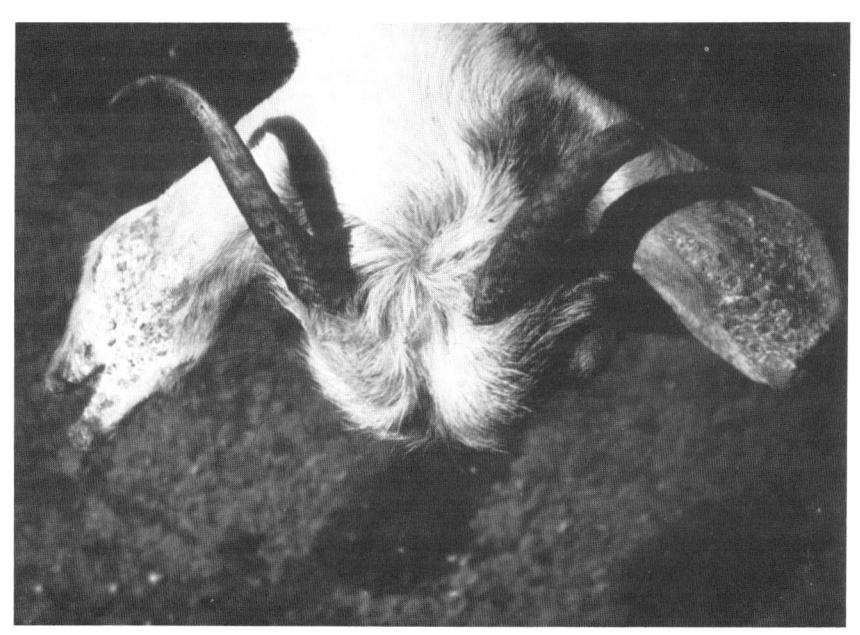

Abb. 113. Räude. Die Borken an den Ohren sind Ergebnis der chronischen Entzündung; die Schnitte sind Kennzeichen (Criollo, Mexiko).

Haarbalg-(Demodex-)Milben

Demodex-Milben befallen vor allem Hals, Kopf und Schulter. Sie setzen sich in den Haarbälgen fest und verursachen deren Vergrößerung durch Reizung, die eine Anfüllung mit gelblich-weißem Talg nach sich zieht. Demodikose ist meist harmlos, die 3–5 mm, manchmal aber auch bis 10 mm großen Knoten werden nur durch Tasten erkennbar und verursachen keinen Juckreiz oder sonstige Störungen. Sie können sich allerdings auch über den ganzen Körper ausbreiten und Haarausfall bewirken.

Eine Behandlung mit phosphorsäure- oder schwefelhaltigen Mitteln ist möglich, der Erfolg aber nicht sicher; meist sind solche Maßnahmen unnötig, da die Knotenbildung von selbst wieder abklingt. Während die Demodikose das Wohlbefinden der betroffenen Ziegen kaum beeinträchtigt, sind die Schäden an der Haut der Tiere oft erheblich, so daß im Interesse der Häuteverwertung eine Bekämpfung sehr wichtig ist. Jedoch gibt es noch keine sicher wirkende Behandlung oder Vorbeugung. Möglicherweise werden die Milben schon im Mutterleib übertragen.

Läuse und Haarlinge

Läuse und Haarlinge kommen bei Ziegen zwar häufig vor, sind aber selten ein Problem. Am Ende des Winters oder nach längerer unzureichender Futterversorgung können sie sich stärker vermehren. Der Kontakt mit fremden Ziegen auf Ausstellungen ist eine häufige Ansteckungsquelle. Behandlung durch Baden oder Sprühen mit Insektiziden. Angoraziegen werden vorbeugend nach jeder Schur behandelt.

Fliegenlarven

Fliegenlarven, die sich in tropischen Ländern an den Körperöffnungen und an Wunden einnisten, sind bei kurzhaarigen Ziegen selten, können aber bei Angoraziegen ähnliche Probleme hervorrufen wie bei Schafen und erfordern dann Schutz- und Bekämpfungsmaßnahmen. Als solche kommen Sprühen oder Baden mit Insektiziden in Frage. In Nordamerika sind die schlimmsten Fliegen *(Cochliomya hominivorax)* systematisch ausgerottet worden.

Dasselfliegen

Dasselfliegen kommen im Orient und in Mittelmeerländern häufig vor; sie sind z. B. in der Türkei und in Albanien ein Problem, da die Leistungen der Ziegen erheblich vermindert werden. Die Ziegen werden im Frühjahr befallen, die Larven wandern in der Unterhaut zum Rücken, wo sich im Herbst die Dasselbeulen bilden. Behandlung durch Waschung des Rückens mit Phosphorsäurepräparaten im frühen Herbst.

Nasendasseln

Nasendasseln (Larven der Schafbremse, *Oestrus ovis*) befallen Nase und Nebenhöhlen bis hinauf zur Stirnhöhle und ihre Ausbuchtung in den Hornzapfen auch bei Ziegen, setzen sich aber seltener fest, da Ziegen sich mehr vor den Fliegen hüten und sich von den Larven durch Niesen und Kopfschütteln befreien. Allgemeinbehandlung mit Wurmmitteln.

Zysten

Zysten von *Besnoitia* (ein Protozoon) sind in Ostafrika als Erreger von Hautveränderungen nachgewiesen worden.

Stephanofilarien

Stephanofilarien (Nematoden, als Erreger des Sommerausschlages bei Rindern in Norddeutschland bekannt) sind in Südostasien bei Entzündungen der Haut an den Beinen der Ziegen beobachtet worden.

14.6 Stoffwechselkrankheiten

14.6.1 Hypokalzämie (Milchfieber)

Milchziegen können kurz vor, während und bis 8 Tage nach der Geburt an einem akuten Kalziummangel leiden. Bei der ersten Geburt kommt diese Störung im allgemeinen noch nicht vor. Der Kalziumgehalt im Blutserum, der normalerweise zu dieser Zeit 9–10,5 mg % beträgt, kann dann niedriger als 6 mg % sein. Betroffene Ziegen zeigen einen schwankenden Gang oder ziehen ein Hinterbein nach. Die Haut der hinteren Körperpartie ist kalt, in schweren Fällen liegen die Ziegen fest und können im Koma eingehen.

Die Ursache des niedrigen Kalziumspiegels liegt – was zunächst paradox erscheint – meist in kalzium*reicher* Fütterung gegen Ende der Trächtigkeit. Dadurch werden die Mechanismen, die den Kalziumstoffwechsel regulieren, auf die Ablagerung des überschüssigen Kalziums in den Knochen eingestellt und nicht darauf vorbereitet, die großen Kalziummengen, die bei Beginn der Laktation benötigt werden, zu mobilisieren. Bei uns ist die Erkrankung selten, sie tritt aber in den USA, wo Ziegen vorwiegend mit (dem kalziumreichen) Luzerneheu gefüttert werden, öfter auf. Die hohe Kalziumzufuhr und die Kalziumablagerung in den Knochen können bei nicht laktierenden Ziegen Verkalkungen an den Gelenken hervorrufen, die zu fortschreitender Steifheit führen. Insbesondere sind auch ältere Böcke gefährdet.

Zur Vorbeugung ist das Kalzium-Phosphor-Verhältnis der Ration gegebenenfalls durch entsprechende Beifütterung zu regulieren (s. Kap. 9.3.4). Außerdem hilft die alte Praxis, das Euter beim ersten Melken nicht ganz leer zu melken, die Hypokalzämie zu vermeiden. Die Behandlung erfolgt mit Kalzium (50–100 ml Kalzium-Boroglukonat 24 %ig intravenös).

14.6.2 Osteomalazie (Knochenweiche)

Eine andere Auswirkung eines falschen Kalzium-Phosphor-Verhältnisses äußert sich in gestörtem Allgemeinbefinden, glanzlosem Haar, Abmagerung, schmerzhaften Gelenken und gespanntem Gang sowie Ausbleiben der Brunst. Bei eingegangenen oder geschlachteten Tieren fällt auf, daß die Knochen weich sind, die Wirbelsäule kann u. U. mit dem Messer zerteilt werden. Ursache ist unzureichende Kalzium- und Phosphorversorgung, besonders wenn die Phosphor- im Verhältnis zur Kalziumaufnahme zu gering ist. Dementsprechend bestehen Vorbeuge und Behandlung in der Regulierung der Mineralstoffversorgung.

14.6.3 Trächtigkeitstoxämie und Ketose

Dies sind Störungen des Kohlenhydratstoffwechsels, die entweder am Ende der Trächtigkeit oder am Beginn der Laktation (besonders in der 2.–4. Woche) auftreten. Wenn der hohe Bedarf an Energie in dieser Zeit nicht mit dem Futter gedeckt werden kann, wird Körperfett verbraucht. Hierbei entstehen unter bestimmten Bedingungen Azeton und andere sogenannte Ketokörper, die im Organismus toxisch wirken. Dies erklärt, weshalb besonders Ziegen mit Mehrlingsträchtigkeit und hoher Milchleistung sowie fette Tiere betroffen sind. Selten werden unterernährte Ziegen mit Mehrlingsträchtigkeit befallen (s. Abb. 114).

Die Krankheit beginnt meist schleichend mit Benommenheit, schwankendem Gang und Appetitlosigkeit. Festliegen und Koma kennzeichnen den weiteren Verlauf, der ohne Behandlung oft zum Tode führt. Selten ist der Beginn von vornherein akut mit Festliegen oder Krämpfen. Zur Zeit der Geburt können die hervorstechenden Symptome das Ausbleiben der Wehen, fehlende Pflege der Lämmer und Appetitlosigkeit sein. Am Beginn der Laktation äußert sich die Ketose durch Nachlassen von Futteraufnahme und Milchleistung, rauhes Haar und allgemein müden Eindruck. Azeton zeigt sich durch seinen Geruch in Atemluft, Milch und Harn an und kann mit einem einfachen Test nachgewiesen werden. Nichterkannte Ketose ist nicht selten die Ursache für das starke „Abmelken" während der ersten 6 Wochen der Laktation.

278 Krankheiten der Ziege

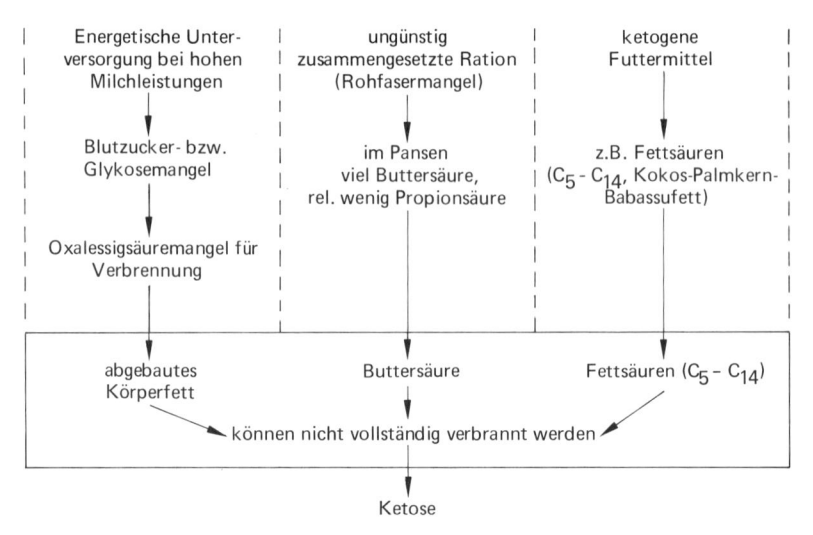

```
| Energetische Unter-        |  ungünstig              |  ketogene          |
| versorgung bei hohen       |  zusammengesetzte Ration|  Futtermittel      |
| Milchleistungen            |  (Rohfasermangel)       |                    |
         ↓                            ↓                        ↓
| Blutzucker- bzw.           |  im Pansen              |  z.B. Fettsäuren           |
| Glykosemangel              |  viel Buttersäure,      |  ($C_5 - C_{14}$, Kokos-Palmkern- |
                             |  rel. wenig Propionsäure|  Babassufett)              |
         ↓
| Oxalessigsäuremangel für   |
| Verbrennung                |
```

┌───┐
│   abgebautes   Buttersäure   Fettsäuren ($C_5 - C_{14}$)   │
│   Körperfett   ↓   │
│   ↘ können nicht vollständig verbrannt werden ↙   │
└───┘
                                 ↓
                              Ketose

Abb. 114. Fütterungsbedingte Ursachen der Ketose (aus Burgstaller 1980).

Entsprechend der Entstehungsursache besteht die Vorbeuge in einer Fütterung, die ausreichende Energieaufnahme gewährleistet, ohne zu Verfettung zu führen. Um die Aufnahme großer Futtermengen am Anfang der Laktation zu sichern, muß die Energiezufuhr während der Trächtigkeit vor allem durch hochwertiges Rauhfutter und möglichst wenig Kraftfutter erreicht werden. Erst ganz am Ende der Trächtigkeit kann die Kraftfutteraufnahme gesteigert werden, womit die Ziege zugleich für den Beginn der Laktation vorbereitet wird (s. auch Seite 143). Da die Ketose letztlich durch ein Versagen der Leber bedingt ist, wirken alle Faktoren, welche die Leber belasten, besonders Parasiten, Ketose-fördernd, ebenso wie Streß durch Haltungsbedingungen, Klima und Futterumstellung. Bewegung vermindert das Risiko.

Erkrankte Ziegen können mit 200–250 ml Propylenglykol per os (Einschüttung in den Mund) 2mal täglich über 2–3 Tage wirksam behandelt werden. Eine Traubenzuckerinjektion kann kurzfristig Besserung bewirken (20–150 ml 50 %ig intravenös). Kortikoidtherapie ist zur Unterstützung wirksam. Allerdings führt sie bei trächtigen Ziegen zum Abort mit nachfolgender Nachgeburtsverhaltung. Leberschutz wird mit Aminosäure- und Vitamin-B_{12}-Präparaten gegeben.

14.6.4 Polyenzephalomalazie (Zerebrale Nekrose)

Durch Mangel an Vitamin B_1 *(Thiamin)* kann es zu einer akuten Schädigung des Zentralnervensystems kommen. Der Mangel wird hervorgerufen durch Pansenübersäuerung und Störung der Mikroflora, besonders infolge einer Überfütterung mit Kraftfutter bei geringer Rauhfutteraufnahme. Befallen werden Ziegen jeden

Alters, aber bei Lämmern ist die Häufigkeit am größten. Die Krankheit kann schleichend oder aber plötzlich beginnen. Erste Symptome sind Erregung, Hochhalten des Kopfes, später stellen sich Opisthotonus (krampfhafte Rückwärtsbeugung von Kopf und Hals), Augenzittern und Sehstörungen ein. In frischen Fällen kann die Injektion von Thiamin (oder Vitamin-B-Präparaten) innerhalb 1–2 Stunden zum Verschwinden der Symptome führen. Sind dagegen bei länger andauernder Krankheit bereits organische Schäden eingetreten, dauert die Heilung länger.

Das Krankheitsbild kann verwechselt werden mit der Virus-Enzephalitis, die aber mit einer Nachhandschwäche beginnt; mit Listeriose, bei der Fieber besteht und keine Sehstörungen beobachtet werden oder mit Enterotoxämie und Trächtigkeitstoxikose, bei denen sich sekundär tatsächlich ein Vitamin-B-Mangel einstellen kann. Die Trächtigkeitstoxikose ist durch das Auftreten am Ende der Trächtigkeit und den Azeton-Nachweis zu unterscheiden. In allen Zweifelsfällen ist der Erfolg der Vitamin-B-Behandlung der beste Beweis für das Vorliegen des Mangels.

Zur Vorbeuge ist die Kraftfuttergabe an die Rauhfutteraufnahme anzupassen. Bei einseitiger Fütterung können der Zusatz von Thiamin (60 mg pro Tier und Tag) oder Bierhefe sowie eine ausreichende Zufuhr von Kobalt vorbeugend wirken.

14.6.5 Rehe

Ziegen, die große Mengen an Kraftfutter und zugleich nur wenig strukturiertes Rauhfutter, das lange gekaut werden muß, erhalten, können an dieser Entzündung der Klauenlederhaut erkranken. Sie wird durch allergische Reaktionen, Futterumstellung oder Entzündungen verursacht. Besonders nach der Geburt sind Ziegen gefährdet. Die Erkrankung kann in seltenen Fällen akut auftreten, verläuft aber meist chronisch und ist dann durch eine Lahmheit der vorderen Gliedmaßen gekennzeichnet. Erkrankte Ziegen gehen auf den Vorderfüßen lahm und bewegen sich schließlich nur mehr auf den „Knien" (Vorderfußwurzelgelenk). Alle Maßnahmen zur Behandlung von Indigestionen (Verdauungsstörungen) und Intoxikationen (Vergiftungen), besonders auch der Nachgeburtsverhaltung, helfen, einer Rehe vorzubeugen. Erkrankte Klauen sind schwer zu behandeln. Klauenkorrektur, damit die Körperlast vom Wandhorn getragen wird (s. Seite 199), ist unerläßlich. Warme Klauenbäder können Erleichterung schaffen.

14.6.6 Haarbälle (Bezoare)

Kugeln aus Haaren oder Pflanzenfasern kommen bei allen Wiederkäuern vor und sind meist harmlos. Gelegentlich können sie allerdings so groß werden, daß sie zu Störungen führen. Bei Ziegen, die viel von Pflanzen fressen, die Samen mit langen, verfilzenden Fasern haben, können sich leicht große Bezoare bilden, die den Labmagenausgang verlegen und zum Tode führen. Dies wird in Südafrika häufig beobachtet. Wenn solche Bälle von außen getastet werden können, sollte man die Ziegen schlachten.

14.7 Krankheiten der Geschlechtsorgane

14.7.1 Abort

Die vorzeitige Geburt lebender, lebensschwacher oder abgestorbener Lämmer kann in verschiedenen Stadien der Trächtigkeit erfolgen (Abb. 115). Man kann demnach Frühaborte in einem Stadium, in dem die Lämmer auf keinen Fall lebensfähig gewesen wären, von Spätaborten unterscheiden, die in einem Stadium der Entwicklung erfolgen, in dem das Lamm schon lebensfähig gewesen wäre. Streng genommen gehört zu diesem Komplex auch die Geburt von offensichtlich schon vor der Austreibung abgestorbenen oder lebensschwachen Lämmern. Aborte können nichtinfektiöse und infektiöse Ursachen haben. Die Bedeutung nicht infektiöser Ursachen ist viel geringer, als gemeinhin angenommen wird. Das Muttertier ist gegen die verschiedensten Belastungen, wie Fütterungsfehler, körperliche Anstrengung, Zusammendrängen, Stürzen und dergleichen sehr widerstandsfähig; allerdings ist bei Angoraziegen festgestellt worden, daß Aborte gehäuft auftraten, wenn Nährstoffkonkurrenz zwischen dem Wachstum der Frucht und dem der Haare bestand (s. Seite 227). Man muß bei Aborten immer an die Möglichkeit denken, daß sie durch Infektion bedingt sind, auch dann, wenn offenbar eine physische Belastung vorausgegangen ist.

Eine Infektion kann erst nach wiederholten Untersuchungen durch erfahrene Institute ausgeschlossen werden.

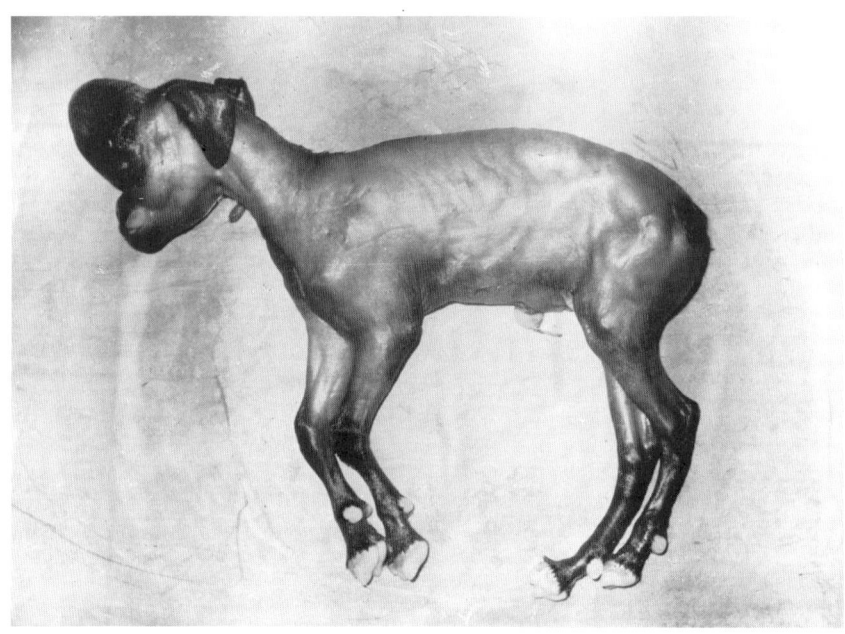

Abb. 115. Frühgeburt mit Gehirnbruch. Ursache können Schädigungen während der Trächtigkeit oder Erbfaktoren sein.

Infektionserreger, die Aborte verursachen, sind Salmonellen, Vibrionen, Rickettsien (Q-Fieber), Leptospiren, Brucellen (Malta-Fieber), Listerien, Viren (MKS) und Chlamydien.

Chlamydien-Abort
Der Enzootische Abort (früher auch als Virus-Abort bezeichnet) wird durch Chlamydien (auch *Bedsonia* genannt), das sind kleine Bakterien, verursacht, die mit der Geburtsflüssigkeit und dem Puerperalsekret, den Eihäuten und den Früchten verbreitet werden. Bei der Einschleppung in eine Herde (durch Zukauf infizierter Ziegen) können bis zu einem Drittel der trächtigen Ziegen befallen werden. Danach wird die Häufigkeit geringer. Ziegen, die einmal verlammt haben, scheinen immun zu werden. Infizierte Ziegen zeigen vor der Geburt keine Krankheitssymptome. Im letzten Trächtigkeitsmonat erfolgt der Abort von toten oder untergewichtigen, lebensschwachen Lämmern. Nachgeburtsverhaltung ist nicht die Regel. Die Mutterziege kann einige Tage krank sein, mit braunem Ausfluß. Die Milchleistung ist meist verringert.

Meningoenzephalitis mit Krämpfen oder Lähmungen, Ophthalmie (Augenkrankheit), Mastitis und Lungenentzündungen können weitere Symptome sein, die eine hohe Sterblichkeit bedingen. Gefährdete Tiere werden erfolgreich mit Antibiotika behandelt. Zur Vorbeuge ist Impfung möglich, hygienische Maßnahmen richten sich gegen die Verbreitung der Erreger, vor allem nach den Aborten.

Hormonelle Störungen
Bei Angoraziegen in Südafrika kommen Aborte gehäuft vor, besonders bei älteren Ziegen gegen Ende des 4. Trächtigkeitsmonats. Als Ursache wurde eine genetisch bedingte Überfunktion der Nebennierenrinde festgestellt, die eine Störung des Wasserhaushaltes der Frucht und schließlich deren Tod durch Herzversagen verursacht. Die abgestorbene Frucht wird abgestoßen, sie zeigt typische Wasseransammlungen (Ödeme) verschiedenen Ausmaßes. Möglicherweise ist durch die Zucht- und Haltungsmethoden der Angoras in Südafrika diese Veranlagung gefördert worden. Denn bis vor nicht allzu langer Zeit war es auch in Zuchtherden nicht üblich, die Tiere zu kennzeichnen und Zuchtunterlagen zu führen. So konnten Mutterziegen, die verlammt hatten, danach ohne die Belastung der Laktation in Kondition und Haarqualität besonders gut sein. So mag unbewußt die Neigung zu Abort durch Selektion gefördert worden sein. Die Selektion gegen diese Anlage wird dadurch erschwert, daß Aborte bei Angoras sehr häufig auch durch Futtermangel verursacht werden. Die dabei ausgelöste hormonelle Reaktion führt zur Rückbildung des Gelbkörpers; die abortierten Früchte erscheinen im Vergleich zu den Aborten aufgrund hormoneller Störungen normal und frisch. Durch rasche Beifütterung mit energiereichem Futter läßt sich dieser Erkrankung vorbeugen.

14.7.2 Nachgeburtsverhaltung

Wenn die Nachgeburt nicht 12 Stunden nach der Geburt abgegangen ist, liegt ein krankhafter Prozeß (Retentio secundinarum) vor. Die Ursachen der Nachgeburtsverhaltung sind noch nicht genau geklärt. Ein fütterungsbedingter Mangel an

Kalzium, Phosphor, Selen und Vitamin E soll am Zustandekommen beteiligt sein. Oft liegt eine Infektion vor, welche die Lösung von den Karunkeln verhindert. Die Ablösung mit der Hand ist nur selten möglich. Dabei ist äußerste Vorsicht geboten, denn eine Ablösung, bei der der Uterus oder Karunkeln verletzt werden oder in der Tiefe Teile der Eihäute zurückbleiben, hat oft schwerste Komplikationen zur Folge. Die konservative Behandlung besteht in antibiotischem Schutz gegen Infektionen, der örtlich und allgemein gegeben werden kann. Manchmal fördert die Injektion von Kalzium und Phosphor die Ablösung. Die heraustretenden Eihäute dürfen nicht beschwert werden, sie sollen so weit gekürzt werden, daß nur etwa ein handbreites Stück aus der Vulva hängt, wenn die Ziege steht. Dadurch wird vermieden, daß die beim Hinlegen der Ziege in die Scheide zurückgleitenden Eihäute übermäßig Schmutz einbringen.

14.7.3 Endometritis

Endometritis, die Entzündung der Uterusschleimhaut, ist in der Regel die Folge von Abort, Schwergeburt oder Nachgeburtsverhaltung. Sie kann 24 Stunden nach der Geburt beginnen und akut mit Fieber und Allgemeinstörung verlaufen oder aber einen chronischen Charakter haben. Die Behandlung ist schwierig, weil der Uterus nicht zugänglich ist und meist nicht einmal ein Katheter eingeführt werden kann. In diesen Fällen ist nur eine allgemeine Behandlung mit Antibiotika möglich. Verbunden mit der Endometritis ist meist eine Vaginitis (Entzündung der Schleimhaut der Vagina), vor allem, wenn diese bei der Geburt verletzt wurde.

14.7.4 Euterentzündungen (Mastitis)

Eine Reihe von Infektionskrankheiten betrifft neben anderen Organen das Euter. Hierzu gehören Brucellose, Tuberkulose, Maul- und Klauenseuche.

Corynebakterien kommen in Verbindung mit der Lymphadenitis (Pseudotuberkulose) vor. Sie verursachen eine harte, chronisch verlaufende Schwellung, die zur Verhärtung des ganzen Euters und zu Abszeßbildung führt (Abb. 116) in ähnlicher Form wie die Abszesse der Lymphknoten.

Mykoplasmen befallen das Euter als Teil des Komplexes der Agalactia contagiosa (fehlende Milchsekretion). Sie rufen dort zunächst Veränderungen der Milch hervor, die Flocken aufweist, gelblich wäßrig und später siruppartig wird. Allmählich läßt die Milchsekretion ganz nach. Das Eutergewebe verhärtet sich. Bei schleichendem Verlauf kann das Aufhören der Milchsekretion am Ende der Laktation unbeachtet bleiben. Gleichzeitig auftretende Gelenksentzündung und Hornhauttrübungen weisen auf die Krankheit hin. Außerdem können Mykoplasmen Euterentzündungen als einziges Symptom verursachen, die dann aber das übliche Bild zeigen und klinisch nicht von anderen infektiösen Euterentzündungen zu unterscheiden sind. In schweren Fällen können sie von Allgemeinsymptomen, vor allem Lungenentzündungen, begleitet sein.

Akute Mastitis wird durch *Proteus, Pasteurella, Coli* und durch Pilze verursacht.

Ganz ähnlich wie bei Milchkühen ist subklinische und chronische Mastitis bei Milchziegen ein Problem. Das einzige Symptom ist manchmal das Nachlassen oder

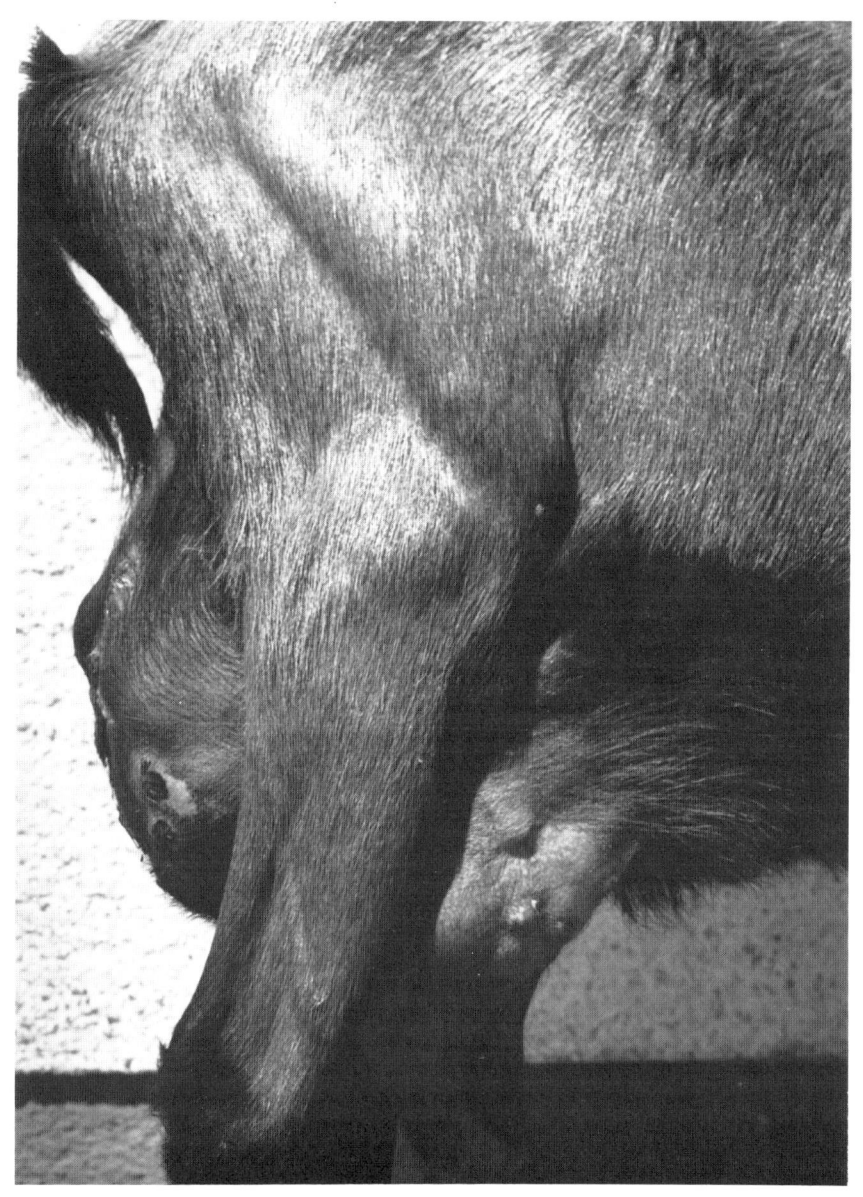

Abb. 116. Bei chronischen Euterentzündungen können sich Abszesse bilden, die nach außen durch die Haut brechen.

gänzliche Versiegen der Milchsekretion auf einer der beiden Euterhälften. Andere Entzündungssymptome, wie Schwellung oder vermehrte Wärme, fehlen, und die Milch ist unverändert. Diese chronische Entzündung wird in erster Linie durch Staphylokokken, aber auch durch Streptokokken und verschiedene Mikroorganismen hervorgerufen.

Die eigentlichen Ursachen sind aber vorausgehende Reizungen oder Verletzungen des Eutergewebes. Das laktierende Euter ist ein Hochleistungsorgan, das infolge seiner Größe und Aufhängung ständig Verletzungen und außerdem beim Liegen der Ziege Verunreinigungen ausgesetzt ist. Der Milchentzug aber ist die größte Gefahr für Gewebsschädigungen, die Eintrittspforten für Infektionen werden können. Sie können durch Quetschen und Zerren beim Handmelken entstehen. Noch größer ist die Gefahr durch falsch funktionierende oder falsch bediente Melkmaschinen. Zu hohes Vakuum, unzureichende Funktion des Zweiraum-Melkbechers und Über-(Blind-)Melken sind die Hauptursachen für die Wegbereitung von Euterentzündungen beim Maschinenmelken. Unhygienische Verhältnisse und Arbeitsweise, welche die Keimübertragung fördern, sind weitere Hilfsursachen. Hierauf wurde beim Maschinenmelken bereits ausführlich eingegangen (s. Seite 193).

Eine Besonderheit der Ziegenmastitis (ähnlich wie bei Mastitis der Schafe) ist, daß sie nicht selten zu Gangrän (Brand) führt. Als alarmierendes Zeichen gilt, wenn das Euter blau und kalt wird. Das zeigt eine irreversible (unheilbare) Gewebsschädigung an. Das ganze Euter oder eine Hälfte kann absterben, es trocknet allmählich ein und fällt im Verlauf einiger Wochen ab. Man kann den Verlauf abkürzen und Komplikationen vorbeugen, indem man das Euter amputiert. Ursachen für diese gangränöse Mastitis sind meist hämolytische (blutauflösende) Staphylokokken, aber auch andere Erreger, wie z. B. *Pseudomonas.*

Die Diagnose der akuten Euterentzündung ist nicht schwer. Schwellung, Schmerz, Zwangshaltung, Lahmheit und Störung des Allgemeinzustandes sowie Veränderung der Milch weisen auf die Entzündung hin. Schwierig dagegen ist die Diagnose der primär chronischen Mastitis. Die beste Möglichkeit hat der Melker, der die Konsistenz des leergemolkenen Euters fühlt. Sie zeigt schon sehr früh Veränderungen, deren Bewertung aber die Kenntnis des Normalzustandes erfordert, der von Ziege zu Ziege etwas unterschiedlich ist und sich mit der Milchleistung und dem Laktationszustand ändert. Vor allem am Anfang der ersten Laktation ist es nicht leicht, Normalzustand, Zustand nach unvollständigem Ausmelken und Gewebsreizung voneinander zu unterscheiden. Subjektiv und objektiv feststellbare Veränderungen der Milch stellen sich erst später ein und sind außerdem nicht einfach zu deuten. Beim Melken auffallende Unterschiede in der Milchmenge zwischen beiden Euterhälften können ein wichtiger Hinweis auf eine Eutererkrankung sein. Der Zellgehalt normaler Ziegenmilch ist, bedingt durch einen großen Anteil von Gewebszellen, wesentlich höher als der von Kuhmilch. Erst Zellzahlen von 1,5 Mio. pro ml bzw. Schalm-Test-Befund 2+ und 3+ (oder 3 und 4 bei Verwendung der Skala 1–5) deuten auf Infektionen hin. Für Sammelmilch werden 1 Mio. Zellen pro ml als kritisch angesehen. Gegen Ende der Laktation steigt die Zahl von Gewebszellen so hoch, daß der Test, der zwischen Leukozyten und anderen Zellen nicht unterscheidet, für die Diagnostik nicht mehr brauchbar ist.

Die Behandlung der Euterentzündung erfolgt nach den gleichen Prinzipien wie beim Rind und stützt sich vor allem auf Antibiotika. Allgemeinbehandlung ist angezeigt, wenn die örtliche Entzündung von Allgemeinsymptomen begleitet ist.

Zur Unterstützung der Behandlung muß das Kraftfutter entzogen werden. Diese Maßnahme ist eine ganz wesentliche Voraussetzung für den Heilungserfolg. Zur Behandlung der subklinischen (leichten) Mastitis ist die Verabreichung von Antibiotika beim Trockenstellen sinnvoll.

14.8 Lämmerkrankheiten

14.8.1 Ungenügende Kolostrumaufnahme

Lämmer müssen bald nach der Geburt ausreichende Mengen von Biestmilch (Kolostrum) aufnehmen. Wenn dies nicht möglich ist, weil die Mutter sich nicht um das Lamm kümmert, keine Milch hat, so große Zitzen hat, daß das Lamm nicht saugen kann, ober aber weil das Lamm so schwach ist, daß es allein nicht zum Saugen kommt (Lämmer, die mit geringem Gewicht geboren werden oder von Anfang an schwach sind, z. B. nach Schwergeburt, Zwillingen oder Drillingen), dann tritt sehr rasch eine kritische Schwächung des Lammes ein (Abb. 117). Dies liegt daran, daß der Energievorrat an Glukose, mit dem das Lamm geboren wird, sehr gering ist. Sobald er verbraucht ist, kann das Lamm seine Körpertemperatur nicht mehr aufrechterhalten und beginnt auszukühlen, wodurch die weitere Bewegungsmöglichkeit vermindert wird. Die Lämmer stehen zunächst mit aufgekrümmtem Rücken und eingezogenem Hals da. Das Haar ist gesträubt, was besonders an

Abb. 117. Angeborene Verkürzung der Beugesehnen. Das Lamm kann die Zehengelenke nicht normal strecken und belasten. Ursache kann ein Nährstoffmangel während der Trächtigkeit, möglicherweise auch eine Erbanlage sein. Ohne Hilfe kann das Lamm nicht bei der Mutter saugen.

286 Krankheiten der Ziege

den Backen auffällt. Die Tiere sind reg- und teilnahmslos und liegen später fest. Solche Lämmer müssen zunächst an einen warmen Ort gebracht werden und möglichst eine Traubenzuckerlösung verabreicht bekommen (20–30 ml 5 %ig). Mit etwas Geschick kann man dies mit einer Magensonde durchführen (die Technik und Ausrüstung dazu sollte der Ziegenzüchter sich von seinem Tierarzt zeigen lassen). Wenn in diesem Zustand Milch oder Kolostrum verabreicht wird, führt das meist zu Milchanschoppung im Magen. Erst wenn sich die Lämmer erholt haben, kann man ihnen Kolostrum geben (50–60 ml).

14.8.2 Milchindigestion

Akute Milchindigestion (fehlende oder mangelhafte Verdauungstätigkeit) entsteht, wenn größere Mengen von Milch hastig aufgenommen werden und der Labmagen deshalb nicht richtig funktionieren kann. Milch fließt dann in den Pansen zurück, wo sie das Wachstum von Mikroorganismen fördert, die Toxine bilden. Magen-Darm-Entzündungen mit Durchfall und Blähung sind die Folge. Bei Lämmern, die mit der Flasche ernährt werden, kann es durch Indigestion zu einer Anschoppung großer Mengen koagulierter (geronnener) Milch im Magen kommen. Die Lämmer bekommen äußerlich sichtbar einen dicken Bauch und zeigen auch Bauchschmerzen. Milchentzug und Behandlung der Sekundärsymptome sind bei Milchindigestion meist erfolgreich; bei schon weiter fortgeschrittener Anschoppung ist eine Heilung allerdings nur selten möglich.

14.8.3 Infektiöse Lämmererkrankungen

Die akuten infektiösen Erkrankungen der Lämmer treten gewöhnlich mit Durchfall auf. Außerdem werden aber oft im gleichen Bestand Lungenentzündungen und bei älteren Lämmern auch Gelenkentzündungen beobachtet. Dieses Bild ist besonders für die Coli-Septikämien typisch. Bei der Pasteurellose dagegen überwiegen die Symptome der Lungenentzündung, Fieber und Atembeschwerden. Bei jungen Lämmern endet diese Krankheit oft sehr rasch tödlich, während ältere Lämmer genesen können. Allerdings bleiben sie meist Kümmerer.

Die verschiedenen Infektionserreger, die für die Magen-Darm-Entzündung verantwortlich sind (Bakterien, Kokzidien), kommen dort, wo Lämmer aufgezogen werden, gehäuft vor. Peinliche Sauberkeit mit häufigem Desinfizieren aller Gerätschaften und der Ställe ist neben der Vermeidung bzw. dem Abstellen von Fütterungsfehlern die wichtigste Maßnahme gegen Verluste. Einige Erreger, wie Salmonellen und Kokzidien, können von erwachsenen Ziegen ausgeschieden werden, die daher die Infektionsquelle für Lämmer sind. Bei Verdacht auf solche Infektionen ist es ratsam, die Lämmer frühzeitig von den Müttern zu trennen.

Ein Teil der Erreger, die akut Lämmererkrankungen hervorrufen und bereits im Mutterleib übertragen werden, können Ursache für lebensschwach geborene Lämmer sein, die dann kurz nach der Geburt eingehen.

Obwohl bei den infektiösen Lämmererkrankungen bestimmte Erreger die schweren Krankheitsbilder auslösen, sind die eigentlichen Ursachen meist nicht die Keime, sondern Hilfsursachen, die es den Keimen ermöglichen, sich zu vermehren. Wenn die Umgebung stark mit Keimen angereichert ist (bei unhygienischen Ver-

hältnissen) und wenn die krankmachende Wirkung der Keime besonders ausgeprägt ist, können die Hilfsursachen schneller zu einer Erkrankung führen.
Als Hilfsursachen wirken alle Faktoren, die eine Schwächung des Lammes bedingen. Den ersten Schutz gegen Infektionen erhalten die Lämmer durch das Kolostrum. Wird dieses nicht bald nach der Geburt in genügenden Mengen aufgenommen, dann können sich Keime rasch vermehren und in dem schutzlosen, schwachen Organismus des Lammes zur Blutüberschwemmung (-vergiftung, Septikämie) führen. Eine der häufigsten Hilfsursachen sind Fehler bei der Milchfütterung, weshalb Lämmererkrankungen bei frühem Absetzen und künstlicher Aufzucht häufiger sind, als wenn die Lämmer an der Mutter saugen. Nach Beendigung der Milchfütterung geht die Häufigkeit der Lämmererkrankungen rasch zurück. Dies ist ein Grund dafür, die Milchfütterung auf eine möglichst kurze Zeit zu begrenzen (s. Seite 141).

Zur Vorbeuge sind, wie bei anderen Jungtieren, einfache Regeln zu beachten:
— Begrenzung der Milchmenge oder bei der Fütterung zur freien Aufnahme sichern, daß Milch jederzeit zu Verfügung steht;
— richtige Temperatur der Milch von 40 °C (oder Kalttränke 6–10 °C), Sauberkeit;
— Milch nicht mit Wasser verdünnen;
— Milchaustauscher nach Vorschrift anrühren;
— frühzeitige Fütterung von Kraftfutter und Heu;
— Anbieten von Wasser (kalt!) zur freien Aufnahme zwischen den Mahlzeiten.

Beim Auftreten von Durchfall ist zuerst die Milchfütterung zu unterbrechen, dabei aber genügend Wasser anzubieten. Gänzlich falsch ist der Gedanke, den Durchfall dadurch zu bekämpfen, daß man dem Lamm weniger Flüssigkeit zuführt. Einer der Hauptgründe für die schlimmen Folgen länger andauernden Durchfalls ist gerade der übermäßige Flüssigkeitsverlust. Deshalb ist es wichtig, daß bei Durchfall die verlorene Flüssigkeit ersetzt wird. Allerdings müssen bei lang anhaltendem Durchfall dann auch die gleichzeitig verlorengehenden Mineralstoffe (Elektrolyten) ersetzt werden.

Falsch ist es auch, die Milch mit Wasser zu verdünnen. Das kommt weder bei auftretendem Durchfall, noch gegen Ende der Milchfütterung als Vorbereitung auf das Absetzen in Frage. Denn die Milch und die Verdauungsenzyme des Labmagens müssen zusammenwirken, um die Milch zum Gerinnen zu bringen und die Verdauung einzuleiten. Die Konzentration des Magensaftes ist auf die normale Konzentration der Milch eingestellt, bei Verdünnung wird dieses Verhältnis gestört, und die Mechanismen der Gerinnung werden beeinträchtigt.

Nach 24 Stunden Fasten kann man langsam wieder beginnen, den erkrankten Lämmern Milch zu füttern, aber zunächst nur die Hälfte der normalen Menge. Die weitere Behandlung dieser Lämmer hängt von der Schwere der Erkrankung ab und richtet sich zunächst auf die Symptome. Unterstützung durch Antibiotika und Vitamine und bei schwerem Durchfall auch Ausgleich des Mineralverlustes mit Elektrolytlösungen sind Maßnahmen, die nach den allgemeinen Regeln der tierärztlichen Behandlung durchgeführt werden. Allerdings können geschwächte jüngere Lämmer trotzdem meist nicht gerettet werden. Manche Erreger, wie Salmonellen, sprechen auf Breitspektrum-Antibiotika nicht an. Bei gehäuftem Auftreten dieser akuten Lämmererkrankung ist vor allem die Ursache abzustellen. Außerdem muß versucht werden, die Keimbesiedlung und Keimübertragung zu vermindern. Dazu sind die erkrankten Lämmer zu isolieren und gegebenenfalls alle Lämmer frühzeitig von ihren Müttern zu trennen.

Nabelentzündungen
Nabelentzündungen entstehen durch Infektionserreger, die durch den Nabel aufsteigen. Sie können zu Abszessen im Nabel oder der Leber, zu Gelenkentzündungen und zu Allgemeinerkrankungen führen. Die Entzündung des Nabels selbst ist verhältnismäßig harmlos. Ernst sind dagegen Leberabszesse und Gelenkentzündungen, die aber erst im Alter von 4–6 Wochen auftreten; ihre Behandlung hat wenig Aussicht auf Erfolg.

Nabelinfektionen wird vorgebeugt durch sorgfältige Nabelpflege. Die Nabelschnur wird zunächst nicht abgeschnitten; nach dem Abreißen der Nabelschnur wird dann das Reststück desinfiziert. Wenn dieses weiter als bis zum Sprunggelenk herunterhängt, wird es mit der Schere gekürzt. Vor allem bis der Nabel trocknet, ist saubere Unterbringung der lammenden Ziegen und der Lämmer wichtig.

Vor dem Ende der ersten Lebenswoche sollte man den Nabel der Lämmer sorgfältig auf Anzeichen einer Entzündung überprüfen. Am besten geschieht dies gleichzeitig mit dem Enthornen und dem Prüfen der Zitzen. Beim Auftreten einer Entzündung ist allgemeine antibiotische Behandlung angebracht.

Enterotoxämie
Enterotoxämie kann bei Lämmern als hochakute Erkrankung auftreten mit Durchfall oder nervösen Symptomen; Lämmer können auch, ohne daß vorher Krankheitssymptome bemerkt wurden, tot aufgefunden werden. Einzelheiten werden bei den Infektionskrankheiten (s. Seite 260) besprochen. Außer der Enterotoxämie verursachen auch Viruserkrankungen bei Lämmern akute Krankheiten mit zentralnervösen Erscheinungen. Inwieweit die verschiedenen beschriebenen Krankheitsbilder zu einem Krankheitskomplex gehören oder selbständige Erkrankungen darstellen, ist noch ungenügend geklärt (s. auch CAE, Seite 267). Auch die Listeriose kann bei Lämmern zentralnervöse Erscheinungen hervorrufen, die zum Tode führen, bevor andere Symptome auftreten.

Lippengrind
Der Lippengrind *(Ecthyma contagiosum)* ist eine häufige Erkrankung der Lämmer, welche vorwiegend die Haut der Lippen und die Mundschleimhaut befällt. Die Krankheit, die von einem zur Pocken-Gruppe gehörenden Virus verursacht wird (s. Seite 265) ist hochansteckend. Beim ersten Auftreten kann der ganze Bestand erkranken, und viele Tiere (nicht selten 20 %) können eingehen. Die Läsionen entwickeln sich aus kleinen Blasen an den Lippen und am Zahnfleisch im Bereich der Schneidezähne, die meist übersehen werden. Aus den Blasen bilden sich borkenartige Krusten, die im Verlauf von etwa 2 Wochen abfallen. Häufig jedoch entstehen Sekundärinfektionen, die zu schmerzhaften Schwellungen und lang andauernden, tief reichenden Entzündungen führen (Abb. 118). Die Lämmer können dann nicht mehr saugen. Entwicklungsstörungen und Todesfälle sind die Folgen. Ecthyma kann auch an den Beinen auftreten. Besonders bei Lämmern im Alter von 3–8 Monaten bilden sich hartnäckige Krusten an der Haut der Mittelfüße (Unterfüße, Metapodien).

Lämmerkrankheiten 289

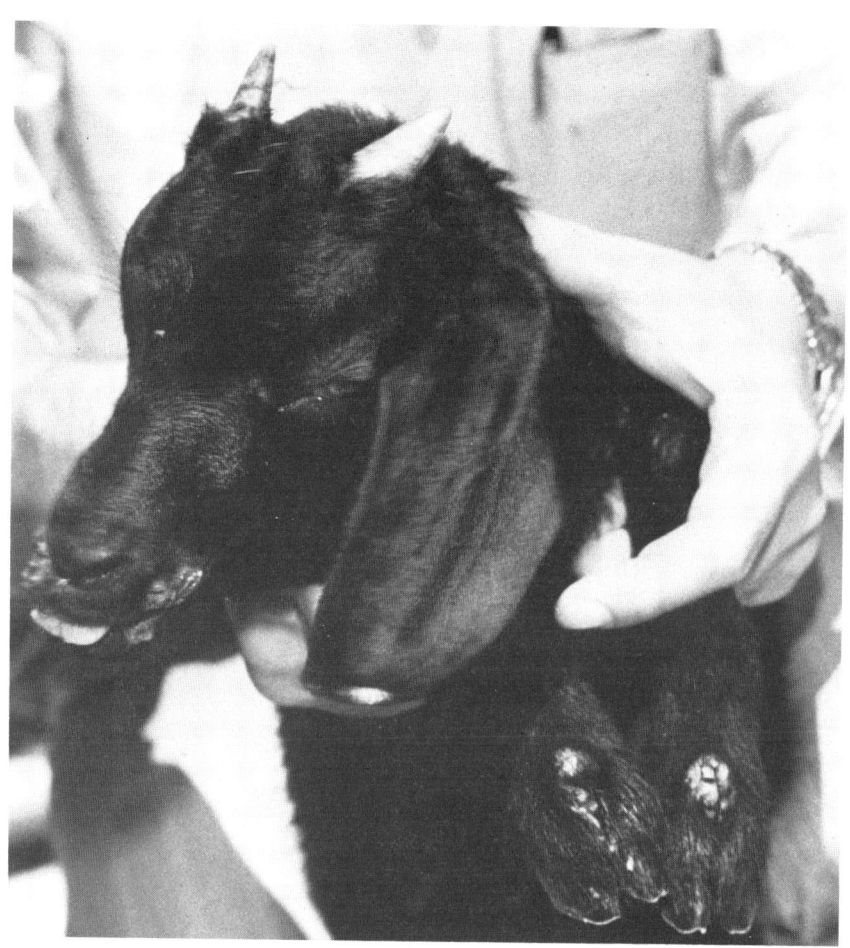

Abb. 118a. Lippengrind (Ecthyma). Zu erkennen sind die Veränderungen an den Lippen und am Klauenspalt. Die heraushängende Zunge läßt auf ihre Schwellung schließen.

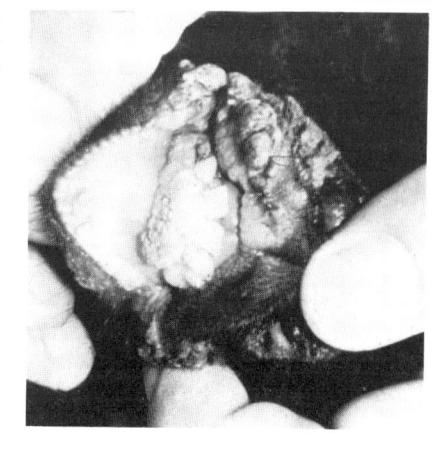

Abb. 118b. Der Lippengrind kann tiefgreifende Veränderungen an der Schleimhaut der Lippen, am Zahnfleisch und der Zunge bewirken, als deren Folge die Nahrungsaufnahme unmöglich wird.

Von den Lämmern wird das Virus auf die Euter der Ziegen übertragen, wo sich langwierige Ekzeme ausbilden können.

Eine Behandlung kann sich zunächst auf die Verhinderung der Sekundärinfektion richten, sie kommt jedoch meist zu spät. Danach kann die Behandlung nur beruhigend sein und eventuell die Sekundärinfektion äußerlich bekämpfen. Vor allem muß die Ernährung des Lammes sichergestellt werden.

Zur Vorbeuge kann eine aktive Immunisierung erfolgen. Die Vakzine wird an der Innenseite der Oberschenkel in die Haut eingekratzt. Die Herstellung einer Vakzine aus den Pusteln der erkrankten Tiere ist möglich.

Ecthyma contagiosum muß von der Dermatitis pustulosa (s. Seite 264) unterschieden werden. Es kann auf den Menschen übertragen werden. Kleinste Verletzungen der Haut sind mögliche Eintrittspforten, Entzündungen der Haut und schmerzhafte Lymphknotenschwellungen können hervorgerufen werden.

14.8.4 Parasiten

Kokzidien

Kokzidien sind Darmparasiten, sie besiedeln besonders den Darmtrakt von Lämmern, werden aber gelegentlich auch im Labmagen gefunden. Sie verursachen Appetitlosigkeit, Wachstumsstillstand, Kümmern und Durchfall. Das Ausmaß der Symptome ist sehr wechselnd, die Krankheit kann perakut verlaufen und in kurzer Zeit mit wäßrig-blutigem oder auch ohne Durchfall zum Tode führen. Sie kann nur bei einigen Tieren eines Bestandes tödlich verlaufen oder auch nur als chronische Störung auftreten. Der Nachweis von Kokzidien-Oozysten im Kot, auch in größerer Zahl, ist allein noch kein Beweis dafür, daß es sich bei einer Krankheit um Kokzidiose handelt, da fast alle Lämmer Kokzidien haben. Zu Krankheiten führen sie offenbar erst durch Hilfsursachen, zu denen jede Art von Belastung gehören kann.

In engen Ställen sind Lämmer wesentlich mehr gefährdet als in großen Ausläufen und auf der Weide. Wenn die Lämmer älter werden, nimmt die Zahl der Kokzidien, die sie beherbergen, ab, sie bleiben aber meist Träger. Die Kokzidien-Oozysten sind sehr widerstandsfähig, so daß man immer mit Infektionen aus der Umgebung rechnen muß. Dennoch ist Sauberkeit bei der Haltung und Vermeiden des direkten Kontaktes der Lämmer mit dem Kot eine wichtige Vorbeugungsmaßnahme. Kokzidien werden nicht zwischen verschiedenen Tierarten übertragen, auch nicht zwischen Schaf und Ziege, obwohl die gleichen Arten bei beiden vorkommen.

Vorbeuge und Behandlung der Kokzidiose mit Sulfonamiden sind möglich. Vollkommene Entfernung der Kokzidien ist dagegen weder möglich noch wünschenswert, da sie in kleiner Zahl die Immunisierung der Ziegen herbeiführen.

Strongyliden

Mit Strongyliden infizieren sich Lämmer bereits sehr früh, vor allem, wenn sie in einen Auslauf kommen. Schon im Alter von wenigen Wochen können diese Parasiten zu klinischen Symptomen (Durchfall, geringes Wachstum, schlechter Allgemeinzustand) oder bei akutem Verlauf zum Tode führen. Auch hier ist die Vorbeuge auf die Verhinderung der Invasion gerichtet. Da aus den mit dem Kot ausgeschiedenen Eiern nach etwa 10 Tagen ansteckungsfähige Larven werden, ist es notwendig, Lämmerweiden alle 10 Tage zu wechseln. Nach etwa 6 Wochen ist das Invasionsrisiko auf diesen Weiden so gering geworden, daß sie erneut benutzt werden können. Außerdem können jedoch Wurmkuren erforderlich sein, was dann bei Stallhaltung tägliche Entmistung und bei Weidegang oder Auslauf exakte Organisation notwendig macht.

14.8.5 Muskeldystrophie der Lämmer

Bei Lämmern im Alter bis zu etwa 8 Wochen kann plötzlich auftretende Steifheit in den Hinterbeinen und im Rücken durch eine Muskelentartung (Weißmuskel) hervorgerufen werden. Sie geht auf einen Mangel an Selen, meist in Kombination mit Vitamin-E-Mangel, zurück. Tritt die Muskeldegeneration schon in den ersten 14 Tagen auf, dann können die Lämmer plötzlich sterben, weil der Herzmuskel und das Zwerchfell betroffen sind. Bei erwachsenen Ziegen kann der Mangel zu Nachgeburtsverhalten und Störung des Puerperiums führen. Zur Vorbeuge ist in gefährdeten Beständen die Beifütterung von Vitamin E und Selen angebracht.

Literaturverzeichnis

ADAMS, D. S., and T. B. CRAWFORD (1980): CAE: A viral arthritis-encephalitis syndrome in goats. Int. Goat and Sheep Res. 1, 168–172.

ALDERSON, A., and E. J. POLLAK (1970): Age-season adjustment factors for milk and fat of dairy goats. J. Dairy Sci. 63, 148–151.

AMMANN, P. (1979): Umfang, Bedeutung und Wirtschaftlichkeit der Ziegenhaltung. Schweiz. Landwirtsch. Monatsh. 57, 161–167.

APPLEMAN, R. D., and J. C. DELOUCHE (1958): Behavioral, physiological and biochemical responses of goats to temperature, 0 to 40° C. J. Anim. Sci. 17, 326–335.

ASHBROOK, P. F. (1982): Year-round breeding for uniform milk production Proc. III Int. Conf. Goat Production and Disease, 10–15 January 1982, Tucson, Arizona, USA. Dairy Goat Publishing Company, Scottsdale, Az, USA, p. 153–154.

BORUT, A., R. DMI'EL and A. SHKOLNIK (1979): Heat balance of resting and walking goats: comparison of climatic chamber and exposure in the desert. Physiol. Zoology 52, 105–112.

BRANDSCH, H. (1959): Die Vererbung geschlechtlicher Mißbildung und des Hornes bei der Hausziege in ihrer gegenseitigen Beziehung. Arch. Geflügelz. Kleintierkd. 8, 310–362.

BRANDSCH, H., und H. PINGEL (1978): Ziegenzucht. In: Kleintierzucht, 91–110. Lehrbriefe für das Hochschulfernstudium, hrsg. Zentralstelle für das Hochschulfernstudium des Ministeriums für Hoch- und Fachschulwesen, Dresden.

BRODY, S., C. SANDBURG and S. A. ASDELL (1938): Growth and development with special reference to domestic animals. XLIX. Growth, milk production, energy metabolism and energetic efficiency of milk production in goats. Res. Bull. Mo. agric. Exp. Stn. No. 291, 64 pp.

BURGSTALLER, G. (1980): Praktische Rinderfütterung. Ulmer, Stuttgart, 2. verb. Aufl., 164 S.

CAMPBELL, Q. P. (1977): Zit. NAUDÉ und HOFMEYR (1981).

CASTELLANOS RUELLA, A. F., P. MORAND-FEHR et I. HERVIEN (1979): Zit. NAUDÉ und HOFMEYR (1981).

CORTEEL, J. M. (1975): The use of progestagens to control the oestrous cycle of the dairy goat. Ann. Biol. Anim. Bioch. Biophys. 15, 353–363.

CORTEEL, J. M. (1977): Management of artificial insemination of dairy seasonal goats through oestrus synchronization and early pregnancy diagnosis. Suppl. of Proc. Symposium on Management of Reproduction in Sheep and Goats – Madison, Wisc. USA, July 24–25, 1977.

CORTEEL, J. M., G. BARIL and B. LEBOEUF (1980): Seasonal variations in the fertilizing capacity of washed deep frozen goat sperm. 9th Int. Congr. Anim. Reprod. and A.I., 16th–20th June 1980. III. Symposia (free communication). Madrid, Spain, Editorial Garsi; 396 ISBN, 84–7391-045-1.

CORTEEL, J. M. (1981): Collection, processing and artificial insemination of goat semen. in: Goat Production (C. GALL, ed.) p. 171–191, Academic Press, London.

CUNNINGHAM, O. C., and L. H. ADDINGTON (1936): The effect of early breeding upon the milk energy production of grade and purebred Toggenburg goats. J. Dairy Sci. 19, 405–409.

DELOUIS, C. (1975): Ières journées de la recherche ovine et caprine. Paris, Dezember 1975. Vol. I, Espèce Caprine. pp. 64–72. INRA/ITOVIC, Paris.

DEVENDRA, C. (1981): Socio-economic importance of goat production. in: Goat production (C. GALL, ed.) p. 575–594, Academic Press, London.

DMI'EL, R., D. ROBERTSHAW and I. CHOSHNIAK (1979): Sweat gland secretion in the black Bedouin goat. Physiol. Zoology 52, 558–564.

DUNSON, W. A. (1974): Some aspects of salt and water balance of feral goats from arid islands. Amer. J. Physiol. 226, 662–669.

EGGEN, N. R., Z. L. CARPENTER, G. C. SMITH and M. SHELTON (1973): Replacement of beef with goat meat in Frankfurter formulations. J. Anim. Sci. 37, 259.

EPSTEIN, H. (1969): Domestic animals of China. Commonwealth Agric. Bureaux. Farnham Royal, Bucks, England.
FAULKNER, A., E. M. THOMSON, J. M. BASSETT and G. E. THOMSON (1980): Cold exposure and mammary glucose metabolism in the lactating goat. Brit. J. Nutr. 43, 163–170.
FAUTZ, J., V. ERFLE, K. FRAHM, C. GALL, F. GRAF und K. OSTERKORN (1970): Laktation einer juvenilen Ziege. Arb. Inst. Tierzucht, Nr. 8, 75–82. (Inst. Tierz. Vererb.- u. KonstitForsch., Univ. München).
FEHSE, R. (1974): Gedanken zum Einsatz des Schafes und der Ziege in der Landschaftspflege im Berggebiet. Schweiz. Landw. Mh. 52, 337–349.
FEHSE, R., P. AMMAN und C. ITEM (1976): Ziegenmilch-Grundnahrungsmittel und Delikatesse. 27. Jahrestagung EVT/Zürich.
GLOVER, P. E., J. STEWART and M. D. GWYNNE (1966): Massai and Kipsigis notes on African plants: Part I. Grazing, browse, animal associated and poisonous plants. East African Agric. Forestry J. 32, 184–191.
GRAF, F., K. OSTERKORN, J. FAUTZ, K. FRAHM und C. GALL (1970): Der Energiegehalt der Ziegenmilch. I. Die Beziehung zwischen Fett und Energie. Arb. Inst. Tierzucht, Nr. 8, 45–52. (Inst.Tierz. Vererb.- u. Konstit.-Forsch., Univ. München).
GRAPPIN, R., R. JEUNET, R. PILLET and A. LE TOQUIN (1981): Etude des laits de chèvre: I. Teneur du lait de chèvre en matière grasse, matière azotée et fractions azotées. Le Lait 61, 117–133.
GUBERNICK, D. J., K. C. JONES and P. H. KLOPFER (1981): Mechanisms of maternal labelling in goats. Anim. Behav. 29, 305–306.
HAYDEN, T. J., C. R. THOMAS and I. A. FORSYTH (1979): Effect of number of young born (litter size) on milk yield of goats: role for placental lactogen. J. Dairy Sci. 62, 53–57.
HORÁK, F. (1971): (Evaluation of the morphology of udder characters in the goat). Chovatel 10, 162–164.
HUSTON, J. E. (1978): Forage Utilization and Nutrient Requirements of the Goat. J. Dairy Sci. 61, (7), 988–993.
HUSTON, J. E., M. SHELTON and W. C. ELLIS (1971): Nutritional requirements of the Angora goat. Texas A & M University. The Texas Agr. Exp. Stat. Bull. B-1105, 166 pp.
JAIN, G. C., R. C. ARORA and R. S. PANDEY (1980): Milk progesterone content and pregnancy diagnosis in goats. Zbl. Vet. Med. (A), 27, 103–108.
JENNESS, R. (1980): Composition and characteristics of goat milk: Review 1968–1979. J. Dairy Sci. 63, 1605–1630.
JOHNSON, K. G. (1976): Evaporative temperature regulation in sheep. p. 140–147. in: H. JOHNSON, ed. Effect of temperature on animals: progress in biometeorology. Vol. I. Swets & Zeitlinger, Amsterdam.
KRONACHER, C., und J. KLIESCH (1928): Die Körperentwicklung der Ziege von der Geburt bis zum Alter von einem Jahr unter Berücksichtigung des Nährstoffbedarfs und der Nährstoffverwertung der Lämmer sowie der Ernährung und Leistungen der Muttertiere. Z. Tierz. Züchtungsbiol. 11, 149–241.
LADIPO, J. K. (1974): Body composition of male goats and characterization of their depot fats. Dissertation Abstracts International, B (1974) 34, 5755.
LE JAOUEN, J. C. (1974): La fabrication du fromage de chèvre fermier. ITOVIC/SPEOC Paris, 213 p.
LE JAOUEN, J. C. (1981): Milking and the technology of milk and milk products. in: Goat production (C. GALL, ed.) p. 345–377. Academic Press. London.
LINZELL, J. L. (1972): Milk yield, energy loss in milk and mammary gland weight in different species. Dairy Sci. Abstr. 34, 351–360.
LINZELL, J. L. (1973): Innate seasonal oscillations in the rate of milk secretion in goats. J. Physiol. 230, 225–233.
MALOIY, G. M. O. (1973): Water metabolism of East African ruminants in arid and semi-arid regions. Z. Tierz. Züchtungsbiol. 90, 219–228.
MALTZ, E., and A. SHKOLNIK (1980): Milk production in desert: lactation and water economy in the black Bedouin goat. Physiol. Zoology 53, 12–18.
MARTINET J., et PH. RICHARD (1974): Le réflexe d'éjection du lait chez la brebis et chez la chèvre. Symposium sur la traite mécanique des petits ruminants. Millau, France 7–11 Mai 1973. Ann. Zootechn., Numéro hors série p. 29–49.
MAYDELL von, H. J. (1980): Auswirkungen der Ziegenhaltung auf die Landschaftsentwicklung und daraus resultierende Aufgaben für die Weidewirtschaft. Expertengespräch „Erarbeitung von Beurteilungskriterien für künftige Förderungsmaßnahmen für die Ziegenproduktion am tropischen und subtropischen Standort", S. 59–71. Berlin, 29.–30. 1. 1980, T.U. Berlin.

MENS, LE P. (1978): Effets de la suppression de l'égouttage machine sur la traite des chèvres. In: IIème Symposium international sur la traite mécanique des petits ruminants, Alghero, Italie, 22–27 Mai 1978. SPEOC, Paris, p. 253–262.

MERRILL, L. B., and C. A. TAYLOR (1981): Diet selection, grazing habits and the place of goats in range management. In: Goat production (C. GALL, ed.). Academic Press, London, p. 233–272.

MOCQUOT, J. C. (1978): Effects de l'omission regulière et irregulière d'une traite sur la production laitière de la chèvre. IIème Symposium international sur la traite mécanique des petits ruminants. Alghero, 22–27 Mai 1978, SPEOC, Paris, p. 175–201.

MORAND-FEHR, P. (1981): Nutrition and feeding of goats: Application to temperate climatic conditions. in: Goat production (C. GALL, ed.), Academic Press, London, p. 193–232.

MORAND-FEHR, P., et D. SAUVANT (1978): "Caprins". in: Alimentation des Ruminants, pp. 449–467. INRA-Publications, Versailles.

MORAND-FEHR, P., et D. SAUVANT (1978): Nutrition and optimum performance of dairy goats. Livestock Prod. Sci. 5, 203–213.

MÜLLER, D. (1979): Ziegen als Landschaftspfleger. Deutscher Kleintierzüchter Nr. 15.

National Research Council (NRC) (1981): Nutrient Requirements of Goats: Angora, Dairy and Meat Goats in Temperate and Tropical Countries = Nutrient Requirements of Domestic Animals, No. 15, National Academic Press, Washington, D.C., p. 91.

NAUDÉ, R. T., and H. S. HOFMEYR (1981): Meat production. in: Goat production (C. GALL, ed.). Academic Press, London p. 285–307.

NAVEH Z. (1960): Zit. MERRILL & TAYLOR (1981).

NITTER, G. (1975): Vorläufige Ergebnisse mit der Intensivmast von Ziegenlämmern auf dem Oberen Lindenhof. Kleinviehzüchter 23, 316–320.

ORMISTON, E. E., and W. L. GAINES (1944): Live weight and milk-energy yield in British goats. J. Dairy Sci. 27, 243–247.

OSTERKORN, K., und F. GRAF (1970): Der Energiegehalt der Ziegenmilch. II. Die Beziehung zwischen Trockensubstanz und Energie. Arb. Inst. Tierzucht, Nr. 8, 52–58 (Inst. Tierz. Vererb.- u. KonstitForsch., Univ. München).

OTT, R. S. (1980): Breeding techniques for dairy goats. Int. Goat and Sheep Res. 1, 1–5.

OTT, R. S., W. F. BRAUN, T. F. LOCK, M. A. MEMOM and J. L. STOWATER (1981): A comparison of intrarectal Doppler and rectal abdominal palpation for pregnancy testing in goats. J. Amer. Vet. Med. Ass. 178, 730–731.

OTT, R. S., D. R. NELSON and J. E. HIXON (1980): Effect of presence of the male on initiation of estrous cycle activity of goats. Theriogenology 13, 183–190.

OTT, R. S., D. R. NELSON and J. E. HIXEN (1980): Fertility of goats following synchronization of estrus with Prostaglandin-F2-Alpha. Theriogenology 13, 341–346.

PARKASH, S., and R. JENNESS (1968): The composition and characteristics goats' milk: a review. Dairy Sci. Abstr. 30, 67–87.

PEAKER, M. (1977): Comparative aspects of lactation. Symp. zool. Soc. Lond. No. 41, 374 pp.

PETERS, K. J. (ed.) (1980): Goat production in low income economic units in selected areas of West-Malaysia (Malaysia). Reihe Studien, Nr. IV/27. Fachbereich internationale Agrarentwicklung, Technische Universität Berlin. 179 S.

RICORDEAU, G. (1972): Distinction phénotypique des caprins homo- et hétérozygotes sans cornes. Ann. Génét. Sél. anim. 4, 469–475.

RICORDEAU, G. (1981): Genetics: breeding plans. in: Goat production (C. GALL, ed.) p. 111–169. Academic Press, London, 1981.

RICORDEAU, G., et J. J. LAUVERGNE (1967): Hypothèse génétique unique pour expliquer la présence d'intersexués de mâles en excés et de mâles stériles en race caprine Saanen. Ann. Zootech. 16, 323–334.

RICORDEAU, G., J. BOUILLON, F. SANCHEZ, J. C. MOCQUOT et D. LAJOUS (1979): Amélioration génétique des caprins. Facteurs favorisant ou limitant le progrès génétique. in: V. Journ. Recherche Ovine et Caprine INRA-ITOVIC, ed. p. 403–426.

RÖNNINGEN, K. (1980): Expected genetic progress in milk yield in the goat, with special emphasis on Swedish conditions. Int. Goat and Sheep Res. 1, 18–40.

SAMBRAUS, H. H. (ed.) (1978): Nutztierethologie. Verlag Paul Parey, Hamburg und Berlin, p. 152–167.

SCHWARK, H. J. (1982): Sektion Tierproduktion und Veterinärmedizin, Karl-Marx-Universität Leipzig, persönliche Mitteilung.

SHELTON, M. (1960): The relation of face covering to fleece weight, body weight and kid production of Angora does. J. Anim. Sci. 19, 302–308.

SHELTON, M. (1978): Reproduction and breeding of goats. J. Dairy Sci. 61, 994–1010.

SHELTON, M. (1980): Goats: Influence of various exteroceptive factors on initiation of estrus and ovulation. Int. Goat and Sheep Res. 1, 156–162.

SHEN, D. T., L. W. JEN and J. R. GORHAM (1982): The detection of corynebacterium pseudotuberculosis antibody in goats by the enzyme-linked immunosorbent assay (ELISA). Proc. III Int. Conf. Goat Production and Disease, 10–15 January 1982, Tucson, Arizona, USA. Dairy Goat Publishing Company, Scottsdale, Az, USA, p. 445–448.

SHKOLNIK, A., A. BORUT, and J. CHOSHNIAK (1972): Water economy of the Beduin goat. Symp. Zool. Soc. Lond. 1972, No. 31, 229–242.

SIGWALD, J. P., et D. LEQUENNE (1971): Observations sur la gestion technique et économique de deux types d'élevage de chèvres laitières en France. IIème Conf. Int. Elev. Caprin, Tours 1971.

SIGWALD, J. P., et D. SAUVANT (1976): Problèmes posés par l'élevage de chèvre dans les grandes unités d'élevage. 27. Jahrestagung der Europäischen Vereinigung für Tierzucht, Zürich, August 1976.

SIGWALD, J. P., et D. SAUVANT (1977): Réflexions sur la signification économique de l'élevage caprin. Symp. sur la chèvre dans les pays Méditerranéens. Malaga-Grenada-Murcie (Espagne), Octobre 1977, FEZ/CNEZ, Madrid p. 372–379.

SILANIKOVE, N., A. SHKOLNIK and H. TAGARI (1979): Food and water economies and their relationship in the Bedouin desert goat. Israel J. Zool. 28, 60.

SILANIKOVE, N., H. TAGARI and A. SHKOLNIK (1979): Gross energy digestion and urea recycling in the desert black Bedouin goat. Comp. Biochem. Physiol. 67A, 215–218.

SJÖDIN, E. (1978): Getter – avel, utfodring, skötsel, ekonomi. LTs Förlag ab 10533 Stockholm.

SPÄTH (1974): Hinweise zur Käseherstellung. Deutscher Kleintierzüchter 1974, Nr. 9.

STEINE, T. A. (1975): Factors affecting characters of economic importance in goat. Meldinger fra Norges Landbrukshøgskole 54 (2), 1–29.

STEINE, T. A. (1975): Test-day records and part lactations in goats. Meldinger fra Norges Landbrukshøgskole 54 (31), 1–25.

STEINE, T. A. (1980): Norwegian goat improvement programme emphasizing selection based on performance and progeny testing. Int. Goat and Sheep Res. 1, 108–112.

SUNDARESAN, D. (1978): Panorama of the different races, scientific research economic and commercial aspects of milk other than cows' milk. XX. International Dairy Congress, Paris 1978.

TAYLOR, C. R. (1966): The vascularity and possible thermoregulatory function of the horns in goats. Physiol. Zool. 39, 127–139.

TULENBEKOV, I. (1961): [Erforschung der Laktation und einiger anderer physiologischer Funktionen bei Ziegen unter Veränderung des Wasserhaushaltes]. Izvestija Akademii nauk Kazachskoj SSR, Serija mediciny i fiziologii, Alma-Ata Nr. 1, 83–90.

WILLIAMS, CH. S. F. (1981): Diseases. in: Goat production (C. GALL, ed.) p. 433–487. Academic Press, London, 1981.

ZEUNER, F. E. (1963): A history of domesticated animals. Hutchinson, London.

Weiterführende Literatur

DEICHERT, G., und P. HORST (hrsg.) (1980): Erarbeitung von Beurteilungskriterien für künftige Förderungsmaßnahmen für die Ziegenproduktion am tropischen und subtropischen Standort. Expertengespräch, Berlin, Januar 1980. Deutsche Stiftung für Internationale Entwicklung, Zentralstelle für Ernährung und Landwirtschaft; Institut für Tierproduktion der Technischen Universität Berlin. 96 S.

DEVENDRA, C., and M. BURNS (1970): Goat production in the tropics. Tech. Commun. Commonw. Bur. Anim. Breed. Genet., No. 19. Farnham Royal, Bucks.: Commonwealth Agricultural Bureaux. 184 pp.

FLAMANT, J. C., and P. MORAND-FEHR (1982): Milk production in ewes and goats. In: "World Animal Science", Elsevier.

FRENCH, M. H. (1970): Observations on the goat. F.A.O. agric. stud., No. 80. Rome: Food and Agriculture Organization of the United Nations. 204 pp.

GALL, C. (ed.) (1981): Goat Production. Academic Press, London, 1981, 600 pp.

GUSS, S. B. (1977): Management and diseases of dairy goats. Dairy Goat Journal Publishing Company Scottsdale, Arizona, USA, 222 pp.

HAAS, H. J. de, und P. HORST (1977): Die Bedeutung der Ziegenhaltung zur Deckung des Proteinbedarfs in Entwicklungsländern. 66 S. Bonn.

HONEKER, A. (1950/54): Die Krankheiten der Ziege. (4 Hefte). Verlag für Kleintierzucht – H. Wellershaus, Dortmund.

HORST, P., und H. GRELL (1973): Studien zur Schaf- und Ziegenhaltung in den Tropen und Subtropen. München Ifo-Institut für Wirtschaftsforschung (1973) 98 + 10 S.

LE JAOUEN, C. (1974): La fabrication du fromage de chèvre fermier. ITOVIC/ SPEOC Paris, 213 p.

MACKENZIE, D. (1980): Goat husbandry. London: Faber & Faber Ltd. 4th edn. revised + edited by J. Laing, 375 pp.

MCDOWELL, R. E., and L. BOVE (1977): The goat as a producer of meat. Cornell Int. Agr. Mimeo Nr. 56. 40 pp.

QUITTET, E. (ed.) (1976): La chèvre. Guide de l'éleveur. Paris, La Maison Rustique. 288 pp.

SANDS, M., and R. E. MCDOWELL (1978): The potential of the goat for milk production in the tropics. Cornell Int. Agr. Mimeo Nr. 60, 53 pp.

SCHMID, A. (1946): Die Züchtung und Haltung der Ziege. Bern: Verbandsdruckerei, 100 S.

SCHULZE, W. (1960): Leitfaden der Ziegenkrankheiten für Tierärzte und Studierende der Tierheilkunde. 2. Aufl. 124 S., S. Hirzel, Leipzig.

Kongreßberichte

II. Internationale Tagung der Ziegenzüchter. Tours, Frankreich, Juli 1971. ITOVIC, Paris, 391 S.

Symposium sur la traite mécanique des petits ruminants. Millau, France 7–11 Mai 1973. Ann. Zootechn., Numéro hors série p. 29–49.

The role of sheep and goats in agricultural development. Proceedings of workshop. Winrock Internat. Center, Morrilton, Arkansas, USA November 1976, 41 pp.

Symposium on goat breeding in mediterranean countries. Malaga-Grenade-Murcia, Spain, Oct. 1977. EAAP and Spanish National Committee Animal Production, Madrid. 393 pp.

IIème Symposium international sur la traite mécanique des petits ruminants. Alghero, Italie, 1978. ITOVIC/SPEOC Paris.

Dairy goats, their milk, feeding and breeding. Proceedings of international symposium. Utah State University, 1979. J. Dairy Sci 63, 1591–1599.

Nutrition et systèmes d'alimentation de la chèvre. Symposium International Tours, France, Mai 1981. ITOVIC–INRA, Paris, Vol. 1 u. 2, 764 pp.

III Int. Conf. Goat Production and Disease, 10–15 January 1982, Tucson, Az., USA. Proceedings, Dairy Goat Journal Publ. Comp. Scottsdale. Az., USA, 604 pp.

Zeitschriften für Ziegenzucht

Mitteilungen der Arbeitsgemeinschaft der Landesverbände Deutscher Ziegenzüchter e. V. (ADZ)
(als Sonderdruck des „Deutschen Kleintierzüchters")
ADZ
Thomas-Mann-Straße 12
7012 Fellbach

Der Kleinviehzüchter
Schweizerische Fachzeitschrift für Schweine-, Ziegen- und Schafzucht (Fr. 16,50 pro Jahr)
Redaktion Ziegen: C. Item
Postfach 91
3000 Bern 14

De Geitenhouder
Maandblad von de Nederlandse Organisatie voor Geitenfokkereij (Fl. 18,– pro Jahr)
Mevr. J. J. Looyen – Nap.
Stationsweg 7
2411 CK Bodegraven

La chèvre
Revue spécialisée des éleveurs de chèvres (Fr. 48,– pro Jahr)
PROSEMOC-SPEOC
57 bis, boulevard Béranger
37000 Tours

British Goat Society Year Book
Mrs. T. T. F. May
Rougham
Bury St. Edmunds, Suffolk IP 30 9 LJ

Dairy Goat Journal ($ 15,– pro Jahr)
P.O. Box 1808
Scottsdale AZ 85252 USA

International Goat and Sheep Research
($ 47,– pro Jahr)
P.O. Box 1808
Scottsdale, AZ 85252 USA

Ziegenzuchtorganisationen in der Bundesrepublik Deutschland

Landesverband Württ. Ziegenzüchter e.V., Heinrich-Baumann-Straße 1–3, 7000 Stuttgart 1, Tel. (07 11) 28 49 79
Nordbadischer Landesziegenzuchtverband e.V., Mönchhofstraße 52, 6900 Heidelberg, Tel. (0 62 21) 4 90 46
Südbadischer Landesziegenzuchtverband e.V., Walter-Göbel-Weg 4, 7828 Titisee-Neustadt, Tel. (0 76 51) 75 30
Landesverband Bayerischer Ziegenzüchter e.V., Haydnstraße 11, 8000 München 2, Tel. (0 89) 53 78 56
Landesverband Schleswig-Holsteiner Ziegenzüchter e.V., Rendsburger Straße 22–24, 2350 Neumünster, Tel. (0 43 21) 1 20 71
Landesverband der Ziegenzüchter für Westfalen-Lippe e.V., Schorlemer Straße 26, 4400 Münster/Westfalen, Tel. (02 51) 59 93 71
Landesverband Berliner Ziegen- und Milchschafzüchter e.V., Sabine Kotsch, Tiergartenstraße 25, 1000 Berlin 30, Tel. (0 30) 2 62 24 91
Landesverband Rheinischer Ziegenzüchter e.V., Endenicher Allee 60, 5300 Bonn/Rhein, Tel. (02 28) 70 31 App. 343
Landesverband Saarl. Ziegenzüchter, Bergstraße 23, 6670 St. Ingbert, Tel. (0 68 94) 3 53 44
Hessischer Ziegenzuchtverband, Kölnische Straße 48–50, 3500 Kassel

Ziegenzuchtorganisationen in Nachbarländern

Schweiz: Schweizerische Zentralstelle für Kleinviehzucht
Belpstraße 1
3000 Bern 14
Österreich: Landesverband der Ziegenzüchter Oberösterreichs
Auf der Gugl 3
4021 Linz
(zur Zeit einziger Landesverband der Ziegenzüchter in Österreich)
Frankreich: Institut Technique d'élevage Ovin et Caprin (ITOVIC)
149 rue de Bercy
75595 Paris, Cedex 12

U.P.R.A. (Ziegenzuchtverband)
15, avenue de Vendôme
41000 Blois (Loire-et-Cher)
USA: Bucksemen International (Tiefgefrier-Samen)
P.O. Box 505
Ripon, Ca. 95366, USA

Sachregister

Abnabeln 181
Absetzen 142
– Frühabsetzen 143
– Tropen 223
Abstammungsnachweis 114
Adrenalin 186
ADZ 115
Afterzitzen, s. Beizitzen
Agalactia contagiosa, s. Mykoplasmose
Albumin 233, 234
Allantois, s. Wasserblase
Allergie 237
Alpine Ziege 43
Altböcke, Mast 80
Altersbestimmung 205 f.
Altziegen, Verwertung 80
Ammotragus, s. Mähnenschaf
Amnion, s. Fruchtsack
Anaplasmosis 273
Anatolische Ziege 50
Anbindestall 153
Ancylostomen 271
– Bunostomum 271
Andaluza-Ziege 48
Anfleischen, Altziegen 80
Anglo-Nubier-Ziege 46
Angoraziegen 15, 58, 168, 211, 225
– Australien 85
– Fortpflanzungsrhythmus 226
– Gesichtsbehaarung 85
– Kälteschock 25
– Muttereigenschaften 85
– Schur 226 f.
– Standortansprüche 226
– Südafrika 15
– USA 15 f.
– Zucht 85
Anmelken 183
Anpassung, eiweißarmes Futter 130
Anspannung, s. Arbeit
Antibiotikabehandlung 251
Appenzeller Ziege 17, 41

Arbeit
– Lasttier 32, 89
– Tragtier 32, 89
– Zugtier 32, 89
Aroma, s. Milchgeschmack
Arthritis-Enzephalitis (CAE) 267
– Genetische Veranlagung 268
Atemfrequenz 253
Athotyros-Käse 246
Ätzstifte, s. Enthornen
Aufrahmen 233 f., 246
Aufzucht
– künstlich 184 f.
– Methoden 142
Aujeszkysche Krankheit, s. Pseudowut
Averrunkation 16
Azeton (s. auch Ketose) 277

Babesiosis 274
Bandwürmer 270
Barbacoa 221
Barmer Ziege 214
Bart, Bocke 102
Bedsonia, s. Chlamydien-Abort
Beduinen-Ziegen 214, 216
Beetal-Ziege 56
Beine
– Beurteilung 98
– Ecthyma 288
Beizitzen, Entfernen 198
Beleuchtung,
– Brunstauslösung 71
Bengalen-Ziege 56
Bergziege 58, 89
Besamung, künstliche 166 f.
– Zeitpunkt 162
Bestandszahlen
– Deutschland 19 f.
– Welt 21
Betäubung, s. Narkose
Beurteilung
– Beine 98
– Euter 100

– Euteraufhängung 100
– Exterieur 94 ff.
– Größe 97
– Haarkleid 101
– Klauenform 98
– Körung 118
– Temperament 97
– Typ 97
– X-Beine 98
– Zitzen 100
Bezoar (s. auch Haarbälle) 13
Bharal, s. Blauschaf
Biestmilch, s. Kolostrum
Blanca Celtiberica-Ziege 48
Blauschaf 13
Blindmelken 193
Blut
– Medizinische Qualität 88
– Verwertung 88
Blutharnen 258, 274
Blutvergiftung 258
Böcke
– Bart 102
– Geruch 80, 154, 239
– Gewichtsverlust 144, 166
– Kastration 80
– Leistungsfähigkeit 164
– Ringe 111
– Selektion 109 f.
– Stall 154
– Temperament 101, 164
Bockgeruch 239
Bockfleisch 80
– Haltung 154
– Milch 239
Bockhaltung
– Gemeinschaft 112, 115
– Ringe (Norwegen) 11
Bockstall 154
Boer Bok, s. Burenziege
Bornasche Krankheit 266
Boxenstall 152
Brauner Ziegenkäse, s. Geitost
Bremsen, s. Nasendasseln

Sachregister 299

Brennen, s. Enthornen
Broccio-Käse 246
Bronchopneumonie, s.
 Lungenentzündung
Brousse-Käse 246
Brucellose 262
– Milch 237
Brunst 161 f.
– Dauer 161
– Erkennung, 161 f.
– nach der Geburt
Brunstauslösung
– Beleuchtung 71
– Hormone 71, 163
Brunstsynchronisierung 162 f.
– Prostaglandin 163
Bulldoglamm, s.
 Wasserlamm
Bündener Strahlenziege 42
Bunte Deutsche Edelziege 18
– DDR 119
– Merkmale 40 f.
Burdizzo-Zange 202
Burenziege 53, 169
– Milchleistung 61
Buschbekämpfung 81, 217 f.
Buttern 246

Cabrito al Pastor 221
CAE, s. Arthritis-Enzephalitis
Cajeta 246
Capra caucasia, s. Tur
Capra falconeri, s. Markhor
Capra hircus, s. Bezoar
Capra hircus aegagrus 13
Capra ibex, s. Steinbock
Capra pyrenaica, s.
 Steinbock
Caprinsäure 238, 239
Capronsäure 238, 239
Caprylsäure 238, 239
CCPP, s. Pleuropneumonie
Chamoisée-Ziege 43
Charnequeira-Ziege 48
Chevreauleder 87
Chlamydien-Abort 281
Clostridien 260
– Brand 257
– Enterotoxämie 260
Cochliomya hominivorax 276
Costeña, s. Malaga-Ziege
Coxiella burnetii 262
Créolen-Ziege 53
Criollo-Ziege 16, 53
Criоulu-Ziege 56

Damaszener Ziege 51
Darmentzündung 261
Darmparasiten 271
Dasselbeulen 276
Dasselfliegen 276
DDR, Ziegenzucht 119
Deckzeit 162
Demodex, s. Haarbalg-Milben
Dermatitis, s. Hauterkrankung
Dermatophilus congolensis 270
Dickmilch, s. Säuerung
Domestikationsmerkmale 15
Domestizierung 14 f.
Doppelzitzen 198
Dünger 88
Durchfall
– Flüssigkeitsverlust 287
– Milchfütterung 287
– Strongylose 290
Durchhaltevermögen 69
Durchmelken 71

Ecthyma contagiosum, s.
 Lippengrind
Eihäute
– Geburt 171 ff.
– Nachgeburtsverhaltung 180, 279, 281 f.
Eiweiß
– „geschütztes" 130
– Milch 233 f.
Eiweißbedarf 131
– Erhaltung 131
– Milchproduktion 131
– Trächtigkeit 131
– Wachstum 131
Eiweißgehalt, Milch 66 f.
– Laktationsverlauf 69
– Milch 234
– Variation 69 f.
Eiweißmangel, Ausgleich 140
Elektrolyt-Ersatz 287
Elektrozaun 159
Elitezuchtbuch 120
Empfindlichkeit
– Fliegen 157
– Parasiten 27, 272
– Regen 156
Encephalomyelitis granulomatosa 269
Energieaufnahme 126 ff.
Energiebedarf
– Erhaltung 128
– Milchproduktion 129

– Trächtigkeit 129
– Wachstum 128
Energiemangel 136
– Ausgleich 140
Enterotoxämie 288
Enthornen 195 ff.
– Altziegen 195
– Ätznatron 196
– Gummiringe 196
– Salpetersäure 197
– Zeitpunkt 196
Entrahmen, s. Aufrahmen
Erbfehler 103 f.
Eröffnungsphase 171
Erzgebirgsziege 41
Euter 185
– Bau 185
– Beurteilung 100
Euteraufhängung 64
– Beurteilung 100
Eutergröße, Milchleistung 59

Fasciola gigantica, s. Leberegel
Fasciola hepatica, s. Leberegel
Faserproduktion 225 ff.
Faustmelken 187
FCM 68
Fehlgeburt 280 f.
Fell 87 f.
– Enthäuten 248
– Konservieren 249
– Lämmer 87
– Parasiten 274 f.
– Qualität 87
– Schaden 87
– Tropen 221
Fettauflage 221
Fettgehalt, Milch
– Laktationsverlauf 69 f.
– Variation 69 f.
Fettsäure 238
– essentielle 236
– freie 238
– Ketose 278
– Milchfett 66, 233
– Ziegenmilch 236
Flaschenneuter 64
Fleisch
– Bockgeschmack 80
– Nutzung 221
– Produktion 77 f.
– Qualität 248 f.
Fleischbeschau 248
Fleischproduktion 81
– Wirtschaftlichkeit 81 f.
Fleischziegenhaltung 80
Fliegenlarven 276

Sachregister

Flushing 168
Follikel, s. Haarfollikel
Fortpflanzung
– Lichtrhythmus 71
– Saison 71, 160
– Fütterung 168
– Fruchtbarkeit 168
– Deck-/Lammzeit 169
Frankenziege 41
French Alpine 46
Freßgewohnheiten 220
Freßplatz 151
Fruchtbarkeit, s. Fortpflanzung
Fruchtsack 174
Fruchtzerstückelung 179
Frühabort (s. auch Fehlgeburt) 280
Frühabsetzen 143
Furunkel, Staphylokokken 264
Fußblase 171
Fütterung
– Fruchtbarkeit 168
– Jungziegen 143
– Lämmer 140
– Milchziegen 143
– Rohfasermangel 136
– „Sauerwerden" 144
– Trockenzeit 143
– Vorbereitung 143
– Zuchtböcke 144
Futteraufnahme 121, 123 ff.
– Anpassung 122
– Büsche 121, 211
– Futterqualität 134
– Gräser 211
– Grundfutterverdrängung 125
– Hitzebelastung 214
– Körpergröße 122
– Kräuter 211
– metabolisches Körpergewicht 124
– Milchleistung 125
– Rassenunterschiede 125
– selektive 121 f., 210 f.
– Tropen 216 ff.
– Wärmehaushalt 124
Futteraufnahmeverhalten 25, 121, 123, 133, 210, 217, 220
– Rasseunterschiede 211
– Selektionsmerkmal 101
Fütterungstechnik 139, 144
Futterverwertung 218
– Tageszunahme 78
– Verdaulichkeit 126

– Verweildauer 125
– Wachstum 78
Futterwahl 25, 121 f., 210 f.
Futterwerttabelle 126

Gangrän, s. Brand
Garganica-Ziege 49
Gasbrand, s. Brand
Geburt 171 f.
– Eröffnungsphase 171
– Hilfe 172 ff.
– Intervalle 169
– Stricke 174
– Überwachung 172
– Verlauf 171
Gehirnentzündung 266 f.
Geitost 238
Gemsfarbige Gebirgsziege 42
Gerbstoffe 139
Geschichte 13 ff.
Geschlechtsaktivität, Böcke 164
Geschlechtsgeruch 165
– Bock 164, 166
Geschlechtsreife 160 f.
– Bock 164
Geschmack
– Fleisch 250
– Milch 238
Gesichtsbehaarung, Angoraziegen 85
Gewichtsverlust, s. Körpergewichtsverlust
Giftpflanzen 210
Girgentana-Ziege 49
Glacéleder 87
Glatzflechte 270
Globulin 233, 234
Glöckchen 102
Granadina-Ziege 46
Grundfutterverdrängung 125
Guggisberg-Ziege 17 f.

Haarbalg-Milben 275
Haarbälle 279
Haarfarbe
– Hitzeanpassung 216
– Vererbung 102
Haarfollikel 83
– Primär- 84
– Sekundär- 84
Haarkleid 101
Haarlinge 275
Haarwechsel 83, 84
– Kaschmirziegen 86
Haarziegen 15, 84 f.
Häberlinge 87

Halsbänder 202
Haltungsformen 20, 28
– extensive 28
– intensive 28
Hämoglobinurie, s. Blutharnen
Handmelken 187 f.
Harnkosten 164
Harnstoff, Kreislauf 130
Hausziegen, verwildert 30
Haut, s. Fell
Hautkrebs 252
Heilmittel 251 f.
– Ziegenmilch 32
Heimherden 26, 30
Hejaz-Ziege 51, 214, 216
Hemitragus, s. Tahr
Herdbuch 114
– DDR 119 f.
Herdenhaltung 28
Heritabilitätskoeffizienten 92
Herzwassersucht 273
Hilfsherdbuch 114
Himalaya-Ziege 58, 89
Hitzetoleranz 214
– Rassenunterschiede 214
Hörner
– Form 13
– Enthornen 197 f.
Hornlosigkeit
– Unfruchtbarkeit 106
– Vererbung 106
– Zuchtpläne 109
– Zwitter 106
Hundebandwurm 270, 272
Hydrops universalis, s. Wasserlamm
Hypokalzämie, s. Milchfieber

Immunglobuline 66
Index-Selektion 111
Innereien 88
Inzucht 114
Isospora 272
Israeli-Saanen-Ziege 50, 114

Jamnapari-Ziege 56
Joghurt 247
Johnesche Krankheit, s. Paratuberkulose
Jungziegen, Fütterung 143

Kaiserschnitt 179
Kalttränke 185
Kalziummangel 276
Kambing Katjang („-Ziege") 56
Kanarische Ziege 48

Sachregister

„kapriziös" 121
Karamel 246
Karoo-Lähme 269
Kaschmir 86
– Eigenschaften 86
– Ertrag 86
– Erzeugung 86
– Ziege 58, 86
Käse
– Aroma 106
– Athotyros 246
– Broccio 246
– Brousse 246
– Brucellose 262
– Mysost 246
– Reifung 244 ff.
– Ricotta 246
– Salzen 244
– Trocknung 244
Käsebruch 242
– Abtropfen 242 f.
Käseherstellung
– Ausbeute 240
– Säuerung 240 f.
Kasein 233, 234
Käsereifung 245
– Dauer 245
– Penicillium-Pilz 245
Käsestoff 241
Kastration 202
– Alter 79
– Mast 79
Kemps 85
– in Mohair 84
Kennzeichnung 202
Ketokörper 277
Ketose 277
– Appetitlosigkeit 277
– Benommenheit 277
– Festliegen 277
– Koma 277
– Kraftfutter 278
– Krämpfe 277
– Ursachen 278
Kilis-Ziege 50
Klauenform 98
Klauenpflege 199 f.
– Abstand 201
– Lämmer 199
– Rehe 279
– Verletzungen 201
Klima
– Haltungsbedingungen 23 ff.
– Krankheitsanfälligkeit 27
– Regen (Verhalten) 24
Klimaanpassung 214 ff.
Knebeln 187
Knochenweiche 277

Kokzidiose 272, 290
– Lämmer 290
– Schur 272
Kolostrum 183, 285, 287
– Aufnahme 140, 183, 285
– Immunglobuline 66
– Lämmerkrankheiten 287
– Vorrat 183
– Zusammensetzung 66
Konservieren
– Haut 249
– Rahm 246
Konstitution 91
Konzentrat, Kraftfutter 140
Körpergewicht
– Körperfett 62
– Milchleistung 62
Körpergewichtsverlust
– Böcke 144, 166
– Laktation 62
Körpertemperatur 253
Körung 112, 118
Kosten
– Fleischproduktion 81 f.
– Milchleistungsprüfung 72
– Milchproduktion 73 f.
Kotkonsistenz 136
Kraftfutter 127 f., 137
– Eutererkrankung 285
– Fütterung 139 f.
– Ketose 278
– Konzentrat 140
Krankheiten 251 f.
– Mensch/Ziege 256
Krankheitsanfälligkeit 27, 252
Krankheitserscheinungen 253 ff.
– Abmagerung
  Leberegel 271
  Maedi 266
  Magen-Darm-Parasiten 271
  Osteomalazie 272
  Pseudotuberkulose 263
  Scrapie 269
  Trypanosomiasis 273
– Abort (s. auch Fehlgeburt) 280 f.
– Abzesse
  Pseudotuberkulose 263
– Agalactia contagiosa (s. auch Milchmangel) 258, 282
– Anämie, s. Blutarmut
– Angriffslust
  Tollwut 266

– Appetitlosigkeit
  Kokzidiose 290
  Leptospirose 258
– Atembeschwerden
  Maedi 267
  Pseudotuberkulose 263
– Atemlähmung
  Tollwut 266
– Augenzittern
  Polyenzephalomalazie 278
– Bauchschmerzen
  Milchindigestion 286
– Bewegungsstörung
  Enterotoxämie 260
  Encephalomyelitis granulomatosa 269
  Ketose 277
  Knochenweiche 277
  Listeriose 261
  Milchfieber 276
– Bindehautentzündung
  Mykoplasmose 259
– Blähung
  Milchindigestion 286
– Blasen, s. Hautblasen
– Blutarmut
  Anaplasmosis 273
  Babesiosis 274
  Leberegel 271
  Theileriosis 274
  Zecken 274
– Blutharnen
  Babesiosis 274
  Leptospirose 258
  Theileriosis 274
– Blutiger Kot
  Magen-Darm-Parasiten 271
– Blutvergiftung
  Pasteurellose 258
– Brand 257
– Darmentzündung 261
– Drehbewegungen
  Encephalomyelitis granulomatosa 269
– Durchfall
  infektiöse Lämmererkrankung 286
  Kokzidiose 272
  Leberegel 271
  Magen-Darm-Parasiten 271
  Milchindigestion 286
  Paratuberkulose 261
  Pest 265
  Pseudotuberkulose 263
  Tuberkulose 261

- Endometritis, s. Gebärmutterentzündung
- Enteritis, s. Darmentzündung
- Enzephalitis, s. Gehirnentzündung
- Erregung
  Polyenzephalomalazie 278
  Pseudowut 266
  Scrapie 269
- Euterentzündung 282
  Agalactia contagiosa 282
  Brand 284
  Brucellose 282
  Chlamydien-Abort 281
  Coli 282
  Maul- und Klauenseuche 282
  Melktechnik 193, 284
  Mykoplasmen 282
  Mykoplasmose 259
  Pasteurella 282
  Pilze 270, 282
  Proteus 282
  Pseudomonas 284
  Pseudotuberkulose 282
  Schalm-Test 284
  Staphylokokken 284
  Tuberkulose 261, 282
  Zellzahl 284
- Fehlgeburt 280 f.
  Angoraziegen 85, 281
  Brucellose 262
  Futtermangel 281
  Hormonschwäche 281
  Listeriose 261
  Mykoplasmose 259
  Q-Fieber 263
  Rift-Valley-Fieber 269
- Festliegen
  CAE 268
  Tollwut 266
- Gebärmutterentzündung 282
  Listeriose 261
- Gebärmuttervorfall 180
- Gehirnentzündung 266 f.
- Gelbsucht
  Babesiosis 274
  Leptospirose 258
  Rift-Valley-Fieber 269
  Theileriosis 274
  Wesselbronsche Krankheit 269
- Gelenkschwellung 255
  CAE 268

Knochenweiche 277
Mykoplasmose 259
Nabelinfektion 288
Visna 267
- Hautblasen
  Ecthyma 288
  MKS 265
  Pocken 265
  Staphylokokken 264
- Hautgeschwür
  CAE 268
- Hautschuppen
  Streptotrichose 270
- Hepatitis, s. Leberentzündung
- Hirnhautentzündung
  Chlamydien-Abort 281
  Mykoplasmose 259
  Pseudowut 266
  Tollwut 266
  Zecken 269
- Hodenschwund
  Trypanosomiasis 273
- Hornhauttrübung
  Mykoplasmose 258 f.
  Visna 267
- Husten
  Lungenwürmer 271
  Maedi 267
  Pest 265
  Pseudotuberkulose 263
- Juckreiz
  Pseudowut 266
  Scrapie 269
  Zecken 274
- Kaumuskelkrampf
  Visna 267
- Keratitis, s. Hornhauttrübung
- Kerato-Konjunktivitis
  Mykoplasmose 259
- Konjunktivitis, s. Bindehautentzündung
- Krämpfe
  Encephalomyelitis granulomatosa 269
  Enterotoxämie 260
  Pseudowut 266
- Kümmern
  Anaplasmosis 273
  Kokzidiose 290
  Theileriosis 274
- Lahmheit, MKS 265
  Encephalomyelitis granulomatosa 269
  Mykoplasmose 258
  Rehe 279
  Zecken 274

- Lähmung
  CAE 268
  Pseudowut 266
  Tollwut 266
  Visna 267
- Leberabszeß
  Nabelinfektion 288
- Leberentzündung
  Tuberkulose 261
- Lungenentzündung
  CAE 268
  Encephalomyelitis granulomatosa 269
  Lungenwürmer 271
  Maedi 267
  Mykoplasmose 259
  Pasteurellose 258
  Pest 265
  Q-Fieber 263
  Tuberkulose 261
- Lymphknotenschwellung
  Pseudotuberkulose 263
  Streptotrichose 270
- Mastitis, s. Euterentzündung
- Meningitis, s. Hirnhautentzündung
- Milchmangel
  ansteckend 282
  Brucellose 262
  Chlamydien-Abort 281
  Ketose 277
  Leberegel 271
  MKS 265
  Paratuberkulose 261
- Müdigkeit
  Listeriose 261
- Muskelschwund
  Trypanosomiasis 273
- Nachgeburtverhaltung 180, 281
  Fehlgeburt 281
  Rehe 279
- Nachhandschwäche
  Visna 267
- Nasenausfluß
  Pasteurellose 258
  Pest 265
- Ödeme, s. Wasseransammlung
- Ophthalmie, s. Augenkrankheit
- Opisthotonus, s. Sterngucken
- Pneumonie, s. Lungenentzündung
- Polyarthritis, s. Gelenkerkrankung

Sachregister

- Pusteln
  Staphylokokken 264
- Scheidenausfluß
  Chlamydien-Abort 281
- Scheidenvorfall 179 f.
- Schiefhals
  Visna 267
- Schleimbeutelschwellung
  CAE 267
- Schleimhautblasen
  Lippengrind 288
  MKS 265
  Pocken 265
  Staphylokokken 264
- Schlucklähmung
  Pseudowut 266
- Schreien
  Pseudowut 266
- Schwäche
  Tryponosomiasis 273
- Schweißausbruch
  Pseudowut 266
- Sehstörung
  Polyenzephalomalazie 279
- Septikämie, s. Blutvergiftung
- Speichelfluß
  Tollwut 266
  Visna 267
- Sterngucken
  Polyenzephalomalazie 279
- Totgeburt
  Mykoplasmose 259
- Tränenfluß
  Mykoplasmose 259
- Wachstumsstillstand
  Kokzidiose 290
- Wasseransammlung
  Leberegel 271
  Magen-Darm-Parasiten 271
- Zittern
  Visna 267
- Zwangshaltung
  Enterotoxämie 260
Krebs (s. auch Neubildung) 252
Kreisbockhaltung 120
Kreuz-Allergie, Kuh-/Ziegenmilch 237
Kupfer-Ziege 15

Lab
- Qualität 233, 241 f.
- Tierarten 233
Labgerinnung 241, 245
Lablösung 241

Labzeit 241
Laktationsanöstrus 169
Laktationsdauer 60, 69
Laktationskurve 69
Laktationsspitze 69
Laktationsverlauf 68 ff.
Laktose, s. Milchzucker
La Mancha-Ziege 46
Lämmeraufzucht 181, 183
- Tropen 225 f.
Lämmerkrankheiten 286 ff.
- Vorbeuge 287
Lämmermast 79
Lämmerschur 227
Lämmerstall 154
Lämmertränken 184 f.
Lämmerweiden 114
Landschaftspflege 80, 217
Lastziegen, s. Arbeit
Lauffläche 150
Laufstall 150
Läuse 275
Leberegel 270
Leberentzündung 261
Leder 32, 87
Leistungsbuch 116, 120
Leistungsnoten 120
Leptospirose 258
Letalfaktoren, s. Erbfehler
Leukoenzephalitis (s. auch CAE) 267
Liegefläche 150
Linienzucht 114
Lipolyse, Milchgeschmack 239
Lippengrind 288
- Euter-Ekzem 290
- Gliedmaßen-Ekzem 288
Listeriose 260 f.
Lungenwürmer 271
- Cystocaulus 271
- Dictyocaulus filaria 271
- Muellerius 271
- Neostrongylus 271
- Protostrongylus 271
- Schnecken 271
Lymphadenitis caseosa, s. Pseudotuberkulose

Maedi 266
Magen-Darm-Parasiten 271
- Anfälligkeit 272
Mähnenschaf 13
Maissilage 135
Malaga-Ziege (Malagueña-, Costeña-)-Ziege 48
Malta-Fieber 262
Malteser Ziege 49
Mamber-Ziege 50
Mantel 44, 227

Mantelée-Ziege 44
Maradi (Rote Sokoto-) -Ziege 52
Markhor 13
Maschinenmelken 190 ff.
- Blindmelken 193
- Euterentzündung 193, 284
- Nachmelken 193 f.
- Vorteile 194
Maße, Deutsche Rassen 35
Maskottchen 16
Mast, ältere Tiere 79
Mastlämmer 79
Ma T'ou-Ziege 56, 168
Maulharnen 166
Maul- und Klauenseuche (MKS) 265
Mehrlingsgeburten 168
Melken 185 ff.
- Adrenalin 186
- Handmelken 187 f.
- Häufigkeit 194
- Maschinenmelken 190 f.
- Milchfluß 186
- Nachmelken 187
- Oxytocin 185
- Vorbereitung 186
Melkanlagen 187 f.
Melkstand
- Karussell 190
- Melktisch 188
- Tandem 190
- Tunnel 190
Melkmaschine 190 ff.
- Arbeitsweise 191
- Puls 192
- Sammelstück 192
- Vakuum 192
- Vakuumreserve 192
Melktechnik, Maschinenmelken 192
Melkverhalten, Selektionsmerkmal 101
Melkzeit, Ausfall 194
Meningoencephalomyelitis infectiosa, s. Bornasche Krankheit
Merkmalsausprägung 91, 109
Merkmalsbeziehungen, Milchleistung 93
Merkmalsvariation 91
Merzen, s. Altziegen
Metabolisches Körpergewicht 124
- Futteraufnahme 124
- Milchleistung 61
Metakresol 238
- Milchgeschmack 238

Methyloctanoidsäure 250
Milben, Lederschäden 87
Milch
- Eiweiß 233 f.
- Eiweiß-% 66 f.
- Energiegehalt 69, 236
- Entrahmen 246
- Fett-% 66 f.
- Medizinischer Wert 236 f.
- Nährstoffe 235 f.
- Nahrungsmittel 235 ff.
- Säuglingsnahrung 236
- Schadstoffe 237
- Spurenelemente 234 f.
- Temperatur 185
- Toxoplasmen 272
- Tuberkulose 237
- Unverträglichkeit 237
- Verdaulichkeit 236
- Vitamine 235
Milchallergie, s. Allergie
Milchanschoppung 286
Milchbruch 64
Milcheiweiß 233 f.
Milchfett 232 f.
Milchfieber 276
- Kalziummangel 276
Milchfluß 186
Milchfütterung 141
- Beifutter 141 f.
Milchgeschmack 106
- Orthokresol 238
Milchhygiene 237 f.
Milchindigestion 286
Milchlämmer 78
- Markt 78 f.
- Schlachtgewicht 78 f.
Milchleistung
- Alterskorrektur 63
- Aminosäure 65
- Bewertung 93 f.
- Burenziege 61
- Deutsche Rassen 36 ff.
- Energiezufuhr 65
- Eutergröße 64
- Futteraufnahmekapazität 62
- Jahresrhythmus 64
- Jährlingsziegen 63
- Körpergewicht 62
- Körpergröße 62
- Lammzeit 64
- Lichtrhythmus 71
- Merkmalsbeziehungen 93
- Metabolisches Körpergewicht 61
- Milchrassen 59
- saisonal 71

- Schätzung 93
- Temperatur 65
- Tropen 224
- Wirkungsgrad 62
- Wurfgröße 65
- Zwergziegen 61
Milchleistungsprüfung 71
- Kosten 72
- Probemelken 72
- Tierzuchtgesetz 119
- Umfang 72
- Vereinfachung 72
Milchproduktion
- Deckungsbeitrag 74
- Einkommen 74
- ganzjährig 70
- Konkurrenz zum Rind 76
- Saison 70
- Tropen 223 ff.
- Wirtschaftlichkeit 73
Milchsäurebakterien 241
Milchsekretion
- Böcke 60
- Jungziegen 60
- ohne Melken 60
- vorzeitige 60
Milchziegen
- Fütterung 143
- Kraftfutterzuteilung 144
Milchzucker 234
Milchzusammensetzung 66, 68, 232
- Milchrassen 66
- Rassenunterschiede 66
- Zwergziegen 66
Milzbrand 256
Mineralstoffbedarf 132
Mineralstoffe, Milch 234 f.
MKS, s. Maul- und Klauenseuche
Mohair 84
- Eigenschaften 84
- Ertrag 84
- Erzeugung 84
- Markhöhle 84
- Ziege 15, 84 f.
Molke 242, 245 f.
- Fütterung 140
Molke-Eiweiß 234
Molkenkäse 245
- Säuregerinnung 245
Mumifizierung 173
Murciana-Ziege 46
Muskeldystrophie 291
Mutter-Lamm-Beziehung 184
Mutterverhalten 183
- Angoraziege 227
Mykoplasmose 258
- Agalactia contagiosa 258

- Diagnose 259
- Kerato-Konjunktivitis 259
- Pleuropneumonie 259
- Übertragung 259
- Vorbeugung, 259
Mysost-Käse 246

Nabelinfektion 288
- Gelenkentzündung 288
- Leberabszesse 288
Nabelpflege 288
Nachgeburt 180
Nachgeburtsverhaltung 180, 279, 281
- Vitamin-E-Mangel 291
Nachmelken 193 f.
Nährstoffausgleich 135 ff.
Nährstoffbedarf 228
- Milchziege 129
- Tropen 227 f.
Nährstoffe, Milch 235 f.
Nährstoffverhältnis 136
Narkose
- Enthornen 195, 198
- Kastration 202
Nasendasseln 276
Neubildung, Krebs 28, 252
Neugeborene 181
- Hilfe 181
Nomaden 30
Nubische Ziege 51
Nutzungsdauer 205

Oberhaar 83
- Nutzung 83
Oestrus ovis, s. Nasendassel
Ohrform, Vererbung 102
Ohrmarken 202
Ökologie 207 ff.
Orthokresol 238
Osteomalazie, s. Knochenweiche
Oxytocin 185 f.

Paarungsverhalten 164 ff.
Palisadenfreßgitter 151 f.
Pansen
- Anpassung 122
- Flora 130
- Füllung 124, 136
- Größe 123, 125
- Verdauung 123 f.
Parasiten (s. auch Magen-Darm-Parasiten und einzelne Parasiten)
- Anfälligkeit 27, 272
- Buschweide 272
- Erkrankung 270 ff., 290

- Vorbeuge/Bekämpfung (Weide) 157 f.
Paratuberkulose 261
Pasteurellose 257
Pasteurisierung 237 f.
Penicillium-Pilz 245
Peroxidase-Probe 238
Persistenz, s. Durchhaltevermögen
Pest 265
Phosphatase-Probe 238
Piroplasmen, s. Babesiosis/Theileriosis
Pleuropneumonie (CCPP), s. Mykoplasmose
Plüsch 84
Pocken 265
Poitevine-Ziege 44
Polyenzephalomalazie 278
Portionsweide 158
Probemelken, s. Milchleistungsprüfung
Produktionsbereich 91
Produktionsmittel, Nutzung 26
Propylenglykol 278
Prostaglandin 163
Pseudois, s. Blauschaf
Pseudotuberkulose 263
Pseudowut 266
Puerperalstörung
- Vitamin-E-Mangel 291
Puls messen 253
Pygmy, African 52

Q-Fieber 262
Quark, s. Käsestoff

Rassen
- Angoraziege 15 f.
- Alpine Ziege 43
- Anatolische Ziege 50
- Andaluza-Ziege 48
- Anglo-Nubier-Ziege 46
- Appenzeller Ziege 17, 41
- Barmer Ziege 214
- Beduinen-Ziegen 214, 216
- Beetal-Ziege 56
- Bengalen-Ziege 56
- Bergziege 58, 89
- Blanca Celtiberica-Ziege 48
- Bündener Strahlenziege 42
- Bunte Deutsche Edelziege 18, 40 f., 119
- Burenziege 53
- Chamoisée-Ziege 43
- Charnequeira-Ziege 48

- Costeña-Ziege 48
- Creolen-Ziege 53
- Criollo-Ziegen 53
- Crioulu-Ziege 56
- Damaszener (Shami-) Ziege 51
- Erzgebirgsziege 41
- Frankenziege 41
- French Alpine 46
- Garganica-Ziege 49
- Gemsfarbige Gebirgsziege 42
- Girgentana-Ziege 41
- Granadina-Ziege 46
- Guggisberg-Ziege 17 f.
- Hejaz-Ziege 51
- Himalaya-Ziege 58
- Israeli-Saanen-Ziege 50, 114
- Jamnapari-Ziege 56
- Kambing Katjang-Ziege 56
- Kanarische Ziege 48
- Kaschmirziege 58, 86
- Kilis-Ziege 50
- La Mancha-Ziege 46
- Malaga- (Malagueña-, Costeña-)Ziege 48
- Malteser Ziege 49
- Mamber-Ziege 50
- Mantelée-Ziege 44
- Maradi (Rote Sokoto-)-Ziege 52
- Ma T'ou-Ziege 56
- Mohairziege 15, 84 f.
- Murciana-Ziege 46
- Nordafrikanische Ziegen 51
- Nubische Ziege 51
- Poitevine-Ziege 44
- Pygmy, African 52
- Rehfarbene Ziege 43
- Rote Sokoto-Ziege 52
- Saanen-Ziege 41 ff.
- Schwarzenberg-Ziege 17 f.
- Schwarzhalsziege 42
- Schwarzwaldziege 41
- Serrana (Serra da Estrela-)-Ziege 48
- Shami-Ziege 51
- Sinai-Ziege 215
- Starkenburger Ziege 18
- Thüringer-Wald-Ziege 41, 119
- Toggenburger Ziege 18
- Verzasca-Ziege 42
- Weiße Deutsche Edelziege 18, 34 f., 118 f.
- Westafrikanische Zwerg-

ziege 52
- Wintersheimer Ziege 18
Rehe 279
Rehfarbene Ziege 43
Reinzucht 112
Restmilch 193
Räude 274
- Chorioptes 274
- Psoroptes 274
- Sarcoptes 274
Rauschbrand, s. Brand
Retentio secundinarium, s. Nachgeburtsverhaltung
REV 1 262
Rickettsien 263, 273
- Herzwassersucht 273
Ricotta-Käse 246
Rift-Valley-Fieber 269
Rollklaue 199
Rohfasermangel 136
Rohmilch, Infektionsgefahr 237
Rote Sokoto-Ziege, s. Maradi

Saanen-Ziege 41 ff.
- Britische 44
Saffianleder 87
Salpetersäure 197
Salzwasser 132
- Tränken 216
- Verträglichkeit 216
Samen
- Haltbarkeit 167
- Tiefgefrierung 167
- Verdünner 167
- Waschen 167
Samenstauung 107
Sauger, Lämmer 184 f.
Säugestellung 186
Säuregerinnung 245
Säurewecker 241, 246
- Milchsäurebakterien 241
Schafbremse, s. Nasendassel
Schadstoffe, Milch 237
Schizosoma reflexum 177
Schlachtausbeute 249
Schlachten 248
Schlachtkörperqualität 249 f.
Schnecken, Weide 271
Schur
- Angoraziege 226 f.
- Kokzidiose 272
Schwarzenberg-Ziege 17 f.
Schwarzhalsziege 42
Schwarzwaldziege 41
Schweißsekretion 215
Schwergeburt 174 ff.
Scrapie 269

Sachregister

Selbstversorgung 32
Selektion, Index 111
Selektionserfolg 92
– bei vielen Merkmalen 90
– Mohairqualität 85
Selektionsmerkmale 91
– Melkverhalten 101
Selektive Futteraufnahme
  151, 155, 223
Serrana (Serra da Estrela-)
  -Ziege 48
Shami-Ziege, s. Damaszener
Silage 135, 261
Sinai-Ziege 215
Spätabort 280
Spurenelemente 234 f.
Ställe 146 ff.
– Böcke 154
– Lämmer 154
– Tropen 228
Stalleinrichtung 146
– Laufstall 150
Stallklima 146
Standweide 158
Staphylokokken-Hauterkrankung 264
Starkenburger Herdbuch 18
– Ziege 18
Steinbock 13
Stephanofilarien 276
Strauchnahrung 136
Strauchweide 25
Streptotrichose 270
Strippen 187
Strongyliden 271, 290
– Chabertia 271
– Oesophagostomum 271
Stummelhörner 196
Stummelohren, s. Ohrform
Suchbock 162, 166
– Zwitter 166
Sulfonamidbehandlung 251
Sündenbock 16

Tahr 13
Tandem-Melkstand 190
Tannin, s. Gerbstoffe
Tätowieren 202
Temperament (s. auch Verhalten) 97
Temperaturregulation 215
Tetanus 257
Theileriosis 274
Thüringer-Wald-Ziege 41, 119
Tierschutzgesetz 202
Tierzuchtgesetz 91, 112, 118
Toggenburger Ziege 18, 41 f.

– Britische 44
Tollwut 266
Torfziege 15
Totgeburt 259
Toxoplasmen 237, 272
– in Milch 237
Traberkrankheit, s. Scrapie
Trächtigkeit 169 ff.
Trächtigkeitsdauer 170
Trächtigkeitsfeststellung 169
– Hormonuntersuchung 170
– Ultraschall 170
Trächtigkeitstoxämie 277
Tragtier, s. Arbeit
Transhumanz 30
Trichostrongyliden 271
– Haemonchus 271
– Ostertagia 271
– Trichostrongylus 271
Trinkwasser
– Bedarf 132
– Salzwasser 132, 216
– Versorgung 154
Trockenstellen 195
– Fütterung 195
– Mastitisvorbeuge 195
Tropen
– Faserproduktion 225 ff.
– Fleischproduktion 221
– Milchproduktion 223
– Wirtschaftlichkeit 229 ff.
– Ziegenhaltung 207–231
Trypanosomiasis 273
TSCM 68
Tsetse-Fliege 273
Tuberkulose 252, 261
– Milch 237
Tüdern 157
Tumore (s. auch Neubildung) 252
Tur 13

Überweidung 213
Ultraschall 170
Umtriebsweide 157
Unterhaar 83
– Kaschmirziegen 86
– Nutzung 83
Unterscheidungsmerkmale, Ziege/Schaf 14
UPRA 44

Vegetation (s. auch Futteraufnahme) 16, 207 ff.
Vegetationszerstörung 16, 207 ff.
Verdaulichkeit 126
– Ziegenmilch 236

Verdrängungskreuzung 112
Verhalten
– Bock 101
– Brunst 161 f.
– Futteraufnahme 121, 123, 133, 151, 155, 210, 220, 223
– Geburt 121 ff.
– Lamm 181 ff.
– Melken 101, 186
– Mutter- 183, 227
– Paarung 164 ff.
Verkarstung 208 ff.
Versteppung 208 ff.
Versuchstiere 32
Verzasca-Ziege 42
Virria 221
Virus-Abort, s. Chlamydien-Abort
Visna 266
Vitamine
– Bedarf 133
– Milch 235
Vitamin-E-Mangel 291
– Puerperalstörung 291
Vlies 84
Vormelken 192
Vorratsfütterung 139

Wachstum 77
– Bunte Deutsche Edelziege 77
– Burenziege 77
– Euter 59
– Futterverwertung 78
– Tropen 223
Wachstumsrhythmus 77
Wachstumsstillstand, Strongylose 290
Wachstum und Milchleistung 62
Wald
– Weide 213
– Zerstörung 208
Wanderweidewirtschaft 28
Wasser, s. Trinkwasser
Wasserblase 171
Wasserlamm 177, 281
Wassermangel
– Futteraufnahme 214
– Milchleistung 216
Wasserumsatz 214 f.
Wehen 172, 174
Wehenschwäche, Ketose 277
Weichfutterselektierer 122
Weide 155
– Parasitenbekämpfung 157 f.
– Schonung 213

Sachregister

Weidebeifutter 156
Weideführung 156
– Strongylose 291
Weidehaltung 155 ff.
– gemischt 217
Weidezäune 159
Weiße Deutsche Edelziege 18
– DDR 119
– Merkmale 34
Weißmuskelkrankheit, s. Muskeldystrophie
Wesselbronsche Krankheit 269
Westafrikanische Zwergziege 52
Widerstandsfähigkeit 27, 252
Wildziegen (s. auch Bezoar, Markhor, Steinbock, Tur) 13
– Kreta 15
– Paarung mit Hausziegen 14
– Verbreitung 13
Wintersheimer Ziege 18
Wirtschaftlichkeit
– Fleischproduktion 81 f.

– Milchproduktion 73 f.
– Tropen 229 ff.
Wundstarrkrampf 257
Würmer, s. Magen-Darm-Parasiten
Wurstherstellung 250

Zahnalter 205 f.
Zäune 159, 219
Zecken 274
Zeckenenzephalitis 269
Zerebrale Nekrose, s. Polyenzephalomalazie
Ziegenelitebuch 116 ff.
Ziegenhaltung
– Gebirge 26
– Mittelmeerländer 208
– Ökologie 207 ff.
– Plantagen 220
– Religion 220
– Vorurteile 16
Ziegenleistungsbuch 116
Ziegenmilchanämie 235 f.
Ziegenrassen, s. Rassen
Zisterne 185
Zitzenform 64
– Beurteilung 100
– Melken 186

Zitzenschließmuskel 186
Zuchtbereich 91
Züchtervereinigungen 114, 297
Zuchtfortschritt 111
Zuchtgeschichte 13 ff.
– Hausziegenrassen 15
Zuchtprogramm
– Frankreich 110 f.
– Norwegen 111
Zuchtreife 160
Zuchtverbände, s. Züchtervereinigung
Zuchtverfahren 112
Zuchtwert 109, 118
– Schätzung 109 f.
Zuchtwertteile 118 ff.
Zuchtziel 90
Zwergwuchs, Vererbung 102
Zwillingsgeburten 168
– Tropen 223
Zwitter
– Hornlosigkeit 106
– Suchbock 166
Zyklus
– Eierstock 161
– verlängerter 161
Zyklussteuerung 162 f.

Die wichtigsten genetisch-statistischen Fachausdrücke in der Tierzucht
Von Prof. Dr. D. Fewson, S-Hohenheim, Prof. Dr. H. O. Gravert, Kiel, Prof. Dr. J. K. Hinrichsen, Gießen, Prof. Dr. E. Lauprecht, Göttingen, u. Prof. Dr. E. Walter, Freiburg.
Völlig neubearbeitete 2. Auflage. 52 Seiten. Kt. DM 15,-

Bewirtschaftung von Wiesen und Weiden
Von Dr. F. Brünner, Aulendorf. Neubearbeitete 2. Auflage von Dr. J. Schöllhorn, Aulendorf.
166 Seiten und 57 Abbildungen, 63 Pflanzenzeichnungen und 40 Tabellen. Pp. DM 24,- (Tierzuchtbücherei)

Pferdezucht und Pferdefütterung
Von Prof. Dr. H. Löwe, Prof. Dr. H. Meyer, Hannover, und Dr. E. Bruns, Prof. Dr. P. Glodek, Göttingen, Prof. Dr. R. Zeller, Hannover. Neubearbeitete und erweiterte 5. Auflage.
440 Seiten mit 114 Abbildungen und 71 Tabellen. Kst. DM 68,- (Tierzuchtbücherei)

Pferdeställe und Pferdehaltung
Von Dr. H. Pirkelmann, Weihenstephan, M. Schäfer, Franzheim, und Dr. H. Schulz, Weihenstephan.
205 Seiten mit 139 Abbildungen und 12 Tabellen. Kst. DM 36,- (Tierzuchtbücherei)

Schafzucht
Von Prof. Dr. F. Haring, Göttingen, Dr. C. Brüne, Bonn, Prof. Dr. K. Dedié, Aulendorf, Prof. Dr. R. Gruhn, Göttingen, und Prof. Dr. Dr. D. Smidt, Mariensee. Neubearbeitete und erweiterte 6. Auflage.
375 Seiten mit 183 Abbildungen und 124 Tabellen. Kst. DM 48,- (Tierzuchtbücherei)

Schweinezucht
Von Prof. Dr. G. Comberg, Hannover, Prof. Dr. H. Behrens, Prof. Dr. W. Bollwahn, Hannover, Dr. E. Fiedler, Forchheim, Prof. Dr. P. Glodek, Göttingen, Prof. Dr. E. Kallweit, Mariensee, Prof. Dr. H. Meyer, und Prof. Dr. E. Stephan, Hannover. Wesentlich erweiterte und völlig neubearbeitete 8. Auflage.
527 Seiten mit 132 Abbildungen und 184 Tabellen. Kst. DM 68,- (Tierzuchtbücherei)

Ferkelerzeugung und Schweinemast
Haltungs- und Verfahrenstechnik. Von Dr. C. Vogt, Oldenburg.
216 Seiten mit 128 Abbildungen und 25 Tabellen. Kst. DM 38,- (Tierzuchtbücherei)

Damtierhaltung
auf Grün- und Brachland
Von Prof. Dr. G. Reinken, Bonn, unter Mitarbeit von Prod. Dr. W. Hartfiel und Dr. E. Körner, Bonn.
270 Seiten mit 106 Abbildungen. Kst. DM 58,- (Tierzuchtbücherei)

Zu beziehen durch jede Buchhandlung. Prospekte und Verlagsverzeichnis kostenlos.

Verlag Eugen Ulmer · Wollgrasweg 41 · 7000 Stuttgart 70

Rindfleischproduktion
Herausgegeben von Prof. Dr. H. Bogner, Grub, unter Mitarbeit vieler Wissenschaftler
485 Seiten mit 145 Abbildungen und 172 Tabellen. Kst. 88,- (Tierzuchtbücherei)

Praktische Rinderfütterung
Von Dr. G. Burgstaller, BLT Grub
Verbesserte 2. Auflage, 164 Seiten mit 52 Abbildungen und 62 Tabellen. Kst. DM 24,- (Tierzuchtbücherei)

Biotechnik der Milchgewinnung
Gesunde Kühe, richtiges Melken, mehr Milch
Von Prof. Dr. K. Rabold, Dipl.-Ing. E. Lanser, Dipl.-Ing. agr. M. Mayntz und Dr. L. Paizs, S-Hohenheim
138 Seiten mit 97 Abbildungen und 25 Tabellen. Kst. DM 38,- (Tierzuchtbücherei)

Tierzüchtungslehre
Begründet von Prof. Dr. Dr. h. c. W. Zorn †. Neubearbeitete und erweiterte 3. Auflage von Prof. Dr. G. Comberg, Hannover, unter Mitarbeit vieler Wissenschaftler.
624 Seiten mit 152 Abbildungen und 143 Tabellen. Kst. DM 112,- (Tierzuchtbücherei)

Tierhaltungslehre
Herausgegeben von Prof. Dr. G. Comberg, Hannover, und Prof. Dr. J. K. Hinrichsen, Hohenheim, unter Mitarbeit vieler Wissenschaftler.
464 Seiten mit 177 Abbildungen und 102 Tabellen. Pp. DM 88,- (Tierzuchtbücherei)

Taschenhandbuch Tierproduktion
Herausgegeben von Dr. H. Bogner, Grub, und Dr. H. C. Ritter, Landsberg.
Neubearbeitete 2. Auflage. 434 Seiten mit 95 Abbildungen und zahlreichen Tabellen.
Kt. DM 28,- (Ulmers Taschenhandbuch)

Tiergesundheitslehre
Ein Leitfaden für den Unterricht an landwirtschaftlichen Berufs- und Landwirtschaftsschulen. Begründet von B. Denzler. Völlig neubearbeitete 7. Auflage von Prof. Dr. med. vet. P. Kienzle und Prof. Dr. med. vet. H. Woernle, Stuttgart.
288 Seiten mit 121 Abbildungen und 9 Tabellen. Kst. DM 19,80

Tierhygiene
Gesunderhaltung von Rindern und Schweinen. Von Prof. Dr. H. Sommer, Prof. Dr. E. Greuel, Bonn, und Prof. Dr. W. Müller, S-Hohenheim.
429 Seiten mit 51 Abbildungen und 158 Tabellen. Kst. DM 23,80 (UTB 514)

Abfälle aus der Tierhaltung
Anfall - Umweltbelastung - Behandlung - Verwertung. Herausgegeben von Prof. Dr. D. Strauch, Stuttgart-Hohenheim, Prof. Dr.-Ing. W. Baader und Dr. C. Tietjen, Braunschweig-Völkenrode, und Mitarbeitern.
391 Seiten mit 165 Abbildungen und 97 Tabellen, Pp. DM 78,- (Tierzuchtbücherei)

Verlag Eugen Ulmer · Wollgrasweg 41 · 7000 Stuttgart 70